Birgit Roßmanith / Hans Meister (Hrsg.)
kooperativ forschen

Publikation der Kooperationsstelle
Hochschule und Arbeitswelt
der Universität des Saarlandes

kooperativ forschen
Projekte zwischen Hochschule und Arbeitswelt

Festschrift für Hans Leo Krämer
zum 65. Geburtstag

Herausgegeben von
Birgit Roßmanith und Hans Meister

Röhrig Universitätsverlag
St. Ingbert 2001

Die Deutsche Bibliothek – CIP-Einheitsaufnahme

Kooperativ forschen : Projekte zwischen Hochschule und Arbeitswelt ; Festschrift für Hans Leo Krämer zum 65. Geburtstag / Birgit Roßmanith und Hans Meister (Hrsg.). - Sankt Ingbert : Röhrig, 2001
ISBN 3-86110-264-1

© 2001 by Röhrig Universitätsverlag GmbH
Postfach 1806, D-66368 St. Ingbert
www.roehrig-verlag.de
Alle Urheber- und Verlagsrechte vorbehalten!
Dies gilt insbesondere für Vervielfältigung, Mikroverfilmung,
Einspeicherung in und Verarbeitung durch elektronische Systeme.
Umschlag: Jürgen Kreher
Druck: Strauss Offsetdruck GmbH, Mörlenbach
Printed in Germany 2001
ISBN 3-86110-264-1

"Statt der Gesellschaft zu dienen, gilt es heute,
sie neu zu erfinden."
André Gorz, 2000

Foto von Ursula Abt, Archiv der Universität des Saarlandes

Für Hans Leo Krämer zum 65. Geburtstag

Inhaltsverzeichnis

Vorwort 13

1. Arbeitswelt im Umbruch 17
Armin Kuphal
Eine Art Archimedische Schraube in die Erwerbsarbeit - SozialhilfeempfängerInnen und der Erste Arbeitsmarkt 19
Christian Scholz, Volker Stein
Darwiportunismus im Arbeitsleben: aufmerksamer kooperieren 29
Rudi Pruß, Jürgen Grandjot
Qualifikation 2007 - Neue Berufsbilder und Qualifikationen für Banken, Handelsunternehmen und Versicherungen 37
Erwin Irmisch
Brot und Spiele ist zu wenig - Der (Erwerbs-)Arbeit eine Chance! Übellaunige Gedanken (-fetzen) eines Aufsässigen 41

2. Beschäftigungspolitik und Regionalentwicklung 47
Peter Pfahler
Globalisierung der Wirtschaft, regionaler Strukturwandel und endogene Regionalentwicklung: Gründe und Konturen regionaler Entwicklungskonzepte am Beispiel des Saarlandes 49
Christian Keuschnigg, Peter Strobel
Wagnisfinanzierung - Eine regionalpolitische Perspektive 63
Stefan Hunsicker/ Ludger Pries/ Delia Schröder
Regionale Arbeitsmarktanalyse - Ein Beitrag zur praxisbezogenen Kapazität und Bedeutung der Sozialwissenschaften im Rahmen der Universität des Saarlandes 75

3. Europäische Arbeitswelten: Saar-Lor-Lux und osteuropäische Transformation 85

Christoph I. Barmeyer, Hans-Jürgen Lüsebrink
Verstehen und Missverstehen. Interkulturelle Einblicke in deutsche und französische Arbeitswelten 87

Christo Stojanov
Konflikt oder Kooperation der Kulturen? Einige Entwicklungsprobleme der Ost-West-Joint Ventures 101

4. Jugend, Arbeit, Zukunft 113

Hans Meister
Hauptschulversagen - ein Projekt aus den Anfängen der Kooperation 115

Alfred Sander, Anne Hildeschmidt
"Erst integriert, dann fallengelassen?" Über Probleme beruflicher Integration behinderter Jugendlicher 127

Stefan Sandmayer
Fantasievolle Soziologie - Zukunftswerkstätten und ihr Beitrag für eine kritische Soziologie 143

Gerhard Schneider
Lieben Bürger Foren? Soziologische Intervention als Beteiligungsexperiment 153

Martha Rosenkranz
Kleine Grübelei über „junge Helden" und gesellschaftliche Solidarität 161

Gudrun Müller
Die Darstellung der Arbeitswelt in saarländischen Schulbüchern 167

5. Gesundheit und Ökologie in der Arbeit 177

Axel Buchter, Ute Kirn-Jünemann, Michael Jablonski, Christoph Ecker
**Gesundheit, Gestaltung und Vorschriften bei
Bildschirmarbeitsplätzen** 179

Christian Schulz, Wolfgang Brücher
**Zwischen Laisser-Faire und Eigeninitiative - Betrieblicher
Umweltschutz aus Sicht saarländischer und lothringischer
Arbeitnehmerinnen und Arbeitnehmer** 187

6. Technik und Arbeit 199

Margret Wintermantel, Marcus Plach
**Benutzerorientierte Entwicklung von Informations-
systemen** 201

Roland Mangold
**Softwaregestaltung: Ein Beitrag zur Humanisierung der
Arbeitswelt?** 211

Erich Steiner
**Arbeitnehmereinfluss auf Entstehung und Funktion neuer
Informationstechnologien im Bereich der interkulturellen
Kommunikation** 223

Anke Jungfleisch
**Organisation von Wissenstransfer - zwischen technologischen
Fachgebieten der Hochschulen, technologieorientierten außer-
universitären Forschungsinstitutionen und Betriebs- und
Personalräten im Saarland** 235

Wolfgang Lerch, Ronald Westheide
**Forschung kann ganz praktisch sein. Kooperationsprojekte
unterstützen die Beratung und Qualifizierung der
saarländischen Betriebs- und Personalräte** 241

7. Arbeitsrecht ... 249

Stephan Weth, Carsten Jahn
Europäisches Arbeitsrecht - ein Buch mit sieben Siegeln? ... 251

Rainer Fuchs
Neues Tempo im Arbeitsrecht? ... 259

8. Geschlechtsspezifische Aspekte der Arbeit ... 263

Susanne Poro, Barbara Sandig
Geschlecht und Status in Arbeitsgesprächen ... 265

Marion Bredebusch, Sybille Jung
„Karriere" von Frauen sichern und ausbauen - In der Vielfalt steckt die Zufriedenheit ... 275

9. Kultur, Geschichte und Arbeit ... 281

Günter Scholdt
Projekt „Saarländische Arbeiterliteratur und Literatur der Arbeitswelt" ... 283

Rainer Hudemann
Gewerkschaften und Sozialpolitik an der Saar im deutsch-französischen Spannungsfeld der Nachkriegszeit ... 289

Rainer Silkenbeumer, Sabine Burgard
1000 Jahre Saarbrücken: Hans Leo Krämers Blick in die Zukunft ... 295

10. Rückblick und Ausblick ... 299

Rüdiger Zakrzewski, Horst Backes
Kooperativ forschen und arbeiten in der Kooperationsstelle Hochschule und Arbeitswelt - eine Zwischenbilanz ... 301

Peter Szysnik
Die Arbeit von Prof. Dr. Hans Leo Krämer: Ein Beitrag zur Wissenschaft im Dienst der Arbeitnehmer 307

Rolf Linsler
Arbeitswelt und Wissenschaft müssen Partner werden 311

Klaus Kessler
Wann, wenn nicht jetzt? - Hochschulpolitische Reformvorhaben 315

Eugen Roth
Innovative Politik- und Arbeitskonzepte für die Arbeitswelt im neuen Jahrtausend 319

Birgit Roßmanith
Wissen managen - arbeitsorientiert, kooperationsfördernd und sozialinnovativ 327

Autorinnen und Autoren 337

Vorwort

Kooperative Forschung ist einer der wichtigen Arbeitsschwerpunkte der Kooperationsstelle Hochschule und Arbeitswelt der Universität des Saarlandes, deren Initiator und Leiter Professor Dr. Hans Leo Krämer ist.

Wir nehmen seinen 65. Geburtstag zum Anlass, die Leistungen dieser Kooperationsstelle - und damit auch die des Wissenschaftlers und „Brückenbauers" zwischen den Welten der Wissenschaften und der Arbeit - der Öffentlichkeit vorzustellen.

Alle Autorinnen und Autoren dieses Bandes haben diese Kooperation mit ihren vielseitigen Kompetenzen bereichert.

Als langjährige Mitarbeiterin bzw. als Freund und Kollege möchten wir – die Herausgeberin und der Herausgeber - Ihnen einen Ausschnitt aus den Arbeiten der Kooperationsstelle und der mit ihr und dem Jubilar verbundenen Kolleginnen und Kollegen präsentieren.

Wenn 50 Forschungsprojekte an 30 Lehrstühlen durchgeführt wurden und viele davon in diesem Buch vorgestellt werden, liegt es nahe, dass das Ergebnis methodisch und inhaltlich sehr vielfältig ist und sich gewissermaßen wie ein bunter Geburtstagsstrauß darbietet.

Wir haben alle Beiträge lediglich angeordnet; wir wollten die Vielfalt nicht reduzieren oder beschneiden. Eine Vielfalt, die sich bei der mit großer Bereitschaft aufgenommenen Bitte ergeben hat, „zu Ihren thematischen Schwerpunkten in der Kooperation einen kurzen Aufsatz zu verfassen". Auf 5 bis 15 Seiten sollten Erkenntnisse, die im Rahmen der Kooperation entwickelt werden konnten, für Laien und Experten in unserem Kooperationsfeld auf spannende Weise dargestellt werden.

Dieses Ziel ist unseres Erachtens voll erreicht: Jede Leserin und jeder Leser wird – wenn er sich die Mühe macht, die versammelten Beiträge zu lesen – bestätigen können, dass es sich hier neben einer Schrift zu Ehren von Hans Leo Krämer auch um eine Fülle von sehr interessanten und zukunftsweisenden Arbeiten handelt. Zudem sind Ergebnisse und interessante methodische Details dargestellt, die sonst in Forschungsberichten schwer zugänglich sind oder nur verkürzt, z. B. in Zeitungsmeldungen u. Ä., bekannt gemacht werden können.

Allen Projekten gemeinsam ist, dass sie kooperativ von mindestens einem arbeitsweltlichen Partner begleitet wurden, dessen Sichtweise und Wissen gleichberechtigt in die Arbeit mit eingegangen ist.

Auf diese Weise wurde, ganz im Sinne zeitgemäßer Wissen(schaft)sförderung, kooperativ, enthierarchisiert und gleichberechtigt umsetzungsorientiertes Wissen erzeugt bzw. vermittelt. Interdisziplinarität ist damit im doppelten Sinne gewährleistet.

Denn diese kooperative Forschung findet nicht nur in unterschiedlichsten Fachrichtungen der Universität statt, sondern auch in Kooperation mit unterschiedlichsten Partnerinnen und Partnern aus der Arbeitswelt. Da Kooperation viel mehr bedeutet als Konsens um jeden Preis, ist so mancher Dissens zwischen Kooperationspartnerinnen und Kooperationspartnern produktiver Ausgangspunkt. Viele interessante Erkenntnisse wurden gerade durch fruchtbar weiterentwickelte Dissenspunkte geboren. Dies schlägt sich auch bei den Kooperationsprojekten nieder. Wichtig ist, dass alle Partnerinnen und Partner trotz unterschiedlicher Sichtweisen von den Ergebnissen profitieren.

Die Beiträge dieses Bandes lassen auch Folgendes erkennen: Der Kooperationsstelle Hochschule und Arbeitswelt geht es um mehr als eine allgemeine Zusammenarbeit zwischen Hochschule und Arbeitswelt. Ihre Forschungs- und Dienstleistungsaktivitäten sind – dank der intensiven Unterstützung der Arbeitskammer des Saarlandes, der Universität des Saarlandes und der Gewerkschaften – sozialinnovativ angelegt. Das heißt, sie setzt sich durch ihre Forschungsprojekte und Wissenstransfer-Dienstleistungen dafür ein, dass für alle arbeitenden Menschen im Mittelpunkt der Arbeit geforscht und Wissen transferiert wird. Dabei werden insbesondere auch diejenigen berücksichtigt, die in geringerem Maße am ökonomischen, sozialen und kulturellen Kapital in unserer Wissens- und Informationsgesellschaft partizipieren können. Wissenschaften und Arbeitswelten werden auf diese Weise angeregt, nicht nur für die „Erfolgreichen" unter uns, die ganzheitlich zu betrachtende Arbeitswelt weiterzuentwickeln, sondern auch für diejenigen, die aus unterschiedlichsten Gründen aus dem Rahmen zu fallen drohen. Ein Indikator dafür ist sicherlich die hohe Erwerbslosenquote.

Hans Leo Krämer steht für diesen Brückenbau im sozialinnovativen Sinne. Denn ohne seine beharrliche Leistung des Aufbaus und der oft schwierigen Bestandssicherung der Kooperationsstelle wären all die Forschungsprojekte nicht in dieser Weise ermöglicht und unterstützt worden; er bereitete als Forscher und Förderer den fruchtbaren Boden für die kooperative Leistung aller Partnerinnen und Partner in der Universität des Saarlandes und in der Arbeitswelt.

Für die Mitarbeit bei dieser Kooperation sowie beim Zustandekommen dieser Festschrift bedanken wir uns herzlichst bei allen, die mitgewirkt haben und besonders bei allen Autorinnen und Autoren, die Beiträge zur Verfügung gestellt haben.

Besonderen Dank gilt auch Hans-Joachim Trapp, von dem die Zeichnungen zu den Kapitelüberschriften stammen und dem Universitäts-Archiv, das ein Foto angefertigt von Frau Ursula Abt, zur Verfügung stellte.

Darüber hinaus danken wir Olga Haubrichs und den Mitarbeiterinnen und Mitarbeitern des Schreibbüros von Jeannette Groß, ohne deren unermüdliches Engagement insbesondere bezogen auf die Koordination, die Korrekturarbeiten und die Layoutgestaltung dieses Buch nicht vorliegen könnte. Dem Röhrig Verlag in St. Ingbert danken wir für die Aufnahme des Buches in sein Programm.

Liebe Leserin, lieber Leser, wir wünschen Ihnen eine spannende Lektüre der Ergebnisse kooperativer Forschung.

Birgit Roßmanith
und
Hans Meister

1. Arbeitswelt im Umbruch

Zeichnung von Hans-Joachim Trapp

Armin Kuphal

Eine Art Archimedische Schraube in die Erwerbsarbeit SozialhilfeempfängerInnen und der Erste Arbeitsmarkt

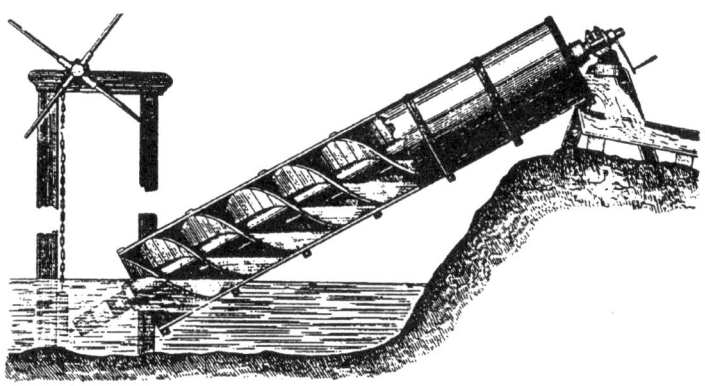

Archimedische Schraube, ein von Archimedes erfundenes Gerät zur Ent- und Bewässerung; besteht aus einer in einen (halben) Hohlzylinder eingepassten Schraube, die durch Kurbeln oder Treten gedreht wird. [1]

Die folgende kurze Analyse beschäftigt sich mit einer rundum als erfolgreich bewerteten Methode, schwer vermittelbarer Arbeitsuchende, insbesondere SozialhilfeempfängerInnen, in den Ersten Arbeitsmarkt zu integrieren. Als konkretes Beispiel dient das Projekt Maatwerk des Stadtverbandes Saarbrücken, so weit die Daten bekannt sind.[2] Zur Analyse sollen die für sich sprechenden Erfolgsdaten zum einen in Beziehung gesetzt werden zur konventionellen Arbeitsvermittlung; das ist eine Betrachtung aus mikro- bzw. organisationssoziologischer Perspektive. Zum anderen sollen die bewirkten "Eingliederungen

---

[1] Der Gedanke an die von Archimedes erfundenen Schraube drängte sich mir aus mehreren Gründen auf, deren Bezug zum Thema sich noch zeigen wird: Die Schraube ist eine ebenso einfache wie geniale Technik, Flüssigkeiten entgegen der Natur bergauf zu bringen; der Einsatz setzt eine gewissen Pegel voraus, weshalb es nicht möglich ist, alle Flüssigkeit bis zum Grund hin auszuschöpfen. Und: Ohne ein dichtes Auffangbecken läuft alles Flüssige nach dem Gesetz der Schwerkraft wieder zurück auf sein früheres Niveau. Die Zeichnung mit Erläuterung ist entnommen aus Meyers Enzyklopädisches Lexikon 9. Auflage 1971.
[2] Siehe hierzu den Mitte Juni 2000 der Öffentlichkeit vorgestellten Bericht zur Projektphase 1.4.1998 – 31.12.1999 (zu erhalten beim Stadtverband Saarbrücken, Sozialdezernat).

in den Arbeitsmarkt" vor dem Hintergrund betrachtet werden, dass der "Arbeitsgesellschaft die Arbeit ausgeht" und insbesondere im Bereich der einfachen manuellen Tätigkeiten der herkömmliche Vollerwerbsarbeitsplatz verschwindet. Dies aus eher makro- bzw. arbeitssoziologischer Sicht.[3]

Vermittlungen bringen Geld...
Als örtlicher Träger der Sozialhilfe hat der Stadtverband nach § 18 Abs. 2 Bundessozialhilfegesetz (BSHG) darauf hinzuwirken, dass Hilfesuchende sich um Arbeit bemühen und Arbeit finden, denn jeder Hilfesuchende muss seine Arbeitskraft zur Beschaffung seines Lebensunterhaltes für sich und seine unterhaltsberechtigten Angehörigen einsetzen.

Zur Erfüllung dieser Aufgabe bedient sich der Sozialhilfeträger neuerdings einer externen Vermittlungsagentur – der holländischen Firma Maatwerk, die sich auf die Eingliederung schwer vermittelbarer Arbeitsuchender spezialisiert hat. Für die erste Projektphase von April 1998 bis Dezember 1999 wurde Mitte Juni 2000 ein Bericht vorgelegt, der Auskunft über die besondere Maatwerk-Methode und den damit erzielten Erfolg gibt.[4]

Maatwerk (holl. = "Maßarbeit") ist seit über zehn Jahren landesweit in den Niederlanden tätig; seit einigen Jahren auch außerhalb der Niederlande, vor allem in Deutschland. Zum Zeitpunkt des Erscheinens des Berichtes führte Maatwerk in 25 deutschen Städten und Kreisen Vermittlungsprojekte für arbeitslose SozialhilfeempfängerInnen durch.

Zwischen den Projektpartnern wurde vertraglich festgelegt, dass Maatwerk innerhalb des Projektzeitraumes von 18 Monaten insgesamt 300 arbeitslose SozialhilfeempfängerInnen auf dem Weg zu einem regulären und dauerhaften Arbeitsplatz begleiten wird. Als "erfolgreich" gilt dabei eine Eingliederung, wenn ein Arbeitsplatz mehr als 6 Monate besteht. Die zugesicherte Leistung hat das Unternehmen zur ausdrücklichen Zufriedenheit des Auftraggebers erfüllt.[5]

---

[3] Vgl. Krämer, Hans Leo: Vom "Wert" der Arbeit. In: Arbeitskammer des Saarlandes (Hrsg.): Arbeitsgesellschaft im Wandel. Referate eines Wochenendseminars im Bildungszentrum Kirkel der Arbeitskammer. März 1986.
[4] Der knapp 25seitige Projektbericht besticht mitsamt dem Vorwort (Erster Stadtverbandsbeigeordneter Dr. Kurt Wahrheit und Sozialamtsleiter Friedhelm Becker) durch seine knappe und unprätentiöse Darstellung. Die hier mitgeteilten Angaben über die Firma, ihre Aktivitäten und das Projekt Saarbrücken sind teils wörtlich, teils referierend übernommen.
[5] Siehe das Vorwort der Verantwortlichen im Projektbericht.

Vertragsgemäß waren dem Maatwerkprojekt von Seiten der Sozialämter mindestens 975 SozialhilfeempfängerInnen zur Vermittlung zuzuführen, die a) nach Einschätzung des Sachbearbeiters im Sozialamt in der Projektdauer grundsätzlich vermittlungsfähig waren, d.h. ohne durch unüberwindbare Arbeitsbedingungen beeinträchtigt zu sein, b) für ein Vollzeitarbeitsverhältnis in Frage kamen (Ausnahmen in begründeten Fällen, z.b. Teilzeit wegen Kinderbetreuung) und c) tatsächlich zu einem Beratungsgespräch erschienen.

Von den Sozialämtern des Stadtverbandes Saarbrücken wurden im gesamten Projektzeitraum insgesamt 1500 Personen von insgesamt 25.823 SozialhilfeempfängerInnen (31.12.1998) für ein erstes Gespräch gemeldet. Hiervon nahmen 1.367 Personen die Einladung an (88 Personen nahmen die Einladung nicht an, 14 Personen fanden vor dem Gespräch einen anderen Arbeitsplatz und 31 Personen waren aus dem Gebiet des Stadtverbandes weggezogen).

In der folgenden "Diagnosephase" versuchte die Vermittlungsfirma, sich ein "bestmögliches Bild von den empfohlenen Personen zu machen" und dabei die individuell vorhandenen Stärken zu ermitteln. Insgesamt 665 Personen wurden in den sog. "Projektbestand" aufgenommen, 702 Personen konnten wegen mangelnder Eignung (gesundheitliche Probleme, sozial auffälliges Verhalten, Motivationsprobleme, fehlende Kooperation u.a.) oder wegen Änderung der persönlichen Verhältnisse nicht aufgenommen werden.

Tatsächlich vermittelt in sog. Dauerstellen wurden schließlich 305 Personen, also 1/5 der ursprünglich ausgewählten 1500 Personen.

Nach Auswertungen des Auftraggebers ergab sich durch die Vermittlungen eine Einsparung an Sozialhilfe von monatlich 392.000 DM oder 4,7 Mio DM pro Jahr. Hinzu kommt eine auf 2,5 Mio DM kalkulierte Einsparung durch den "Begleiteffekt" der Maßnahme, dass insgesamt 302 Personen aus unterschiedlichen Gründen die Sozialhilfe verlassen haben – insgesamt also eine jährliche Einsparung von 7,2 Mio DM. Nach Abzug der Projektkosten in Höhe von 1,92 Mio DM ergab sich nach vorsichtiger Kalkulation eine Nettoeinsparung von 5,2 Mio DM pro Jahr.

Als weitere nicht unmittelbar in Geld zu erfassenden Nebeneffekte werden aufgeführt: Positive Effekte auf die direkte Umgebung der Arbeitslosen; ein genaueres Bild über die nicht vermittelten HilfeempfängerInnen; eine Stimulierung der Sozialhilfeinstanzen und der öffentlichen Arbeitsvermittlung zur Erhöhung ihrer Effizienz; positive Auswirkungen auf die Urteilsbildung über Arbeitslose; das Aufdecken bisher nicht bekannter Stellen vor allem bei kleinen und mittelgroßen Betrieben und schließlich ein Beitrag zum "Aufbrechen von Arbeitslosenkulturen" mit der dort herrschenden Vorstellung, dass regelmäßige Arbeit nur etwas für Dumme sei...

...und Geld bringt Vermittlungen

Der Erfolgsbericht des einen ist zugleich ein Zeugnis für den mangelnden Erfolg des anderen. Offenbar leistet die gegen Erfolgshonorar tätige Firma etwas, was die eigentlich dafür zuständige Behörden, in erster Linie die öffentliche Arbeitsverwaltung und auch die Sozialämter, so nicht, nicht in dem Maße oder nicht so preisgünstig leisten können. Bei solchen Vergleichen richtet sich die soziologische Aufmerksamkeit auf strukturelle Gegebenheiten, die unabhängig von den Eigenschaften der beteiligten Menschen zum Tragen kommen.[6] Strukturelle Grundlage der Maatwerk-Methode ist ihre Erfolgsorientierung. Nur wenn tatsächlich vermittelt wird, kommt Geld in die Firmenkasse. Das unterscheidet den Arbeitsansatz fundamental von dem staatlicher Behörden. Wo im Wege der Verwaltungsreform überlegt wird, Elemente der Leistungsorientierung einzuführen, handelt es sich in der Regel um Anreize zur Unterscheidung zwischen Normallohn und individuellen Zulagen außerhalb der kaum leistungsrelevanten Beförderungspraxis. Eine Änderung der gesamten "Firmenphilosophie" ist damit nicht verbunden – und kann bei der Machart staatlicher Behörden und anderer ähnlich funktionierender Dienste auch nicht übernommen werden. Der entscheidende Unterschied wird nach wie vor bleiben, dass der weitgehend monopolistische Behördenbetrieb durch staatliche Finanzgarantie aufrechterhalten wird und eben nicht durch den Verkauf von Produkten in Preis- bzw. Leistungskonkurrenz mit anderen Anbietern.

Im konkreten Falle von Maatwerk gibt es keine Konkurrenz zwischen der privaten und einem öffentlichen Arbeitsvermittlung. Es ist vielmehr ein Tätigwerden für den Sozialhilfeträger, der aus Kosten- und Organisationsgründen (der öffentliche Dienst hat ja noch zudem das Problem, dass er nicht beliebig Personal einstellen kann) einen Auftrag "nach außen" gegeben hat. Je teurer die Sozialhilfe für den Träger wird, und je geringer dessen Möglichkeiten, durch eigene Aktivitäten daran etwas zu ändern, desto größer die Chancen für externe Anbieter.

Das für die Arbeitsvermittlung zuständige Arbeitsamt hat hingegen kein institutionelles Motiv, die SozialhilfeempfängerInnen des Stadtverbandes in Arbeit zu bringen. Jede zusätzliche Anstrengung müsste auch zusätzlich finanziert werden, ohne Aussicht darauf, dass sich unter dem Strich eine Entlastung ergibt.

---

[6] Hier geht, ohne die üblichen Literaturbelege, auch die Erfahrung aus fast 25 Jahren Praxis in der Sozialberatung der freien Wohlfahrt ein. Vgl. dazu meinen Beitrag "Arm ist, wer unterstützt wird" - Über die Kosten der Sozialhilfe auf Seiten der Hilfeempfänger - In: *"...wessen wir uns schämen müssen in einem reichen Land"* - Armutsbericht des Paritätischen Wohlfahrtsverbandes für die Bundesrepublik Deutschland. (Blätter der Wohlfahrtspflege 136. Jahrgang 1989. Heft Nr. 11+12).

Der private Vermittler profitiert also zum einen von der geringeren Vermittlungseffizienz des Sozialamtes und zum anderen von dem minderen Motiv der öffentlichen Arbeitsvermittlung.[7]
Könnte der Sozialhilfeträger mit dem eingesetzten Geld nicht selbst seine Arbeitsvermittlung forcieren? Pro geglückte Vermittlung wurden immerhin 6.300 DM an Maatwerk gezahlt - ein Betrag, der ganz sicher bei Behördenmitarbeitern eine wesentliche Erfolgsorientierung bewirken würde. Das durch zusätzliches Geld eingeführte Motiv wäre sicher handlungswirksam, könnte aber systemisch nicht verkraftet werden.[8] Zur Vermeidung von systemischer Überwirksamkeit individueller Leistungsanreize werden Erfolgshonorare, wenn überhaupt, an Externe gegeben, die regelmäßig auch das Risiko des Misserfolges tragen.

Der bessere Dreh bei Arbeitslosen...

Zwischen dem Arbeitsamt von heute und der früheren "Stempelbehörde" liegen sicher Welten, und nach den letzten Jahren hat die Arbeitsverwaltung nicht zuletzt durch die Einführung des Personalcomputers weitere große Schritte zu einer kundenfreundlichen Leistungsbehörde gemacht. Gleichwohl muss festgestellt werden, dass sich das Arbeitsamt mit dem Kreis der Schwervermittelbaren immer noch schwer tut, wie umgekehrt die Schwervermittelbaren nicht gerade zu den Lieblingskunden der Behörde zählen. Die individuellen Defizite, welche (über die Grundtatsache der Stellenknappheit hinaus) Ursache für die erschwerte Vermittelbarkeit sind, machen nicht nur den Umgang mit möglichen Arbeitgebern sondern davor auch mit der Behörde schwer.

---

[7] Die gleiche Konstellation findet sich auch in anderen Praxisfeldern, nur dass mangels institutioneller Verantwortlichkeit Dritte die Mehrkosten tragen müssen: Weil die Universität in der Lehre nicht leistet, was sie für die Prüfungen verlangt, bemühen Studierende für viel Geld auswärtige Repetitoren; was die Schulen morgens an Wissensvermittlung nicht leisten, sollen nachmittags zusätzliche Schülerhilfen ausgleichen. Die Bildungseinrichtungen können sich diese Ergebnisse leisten, weil sie keinerlei Folgekosten tragen müssen. Eine Reform des Bildungswesens, des Gesundheitswesens und vieler Bereiche der staatlichen Leistungsverwaltung beginnt erst mit dem Tage, an dem mit dem so genannten "Konnexitätsprinzip" ernst gemacht wird, dass nämlich der die Kosten trägt, der sie verursacht. Im vorliegenden Falle der Sozialhilfe haben wir es mit der Umkehrung des Prinzips zu tun: Wer durch eigene Anstrengung Kosten spart, für die er eigentlich *nicht* aufkommen muss, soll davon auch profitieren. Das Prinzip findet z.B. Verwendung bei der Einsparung von Energie in Schulen, indem die bei der Energie eingesparten Mittel für andere Zwecke gutgeschrieben werden.
[8] Zu der Sicht, dass Systeme die Welt immer nur in einer für sie spezifischen Art und Weise "wahrnehmen" und dementsprechend "bearbeiten" können vgl. den systemtheoretischen Ansatz von Niklas Luhmann.

Fehlt es auf Seiten der Arbeitslosen an wesentlichen kognitiven und sozialen Fähigkeiten, um sich "verwaltungsgerecht" zu verhalten, so ist umgekehrt die Behördenroutine wenig geeignet, auf die psycho-soziale Kompliziertheit des Einzelfalles einzugehen – zumal bei der Vielzahl der Fälle und der nun einmal nicht zu leugnenden Pflicht zur Kontrolle.[9] Das einschlägig zur Behebung individueller Problemlagen konzipierte Bundessozialhilfegesetz sieht aus gutem Grunde im § 17 ausdrücklich die Möglichkeit der Inanspruchnahme von Beratung durch Beratungsstellen der Freien Wohlfahrtspflege u.a. externer Stellen vor; das in seinem Auftrag sehr viel struktureller angelegte Arbeitsförderungsgesetz (SGB III) hat keine entsprechende Spezialvorschrift.

Fachstellen der freien Wohlfahrt und freie Anbieter von Beratung und Vermittlung haben bei der psycho-sozialen Diagnostik, der individuellen Beratung und schließlich der Vermittlung an ausgesuchte Dritte einen erheblichen fachlichen Leistungsvorteil gegenüber der üblichen Leistungsverwaltung, die für solchen "Luxus" alleine aus Gründen der Fallzahlen wenig Zeit hat. Hinzu kommt der Vorteil der Spezialisierung auf den Kreis der Schwervermittelbaren. Schwer dingfest zu machen, aber von erheblicher praktischer Konsequenz im Beratungsgeschäft ist die unterschiedliche "Theorie" in den Köpfen der externen Vermittler. Während die Aufmerksamkeit der Leistungsverwaltung in der Tendenz eher auf die aktenkundig gewordenen Defizite gerichtet ist, setzen Erfolgssucher bei den (noch) vorhandenen Stärken der Schwervermittelbaren an.[10] Die externe Diagnose und Beratung hat zudem einen Riesenvorteil: Helfer wie Hilfeempfänger haben das Beziehungsprivileg, ganz neu und ohne Rücksicht auf frühere Misserfolge ein Arbeitsbündnis auf Grundlage der wahrgenommenen Stärken eingehen zu können. Hierher gehört auch, dass solche Beziehungen ohne Druck, ohne Machtdemonstrationen, in räumlich angenehmer Umgebung angebahnt werden.

---

[9] Zur Unübersichtlichkeit des Systems der sozialen Sicherheit aus der Sicht der SozialhilfeempfängerInnen siehe meinen o.a. Beitrag im Armutsbericht des Paritätischen Wohlfahrtsverbandes (1989).
[10] Eine vor 10 Jahren im Auftrag des Sozialdezernates der Landeshauptstadt Saarbrücken durchgeführte Evaluierung des städtischen Programms "Hilfe zur Arbeit" von 1983 bis 1987 ergab, dass in den Akten über die Hilfeempfänger in den seltensten Fällen Angaben über schulische Vorbildung, berufliche Kenntnisse und Fertigkeiten und andere beschäftigungsrelevante Merkmale enthalten waren. Vgl. Kuphal, Armin & Pfahler, Peter: "Hilfe zur Arbeit" in der Landeshauptstadt Saarbrücken. Abschlussbericht über die Evaluierung des Beschäftigungsprogramms für arbeitslose SozialhilfeempfängerInnen. Saarbrücken: Juni 1990. (Mit Anhang 98 Seiten). Durchgeführt vom Institut für praxisorientierte Forschung und Bildung e.V. (IFB) in Verbindung mit dem Lehrstuhl für Soziologie, Prof. Dr. Hans Leo Krämer, an der Universität des Saarlandes im Auftrag der Landeshauptstadt Saarbrücken/Sozialdezernat.

...führt zu Problemen an anderer Stelle

Arbeitsvermittlung ist nicht die eigentliche Aufgabe des Sozialhilfeträgers bzw. der Kommunen. Wenn der gesetzliche Auftrag, "darauf hinzuwirken, dass der Hilfesuchende sich um Arbeit bemüht und Arbeit findet" (§ 18 Abs. 2 BSHG) so erfüllt wird, dass die Kosten der Besorgung mehr als gedeckt werden, dann erscheint dies - aus "betriebswirtschaftlicher Sicht" - nicht nur als eine mögliche, sondern geradezu als die gebotene Lösung, zumal über die Einsparungen hinaus weitere positive Effekte erzielt werden. Setzt man die Maßnahme in Beziehung zum Programm der kommunalen Sozialpolitik, zum Gesamtprogramm der Beschäftigungshilfen und zur Institution "Arbeit" als solcher, dann relativiert sich der Maßnahmenerfolg und kann sogar kontraproduktiv werden.[11] Die gekonnte Vermittlung in den Ersten Arbeitsmarkt enthält keine Garantie für einen dortigen Verbleib. Es erscheint als sehr optimistisch, eine Beschäftigung schon ab 6 Monaten als eine "Eingliederung in den Arbeitsmarkt" zu bewerten - selbst bei der gegenwärtigen Konjunktur. Gerade kleinere Firmen haben keine Mühe, unbefristete Arbeitsverhältnisse durch betriebsbedingte Kündigung aufzulösen. Der Maßnahmenerfolg für den Sozialhilfeträger wird dadurch kaum geschmälert, weil die Kosten einer erneuten Arbeitslosigkeit künftig vom Arbeitsamt zu tragen sind. Die Verschiebung der Kosten ist ein vom Sozialhilfeträger durchaus gewollter, aber nicht so gerne erwähnter Effekt.[12]

Die professionellen Vermittlungshilfen, welche im Rahmen des Programms gewährt werden, bringen den ausgesuchten Personen einen deutlichen Wettbewerbsvorteil gegenüber anderen schwer vermittelbaren Arbeitslosen. Der Vermittlungserfolg geht mithin indirekt zu Lasten derer, die "nur" vom Arbeitsamt betreut werden. Interventionspolitisch betrachtet haben wir es wieder mit dem klassischen Eskalationsprinzip zu tun: Man erhält erst besondere Aufmerksamkeit, wenn man viel Geld kostet.[13]

---

[11] Vgl. hierzu auch die Ergebnisse der bewusst als kritische Evaluation in Auftrag gegebenen Untersuchung über die "Hilfe zur Arbeit in der Landeshauptstadt Saarbrücken" a.a.O.
[12] Die Evaluation des Programms "Hilfe zur Arbeit" in der Landeshauptstadt Saarbrücken brachte diesen Zusammenhang auf die Pointe, die "Hilfe zur Arbeit" sei mangels ordentlicher Arbeitsplätze eine "Hilfe zur Arbeitslosenhilfe"; siehe Kuphal & Pfahler a.a.O., Seite 74.
[13] In strukturell gleicher Lage sehen sich randalierende arbeitslose Jugendliche in den "quartiers chauds" in Straßburg und andernorts, wenn sie sagen "Man beachtet uns nur, wenn wir Autos anzünden!"

...und was geschieht mit den anderen?

Jede Positiv-Auslese ist notwendig verbunden mit einer Negativ-Auslese derer, die als nicht geeignet erscheinen. Hier wurde schon bei der ersten Diagnose fast die Hälfte der BewerberInnen "wieder an das Sozialamt zurückgewiesen". Für den traurigen Rest gibt der reguläre Arbeitsmarkt außer schlecht bezahlten Gelegenheitsarbeiten wenig her. Die Frage, was denn nun geschehen soll mit den Menschen, die keine Aussicht auf eine auskömmliche Beschäftigung auf dem Ersten Arbeitsmarkt haben, geht natürlich in eine ganz andere Richtung, als die Verweisung auf den Ersten Arbeitsmarkt.

Ein Vorschlag hierzu ist die Schaffung von Beschäftigungsmaßnahmen, in denen zunächst einmal eine Qualifizierung für die durchaus wichtigen Eigenarbeiten stattfinden kann, wenn der Weg in die Erwerbsarbeit versperrt ist.[14]

Selbst die "gemeinnützige Beschäftigung" nach der Mehraufwandsregelung des § 19 Abs. 2 BSHG kann, wenn man es denn politisch will, zur individuell sinnstiftenden und für die Allgemeinheit nützlichen Arbeit konzipiert werden. Die Vermittlung auf den Ersten Arbeitsmarkt schafft keine Stellen, sondern besetzt nur vorhandene. Das unterscheidet sie ganz erheblich von der "Hilfe zur Arbeit" nach § 19 Abs. 2 BSHG. Durch die Lohnsubvention seitens des Sozialamtes wurden tatsächlich Arbeitsplätze mit nicht geringem Nutzen für die Allgemeinheit geschaffen. Die Auslese der Besten für den Arbeitsmarkt entzieht dem bisherigen Programm nun ein Stück weit die personelle Grundlage. Denn der Aufbau und die Unterhaltung einer gemeinnützigen Infrastruktur in den Gemeinden (Mittagstische, Werkstätten, Stadtteilbibliotheken, Stadtteilreinigung, Kleidermärkte, u.a.) setzt schon eine gewisse Mindestqualifikation voraus. Die forcierte Auslese bereitet den (in der Regel freien) Trägern der Einrichtungen und Dienste nicht geringe Probleme – sie können ihre Stellen nicht mehr angemessen besetzen. Die Sozialämter sind der Ort, an dem die tiefer liegenden Probleme der Arbeitsgesellschaft so sichtbar werden wie sonst nirgendwo.

Der im Stadtverband Saarbrücken wie an anderen Orten auch unternomme Versuch, Sozialhilfeempfänger durch professionelle Vermittlung gleich in den Ersten Arbeitsmarkt zu bringen, macht finanziellen Sinn – es ist, wenn man so will, eine Lösung auf der betriebswirtschaftlichen Ebene. Eine Verbindung mit einer weiter gehenden Konzeption von Arbeit ist damit nicht verbunden und läuft teils sogar gegen bisherige Ansätze, aus Mitteln der Sozialhilfe gesell-

---

[14] Siehe hierzu Kuphal & Pfahler a.a.O.; Kuphal, Armin: Armut durch zweifache Arbeitslosigkeit – über die Zerstörung der Eigenarbeit. (Eröffnungsvortrag beim Hochschultag der Kath. Fachhochschule für Sozialwesen Freiburg i.B. In: Schriftenreihe der Kath. Fachhochschule Freiburg 1991, S. 4-16; Kuphal, Armin: Arbeit! Arbeit! Arbeit! Was aber geschieht, wenn sie ausbleibt? In: Saarbrücker Hefte Nr. 71/72 September 1994, S. 55-59).

schaftlich nützliche Arbeit zu finanzieren. Die tiefer liegenden Probleme der Arbeitsgesellschaft werden ganz sicher nicht in den Sozialämtern gelöst, aber bei der Bewertung von Maßnahmen, die hier getrofen werden, sollte der Blick weiter gehen als nur bis zum Arbeitsmarkt.[15]

Denn vier Fünftel der SozialhilfeempfängerInnen sind arbeitslos geblieben.

---

[15] Es ist ein persönlicher Verdienst von Hans Leo Krämer, an der Universität des Saarlandes und weit darüber hinaus die Arbeit in ihrem gesellschaftlichen Zusammenhang immer wieder zum Thema gemacht zu haben. Da man davon ausgeht, die hiesige Universität und die ganze Region könne künftig ohne soziologische Ausbildung auskommen, wird es diese Sorte von Reflexion sehr viel schwerer haben.

Christian Scholz, Volker Stein

Darwiportunismus im Arbeitsleben: aufmerksamer kooperieren

Ausgangslage: Darwiportunismus im Arbeitsleben

Die Arbeitswelt der Zukunft zeichnet sich in ihren Veränderungen bereits heute ab. Sie wird nicht nur zunehmend interessanter, sondern vor allem zu einem volkswirtschaftlich wichtigen Forschungsobjekt. Darüber besteht spätestens seit der Existenz hoher Arbeitslosigkeitsziffern in Deutschland eine breite Übereinstimmung. Allerdings sind die meisten Zukunftsszenarien nicht gerade dazu angetan, langfristig Mut zu machen: Zwar verspricht die Entwicklung von Dienstleistungs- und Medienbranche neue Arbeitsplätze, aber es bleibt fraglich, inwieweit sich auf lange Sicht ein positiver Nettoeffekt für den Arbeitsmarkt stabilisieren kann. Doch nicht nur auf der volkswirtschaftlich relevanten Makroebene ist vielfältige Bewegung erkennbar: Auch auf der Mikroebene der Unternehmen deuten sich weitreichende Veränderungen an. Insbesondere scheint sich gegenwärtig die innere Logik zu verändern, mit der sich Unternehmen und Mitarbeiter im Arbeitsprozess begegnen.

Ein Beschreibungsmodell für diese Situation ist der Darwiportunismus (Scholz 1999):

- Gemäß des darwinistischen Paradigmas bestehen auch im Wirtschaftsleben nur diejenigen Unternehmen oder Arbeitnehmer im Wettbewerb, die an die externen und internen Rahmenbedingungen am besten angepasst sind. Dies bedeutet, dass vor allem diejenigen Akteure, die eine eindeutige Kernkompetenz aufweisen, wettbewerbsfähig sind: Sie können etwas, für das ein entsprechender Markt vorhanden ist, besser als andere, und werden auf Grund dieser erfolgskritischen Variation nicht aus dem Markt ausselektiert.

- Gemäß der opportunistischen Verhaltensannahme handeln vor allem Individuen so, dass ihr eigener Vorteil im Mittelpunkt steht: Zur Maximierung ihres persönlichen Nutzens instrumentalisieren sie alle ihnen zu Verfügung stehenden Attribute ihrer Umgebung wie andere Menschen, Organisationen, Situationen und verfolgen ehrgeizig und selbstmotiviert die eigenen Vorstellungen, ohne altruistisch auf andere Rücksicht zu nehmen.

Zusammengesetzt ergibt sich aus beiden Komponenten der Darwiportunismus: Es trifft der individuelle Opportunismus der nutzenmaximierenden Mitarbeiter auf den systemimmanenten Darwinismus im Wirtschafts- und Geschäftsleben.

In der Konsequenz wird das Arbeitsleben wettbewerbsintensiver, beispielsweise nimmt die Bedeutung sozialer Kontrakte wie „gegenseitige Loyalität" ab.

Dieser Effekt ist gerade in Ländern, deren Arbeitsbeziehungen traditionell auf einer eher kollektivistischen Landeskultur basieren, besonders auffällig.

Ein Beispiel ist hier Deutschland: Die historischen Erfahrungen, nur gemeinsam einen Wiederaufbau und ein Wirtschaftswunder nach einem vernichtenden Krieg zu bewältigen oder die Wiedervereinigung über eine nicht in jedem Fall ökonomisch sinnvolle Solidarität zu schaffen, gelten als Beleg für die kollektivistische gesellschaftliche Ausrichtung.

Auch im Arbeitsleben gelten Konzepte wie „Betriebsverbundenheit" und „Loyalität" bisher als üblich. Sie sind zudem über ein Arbeitsrecht untermauert, das im Kern auf der vertrauensvollen Zusammenarbeit zwischen Arbeitnehmern und Arbeitgebern basiert. Dies steht mit dem Darwiportunismus zur Disposition.

Die tatsächliche Wirksamkeit des Darwiportunismus als wettbewerbsintensivierende Konstellation im Arbeitsleben lässt sich nicht nur theoriebasiert herleiten, sondern auch in der Praxis erfahren. Ein reales Beispiel aus dem Forschungsbereich mag hier illustrieren, welche Implikationen das Verhaltensmodell des Darwiportunismus für das Kooperieren aufweist.

Real-Ebene: Ausbildungsanforderungen im Wandel

Der Lehrstuhl für Betriebswirtschaftslehre, insb. Organisation, Personal- und Informationsmanagement an der Universität des Saarlandes betreut seit 1996 in Zusammenarbeit mit der Kooperationsstelle Hochschule und Arbeitswelt derselben Universität Projekte im Bereich der Ausbildungsstrukturentwicklung für den Dienstleistungssektor. Diesem Sektor kommt in der heutigen Wirtschaftsstruktur eine immer größere Bedeutung zu.

Mit der wachsenden Bedeutung stellt man aber auch fest, dass sich die Anforderungen an die einzelnen Berufe im Dienstleistungssektor immer stärker angleichen und teilweise sogar übereinstimmen, wie dies etwa in Banken, im Handel und in Versicherungen der Fall ist. Die zu Grunde gelegte Forschungsidee zielt darauf ab, bereits im Stadium der Berufsausbildung eine stärkere Verzahnung der serviceorientierten Ausbildungsinhalte zu realisieren.

Langfristiges Ziel ist es, die einzelnen Berufe des Bankkaufmanns, des Versicherungskaufmanns und des Einzelhandelskaufmanns durch den Ausbildungsberuf des/der Servicekaufmanns/-frau ersetzen zu können.

Dieses Projekt betrifft unmittelbar die Ebene der Auszubildenden. Die Auszubildenden der Bereiche Handel, Banken und Versicherungen sollten durch die ausbildenden Unternehmen mittels eines spezifisch zusammengestellten Programms geschult werden, das die im Rahmen unserer wissenschaftlichen Vorstudie identifizierten zehn Schlüsselqualifikationen für Dienstleister umfasste (vgl. Scholz/Herz 1998): Technisierung, Globalisierung, Wertschöpfungsprimat, Kundennutzenorientierung, Flexibilisierung, Intelligente Organisation, Berufsbildpolarisierung, Gruppenintrapreneurship, Persönliche Individualisierung, Grenzenlosigkeit und Virtualisierung.

Bereits diese Schlüsselqualifikationen spiegeln wider, in welche Richtung sich Ausbildungsanforderungen im Dienstleistungssektor verändern. Ihre umgangssprachliche Übersetzung verdeutlicht, dass die individuelle Verantwortung jedes einzelnen Mitarbeiters sich selbst gegenüber eine zentrale Voraussetzung dafür ist, sich im zukünftigen wettbewerbsintensiven Arbeitsleben behaupten zu können:

1. Nur wer für Technik aufgeschlossen ist, kann auch mit ihr umgehen lernen!
2. Globalisierung passiert, egal, ob man es will oder nicht. Darauf muss man sich einstellen!
3. Unternehmen wollen Gewinne machen („Wertschöpfung"). Dazu braucht man Geschäftsabschlüsse – und das heißt: professionelles Verkaufen!
4. Bei Dienstleistungen steht der Kunde absolut im Mittelpunkt, und das muss er jederzeit merken!
5. Mitarbeiter der Zukunft werden flexibel sein müssen – in Bezug auf Einsatzorte, Arbeitszeiten und Arbeitsstrukturen!
6. Immer wieder wird „Lernen in Unternehmen" gefordert – es funktioniert vor allem im Team!
7. Unternehmen brauchen Spezialisten und Generalisten – aber nicht jeder Mitarbeiter muss beides sein!
8. Teamfähigkeit ist ein absolutes Muss, selbst wenn man lieber alleine arbeitet!

9. Jeder Mitarbeiter wird in Zukunft stärker Verantwortung für seine eigene Karriere übernehmen müssen!
10. Risiko und Unsicherheit kann man nicht abschaffen, aber der Umgang damit lässt sich lernen!

Jeder dieser Punkte ist darüber hinaus absolut erfolgskritisch, wenn Unternehmen Dienstleistungen anbieten. Hier ergänzen sich damit die darwinistische Perspektive der Unternehmen und die opportunistische Perspektive der einzelnen Mitarbeiter. Unser Projekt vermittelt diese Punkte bewusst bereits in der frühen Phase der Berufsausbildung.

Meta-Ebene: Kooperationsanforderungen im Wandel

Interessanterweise ließ sich nicht nur auf der Real-Ebene ein konkreter Bezug zum Darwiportunismus nachweisen, sondern auch auf der Meta-Ebene der Projektorganisation. Die Studie, deren Erfolg zentral von einer tatsächlichen Kooperation abhing, bot reichlich Anschauungsmaterial, wie sich Darwiportunismus – zunächst weder als „gut" oder „schlecht" zu bewerten – sowohl in seinen positiven als auch negativen Konsequenzen zeigen kann.

Positiv-Beispiel: Neuer sozialer Kontrakt mit Innovationspotenzial

Der erste Forschungsansatz, die Schlüsselqualifikationen für Dienstleister vermittelbar zu machen, basierte darauf, Unternehmen aus dem Saarland (je zwei Banken, Versicherungen und Handelsunternehmen) dazu zu bringen, freiwillig Auszubildende abzustellen und diese in den genannten Qualifikationen in verzahnter Struktur zu schulen – zusätzlich zum regulären Ausbildungsplan. Die Schulungsform umfasste eine Kombination von Vorträgen, Rollenspielen, Computerplanspielen, Gruppendiskussionen sowie Praxisbeispielen, wobei sowohl die Universität des Saarlandes, die Kooperationsstelle Hochschule und Arbeitswelt, die Auftraggeber der Studie (gesellschaftliche Institutionen aus der Arbeitswelt wie Gewerkschaften und Arbeitskammer) als auch die teilnehmenden Unternehmen selbst je ein Ausbildungsmodul konzipieren und übernehmen mussten.

Die Erfahrungen der Zusammenarbeit waren äußerst positiv: Bei Koordination durch den Lehrstuhl konnte innerhalb eines halben Jahres sowohl die komplexe Terminplanung als auch die innovative Stoffvermittlung realisiert werden. Erfreulich war auch die zu beobachtende Nachhaltigkeit der positiven Projekterfahrungen: Die Unternehmen führen teilweise in Eigenregie das Ausbildungsprogramm inhaltlich fort, und die beteiligten Auszubildenden wurden in ihren Unternehmen als Multiplikatoren der gemachten Erfahrungen eingesetzt.

Im Rahmen der Kooperation verfolgen die Beteiligten ihr Eigeninteresse und handeln durchaus opportunistisch: Während die Auftraggeber des Projekts daran interessiert sind, von Forschungsergebnissen zu profitieren, um letztlich eigene Strategien im Umgang mit der Dienstleistungsbranche zu entwickeln und ihren Interessenten und Kunden einen Nutzen bereitzustellen, streben Hochschulen nach einer Legitimation als Forschungsstätte, die sich auch finanziell in einer entsprechenden Ausstattung niederschlägt. Damit einhergehend werden durch Mittelgeber Forschungsprogramme samt ihrer Finanzierung zunehmend in Form von Kooperationen zwischen Hochschulen, anderen Bildungseinrichtungen und Unternehmen angeboten, um Innovationen voranzutreiben (vgl. Krull 1999; Popp 2000). Die einzelnen Forscher schließlich streben (vereinfacht ausgedrückt) nach Wissenszuwachs und Reputation. Im Positiv-Beispiel wurden diese Ziele durchaus erfolgreich verfolgt.

Gleichzeitig haben sich die Projektbeteiligten jedoch im Wettbewerb um die Arbeitswelt der Zukunft im darwinistischen Sinne intelligent verhalten: Durch ihre Beteiligung haben sie eine Variation der vorhandenen Prozeduren sowohl im Themenbereich der Dienstleistungsausbildung als auch in der Form der eigenen Kooperation hervorgebracht.

Der erarbeitete innovative Ansatz ist damit in den „Markt der Möglichkeiten" eingebracht und unterliegt seitdem der Selektion: Werden die gewählten Ansätze auch von weiteren Ausbildern und Forschungskooperationen ausgewählt und somit als sinnvolle und effektive Alternativen bewahrt?

In diesem Fall bedeutet die frühe Variation durch die Beteiligten für sie einen „first-mover advantage", der dazu beiträgt, im Wettbewerb besser zu bestehen. Oder konkreter: Wenn sich beispielsweise Gewerkschaften frühzeitig um eine Verbesserung der Ausbildungsstrukturen ihrer Klientel kümmern, so erhöhen sie damit gleichzeitig die legitimatorischen Grundlagen für ihr eigenes Bestehen und werden attraktiv für potenzielle Mitglieder.

Negativ-Beispiel: Darwiportunistische Konfrontation mit Verlustrisiko

Der zweite Forschungsansatz sollte die analoge Struktur zum obigen Projekt mit den gleichen Kerninhalten in den saarländischen Berufsschulen realisieren. Hierbei war das Ziel, ebenfalls einen gemischten Klassenverband aus Auszubildenden der Versicherungen, Banken und des Handels zu bilden, der an drei Projektwochenenden zusätzlich zum regulären Ausbildungsgang die Zusatzqualifikationen für den Dienstleistungsbereich transportieren sollte.

Diese Kooperation hat sich als ein typisch darwiportunistisches Verhaltensszenario mit negativen Konsequenzen ergeben. Als bereits alle Absprachen mit den Berufsschulen, Lehrkräften, Unternehmen, Auszubildenden und den Tagungslokalitäten fest vereinbart waren, musste die Kooperation in letzter Minute wieder abgesagt werden: Eine der Berufsschulen hatte sich plötzlich überlegt, ihren Lehrern doch noch die Teilnahme an den Veranstaltungen zu untersagen, vordergründig aus (allerdings bereits im Vorfeld abgeklärten) finanziellen Gründen. Der vermutete Hintergrund lag jedoch eher in einer Frustration mit der generellen Stellung der Berufsschule im politischen Wettbewerb der Bildungsinstitutionen. Auch die zweite Berufsschule, örtlich im selben Gebäude wie die erste gelegen, zog daraufhin kurzfristig ihre Teilnahmezusage zurück. Auf diese Weise wurde den übrigen Beteiligten die Chance genommen, eine innovative und zukunftsweisende Projekterfahrung zu machen.

Das Beispiel zeigt wiederum ein klar opportunistisches Verhalten der Berufsschulen, die – auf ihren eigenen Vorteil bedacht – ihre kurzfristigen Ziele auch gegen die Interessen weiterer Projektpartner und gegen die übergeordneten Ziele der Forschungskooperation durchgesetzt haben. Man kann sich jedoch auch überlegen, welche Konsequenzen ein solches Verhalten für die Berufsschulen selbst im Hinblick auf den langfristigen Wettbewerb im Bildungsbereich hat: Einerseits koppeln sie sich von der fortschreitenden inhaltlichen Entwicklung ihres Kerngebietes ab, andererseits empfehlen sie sich nicht gerade für weitere Kooperationen. Schließlich fallen sie durch ihr nicht-innovationsfreudiges Image im Wettbewerb der Berufsschulen und der Bildungsträger insgesamt zurück, wenn das erste Positiv-Beispiel bereits gezeigt hat, dass Unternehmen solche Kooperationen auch ohne Berufsschulen in Eigenverantwortung effektiv durchführen können.

In der Terminologie des Darwinismus gesprochen ist hier die Chance zu einer Variation vertan worden, die bei einer positiven Selektion im Ausbildungsmarkt zur Bewahrung einer wichtigen legitimatorischen Stütze für Berufsschulen hätte führen können.

Die kooperierende Versicherungsberufsschule bekommt im Übrigen die Chance, die integrative Ausbildungserfahrung neuer Dienstleistungsberufe im Saar-Lor-Lux-Raum als internationale Kooperation mit zu erforschen und so wiederum neue Variationspotenziale zu erschließen.

Fazit

Nimmt man die dargestellten Beispiele sowohl in der Real-Ebene als auch in der Meta-Ebene als typische Verlaufsmuster für Kooperationen im Wirtschafts- und Arbeitsleben, so kann man zunächst feststellen, dass sich darwiportunistische Tendenzen beobachten lassen: Die Einbettung opportunistischer Verhaltensweisen in ein Umfeld eines wirklich harten Verdrängungswettbewerbs, in dem es bereits um das zukünftige Überleben als Unternehmen, Gewerkschaft, Bildungsträger, Dienstleister oder einzelner Mitarbeiter geht.

Bewusst machen muss man sich an dieser Situation, dass die bisher gültigen impliziten Spielregeln nicht mehr automatisch von vornherein unterstellt werden können: Individuelle Motivationsstrukturen werden vielmehr erst dann aufgedeckt, wenn sie einen eigenen Vorteil optimieren, unabhängig davon, ob die „sozialen Kosten" der Partner inzwischen angestiegen sind. Es geht also immer stärker um das Durchsetzen von Eigeninteressen und das Bestehen in einer gnadenlosen Konkurrenz.

Dies birgt sowohl Chancen als auch Risiken: Werden in der Arbeitswelt oder im Rahmen einer Kooperation die darwinistischen Selektionswirkungen bei opportunistischen Entscheidungen gleich mitbetrachtet, so können die gemeinsam erzielten Resultate eher zu zukunftsfähigen Innovationsergebnissen führen.

Bei der gegenteiligen Vorgehensweise entstehen dagegen letztlich zusätzliche Verlustrisiken. Will nämlich jeder der Beteiligten seine Konkurrenten aus seinem eigenen Feld ausstechen und spielt gleichzeitig die übrigen Konkurrenten gegeneinander aus, um Vorteile für sich selbst zu generieren, dann entsteht bald eine Situation, bei der Frustrationstoleranz gefragt ist und Interessenkonflikte systemimmanent sind.

Gefordert ist damit ein aufmerksameres Kooperieren: Die Handelnden im Arbeitsleben müssen eine Balance anstreben bezüglich Geben und Nehmen – nicht zu viel geben, um eigene Vorteile zu behalten und sich nicht in Abhängigkeiten zu begeben, gleichzeitig jedoch genug geben, um Partner nicht zu verprellen und eigene Vorteile zu sichern. Es spricht nichts dagegen, dass – wie bei Public Private Partnerships üblich – alle Beteiligte einen Nutzen von einer Kooperation haben.

Es ist nur dysfunktional, wenn man diesen Nutzen verheimlicht, statt ihn für die Kooperation zu instrumentalisieren, etwa für die bewusste Herbeiführung einer win-win-Situation mit positiven Ergebnissen für alle Beteiligte.

Literatur

Krull, Wilhelm (Hrsg.), Forschungsförderung in Deutschland. Bericht der internationalen Kommission zur Systemevaluation der Deutschen Forschungsgemeinschaft und der Max-Planck-Gesellschaft, Hannover (Scherrer) 1999.

Popp, Werner, Wachstum durch Innovationsmanagement. Komplexe Managementtechniken versprechen Erfolg, in: Wissenschaftsmanagement 6 (1/2000), 23-32.

Scholz, Christian, Darwiportunismus: Das neue Szenario im Berufsleben, in: WISU. Das Wirtschaftsstudium 28 (1999), 1182-1184.

Scholz, Christian/Herz, Bernhard, Qualifikation 2007: Neue Berufsbilder für Banken, Handelsunternehmen und Versicherungen, München - Mering (Hampp) 1998.

Rudi Pruß, Jürgen Grandjot

Qualifikation 2007
Neue Berufsbilder und Qualifikationen für Banken, Handelsunternehmen und Versicherungen

Beschreibung der Kooperation mit dem Lehrstuhl von Professor Scholz, der Kooperationsstelle Hochschule und Arbeitswelt und der Gewerkschaft HBV

Die Veränderungen der Arbeitswelt unter anderem durch den Einsatz der Technik und den damit verbundenen Veränderungen der betrieblichen Arbeitsorganisationen sowie neue Unternehmensstrategien führen zu neuen Herausforderungen auch für die Gewerkschaften. Gerade die Unternehmen des privaten Dienstleistungsbereiches befinden sich oder stehen vor großen Veränderungsprozessen und Umstrukturierungen. Beispielhaft seien hier genannt, Fusionen, Neuverteilung der Märkte, Einführung von E-Commerce, Direkt-Banken und -Versicherungen, Aufbau von Call Centern und die Neuausrichtung der Vertriebswege durch Kundensegmentierungen. Ganze Unternehmen werden auf den Kopf gestellt. Für die Mitarbeiter bedeuten diese Veränderungen neue Arbeitsfelder, Arbeitsaufgaben, neue Entlohnungssysteme, neue Arbeitszeitmodelle letztendlich auch den Verlust des Arbeitsplatzes.

Gemeinsam mit der Kooperationsstelle Hochschule und Arbeitswelt wurde das Projekt Qualifikationsentwicklung in Banken, Handel und Versicherungen ins Leben gerufen.

Dieses Projekt sollte eine Antwort darauf geben, welche Qualifikationen zukünftig in diesen Bereichen benötigt werden. Auf welche zukünftigen Herausforderungen muss sich die Berufsausbildung einstellen?

Prof. Dr. Christian Scholz bewarb sich um dieses Projekt.

Mit den drei Kooperationspartnern, Gewerkschaft HBV, Kooperationsstelle Hochschule und Arbeitswelt und Prof. Dr. Christian Scholz wurde der Projektablauf abgesprochen. Für die Durchführung war Bernhard J. Herz zuständig.

Es wurde eine Expertise Qualifikation 2007 Neue Berufsbilder und Qualifikationen für Banken, Handelsunternehmen und Versicherungen in Auftrag gegeben.

In mehreren Experten-Runden mit Vertretern aus Betrieben, Institutionen, die verantwortlich für die Berufsausbildung sind, wurde ein Szenario für zukünftige Qualifikationen und Berufsbilder entwickelt.

Das Szenario 2007 beinhaltet zusammengefasst folgende Ergebnisse: Es wurden 10 Thesen ermittelt, in die sich die Arbeitswelt in den genannten Dienstleistungsunternehmen entwickelt. Aus diesen 10 Thesen ergeben sich die Ausbildungsinhalte und die Anforderungen an zukünftiges Arbeitshandeln. Erstaunlich war, dass die 10 Thesen für alle angesprochen Branchen gleichermaßen gelten. Die Schnittstellen bzw. Trennlinien der Branchen Banken, Handel und Versicherungen werden zukünftig an Trennschärfe verlieren und die Überschneidungen größer werden.

Am deutlichsten wird dieses heute schon an den Allfinanzstrategien der Banken und Versicherungen. Mit der verstärkten Entwicklung von E-Commerce werden zukünftig die Grenzen weiter verwischen.

Die Palette des Angebotes eines Dienstleistungsunternehmens wird sich nicht mehr auf Produkte einer Branche beschränken, sondern dem Kunden werden branchenübergreifende Dienstleistungen angeboten.

Bei einem Vergleich der Ausbildungsinhalte der einzelnen Monoberufe ist festzustellen, dass zumindest die kaufmännischen Grundqualifikationen wie beispielsweise Rechnungswesen, allgemeine Betriebswirtschaftslehre, Personalwesen in allen Ausbildungen identisch sind. Bei so viel Gemeinsamkeiten (gleiche zukünftige Schlüsselqualifikationen, Zusammenwachsen der Branchen im privaten Dienstleistungsbereich und identische kaufmännische Grundqualifikationen) liegt der Schluss nahe, aus den unterschiedlichen Monoberufen einen neuen branchenübergreifenden Ausbildungsberuf zu entwickeln. Das Konzept des Servicekaufmanns wurde geboren als Beruf der Zukunft für die privaten Dienstleistungsunternehmen.

Die zukünftige Ausbildung wird nicht mehr nur von einem Unternehmen durchgeführt. Im Verbund der Handelsunternehmen, Banken und Versicherungen werden in den einzelnen Unternehmen bestimmte Qualifikationen vermittelt.

Die Ausbildung gliedert sich dann zukünftig in drei Abschnitte:
1. Allgemeine Kenntnisse wie zum Beispiel
   - Struktur des Dienstleistungsbereiches
   - Kundeninteressen
   - Kenntnisse über das Arbeitsrecht und Berufsbildungsrecht
   - Allgemeine Managementaufgaben
   - Kundeninteressen
   - Kommunikative Fähigkeiten
2. Vertiefende Ausbildung in den Schwerpunkten
   - Finanzierung
   - Versicherungsgeschäft
   - Einzelhandel
   - EDV-Services
   - Außenhandel
   - Großhandel etc.
3. Einer Experten- und Generalistenausbildung

Eine solche integrierte Ausbildung wird den Zukunftsanforderungen der Dienstleistungsunternehmen gerecht und bereitet die zukünftigen Mitarbeiter auf ihre zukünftigen Arbeitsaufgaben optimal vor. Sie schützt die Mitarbeiter vor einer einseitigen Ausbildung einer Branche und setzt sie in die Lage, leichter von einem Betrieb zum anderen zu wechseln, nicht nur innerhalb einer Branche, sondern auch branchenübergreifend, solange es die Grenzen zwischen den Branchen noch gibt.

Bis dieser neue Beruf für die Dienstleistungsunternehmen Realität wird, ist noch ein langer Weg zurückzulegen.

Viele Hürden bei den Unternehmen und den Gewerkschaften müssen überwunden werden. Die Expertise hat jedoch gezeigt, Veränderungen müssen sein, um den Herausforderungen der Zukunft begegnen zu können. Die Expertise bietet die Chance, jetzt frühzeitig einen Diskussionsprozess zu beginnen und nicht erst dann, wenn die Zukunft uns schon eingeholt hat und nur noch eine Anpassung an die Realität möglich ist.

Letztendlich trägt diese Diskussion auch dazu bei, unser duales Ausbildungssystem mit all seinen Stärken zu stabilisieren und zu beweisen, dass dieses System der Berufsausbildung durchaus zukunftsfähig ist. Würden mehrere solcher Ansätze entwickelt, in die Diskussion gebracht und letztendlich realisiert erübrigte sich wohl die gerade hochkommende Diskussion um die Green-Card. Mit zukunftsfähigen Konzepten und zusätzlichen Anstrengungen der Unternehmen sowie der Berufsschule werden genügend qualifizierte Menschen den Anforderungen der Zukunft in den privaten Dienstleistungsunternehmen gerecht. Gut qualifizierte und zufriedene Mitarbeiter tragen letztendlich zum Erfolg eines Dienstleistungsunternehmens bei und sichern den Bestand des Unternehmens. Die Kooperation mit der Hochschule hat sich aus Sicht der Gewerkschaft HBV bewährt. Kooperationen und das Initiieren von Projekten tragen dazu bei, die Arbeitswelt und die Hochschule zusammenzubringen. Themen der Arbeitswelt sind in vielen Lehrbereichen der Universität unterrepräsentiert bis gar nicht vorhanden.

Für Gewerkschaften ist die Kooperation von Nutzen. Themen, die im Alltagsgeschäft untergehen, können so aufbereitet und es können gemeinsam Perspektiven für die Zukunft entwickelt werden.

Das oben beschriebene Projekt hat einen Endpunkt in der Erstellung der Expertise gefunden. Es wurde jedoch ein Folgeprojekt ins Leben gerufen, das sich mit der Umsetzung des Konzeptes des Servicekaufmanns in der Praxis beschäftigt.

Erwin Irmisch

Brot und Spiele ist zu wenig - Der (Erwerbs-)Arbeit eine Chance! Übellaunige Gedanken (-fetzen) eines Aufsässigen

Was waren das noch für Zeiten: Eine Regierungskoalition stürzt nicht zuletzt über die Tatsache, dass die Zahl von 450 000 Arbeitslosen überschritten wird (1967). Es gibt so gut wie keine arbeitslosen Jugendlichen, es gibt so gut wie keine Lehrstellenprobleme, jeder Bundesbürger hat eine mehr oder weniger rosige Zukunft vor Augen, dominiert durch eine Erwerbstätigkeit, die ihn und seine zukünftige oder vorhandene Familie einigermaßen ernähren kann.

30 Jahre später: Ein Katastrophen-Szenario, an das man sich allerdings gewöhnt hat! Nicht mehr spektakulär sind 4 Millionen Arbeitslose, jedes Jahr stehen Tausende von Jugendlichen vor einem Berg von schriftlichen Absagen auf ihre Bewerbungen um eine Ausbildungsstelle (falls es den Betrieben nicht zu viel ist, überhaupt noch Absagen zu erteilen), die Studienabbrecherquote an den Unis ist nach wie vor erschreckend hoch, nach der Ausbildung ist an eine Anschlussbeschäftigung nur äußerst schwer heranzukommen.

Was waren das noch für Zeiten, als eine stattgefundene Umschulung Berufsaussichten in einem anderen Beruf versprach. Alte Berufe wurden gegen neue Berufe eingetauscht, üblicherweise fand eine besser bezahlte Beschäftigung in einem zufrieden stellenden Job statt, die Rente war weiterhin gesichert und die Familie hatte ein Auskommen.

Die Frauenerwerbsquote war stetig angestiegen - eine Anfang der 70er Jahre stattgefundene Diskussion, ob die Frau nicht besser Haus und Herd zu versorgen habe, war feministisch und selbstbewusst entschieden, ebenso selbstbewusst standen die Frauen dann allerdings ab Ende der 70er Jahre vor den Türen ihres Beraters beim Arbeitsamt. Der "Vorzeige-Italiener" bei Ford am Fließband hatte ebenso Arbeit und Auskommen wie der türkische Kollege in der Kohlengrube, dessen Familie sogar auf Kosten des Unternehmens ins Saarland kommen konnte, um die soziale Situation des Beschäftigten auch emotional zu ergänzen.

Die Warnsignale gewichtiger "Bedenkenträger" wurden bis in die 80er Jahre hinein abgetan als zweckpessimistische Prognosen ("Klappern gehört zum Handwerk"), die Begriffe Rationalisierung und Technologie-Entwicklung wurden fortschrittsgläubig zunächst einmal positiv besetzt.

Kritiker eines ungehemmten Fortschrittsglaubens wurden als Schwarzseher und Negativ-Apostel gebrandmarkt. Zumindest glaubte man jenen nicht, die vor einer sich abzeichnenden Tendenz hin zu hoher Dauerarbeitslosigkeit warnten, das Prinzip Verdrängung herrschte allenthalben vor und verstellte den realistischen Blick.

Der Bundesbürger hatte ja schließlich auch andere Sorgen als ausgerechnet dem eigenen Arbeitsplatz oder dem fehlenden Ausbildungsplatz der Kinder mehr als eine geringe Beachtung zu widmen. Immerhin war ja auch eine gewisse Gläubigkeit vorhanden, dass "es ja irgendwie schon weitergeht".

Und dann kam 1982 der Machtwechsel in Bonn. Die einen waren entsetzt, die anderen witterten Morgenluft. In den 16 Jahren Amtszeit der Regierung Kohl geschah dann enorm viel im Sinne von Umwälzung.

Eine ganze Kette von negativen Entwicklungen, vergleichbar einem Zahnräderwerk in einer Uhr, wurde in Gang gesetzt und durch nachhinkende Politik-Entscheidungen begünstigt oder beschleunigt: Das Ergebnis sind letztlich 4 Millionen Dauerarbeitslose, wachsender Vertrauensverlust in die Kraft und die Wirksamkeit politischer Entscheidungsprozesse, zunehmende Armut und Verwahrlosung, zunehmende soziale Kälte in Wirtschaft und Gesellschaft. Besonders perfid: Diejenigen, denen man keine Chance auf Zukunft gab, wurden als "Null-Bock-Generation" gescholten. Die Gewerkschaften - wie weiland das tapfere Schneiderlein - versuchten, den übermächtigen Riesen "Arbeitslosigkeit" mit probaten aber letztlich nicht ausreichenden Mitteln anzugreifen, Arbeitszeitverkürzungen mit dem Ziel, die vorhandene Arbeit gerechter zu verteilen, konnten nicht schnell und damit wirksam genug umgesetzt werden. Eine weitere Senkung des Rentenalters scheitert an leeren Rentenkassen und nicht zuletzt müssen auch die durch die 1990 stattgefundene Wiedervereinigung der beiden Deutschlands vorhandenen Bedürfnisse finanziell bedacht werden.

Der so genannten Politik sind die Rezepte längst ausgegangen, Parlamente hangeln sich von einer kurzfristig notwendigen politischen Entscheidung zur nächsten über einem gähnenden Abgrund an materieller und emotionaler Not, ihre eigene Hilflosigkeit nur schwer kaschierend und predigen zweckoptimistisch das Hohelied vom technischen Fortschritt. Neue Begrifflichkeiten wie "Synergieeffekte" oder "Shareholder Value" werden strapaziert, während traditionelle Begrifflichkeiten wie Solidarität eher auf der Strecke bleiben. Die Deutschen werden zu einem Volk von Kleinaktionären geredet, der Aktienindex boomt und Nachrichten über Entlassungen im Zuge von Rationalisierungen gehen einher mit einem Kursanstieg der Aktie des betroffenen Unternehmens: Welch eine Perversion in einer so genannten zivilisierten Gesellschaft!

Nun stehen wir also am Beginn des 3. Jahrtausends und ich muss gestehen, ich bin unzufrieden und weitgehend ratlos.

Und es ist schließlich nicht so, als gäbe es keine Arbeit mehr, die getan werden muss. Bei näherem Hinsehen stellen sich - nicht nur im Osten Deutschlands - schwerwiegende Mängel in der Qualität der Versorgung der Menschen mit staatlichen Dienstleistungen heraus. Straßen können nicht gebaut werden, weil die Mittel fehlen, gleichzeitig werden Bahnstrecken stillgelegt, weil die Auslastung der Züge so gering ist, dass ihre Unterhaltung allen betriebswirtschaftlichen Grundsätzen widerspricht. Parallel dazu wird die führerlose U-Bahn entwickelt nach der Devise: *"Was technisch machbar ist, muss auch stattfinden!"* Was für ein Schwachsinn, möchte ich dazu ausrufen! Ist es ratsam, etwas zu tun, obwohl man die sozialen Folgen abschätzen kann und eindeutig negativ beurteilt? Werden politische Entscheidungen denn nur noch nach dem Opportunitätsprinzip getroffen, dessen Ziel Einsparung von finanziellen Mitteln ist?

Was macht der Bundesbürger angesichts dieser doch recht dramatischen Zustandsbeschreibung? Er sieht fern!

Was wäre denn eigentlich, wenn es kein Fernsehprogramm auf 36 Kanälen gäbe? Wenn sich Erwerbstätige und Nichterwerbstätige nicht rund um die Uhr die volle TV-Dröhnung verpassen könnten? Wenn nicht eine dümmliche so genannte Unterhaltungs- oder Talkshow die andere ablöste?

Natürlich ist es etwas zu einfach, die Gleichung aufzustellen: Gib dem Erwerbslosen ein Minimum an Einkommen und ein Maximum an Ablenkung und du hast ihn zumindest von der Straße, aber: Ist da nicht einiges dran?

Noch einmal: Was wäre, wenn es kein Fernsehen gäbe? Wie würden die 4 Millionen Menschen und die, die in der Statistik nicht erfasst sind, ihren Tag totschlagen? Wie wären sie denn von der Straße zu halten? Ein schönes Forschungsprojekt, ein Szenario zu errichten, mit dessen Hilfe eine solche Situation simuliert würde.....

Aber ganz ernsthaft: Wie werden wir denn weitermachen? Bundesweit verkümmern 4 Millionen Fähigkeiten, Kenntnisse und Talente, die im Sinne des Ableistens praktischer (Erwerbs)-Tätigkeit nicht genutzt werden. Kann es sich unsere Gesellschaft leisten, die Talente von so vielen Menschen brachliegen zu lassen, anstatt sie sinnvoll einzusetzen? Ob dies nun in Form der Förderung eines Ehrenamtes oder in Form von mehr oder weniger bezahlter Bürgerarbeit geschieht, darüber ließe sich trefflich streiten. Nur, wo wird denn noch gestritten?

Wer ist denn noch bereit, gegenwärtige Formen von Erwerbsarbeit, den Stellenwert der Erwerbsarbeit in einer Gesellschaft, in der Erwerbslosigkeit in ihren vielfältigen Formen immer alltäglicher wird, zu diskutieren?

Wo wird denn noch über den fehlenden Selbstwert von Erwerbslosen gesprochen, welche Ideen werden geboren, um den Erwerbslosen ihren Selbstwert z. B. dadurch zurückzugeben, dass man ihnen sinnvolle gesellschaftlich notwendige und interessante Aufgaben überträgt, die ihren Fähigkeiten entsprechen?

Besonders dramatisch empfinde ich den Umstand, dass in den letzten drei Jahrzehnten die Erwerbslosen systematisch demoralisiert werden konnten und die auf dem unternehmerischen Profitstreben und der einzelbetrieblichen und nicht volkswirtschaftlichen Sicht der Dinge beruhenden Ursachen der Arbeitslosigkeit und der Verursachung von Arbeitsplatzabbau nur noch am Rande erwähnt werden. Gab es zu Beginn der sich dramatisch entwickelnden Massenarbeitslosigkeit noch vielfältige - zum Teil spektakuläre - Aktionen von Arbeitsloseninitiativen bzw. auch von Gewerkschaften, so ist heute allenthalben Ruhe eingekehrt und man kuriert an Symptomen herum. Die Ursachen werden nicht mehr benannt, wenn sie genannt werden, klingt dies gleichsam ritualisiert und mehr oder weniger uninteressant. Die zarten Ansätze zu anderen Tätigkeits- und Erwerbsformen blieben bislang Nischen und Ausnahmeerscheinungen. Gewerkschaften tun sich zwangsläufig und auch verständlicherweise schwer mit allen Formen von Erwerbsarbeit, die nicht im Sinne von Tarifvertragswerken oder konkreten Regelungen erfasst und betreut werden können. Ich denke nicht, dass die Glaubwürdigkeitskrise der Gewerkschaften von ihnen selbst verursacht wurde, ich denke viel eher, dass Gewerkschaften von einer Entwicklung überrollt wurden, deren Beherrschung auf Grund der extremen Veränderungsgeschwindigkeit nahezu unmöglich ist.

Was haben die Soziologen zu der Erforschung der Ursachen und der Auswirkungen dieser Veränderungen unserer Gesellschaft, die nicht nur eine Veränderung der Erwerbsgesellschaft ist, sondern auch eine Veränderung der Einstellung zu Politik und zu gesellschaftlichen Vorgängen, beigetragen?

Der Soziologie geht es ähnlich wie den Gewerkschaften und der Politik, sie hinkt mit ihren Untersuchungen und Erklärungen hinter der tatsächlichen Entwicklung so weit hinterher, dass zum Zeitpunkt der Veröffentlichung einer Analyse schon das nächste Phänomen erklärungsbedürftig geworden ist. Im Übrigen ist es ja auch für die Wirtschaft und für die Politik scheinbar viel lukrativer, prosperierende Wirtschaftszweige zu begutachten als den Bodensatz von Erwerbslosen und sozial sowie materiell Verarmten zu beleuchten, weil die Lösungsmöglichkeiten in der Tat sehr begrenzt und auch sehr schwierig zu definieren sind, ganz zu schweigen von dem Unterfangen, Lösungen in die Tat umzusetzen.

Prof. Dr. Hans Leo Krämer, der in Bälde emeritiert werden soll, hat auf jeden Fall das Seine dazu beigetragen, einen Brückenschlag zwischen Forschenden und Lehrenden in der Universität des Saarlandes und mehr oder weniger praktisch agierenden Gewerkschafterinnen und Gewerkschaftern zu betreiben. Seine freundliche, verbindliche und emphatische Art, mit Fragestellern und mit ihm eng Zusammenarbeitenden umzugehen, seine Verlässlichkeit und seine Kompetenz haben ihn auch im Zusammenhang mit der Überschrift zu den vorstehenden "Gedankenfetzen" und den verwandten Fragestellungen herausragen lassen.

Ich wünsche "unserem" Leo, dass er einen aktiven "Unruhe-Stand" hat, und das möglichst lange, weil wir auch weiterhin seines Rates und seiner Unterstützung bedürfen.

2. Beschäftigungspolitik und Regionalentwicklung

Zeichnung von Hans-Joachim Trapp

Peter Pfahler

Globalisierung der Wirtschaft, regionaler Strukturwandel und endogene Regionalentwicklung: Gründe und Konturen regionaler Entwicklungskonzepte am Beispiel des Saarlandes

1. Grundfragen und Aufgaben der Regionalentwicklung: Ökonomische Defizite der traditionellen Konzepte

Regionales hat Konjunktur: Die Region als überschaubarer und abgrenzbarer Raum gewinnt für ökonomisches sowie politisches Handeln wieder an Bedeutung. Kontrastierend zu den Debatten über Globalisierung entwickelt sich eine Diskussion über eine Renaissance regionaler Ökonomien. Ziel dabei ist, der zunehmenden Bedeutung des gemeinsamen Lernens und Handelns in einer Region Rechnung zu tragen (Stichwort: „Lernende Region"). Dies hat gute Gründe. Einerseits ist es mit Hilfe der traditionellen regionalen Entwicklungskonzepte und trotz gesetzlicher Verpflichtungen und Rahmenbedingungen (Grundgesetz, Raumordnungsgesetz, Gemeinschaftsaufgabe zur Verbesserung der regionalen Wirtschaftsstruktur) bis dato nicht gelungen die interregionalen Disparitäten einzuebnen und gleichwertige Lebensverhältnisse in den peripheren und strukturschwachen (ländlichen und altindustrialisierten) Regionen herzustellen. Bisher standen in den zentral gesteuerten Regionalentwicklungskonzepten wachstumsorientierte Strategien im Vordergrund. Kapitalanreize und Infrastrukturausbau, staatliche Subventionen und Mobilitätssteigerung von Arbeitskräften bildeten das grundlegende Instrumentarium der regionalen Wirtschafts- und Strukturpolitik.

Nach der Vereinigung der beiden deutschen Staaten wurde versucht, die geläufigen Konzepte regionaler Strukturpolitik zu übertragen auf den sozioökonomischen Strukturwandel der neuen Bundesländer, als es um die Angleichung ihrer Wirtschaftskraft und der Lebensverhältnisse an die der alten Bundesländer ging. In den ostdeutschen Bundesländern waren quasi „über Nacht" Krisenregionen entstanden, die von der Radikalität, mit der sich dort die Deindustrialisierungsprozesse vollzogen und vom Umfang der Arbeitsplatzverluste her alles bisher Gekannte in den Schatten stellten. Mit dem Anschluss der ostdeutschen Länder an die Bundesrepublik Deutschland wurde zugleich die Diskussion um regionalpolitische Konzepte und Modellversuche unterbunden, die seit Anfang der 80er Jahre geführt wurde und die sich als Ergänzung zu den traditionellen Konzepten der Regionalentwicklung und -politik verstanden wissen wollten: die der endogenen oder eigenständigen Regionalentwicklung. Obwohl zwar die wachsende Bedeutung regionaler Potenziale und regionaler Zusammenarbeit für die wirtschaftliche Entwicklungsfähigkeit von Regionen betont wurde, erschienen ihre Entwicklungsperspektiven plötzlich wieder unsicher, nachdem es für einige Zeit durch eine ausgleichsorientierte Strukturpolitik zu einer Angleichung der Lebensverhältnisse in verdichteten und in peripheren Räumen zu kommen schien. Demgegenüber hatten die fortschreitende Globalisierung und Internationalisierung der wirtschaftlichen Aktivitäten in den 90er Jahren die Konkurrenz zwischen den Regionen wieder verstärkt und die Ausgangsbedingungen strukturschwacher und peripherer Räume verschlechtert. Man kehrte zu den eindimensionalen Entwicklungsstrategien zurück, zumal sich die regionale Strukturpolitik von Bund und Ländern mangels finanzieller Masse gezwungen sah, ihre Förderung auf konkurrenz- und wachstumsfähigere Kerne zu konzentrieren.

In den seit Mitte der 70er Jahre einsetzenden weltweiten ökonomischen Umstrukturierungsprozessen, die sich in altindustrialisierten und strukturschwachen Räumen als regionale Krisen (Arbeitsplatzabbau, Betriebsschließungen, überproportionale Arbeitslosigkeit, sinkendes Bruttoinlandsprodukt, geringe Produktivität) niederschlugen und verfestigten, dominierten in der regionalen Wirtschaftspolitik fast ausnahmslos die einseitigen Entwicklungskonzepte zum Ausgleich räumlicher Entwicklungsunterschiede. Vorwiegend von der Bundes- und Landesebene zentral initiiert, erhoffte man sich durch die Förderung

- neuer Technologien und innovativer Betriebe,
- von klein- und mittelbetrieblichen Strukturen (KMU),
- von flexiblen Marktstrategien und neuen Formen der Arbeitsorganisation,
- von Bildung und Qualifikationen,

nachhaltige Auswirkungen auf

- Firmenbestand, Industrieansiedlung und Zuwächse im Dienstleistungssektor,
- eine Spezialisierung im Rahmen regionaler Produktionscluster,
- Arbeitsmarkt und Beschäftigung,
- Regionalentwicklung und Strukturwandel.

Ökonomische Modernisierung, technologischer Wandel sowie soziale Strukturveränderungen prägen aber zu Beginn des neuen Jahrhunderts nach wie vor eine gesellschaftliche Entwicklungsdynamik, deren sozialräumliche Auswirkungen sich in den einzelnen Regionen unterschiedlich niederschlagen: Verdichtungsräume mit Standortvorteilen (Regionen mit High-Tech-Industrie, Dienstleistungen, Informationsverarbeitung, Forschung und Entwicklung, hoch qualifizierten Arbeitskräften u.a.) stehen strukturschwachen Regionen mit schrumpfenden Industriesektoren und -branchen (wie Bergbau, Stahl, Schiffbau, Textilherstellung) gegenüber. Dabei scheinen in besonderem Maße das Tempo der Einführung zukunftsorientierter Technologien, die räumliche Ungleichverteilung von kleinen und mittleren Betrieben als den arbeitsplatzschaffenden Unternehmen sowie darauf bezogene wirtschaftspolitische Förderungsstrategien und die Unterschiedlichkeit der regionalen Förderstrukturen die Regionalentwicklung zu prägen.

Die Aspekte der Ungleichheit und Ungleichzeitigkeit des regionalen Strukturwandels verweisen auch auf regionalspezifische Besonderheiten, die von den zentral gesteuerten und auf externe Märkte ausgerichteten Entwicklungsstrategien zunächst nicht berücksichtigt werden: Insbesondere in ehemals monostrukturierten Regionen (wie dem Saarland)

- reduziert der schwach ausgeprägte Diversifizierungsgrad der Wirtschaft massiv die Anpassungsflexibilität der bestehenden Produktions- und Dienstleistungsstrukturen;
- bleibt das Ausbildungs- und Qualifizierungsangebot hinter dem nachgefragten Bedarf zurück;
- erschweren Produktivitätsdefizite, Innovationsrückstände, Arbeitsplatzabbau, Massenarbeitslosigkeit, wachsende Armutspotenziale, prekäre Finanzsituationen als negativ wirkende Standorteffekte eine technologisch induzierte Modernisierung.

Traditionelle Regionalpolitik war bisher in erster Linie regionalisierte globale Wirtschaftspolitik zur Steigerung des gesamtstaatlichen Wirtschaftswachstums: Sie fragt(e) aus peripheren Regionen selektiv Ressourcen nach, die im interregionalen Maßstab einen absoluten Vorteil darstellen, während andere regionale Ressourcen, denen keine überregionale Nachfrage gegenübersteht, in Gefahr geraten, zu verkümmern. Jene wachstumsorientierten Entwicklungsstrategien fördern weiterhin

- Weltmarktorientierung und Exportabhängigkeit der Regionen;
- die Verstärkung interregionaler Differenzen zwischen Agglomerations- sowie ländlichen und peripheren Räumen;
- ein bleibendes Arbeitslosenpotenzial, das dauerhaft auf Transfereinkommen angewiesen ist;
- die Verschlechterung der Lebensbedingungen;

- das Brachliegen von regionalen Ressourcen;
- in besonderem Maße die interregionale und kommunale Konkurrenz, wodurch sich die Disparitäten weiter verschärfen.

Unter Beibehaltung des ökonomischen mainstream liegt die Vermutung nahe, dass Regionalentwicklung auch in den kommenden Jahren bestimmt wird von Modernisierungsprozessen und Krisenerscheinungen, die regionale Instabilitäten bedingen. Der gesellschaftliche Strukturwandel, die Veränderung wirtschaftlicher Zusammenhänge, sektorale Verschiebungen und Mobilitätsschübe werden sich weiterhin kleinräumig durchsetzen und zwar sowohl in peripheren als auch in verdichteten Regionen. Um die massiven Krisenentwicklungen (Abbau von Arbeitsplätzen, dauerhafte Massenarbeitslosigkeit, private und öffentliche Armut, regionale Ungleichheiten, Naturzerstörung etc.) der letzten 30 Jahre im Rahmen globaler ökonomischer Umstrukturierungen zu reduzieren, sollten die Regionalisierung und Ökologisierung des Wirtschaftens sowie die Sozialverträglichkeit des Strukturwandels als neue Leitbilder regionaler Entwicklung verstärkt Berücksichtigung finden. Ein illustrativer Überblick über die Risiken der Globalisierung für altindustrialisierte Regionen sowie über die saarländische Modernisierungspolitik angesichts anhaltender sozioökonomischer Problemlagen soll die Notwendigkeit regionalorientierter Entwicklungswege verdeutlichen.

2. Globalisierung und Regionalentwicklung

Neben den Defiziten der traditionellen Regionalentwicklung werfen die Globalisierung der Wirtschaft sowie Verschiebungen in der internationalen Arbeitsteilung neue Fragen nach den Stärken und Schwächen der Regionen auf. Bereits im Vorfeld der Globalisierung zeichneten sich Zielkonflikte ab, die sich allerdings durch die fortschreitende Globalisierung noch verstärken: Durch systematische Rückwirkungen globaler Ökonomie auf nationale und regionale Sozialstrukturen und Umweltpolitiken droht - gemessen an den bundesrepublikanischen Standards - ein soziales und ökologisches Dumping mit zurzeit noch nicht absehbaren Konsequenzen. In besonderer Weise war bereits mit der Schaffung des gemeinsamen Marktes in Europa seit Anfang der 90er Jahre dieses Dilemma angelegt: Ohne die nationalen Besonderheiten und regionalen Unterschiede zu berücksichtigen, verkannte und verkennt eine immer stärker zentralistisch organisierte Sozial- und Umweltpolitik der Europäischen Union (EU) die mit der Liberalisierung des Waren-, Dienstleistungs-, Personen- und Kapitalverkehrs einhergehenden sozialen und ökologischen Risiken. Und dies, obwohl die EU-Kommission zwischenzeitlich das Instrument der Umweltverträglichkeitsprüfung gemeinschaftsweit geschaffen hat, das lokal zur Anwendung kommen soll und obwohl mittlerweile die "Gemeinschafts-Charta sozialer Grundrechte" vorgelegt wurde. Weil aber beide Konzepte hinter nationalen Positionen und Erwartungen zurückblieben und zudem die Harmonisierungsbestrebungen in den Bereichen Umwelt, Soziales und Arbeitsrecht ständig von nationalen Widerständen begleitet waren, bedeutete dies eine fortwährende Vernachlässigung sozialpolitischer Defizite und umweltpolitischer Gefahren in einem nach der 1999 vollzogenen Wirtschafts- und Währungsunion ökonomisch längst formierten Binnenmarkt.

Zum einen fehlt als ergänzendes Korrektiv zur europäischen Marktintegration nach wie vor eine entsprechende soziale Integration. Die europäische Wirtschafts- und Währungsunion hat das Sozialgestaltungsdefizit eher noch verfestigt. Zwischen und innerhalb der Mitgliedstaaten und der Regionen der EU gibt es eher wachsende Disparitäten auf sozialem Gebiet. Das „soziale Europa" ist daher etwas, das erst noch hervorzubringen ist. Dieses Grunddefizit auf europäischer Ebene gilt erst Recht auf globaler Ebene. Denn eine ausschließlich den Marktkräften überlassenen Globalisierung der Wirtschaft verlangt mit besonderem Nachdruck einen Diskurs über soziale Standards in einem weltumspannenden Maßstab. Zum anderen hat die Weltumweltpolitik zwar eine durchaus lange Liste von knapp 200 Konventionen, Abkommen und Protokollen vorzuweisen. Deren Wirksamkeit gibt allerdings Anlass zu Zweifeln, einmal wegen der Minimalität der konkreten Maßnahmen, auf die man sich gerade noch einigen konnte, zum anderen aber auch wegen eines häufigen Vollzugsdefizites auf Grund mangelnder Implementierungs-, Kontroll- und Sanktionsmöglichkeiten angesichts der fortbestehenden nationalen Verfasstheit der Politik. Insofern waren die Stockholm-Konferenz 1972, die Rio-Konferenz von 1992 und die anschließenden Klima-Gipfel von Berlin und Kyoto bislang weitgehend folgenlos für einen weltweiten Umweltschutz.

Globalisierungs- und Modernisierungstheoretiker klammern in ihrer ökonomistischen Sichtweise nicht nur den Sozial- und Umweltgestaltungsbedarf nahezu vollständig aus, sondern sie spekulieren zudem noch mit der These, dass die Globalisierung der Weltmärkte zu einem Abbau des regionalen Gefälles führt: Denn wenn Marktkräfte nur ungehindert funktionieren können, setzen sie produktive Kräfte frei, die früher oder später positiv auf die Regionen überspringen („spill over"). Durch die auf diese Weise eingeleiteten Integrations- und Anpassungsprozesse kommt es zu einem nachhaltigen Wachstumsschub der regionalen Wirtschaft und zu einen entsprechenden Beschäftigungszuwachs auf dem regionalen Arbeitsmarkt. Fakt aber ist: Weder durch Marktöffnungen wie durch die europäische Integration, noch durch spezifische Förderprogramme der EU sind am Anfang des 21. Jahrhunderts die regionalen Defizite überwunden.

Auf Grund der sich im Rahmen der Globalisierung der Wirtschaft gegenwärtig vollziehenden weltweiten Konzentrations- und Fusionsprozesse in wesentlichen Branchen der Wirtschaft kann sich die in empirischen Studien festgestellte funktionale räumliche Arbeitsteilung weiter verfestigen: Danach sind in strukturschwachen Regionen Betriebe mit einem hohen Anteil operativer Aktivitäten (Fertigung, Hilfsarbeiten u.a.) angesiedelt und Unternehmensbereiche mit dispositiven Aktivitäten (Planung, Forschung und Entwicklung, allgemeine und spezielle Entwicklung u.a.) in strukturstarken Regionen konzentriert. Auf Grund der Standortvorteile verdichteter Räume tendieren Unternehmenszentralen mit "Stabsfunktion" und dispositiven Tätigkeiten in Verdichtungsräume.

Gravierender für strukturschwache Regionen ist aber, dass sich die Wachstumstendenzen einerseits und die (negativen) Arbeitsplatzeffekte andererseits regional selektiv durchsetzen und der fortschreitende Integrationsprozess mit einer weiteren Differenzierung der Regionen einhergehen wird. Insbesondere ist mit einer weiteren Spezialisierung einzelner Länder, Regionen und Metropolen auf bestimmte Industriesektoren und Dienstleistungsangebote zu rechnen, die eine kontinentale Umstrukturierung von Branchen und Regionen zur Folge hat. So werden sich beispielsweise die Finanzdienstleistungen an den traditionellen Bankenplätzen (London, Frankfurt, Paris) und in den Metropolen zu Lasten anderer Regionen konzentrieren; forciert werden auch in der Autoindustrie Standorte zusammengelegt. Darüber hinaus haben die Strukturveränderungen zur Folge, dass die ökonomischen Stärken der Bundesrepublik zukünftig nicht mehr im Bereich preiswerter Massenproduktion weniger intelligenter Produkte liegen (in der Vergangenheit vorwiegend in den altindustrialisierten Regionen hergestellt), sondern bei der Fertigung komplexer, intelligenter Produkte mit hoher Qualität durch hoch qualifizierte und entsprechend bezahlte Arbeitnehmer. Wesentliche Ansiedlungs- und Standortentscheidungen für jene Wachstumsindustrien sind aber in der Vergangenheit bereits getroffen worden (Ballungsräume in Baden-Württemberg, Bayern, Nordrhein-Westfalen).

Ob das Saarland zu den Siegern oder Verlierern im weltweiten, sich verschärfenden Standortwettbewerb zählen wird, bleibt trotz der strukturverändernden Effekte und der Nutzung innovativer Nischen immer noch eine empirische Frage: Zwar liegt die Region in einem vereinten Europa geografisch relativ zentral, die Globalisierung postuliert aber eine ökonomisch zentrale Lage: In diesem Kontext liegt das Saarland abseits internationaler ökonomischer Entwicklungsachsen (zum einen von den niederländischen Häfen Amsterdam und Rotterdam über den Raum Köln/Düsseldorf, Rhein-Main und Rhein-Neckar bis nach Basel, zum anderen von Paris, Pas de Calais und Cote d'Azur).

Schließlich sind wirtschaftliche Probleme weniger in der Großindustrie als vielmehr bei Klein- und Mittelbetrieben, die dem künftigen Konkurrenzdruck nicht gewachsen sein werden (z.b. vereinzelte Handwerkszweige, Bauindustrie, Güterverkehr), zu erwarten - nicht zuletzt wegen der Grenzlage, weil insbesondere in Frankreich die Lohnkosten in verschiedenen Branchen niedriger sind (vgl. auch die erfolgreiche Ansiedlung von Industrie- und Dienstleistungsunternehmen in Lothringen in den 90er Jahren). Die betriebswirtschaftliche Rationalität wird das europa- und weltweite Lohngefälle nutzen, was in der Gesamttendenz dazu führt, dass keine weitere lohnintensive Produktion im Saarland angesiedelt wird. Dies wird auch bei der Expansion ortsansässiger Unternehmen eine Ansiedlung im kostengünstigeren Ausland bewirken.

Angesichts regionaler Ungleichgewichte in "globalisierten Makrostrukturen" sollte eine flankierende Regionalpolitik die endogenen Potenziale einer Region fördern und nutzen.

3. Regionalpolitik und Strukturwandel im Saarland:
Nachholende Modernisierung und Beschäftigungskrise

Die Modernisierungspolitik und Umstrukturierungsprozesse im Saarland scheinen sich an den wachstumsorientierten Leitbildern der südlichen Ballungsräume der Bundesrepublik zu orientieren: Die Wirtschafts-, Forschungs- und Technologiepolitik zielt auf einen modernen Industrie- und Dienstleistungsstandort sowie die Reorganisation eines konkurrenzfähigen Produktions- und Lebensraumes. Angelehnt an das idealtypische "Raumbild" der wachstumsorientierten, ökologisch und landschaftlich intakten Region hat sie sich die Versöhnung von Ökonomie und Ökologie auf ihre Fahnen geschrieben. Durch angebotsorientierte High-Tech-Projekte mit hohem Mittelaufwand sowie technologische Innovationen soll die Region den Anschluss an die weltweite technologische Entwicklung nachholen. Die staatliche Förderung der Hochtechnologie als regionales Entwicklungsmodell (Aufbau neuer Universitätsinstitute im Bereich der Informations- und Kommunikationstechnologie, die Institute für Künstliche Intelligenz und für Neue Materialien, Ausbau der Umwelttechnologien, Science Park, Starterzentrum und einer grenzüberschreitenden Kommunikationsinfrastruktur mit europäischer Perspektive) hat dabei Priorität und man erhofft sich dadurch Sogwirkungen und Spin-off-Effekte (innovative Unternehmensgründungen) auf die gesamte Infrastruktur der Region.

Zugleich dauert der Restrukturierungs- und Anpassungsprozess im für Wirtschaft und Arbeitsmarkt weiterhin an Bedeutung verlierenden Montanbereich an: Neben den anhaltenden Kapazitätsschnitten und dem massiven Arbeitsplatzabbau in der Stahlindustrie steht vor allem dem Bergbau in den nächsten Jahren ein nachhaltiger Schrumpfungsprozess bevor. Darüber hinaus tendieren die im Verlauf der wirtschaftlichen Umstrukturierung sich herausbildenden neuen Produktionsstrukturen zu einer neuerlichen Abhängigkeit von einer Monostruktur, wenn der Dienstleistungssektor und die Wachstumsbranchen nicht weiterhin überdurchschnittlich expandieren: Mittlerweile ist die konjunkturanfällige Automobilindustrie mit ihren Zulieferbetrieben zum Hauptarbeitgeber geworden.

Eine Voraussetzung für die künftige ökonomische Entwicklung ist die Verfügbarkeit von Wissen in den unterschiedlichsten Formen – als fachliches Wissen, als organisatorische Kenntnisse und Erfahrungen, als Kommunikationsfähigkeit u.a.

Ein ausreichendes Angebot (hoch-)qualifizierter Arbeitskräfte ist eine zentrale Voraussetzung für die Konkurrenz- und Entwicklungsfähigkeit von Nationen wie Regionen oder einzelnen Standorten. Strukturschwache Räume sind aber mit Menschen, die solche Kenntnisse, Fähigkeiten und Erfahrungen haben, unterversorgt. Geringe ökonomische, soziale und kulturelle Aktivitäten machten sie traditionell zu Abwanderungsgebieten für junge und ausgebildete Arbeitskräfte. Dies galt in besonderem Maße bis weit in die 90er Jahre hinein auch für das Saarland. Der erfolgreiche Zugriff auf hoch qualifizierte Arbeitskräfte ist aber nicht nur für innovative und hoch entwickelte Unternehmen eine entscheidende Voraussetzung ihrer Konkurrenzfähigkeit, sondern zugleich auch Bedingung für die Mobilisierung regionaler Entwicklungspotenziale. In den Mittelpunkt saarländischer Modernisierungspolitik ist deshalb inzwischen auch der weiche Standortfaktor „Qualifikation" gerückt: Die Anpassung des Qualifikationsniveaus an den technologiebezogenen Qualifikationsbedarf soll den Wirtschaftsstandort Saarland und sein Image aufwerten.

Die Kehrseite der einseitigen Modernisierungspolitik mit ihren (bislang) wenigen Modernisierungsgewinnern ist eine in den letzten Jahrzehnten gestiegenen Zahl von Modernisierungsverlierern: Die anhaltenden Strukturdefizite und die auf einem gespaltenen Arbeitsmarkt nicht mehr nachgefragten beruflichen Qualifikationen sind ursächlich für die überproportionale Dauerarbeitslosigkeit und zunehmende Armutsentwicklung in der Region. Die Arbeitsmarktentwicklung im Saarland seit Beginn der 90er Jahre kann rückblickend in zwei Phasen unterteilt werden.

In der ersten Phase ging die Arbeitslosigkeit in Folge der vereinigungsbedingten Sonderkonjunktur bis 1991 auf ein Niveau von knapp 36.000 zurück, was einer jahresdurchschnittlichen Arbeitslosenquote von 8,6% entsprach. Auf Grund dieser positiven Entwicklung konnte die in der ersten Hälfte der 80er

Jahre eingetretene Abkoppelung von der Bundesentwicklung rückgängig gemacht und wieder Anschluss an die allgemeine Arbeitsmarktentwicklung gefunden werden. Die zweite Phase ab 1992 ist zunächst geprägt von einer tiefen Rezession, zu der im Juli 1993 der Konkurs der Saarstahl AG sowie im März 1997 die kohlepolitische Grundsatzentscheidung über Subventions- und Arbeitsplatzabbau der damaligen Bundesregierung hinzu kamen. Beides zusammen – konjunktureller Abschwung und strukturelle Krise – beeinflusste die Dynamik des saarländischen Arbeitsmarktes und führte zu erheblichen Arbeitsplatzverlusten.

Verschiedene überregionale Arbeitsmarktprognosen weisen darauf hin, dass zwar die Zahl der sozialversicherungspflichtig Beschäftigten weiterhin zunehmen wird, zugleich muss aber bis zum Jahr 2010 mit einer erheblichen Sockelarbeitslosigkeit gerechnet werden. Im Trend zur Dienstleistungsgesellschaft wird der Arbeitskräftebedarf für an- und ungelernte Tätigkeiten radikal abnehmen, jener für höher qualifizierte Tätigkeiten sich nachhaltig erhöhen; die Vermittlungs- und Beschäftigungschancen von Arbeitnehmern mit veralteten Qualifikationen werden sich am regionalen Arbeitsmarkt zunehmend weiter verschlechtern.

Schließlich verschärft die öffentliche Verschuldung die regionale Problemsituation in Phasen des strukturieren Umbruchs von Wirtschaft und Region zusätzlich: Hohe Finanzmittel zur Stabilisierung der Krisenbranchen einerseits, geringere Steuereinnahmen infolge der ökonomischen Problemlage andererseits haben dazu geführt, dass die Schere zwischen öffentlichen Einnahmen und krisenbedingten Ausgaben sich immer weiter öffnete und ein steigender Anteil der Ausgaben des Landes und der Gemeinden über Kredite finanziert werden muss. Das Saarland ist trotz der Teilentschuldung, so wie sie 1993 im Rahmen der Solidarpakt-Verhandlungen vereinbart worden waren, und nach Auslaufen der ersten Teilentschuldungsphase weiterhin auf enorme überregionale Finanzhilfen (Länderfinanzausgleich, Gemeinschaftsaufgabe zur Verbesserung der regionalen Wirtschaftsstruktur, Strukturhilfegesetz, EU-Strukturfonds, Entschuldungsforderungen) angewiesen. Durch die Fortführung der Entschuldungshilfen für das Saarland (ab 1999 eine weitere Teilentschuldungsrunde mit einem Gesamtvolumen von fünf Milliarden DM) ist eine regionale Wirtschafts- und Strukturpolitik mit autonomen Gestaltungsspielräumen nur noch in engen Grenzen machbar. Regionalpolitik ist deshalb selten mehr als Krisenmanagement.

4. Regionale Entwicklungskonzepte und endogene Regionalentwicklung: Praxisperspektiven

Die Globalisierung wirtschaftlicher Zusammenhänge, die fortschreitende Internationalisierung der Arbeitsteilung und die zunehmende Europäisierung der industriellen Beziehungen stellt die Nationalstaaten und Regionen vor neue Herausforderungen und schafft einen regionalpolitischen Handlungsbedarf, der über die traditionellen Entwicklungskonzepte (Herstellung gleicher Lebensverhältnisse und -chancen durch Umverteilung) hinaus geht. Sowohl in der ökonomischen Modernisierungsdebatte als auch teilweise in einer sich von zentralisierten, wachstums- und mobilitätsorientierten Entwicklungskonzepten abkehrenden Regionalpolitik finden seit einiger Zeit unter dem Stichwort "In-Wert-Setzung des Raumes" räumliche Strukturen und regionale Ressourcen wieder eine stärkere Beachtung. Bei aller konzeptionellen Unterschiedlichkeit thematisieren diese regionalen Entwicklungskonzepte allerdings drei Grundorientierungen, die bis in die 90er Jahre so noch nicht denkbar gewesen wären:

(1) die Betonung von ökonomischen, sozialen und kulturellen Besonderheiten und Eigenheiten der Regionen, die als "endogene Potenziale" zum Ausgangspunkt von Krisenlösungskonzepten gemacht und als Grundlagen der wirtschaftlichen Entwicklung einer Region angesehen werden;

(2) in fast allen Konzepten steht die Kooperation und Koordination aller Akteure der Region im Mittelpunkt (Nutzung von Synergieeffekten, ressortübergreifende Zusammenarbeit, Querschnittsaufgaben, regionale Kooperationsnetzwerke) und

(3) die Schaffung regionaler Handlungsspielräume zur Stärkung von politischer Autonomie, damit den Regionen vermehrt Möglichkeiten zur Gestaltung ihrer eigenen Entwicklung eröffnet werden.

Zugleich hat die Metapher der eigenständigen (endogenen) Regionalentwicklung wieder Eingang in konzeptionelle und strategische Fragen der herkömmlichen Regionalpolitik gefunden, allerdings unter reduktionistischen Aspekten: Allzu oft beschränkt sich endogene Entwicklung unter den gegebenen ökonomischen Imperativen auf die Förderung des vorhandenen Firmenpotenzials der Klein- und Mittelbetriebe, des lokalen Qualifikationsbedarfs und von Innovationen. Der Zusammenhang zwischen der Bedeutung räumlicher Strukturen und wirtschaftlicher Vorteile wurde jedoch in der Zwischenzeit sowohl in der ökonomischen und technologischen Modernisierungsdebatte als auch in der kommunalen und regionalen Wirtschaftsförderung erkannt: Zum einen brauchen innovative Klein- und Mittelbetriebe die räumliche Nähe von Beratungs-,

Forschungs- und Entwicklungsdienstleistungen, andererseits sind innovative Unternehmensgründungen auf die Eingebundenheit in regionale Unternehmensnetzwerke angewiesen; „Fühlungsvorteile" und räumliche Nähe von vor- und nachgelagerten Komplementärbetrieben in der industriellen Produktion sind zunehmend wichtiger geworden (vgl. z.B. die Just-in-time-Produktion).

Im Grundsatz sind diese strategischen Orientierungen in der Regionalökonomie notwendig, im Sinne eines ganzheitlichen Entwicklungsmodells, das ökonomische mit sozialen und kulturellen Potenzialen zu integrieren versucht, aber nicht hinreichend. Zentrale Zielsetzungen einer eigenständigen Regionalentwicklung, die wirtschaftliche, soziokulturelle und ökologische Vorhaben miteinander verknüpft, und nicht, wie von der bisherigen Regionalpolitik gewohnt, unabhängig voneinander verfolgt, müssten sein:

- die Stärkung der regionalen Wirtschaftskraft mit Hilfe von regionalen Ressourcen, wobei in der Region endogene Kräfte und Potenziale vermutet werden, die einen eigenen Beitrag zur Regionalentwicklung leisten können, aber bisher nicht in die Nutzung einbezogen wurden;
- die Sozial- und Umweltverträglichkeit von Wirtschaftsentwicklung, Produktionsprozessen und Technikgestaltung zur Verbesserung der ökologischen und sozialen Reproduktionsbedingungen in der Region (im Sinne des Leitbildes der Nachhaltigkeit der 1992 auf der Konferenz der Vereinten Nationen in Rio de Janeiro verabschiedeten Agenda 21);
- die (Wieder-)Aneignung der regionalen und lokalen Lebewelt sowie kultureller Traditionen und Besonderheiten der Region, die lange Zeit negiert und nivelliert wurden und zunehmend als erhaltungswürdige Potenziale und Werte erkannt werden;
- die Verbesserung der konkreten Arbeits- und Lebensbedingungen in einer Kommune, einer Gemeinde oder der Gesamtregion.

Kriterien so verstandener regionaler Entwicklungskonzepte wären:

- der Übergang zu einer qualitativen Entwicklungsdynamik, die sich an der Sozialverträglichkeit der Technikentwicklung und der Umweltqualität der Produktion orientiert,
- die Förderung regionaler, innovativer Milieus und der beruflichen Qualifikation,
- die Nutzung von Synergieeffekten (gegenseitige Ergänzung der Regionen im wirtschaftlichen Handeln, der Ansiedlungspolitik u.a.),

- die Förderung innerregionaler Kreisläufe und zwischenbetrieblicher Vernetzung,
- die Kooperationen zwischen öffentlichen und privaten Institutionen (z.B. Akteure aus Wirtschaft, Wissenschaft, Forschung, Verwaltung, Bildung u.a.),
- die Förderung regionaler Entwicklungsorganisiationen und endogene Mobilisierung des regionalen Potenzials durch Regionalberater.

Eine endogene Regionalentwicklung verfolgt damit die Aktivierung bisher brachliegender, ungenutzter und unbekannter Potenziale und Ressourcen und bietet Chancen für innerregionale Entfaltungsprozesse im ökonomischen, sozialen und kulturellen Bereich. Als Komplementärstrategie zu einer rein weltmarktorientierten Modernisierung zielt die endogene Regionalentwicklung zwar auf die Reduzierung der Abhängigkeit vom Weltmarkt und Export sowie der Abhängigkeit von externen wirtschaftlichen Entscheidungszentralen. Eine dezentral konzipierte Regionalentwicklung ist deshalb nicht mehr vergleichbar mit der bisherigen (zentral gesteuerten) Umverteilungspolitik. Sie bedeutet jedoch keine Abkoppelung vom Weltmarkt, weil dies für Regionen mit hoher Weltmarkt- und Exportabhängigkeit kontraproduktiv wäre. Regionale Entwicklungskonzepte haben vielmehr ergänzende und keine substitutive Funktion. Die Bedeutung der endogenen Regionalentwicklung liegt eher in einer dem wirtschaftlichen mainstream der Nationalstaaten (Sicherung der Konkurrenz- und Wettbewerbsfähigkeit sowie der Standortvorteile im Rahmen der Neuordnung des Europäischen und des Weltmarktes) und der dadurch sich verschärfenden ungleichen Raumentwicklung gegensteuernden Regionalpolitik. Durch die damit verbundene Frage nach den Wirkungszusammenhängen zwischen exogenen Entwicklungstrends (Globalisierung, Weltmarktentwicklung, Innovationen u.Ä.) und endogenen Entwicklungspotenzialen in den Regionen sehen sich die Befürworter regionaler Entwicklungskonzepte vor eine Vielzahl neuer Anforderungen gestellt. Integrierte Problemlösungen sind gefragt. Vernetzung der positiven Faktoren, Kooperation aller Akteure sind Stichworte und verlangen die Erschließung regionaler und lokaler Handlungsmöglichkeiten. Durch die Stärkung der regionalen Autonomie und unter Berücksichtigung des regionalen Bedarfs soll die regionalwirtschaftliche Orientierung die Voraussetzungen schaffen für die Förderung der regionalen Wertschöpfung, einer regionalen Binnenperspektive sowie gleichwertiger Lebensbedingungen. Die ökonomische und kulturelle Inwertsetzung der Region stellt dabei das Individuum in den Mittelpunkt des regionalen Umbruchprozesses und reduziert sich nicht auf die Verbesserung der Verwertungsbedingungen des Raumes.

Literatur

Altvater, E./Mahnkopf, B.: Grenzen der Globalisierung. Ökonomie, Ökologie und Politik in der Weltgesellschaft, Münster 1996;

Arbeitskammer des Saarlandes: Bericht an die Regierung des Saarlandes 1999. Zur wirtschaftlichen, sozialen und kulturellen Lage der Arbeitnehmer, Saarbrücken 1999;

Arbeitskammer des Saarlandes: AK-Forum zur Wirtschafts- und Strukturpolitik – Zukunft der Automobil- und Zulieferindustrie (AK-Texte), Saarbrücken 2000;

Caterro, B.: Jenseits von Konvergenz und Pfadabhängigkeit – Über die Europäisierung der industriellen Beziehungen in Zeiten der Globalisierung, in Schmidt, G./Trinczek, R. 1999, 95-114;

Frankfurter Rundschau Nr. 128 vom 03.06.2000: Sozialstaat in der Krise: Die Kluft zwischen Arm und Reich wird immer größer;

Hahne, U.: Regionalentwicklung durch Aktivierung intraregionaler Potenziale. Zu den Chancen "endogener" Entwicklungspotenziale, München/Florenz 1985;

Huber, J.: Weltumweltpolitik zwischen Ökologie und Ökonomie, in Schmidt, G./Trinczek, R. 1999, 193-212

Kilper, H./Rehfeld, D. (Hg.): Konzern und Region – Zwischen Rückzug und neuer Integration. International vergleichende Studien über Montan- und Automobilregionen, Münster/Hamburg 1994;

Kujath, H.J. (Hg.): Strategien der regionalen Stabilisierung – Wirtschaftliche und politische Antworten auf die Internationalisierung des Raumes, Berlin 1998;

Kujath, H.J.: Zwischen Marginalisierung und Aufstieg. Regionen unter dem Einfluss des technologischen Wandels und industrieller Restrukturierung, Kujath, H.J. 1998, 83-107;

Läpple, D.: Globalisierung – Regionalisierung: Widerspruch oder Komplementarität, in: Kujath, H.J. 1998, 61-81;

Mückenberger, U.: Arbeitsrechtliche Gestaltung durch den europäischen Sozialen Dialog, in Schmidt, G./Trinczek, R. 1999, 325-340;

Prigge, R./Buchegger, R./Magnusson, L. (Hg.): Strategien regionaler Beschäftigungsförderung – Schweden, Österreich und Deutschland im Vergleich, Frankfurt am Main/ New York 2000;

Rohr-Zänker, R.: Regionalentwicklung und Arbeitsmarkt – Zuwanderung hoch qualifizierter Arbeitskräfte in strukturschwache Regionen am Beispiel der Weser-Ems-Region, Oldenburg 1998;

Saarmemorandum 1997: herausgegeben von der Regierung des Saarlandes, Saarbrücken 1997;

Schmidt, G./Trinczek, R. (Hg.): Globalisierung - Ökonomische und soziale Herausforderungen am Ende des zwanzigsten Jahrhunderts, Baden-Baden 1999;

Christian Keuschnigg, Peter Strobel

Wagnisfinanzierung – Eine regionalpolitische Perspektive

Einleitung

Unternehmensgründungen sind eine Quelle von Innovation und Beschäftigung. Junge Unternehmen bringen im Durchschnitt mehr Innovationen hervor als Großunternehmen und schaffen mit den gleichen Kapitalinvestitionen mehr Arbeitsplätze. Eine wichtige Voraussetzung für eine lebhafte Gründertätigkeit ist die Verfügbarkeit von Risikokapital. Wagniskapital ist eine spezifische Finanzierungsform, die auf Unternehmensgründungen und auf die Expansion von jungen Unternehmen zugeschnitten ist. Wagnisfinanzierung beinhaltet eine intensive Projektauswahl und die Bereitstellung von Eigenkapital über eine zeitlich begrenzte Investitionsperiode mit aktiver Beratung und Unterstützung im Management. Die Erträge fallen nicht in Form von laufenden Dividenden, sondern i.d.R. als Wertzuwachs beim Verkauf der Anteile am Ende der Beteiligungsperiode an.

Unternehmensgründungen stellen Experimente dar, die nur bei positivem Ausgang zusätzliche Beschäftigung schaffen. Unvorhersehbare Marktrisiken und unternehmerisches Versagen führen dazu, dass ein hoher Anteil von Neugründungen schon nach kurzer Zeit scheitert. Anders als bei existierenden Unternehmen unterliegt ihre Finanzierung ganz spezifischen Schwierigkeiten. Es ist typisch, dass weder Sicherheiten vorhanden sind noch eine vergangene Erfolgsgeschichte vorliegt. Gerade bei innovativen Gründungen können die Erfolgschancen auf dem Markt nur schwer eingeschätzt werden. Die Gründerpersonen haben meist einen naturwissenschaftlich technischen Hintergrund. In der kommerziellen Umsetzung von Innovationen und der weiteren Unternehmensentwicklung kommt aber gerade ihrer kaufmännischen Eignung und Lernfähigkeit eine entscheidende Bedeutung zu. Das Ausfallrisiko ist extrem hoch. In dieser Situation wiegen Informationsprobleme zwischen Finanziers und Unternehmern besonders schwer.

In der Finanzierung von Existenzgründungen können zwei entscheidende Fehler auftreten: (1) Chancenlose Unternehmen werden zulange finanziert und künstlich am Leben erhalten, da schon bei der Auswahl Schwächen übersehen werden oder im Zuge der ersten Entwicklungsphase ein sich anbahnender Misserfolg zu spät erkannt wird. (2) An sich Erfolg versprechende Projekte werden zu früh gestoppt, weil Verzögerungen in der Erfolgsentwicklung falsch interpretiert werden. Beide Finanzierungsfehler führen volkswirtschaftlich zu einer Vergeudung von Kapital und Beschäftigungsmöglichkeiten. Eine Vermeidung solcher Fehler erfordert eine hohe Kompetenz und großes unternehmerisches Gespür der Beteiligungsgesellschaften und ihrer Fondsmanager.

Aufgaben der Wagnisfinanzierung

Wagniskapital ist konzeptionell auf die Finanzierung von Gründungsinvestitionen und auf die Eigenkapitalerhöhung junger, innovativer Unternehmen ausgerichtet, die ein hohes Wachstumspotenzial versprechen, zugleich aber ein extrem hohes Risiko aufweisen. Zum allgemeinen Marktrisiko kommt bei innovativen Gründungen ein erhebliches technologisches Risiko, da die Realisierbarkeit der Innovation zunächst unsicher ist und die Gefahr der Imitation nicht ausgeschlossen werden kann. Da die Finanzreserven potenzieller Unternehmer zumeist begrenzt sind, muss das Startkapital von anderen Kapitalgebern aufgebracht werden. Die fehlende Reputation und der Mangel an Sicherheiten stellen jedoch schwer überwindbare Zugangsbarrieren zum traditionellen Kapitalmarkt dar. Der Abfluss von Zins- und Tilgungsleistungen würde das Wachstum des Unternehmens erheblich behindern. In der Frühphase der Unternehmensentwicklung scheidet daher eine Kreditfinanzierung im Wesentlichen aus. Um so wichtiger ist die Existenz eines aktiven Marktes für risikotragendes Eigenkapital.

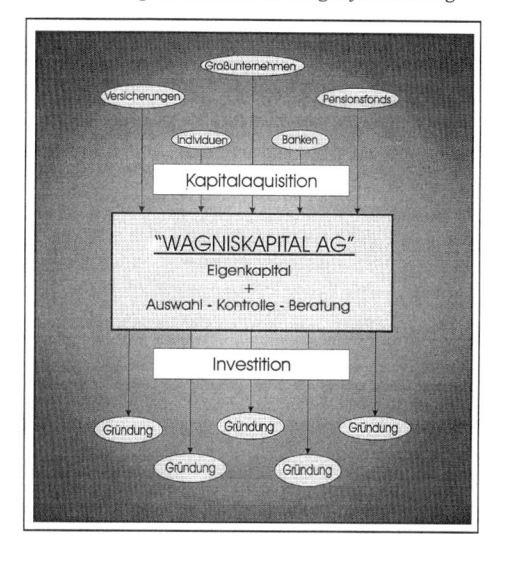

Abbildung 1: Elemente der Wagnisfinanzierung

Zusätzlich zur Kapitalbereitstellung übernehmen Finanzintermediäre regelmäßig eine Versicherungsfunktion, indem sie neben dem Beteiligungsanteil des Unternehmers auch ein erfolgsunabhängiges Grundgehalt vereinbaren und die Haftung des Gründers faktisch begrenzen. Im Gegensatz zu Einzelinvestoren ist es Finanzintermediären grundsätzlich möglich, das Investitionsrisiko durch Finanzierung einer Vielzahl unterschiedlicher Projekte zu glätten. Wie Abb. 1 zeigt, bringen Wagniskapitalgesellschaften das zur Finanzierung notwendige Kapital aus unterschiedlichen Quellen auf und streuen zugleich das Risiko der eigenen Kapitalgeber. Unter allen Beteiligungen in einem typischen Portfolio stammt allerdings der Hauptteil des Ertrags häufig nur von einem oder zwei Erfolgsunternehmen, während der Rest nur mäßige Erträge abwirft oder in Totalverlusten endet.[1]

Die Wagnisfinanzierung spricht zwei Haupthindernisse für eine erfolgreiche Gründertätigkeit an: fehlendes Eigenkapital und mangelnde unternehmerische Erfahrung. Gerade technologisch hochwertige und wissensbasierte Projekte mit einem hohen Wachstumspotenzial scheitern neben dem Kapitalmangel nur allzu oft an vermeidbaren Managementfehlern. Um so entscheidender ist die beratende und kontrollierende Funktion des Wagnisfinanziers.[2] Sie gewährlei-

---
[1] Siehe Sahlman (1990, 484).
[2] Siehe Gompers (1995).

stet, dass ein möglichst großer Anteil an Neugründungen tatsächlich erfolgreich ist. Wagnisfinanzierung leistet wie keine andere Form der Investitionsfinanzierung einen wesentlichen Beitrag zur Steigerung der Erfolgswahrscheinlichkeit und zum Wachstum junger Unternehmen und trägt damit zu mehr Beschäftigung und Einkommen in der Region bei.

Die Finanzierung von Gründungsinvestitionen stellt die Finanziers vor besondere Herausforderungen hinsichtlich der adäquaten Ausgestaltung und Umsetzung von Finanzierungsverträgen.[3] Die Wahl geeigneter Finanzierungsinstrumente, wie sie bspw. die Wandelanleihe darstellt, und ihre konzeptionelle Ausgestaltung können wegen ihrer nachhaltigen Anreizwirkungen für den Erfolg eines Unternehmens von großer Bedeutung sein. Spezialisierten Gesellschaften ist es leichter möglich, durch die eigene Geschäftstätigkeit und den Aufbau eines engen Netzes an Geschäftskontakten die notwendigen Erfahrungen für eine erfolgreiche Finanzierung zu erwerben. Wagnisfinanziers unterscheiden sich damit grundlegend von Banken und anderen Finanzintermediären. Im Gegensatz zu diesen entwickeln sie besondere unternehmerische Kompetenzen, die es ihnen ermöglichen, die Projekte mit dem größten Wachstumspotenzial sicher zu erkennen und durch begleitende Kontrolle und Beratung zu ihrer Wertsteigerung wesentlich beizutragen.

1) Projektauswahl:

Mängel in der Projektauswahl schlagen sich nicht nur in geringeren Durchschnittsrenditen der Kapitalanleger nieder, sondern sind auch volkswirtschaftlich mit negativen Konsequenzen verbunden, indem entweder neue Produktionen und die damit verbundenen Beschäftigungsmöglichkeiten nicht realisiert oder Kapital und andere Ressourcen in der Verfolgung von nur wenig Erfolg versprechenden Projekten verschleudert werden. Da das Unternehmen noch nicht anhand vergangener Erfolge beurteilt werden kann und ein Markt erst erschlossen werden muss, kommt es anders als bei der einfachen Kreditwürdigkeitsprüfung auf die unternehmerische Intuition und Managementkompetenz in der Finanzierungsgesellschaft an.[4] Auf Grund ihrer spezifischen Branchenkenntnisse und ihrer eigenen Managementkompetenz sind Wagnisfinanziers besser als Banken in der Lage, Geschäftspläne von innovativen Gründungsideen auf ihre kommerziellen Erfolgschancen und technische Realisierbarkeit hin zu prüfen. Gerade die Gewinnbeteiligung aus der Eigenkapitaleinlage, anstatt des festen Zinsertrags aus einer einfachen Kreditfinanzierung, gibt den Wagnisfinanziers einen mächtigen Anreiz, bereits im Vorfeld einen

---

[3] Siehe hierzu ausführlicher Keuschnigg/Strobel/Tykvová (1999).
[4] Siehe Sahlman (1990, 501 f.).

überdurchschnittlichen Aufwand für die intensive Prüfung und strenge Auswahl von Projekten zu verwenden und im Weiteren mit der Bereitstellung von Beratungsleistungen aktiv den Erfolg des Unternehmens voranzutreiben.[5] So werden i.d.R. von 100 Finanzierungsanträgen nur 3-5 angenommen. Koinvestitionen - auch Syndizierung genannt – erleichtern es den Finanziers, Informationslücken gemeinsam zu überwinden und die Unsicherheiten in der Auswahl von Projekten zu reduzieren.[6]

2) Kontrolle:

Wie auf allen Versicherungsmärkten entsteht mit der Finanzierung des Projektes durch die Eigenkapitaleinlage der Finanzierungsgesellschaft ein grundsätzliches Anreizproblem, wonach der Unternehmer sich der Weiterentwicklung und Wertsteigerung des Projekts nicht mehr mit derselben Intensität widmet, als wenn er das gesamte unternehmerische Risiko selber tragen müsste. Bereits bei der Aushandlung des Finanzierungsvertrages muss daher die Gesellschaft den Vertragsinhalt an den entstehenden Anreizproblemen ausrichten. Durch die regelmäßige Kontrolle des Unternehmers und die Prüfung von Geschäftsdaten wird gewährleistet, dass der Unternehmer das Projekt in Richtung des größten kommerziellen Erfolges weiterentwickelt anstatt bloß technischen Möglichkeiten nachzuhängen. Es liegt jedoch nicht immer in der Verantwortung des Unternehmers, wenn ein Projekt nicht zum Erfolg führt. Dennoch gesteht ein Gründer in solchen Fällen nur ungern das Scheitern des Projektes ein. Eine intensive, begleitende Kontrolle ist daher auch deshalb notwendig, damit die Finanzierungsgesellschaft erfolglose Projekte frühzeitig stoppen und eine Vergeudung von wertvollen Ressourcen verhindern kann. Dabei wird Eigenkapital typischerweise in mehreren Wellen investiert. Andererseits darf sie eine verzögerte Ertragsentwicklung nicht vorschnell als Misserfolg deuten und an sich Erfolg versprechende Projekte zu früh stoppen.

3) Strategische Managementberatung:

Nach einer empirischen Studie von Rosenstein et al. (1993) können weniger kreativ angelegte Informations- und Kontrollaktivitäten zwar zur Verhinderung von Insolvenzen beitragen. Aktive Beratung jedoch erhöht systematisch die Erfolgschancen eines Projektes und zielt auf eine Steigerung der Unternehmenserträge ab. Zahlreiche Geschäftskontakte zu potenziellen Kunden und Lieferanten sowie eine profunde Kenntnis über weitere Finanzierungsmög-

---

[5] Siehe Strobel (2000b).
[6] Siehe Lerner (1994) und Brander et al. (1998).

lichkeiten unterstreichen zusätzlich die Kompetenz von Wagniskapitalgesellschaften in der laufenden Betreuung und Unterstützung junger Unternehmen. Die Finanzierungsgesellschaft muss gerade in der Anfangsphase ihre Rechte als Miteigentümer intensiv wahrnehmen und bei Bedarf aktiv in die Unternehmensführung eingreifen, um das junge Unternehmen auf Erfolgskurs zu lenken. Dazu gehört bspw. auch die Gestaltung einer effizienten innerbetrieblichen Organisation sowie die Rekrutierung von kompetenten Führungskräften und Mitarbeitern. Durch die Beteiligung der Gesellschaft am Unternehmenserfolg soll der Anreiz zur aktiven Unterstützung des Unternehmens sichergestellt werden. Dies begründet mit die Überlegenheit der Wagnisfinanzierung, welche Kapital und Beratung aus einer Hand als Gesamtpaket bereitstellt.[7] In dieser Situation sind die Erfahrung und die Kontakte der Manager der Beteiligungsgesellschaft gerade in der Startphase entscheidende Schlüsselressourcen für die Realisierung des weiteren Wachstums.[8] Da diese Ressourcen knapp sind, kann die Anzahl der von der Beteiligungsgesellschaft in ihrem Portfolio betreuten Projekte nur begrenzt sein.[9]

Wagniskapital in Deutschland[10]

Der Markt für Wagniskapital ist in Deutschland im Vergleich zu den USA oder Großbritannien und Niederlande noch immer unterentwickelt (Abb. 2). Zu einem rasanten Wachstum mit jährlichen Wachstumsraten in Höhe von durchschnittlich über 25 Prozent kam es dann zwischen 1995 und 1998. Die Einrichtung des Neuen Marktes für junge Technologieunternehmen an der Frankfurter Börse wird zusätzlich die Bedingungen für die Wagnisfinanzierung in Deutschland erheblich verbessern. Derzeit ist allerdings eine große Diskrepanz zwischen dem insgesamt zur Verfügung stehenden und dem tatsächlich in unternehmerische Projekte investierten Kapital zu beklagen. Während sich das Fondsvolumen 1998 auf 18,7 Mrd. DM belief, betrug der Wert des Gesamtportfolios lediglich 9,5 Mrd. DM. Etwa die Hälfte aller vorhandenen Ressourcen blieben also ungenutzt.

---

[7] Siehe Strobel (2000a).
[8] Zur empirischen Relevanz von Ausbildung / Erfahrung der Fondsmanager vgl. u.a. Schefczyk (1998).
[9] Siehe Kanniainen/Keuschnigg (2000).
[10] So weit nicht anders vermerkt stammen alle Angaben aus E V C A (1998 und 1999).

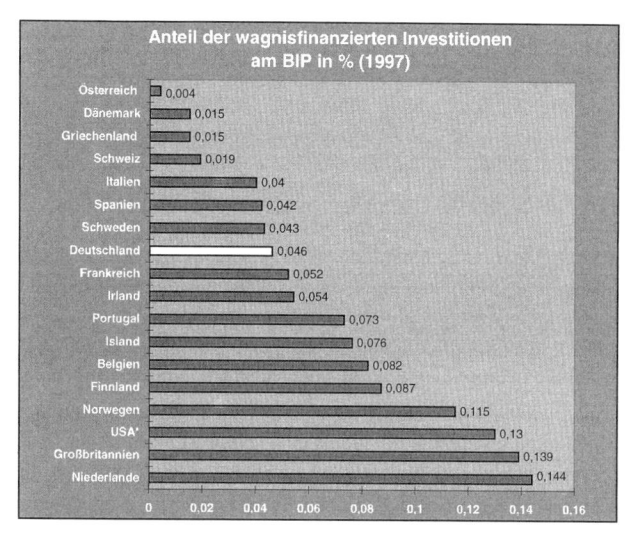

Abbildung 2: Wagnisfinanzierung international

Land	Anteil der wagnisfinanzierten Investitionen am BIP in % (1997)
Österreich	0,004
Dänemark	0,015
Griechenland	0,015
Schweiz	0,019
Italien	0,04
Spanien	0,042
Schweden	0,043
Deutschland	0,046
Frankreich	0,052
Irland	0,054
Portugal	0,073
Island	0,076
Belgien	0,082
Finnland	0,087
Norwegen	0,115
USA*	0,13
Großbritannien	0,139
Niederlande	0,144

Quelle: E V C A (1998), S c h e f c z y k (1998): 97.

Die komparativen Vorteile der Wagnisfinanzierung liegen in Unternehmensbeteiligungen während der frühen Gründungs- und Entwicklungsphase, in welcher das Risiko des Scheiterns besonders hoch ist. Trotz der Eigenkapitallücke gerade junger, innovativer Unternehmen konzentriert sich die Wagnisfinanzierung in Deutschland jedoch überwiegend noch auf Projekte in späteren Entwicklungsphasen. Im Jahr 1997 betrug ihr Anteil an den Gesamtinvestitionen nahezu 50 Prozent.

Mit fortschreitendem Wachstum und zunehmender Reife der Unternehmen sinken das Insolvenzrisiko und schwinden die Vorteile der Wagnisfinanzierung als Finanzierungsinstrument. Im Erfolgsfalle dauert die Beteiligung der Finanzierungsgesellschaft zwischen drei bis längstens zehn Jahre.[11]

Das Beteiligungsportfolio unterliegt deshalb einer permanenten Umstrukturierung, indem die Gesellschaft „reife" Beteiligungen abstößt und aktiv nach neuen Investitionsmöglichkeiten sucht. Die Beteiligungsgesellschaft will ihre Anteile liquidieren und den Erlös in Form von Wertsteigerungen realisieren. Bei sehr erfolgreichen Unternehmen geschieht dies meist durch Ersteinführung (Intitial Public Offering) auf Spezialbörsen für junge Unternehmen wie

---
[11] Vgl. z.B. Barry (1994).

dem „Neuen Markt" in Frankfurt. Ganz im Gegensatz zu den USA erfolgt in Deutschland ein Börsengang in nur etwa zwischen 4-9 Prozent der Fälle. Als Desinvestitionskanäle überwiegen der Verkauf an einen industriellen Investor oder der Rückkauf durch das Firmenmanagement.

Während in Deutschland bislang ein stark konservatives Investitionsverhalten festzustellen ist, spiegelt die Marktstruktur in den USA sehr viel mehr das Leitbild einer typischen Wagnisfinanzierung wider.[12] Unterschiede fallen im Profil der Finanzierungsphasen, in den gewählten Desinvestitionskanälen und im Anteil der investierten Mittel am gesamten Fondsvolumen auf. Schließlich kommt in den USA den Investitionen in innovativen und technologieintensiven Branchen wie Biotechnologie, Umwelttechnologie oder Nachrichten- und Informationstechnologie eine weitaus stärkere Bedeutung zu. Gerade diese Sektoren aber zeichnen sich durch überdurchschnittliche Wachstumsraten und verhältnismäßig geringe Liquidationswahrscheinlichkeiten aus.[13]

Unterschiede im Anlageverhalten deutscher und US-amerikanischer Wagnisfinanziers können teilweise auf bestehende Unterschiede in der Struktur der Kapitalanleger und den Zielen deutscher Finanzierungsgesellschaften zurückgeführt werden. Während in den USA Pensionsfonds und private Persönlichkeiten die Kapitalaufbringung dominieren, stehen in Deutschland Banken und Versicherungen an erster Stelle. Sie unterhalten zumeist eigenständige Beteiligungsgesellschaften und bringen alleine etwa zwei Drittel des in deutschen Risikokapitalfonds veranlagten Kapitals auf. Öffentlich geförderte Institutionen, zu denen mehr als jede dritte Gesellschaft zählt, arbeiten häufig nur bedingt renditeorientiert. Ähnliches gilt für spezielle Tochtergesellschaften von Großunternehmen, die im Rahmen von Corporate Venturing Wagniskapital bereit stellen, um sich dadurch einen verbesserten Zugang zu neuen Technologien und Produkten zu erschließen.

Eine regionalpolitische Perspektive

Die Beschäftigungseffekte junger innovativer Unternehmen sind zumindest in den ersten Lebensjahren eher bescheiden und können kurzfristig nicht zur Lösung des gesamtwirtschaftlichen Arbeitslosenproblems beitragen.

Auf regionaler Ebene können sich diese Effekte durchaus bemerkbar machen.[14] Das längerfristige Potenzial wagnisfinanzierter Unternehmen ist mitunter herausragend. Wie die Studien von Coopers & Lybrand (1998) bestätigen, kann Wagnisfinanzierung als Institution einen eigenständigen Beitrag

---

[12] Vgl. hierzu Schefczyk (1998).
[13] Siehe u.a. Coopers & Lybrand (1998) oder auch Brüderl/Bühler/Ziegler (1993).
[14] Siehe Almus und Nerlinger (1998).

zum Beschäftigungswachstum leisten. Wagnisfinanzierte Gründungen weisen ein geringeres Ausfallsrisiko auf und verzeichnen ein stärkeres Firmenwachstum, so dass die Beschäftigung 10 Jahre nach ihrer Gründung um bis zu 100 Prozent über der Beschäftigung anderer Gründungen liegt.[15] Dabei dürfen die multiplikativen Effekte, welche von diesen Unternehmen auf die Beschäftigungsentwicklung auch in anderen Unternehmen ausgehen, nicht außer Acht bleiben.

Ähnlich wie in anderen Industrieländern vollzieht sich in Deutschland und im Saarland im Besonderen ein wirtschaftlicher Wandel der inter- und intrasektoralen Umstrukturierung. In dieser Entwicklung von der Industrie- zur Wissens- und Informationsgesellschaft hinkt das Saarland relativ zum westdeutschen Bundesdurchschnitt noch hinterher.[16] Eine hohe Rate von Unternehmensgründungen fördert Innovation, schnelleres Wachstum und Beschäftigung. Unternehmensgründungen weisen jedoch ihrerseits eine starke natürliche Tendenz auf, sich auf bereits existierende Kerngebiete wirtschaftlicher Aktivität zu konzentrieren. Wie am Beispiel des Silicon Valley leicht nachzuvollziehen ist, neigt auch die Risikokapitalbranche zu regionaler Konzentration, weil die Wirksamkeit der Wagnisfinanzierung in Ballungszentren mit einem dichten Netzwerk von Kontakten zwischen Forschungsstätten, Finanziers, Behörden etc. am größten ist. Aus diesem Grund sind private Beteiligungsgesellschaften in Randgebieten eher wenig aktiv, und junge Unternehmen finden nur schwer hinreichenden Zugang zu externem Eigenkapital.

Um die Region als Standort für innovative Unternehmensgründungen attraktiv zu machen, muss an drei Politikfeldern angesetzt werden: Forschung (1), Infrastruktur (2) und Wagnisfinanzierung (3). Diese Politikfelder sind stark komplementär zueinander. Versäumnisse in einem der drei Bereiche unterhöhlen die Wirksamkeit des gesamten Maßnahmenbündels. Der Ausbau einer spezialisierten Infrastruktur und die Verstärkung der lokalen Forschungslandschaft verlieren stark an Wirkung, wenn die Kommerzialisierung von Innovationen durch einen Mangel an Wagniskapital behindert wird. Zwar bieten auch Technologieparks und Gründerzentren meist ein Unternehmertraining an, doch ist dieses naturgemäß recht allgemeiner Art und kann die projekt- und branchenspezifische Managementberatung einer privaten Beteiligungsgesellschaft sicher nicht ersetzen. Eine Rationierung von Wagniskapital als Kombination von risikotragendem Eigenkapital und wertsteigernder Beratungs- und Kontrollaktivität verhindert nicht nur potenzielle Neugründungen, sondern

---

[15] Siehe Hellman und Puri (1998).
[16] Siehe Arbeitskammer des Saarlandes (1998).

führt auch zu geringerem Wachstum der jungen Technologieunternehmen und zu einer erhöhten Rate von Insolvenzen.[17] Die Beispiele Portugal und Norwegen zeigen, dass mit geeigneten Maßnahmen die Entwicklung eines effizient funktionierenden Marktes für Risikokapital angestoßen und eine Welle von Unternehmensgründungen ausgelöst werden kann.[18] Wenn private Finanzierungsgesellschaften sich in einer Region nicht engagieren, dann kann die Auflage eines öffentlichen Beteiligungsfonds Abhilfe schaffen, sofern eine ausreichende Managementkompetenz und Branchenerfahrung der Fondsmanager sichergestellt ist. Obgleich ein solcher Fonds zunächst mit erheblichen Finanzmitteln gespeist werden muss, wird er sich im Laufe der Zeit zunehmend aus den Gewinnen erfolgreicher Beteiligungen selbst refinanzieren können. Eine örtliche Repräsentanz des Wagnisfinanziers aber ist notwendig, da diese sowohl die Intensität wie auch die Qualität der Beratung innerhalb eines dichten Netzwerkes wichtiger Geschäftskontakte erhöht. Dabei kommt der öffentlichen Gesellschaft als Leadinvestor eine wichtige Katalysatorwirkung zu, indem sie andere Wagnisfinanziers von außerhalb zunächst für Kofinanzierungen gewinnt und damit häufig auch ein eigenständiges Engagement in der Region anregt.

Die Gründung der Saarländischen Wagnisfinanzierungsgesellschaft (SWG) ist sicherlich ein geeigneter Ansatzpunkt, Defizite in der Gründungsfinanzierung zu bekämpfen. Ein schneller Erfolg der noch sehr jungen SWG, die erst 1998 ihre operative Tätigkeit aufnahm, ist allerdings nicht zu erwarten. Zunächst beschränkte sich die SWG ausschließlich auf stille Beteiligungen und überließ die Leadinvestorenrolle und damit die Hauptverantwortung für die begleitende Beratung und Managementunterstützung auswärtigen Finanzierungsgesellschaften. Damit griff das ursprüngliche Konzept der SWG viel zu kurz. Die SWG sollte die Rolle des Leadinvestors vor Ort übernehmen, Beratungs- und Kontrollaufgaben selber intensiv ausüben und auch in der Wahl der Finanzierungsinstrumente und der Ausgestaltung von Finanzierungsverträgen verstärkt darauf achten, dass die Anreize der Unternehmer nachhaltig auf Unternehmenswertsteigerung ausgerichtet sind. Eine Verstärkung der eigenen Managementressourcen der SWG ist sinnvoll und ratsam. Die jüngsten Maßnahmen zur Umstrukturierung und zum personellen Ausbau der SWG setzen an den aufgeführten Defiziten an und haben eine Erfolg versprechende Korrektur in der Grundkonzeption der SWG in die Wege geleitet.

---

[17] Keuschnigg/Nielson (2000) analysieren die Wirkungen von Steuern auf Umfang und Qualität der Wagnisfinanzierung.
[18] Siehe Jeng/Wells (1998).

Junge, innovative Unternehmen erzeugen nachhaltige Strukturimpulse. Gerade Randgebiete haben es schwer, einen selbsttragenden Gründungsprozess anzustoßen. Die ersten Unternehmen einer neuen Branche können noch nicht von den Vorteilen eines spezialisierten Arbeitsmarktes, einer branchenspezifischen Infrastruktur und eines engen Netzwerkes gegenseitig stimulierender Kontakte zwischen Forschern, Finanziers und anderen Gründern partizipieren. Sie müssen in dieser Hinsicht Pionierarbeit leisten und verbessern mit ihrer Aktivität die Voraussetzungen für nachfolgende Gründungen. Ein kumulativer Prozess wird in Gang gesetzt, welcher die wirtschaftliche Entwicklung der Region auch im Hinblick auf die Verfügbarkeit hoch spezialisierter Arbeitskräfte weiter forciert. Solche kumulativen Prozesse wirken selbstverstärkend und tendieren dazu, die Attraktivität eines Standortes zu zementieren. Ist erst einmal eine kritische Masse von Technologieunternehmen vorhanden, dann kommen die Vorteile der Konzentration zur Entfaltung und schaffen die Voraussetzungen für ein nachhaltiges, selbsttragendes Wachstum in der Region. Dann sollte sich das Land aus der öffentlichen Förderung zurückziehen, um nicht private Initiative zu unterdrücken.

Literatur

Almus, M. und E. Nerlinger (1998), Beschäftigungsdynamik in jungen innovativen Unternehmen: Empirische Ergebnisse für West-Deutschland, ZEW Discussion Paper No. 98-09, Mannheim.

Arbeitskammer des Saarlandes (1998), Das Ziel: Vollbeschäftigung im Saarland, Workshop im Ökologiezentrum Hofgut Imsbach, 15. Juli 1998.

Barry, C. B. (1994), „New Directions in Research on Venture Capital Finance", Financial Management, 23: 3, 3-15.

Brander, J., R. Amit und W. Antweiler (1998), „Venture Capital Syndication: Improved Venture Selection versus the Value-added Hypothesis", Working Paper, University of British Columbia.

Brüderl J., C. Bühler und R. Ziegler (1993), Beschäftigungswirkung neu gegründeter Betriebe, Mitteilungen aus der Arbeitsmarkt- und Berufsforschung, 26, 521-528.

Coopers&Lybrand (1998), Venture Capital: Der Einfluss von Beteiligungskapital auf die Beteiligungsunternehmen und die deutsche Wirtschaft, Fachverlag Moderne Wirtschaft, Frankfurt am Main.

European Venture Capital Association - EVCA (1998 und 1999), Yearbook 1998/ 1999, Bruges.

Gompers, P. A. (1995), „Optimal Investment, Monitoring, and the Staging of Venture Capital", Journal of Finance, 50, 1461-1489.
Hellmann, T. und M. Puri (1998), The Interaction between Product Market and Financing Strategy: The Role of Venture Capital, European Venture Capital Workshop, 5.-6. November 1998, Mailand.
Jeng, L. A. und P. C. Wells (1998), The Determinants of Venture Capital Funding: Evidence across Countries, European Venture Capital Workshop, 5.-6. November 1998, Mailand.
Kanniainen, V. und C. Keuschnigg (2000), „Optimal Portfolio of Start-up Firms in Venture Capital Finance", Arbeitspapier, Universität des Saarlandes.
Keuschnigg, C. und S. B. Nielson (2000), „Tax Policy, Venture Capital, and Entrepreneurship", Volkswirtschaftliche Reihe: 0007, Universität des Saarlandes.
Keuschnigg, C., Strobel, P. und T. Tykvová (1999), „Wagniskapital für das Saarland", Projekt-Bericht, Kooperationsstelle Hochschule und Arbeitswelt, Arbeitskammer des Saarlandes.
Lerner, J. (1994), „The syndication of venture capital investments", Financial Management, 23:3, 16-27.
Rosenstein, J., A. V. Bruno, W. D. Bygrave und N. T. Taylor (1993), „The CEO, Venture Capitalists, and the Board", Journal of Business Venturing, 8, 99-113.
Sahlman, W. A. (1990), „The Structure and Governance of Venture-Capital Organizations", Journal of Financial Economics, 27, 473-521.
Schefczyk, M. (1998), „Erfolgsstrategien deutscher Venture Capital-Gesellschaften", Schäffer-Poeschel Verlag, Stuttgart.
Strobel, P. (2000a), „Venture Capital versus Bank Finance", Arbeitspapier, Universität des Saarlandes.
Strobel, P. (2000b), „Management Advice, and Screening as Strategic Complements in the Finance of Start-ups", Arbeitspapier, Universität des Saarlandes.

Stefan Hunsicker/ Ludger Pries/ Delia Schröder

Regionale Arbeitsmarktanalyse -
Ein Beitrag zur praxisbezogenen Kapazität und Bedeutung der Sozialwissenschaften im Rahmen der Universität des Saarlandes

Die Beschäftigungsstruktur des Saarlandes hat im letzten Jahrzehnt einen enormen Wandel durchgemacht. Das Verarbeitende Gewerbe und der Bergbau verloren weit über 20.000 Arbeitsplätze, in etwa der gleichen Größenordnung wurden neue Beschäftigungen im Dienstleistungssektor geschaffen. Auch wenn hinter diesem Strukturwandel zum Teil allgemein gültige Ablaufmuster von der Industrie- zur Dienstleistungsgesellschaft vermutet werden können, so dürfte das Saarland auf Grund seiner Geschichte und gegenwärtigen politischen, geografischen und wirtschaftlichen Einbettung doch auch Besonderheiten aufweisen, deren eingehendere wissenschaftliche Untersuchung im Rahmen der regionalen Hochschullandschaft unter anderem am Institut für Soziologie der Universität des Saarlandes angesiedelt ist bzw. war.

In diesem Zusammenhang stellen sich als wichtige Fragen:

1. In welchen konkreten Wirtschaftsbereichen expandierte die Beschäftigung besonders stark?
2. Was sind zentrale Bestimmungsgrößen der Arbeits- und Beschäftigungsbedingungen in diesen expansiven Bereichen (z.B. Vollzeit-/Teilzeitbeschäftigungen, befristete/unbefristete Beschäftigungen, Qualifikationsstrukturen in den beschäftigungsexpansiven Bereichen, Entlohnungsmuster und -höhe etc.)?
3. Welche Faktoren können das Beschäftigungswachstum in diesen Bereichen vor allem erklären (z.B. pull-Effekte im Rahmen von altindustriellen Komplexen oder Unternehmensnetzwerken etc.)?
4. Welche Wirkungen haben regional- und beschäftigungspolitische Maßnahmen?

Für die Bearbeitung dieser Fragestellungen gibt es bewährte soziologische Forschungslinien und -programme sowie Fachkompetenz, die gezielt ausgebaut werden können. Die von Delia Schröder vorgelegte Studie "Das Saarland auf dem Weg zur Dienstleistungsgesellschaft?" ist ein Versuch, einen Beitrag zur Erhellung zumindest einiger der bislang skizzierten Fragen zu leisten. Neben einer Sichtung der vorliegenden einschlägigen Untersuchungen basiert sie vor allem auf Daten der amtlichen Arbeitsmarktstatistik, die uns das Statistische Landesamt des Saarlandes freundlicherweise zur Verfügung stellte.

Die zweite im Rahmen des Forschungsprojektes zur regionalen Beschäftigungsentwicklung durchgeführte Studie "Informatikerinnen und Informatiker in der regionalen Arbeitswelt. Eine soziologische Analyse der Erwerbsverläufe der InformatikabsolventInnen der Universität des Saarlandes" von Stefan Hunsicker untersucht den beruflichen Verbleib und Erwerbsweg der AbsolventInnen des Informatikstudiengangs an der Universität des Saarlandes. Sie gewährt einen Einblick in das konkrete Verhältnis zwischen Hochschule und Arbeitswelt und ermöglicht durch die Fragen nach der Verwertbarkeit des während des Studiums Gelernten auch Rückschlüsse auf mögliche Verbesserungsmöglichkeiten im Studienangebot und in der Studienorganisation.

Die beiden im Folgenden präsentierten Teilstudien entstanden im Rahmen einer Lehrstuhlvertretung am Institut für Soziologie der Universität des Saarlandes im Wintersemester 1997/98 und Sommersemester 1998. Die beiden Untersuchungen wären ohne die finanzielle Unterstützung der Kooperationsstelle „Hochschule und Arbeitswelt" nicht möglich gewesen.

1. Das Saarland auf dem Weg zur Dienstleistungsgesellschaft?

Fragestellungen der Untersuchung

Grundsätzlich wird mit der Expansion von Dienstleistungen eine Vielzahl von Entwicklungsprozessen und Erwartungen hinsichtlich noch bestehender Wachstumspotenziale, positiver Beschäftigungseffekte und verbesserter Arbeitsbedingungen assoziiert. Gleichzeitig besteht zu dem Wachstum des tertiären Sektors und dem Thema 'Strukturwandel im Beschäftigungssystem' auf regionaler Ebene ein Informationsbedarf - vor allem was den weiten Bereich der so genannten „Sonstigen Dienstleistungen" betrifft.

Die Studie „Das Saarland auf dem Weg zur Dienstleistungsgesellschaft?" untersucht die Expansion der Beschäftigung in einzelnen Bereichen des saarländischen Dienstleistungssektors zwischen 1987 und 1997 anhand folgender Fragestellungen:

- Welches Ausmaß hatte der Zuwachs an Beschäftigung im saarländischen Dienstleistungssektor? Welcher Beitrag geht von den Dienstleistungen zur Beschäftigungsentwicklung im Land aus?

- Welche Entwicklungsdynamik weisen die einzelne Teilsegmente des Dienstleistungssektors auf?

- Wie sieht die Trendprognose - in Abhängigkeit von der Anzahl der Auszubildenden im Dienstleistungssektor - aus?
- Welche Rolle spielen Teilzeitarbeitsplätze bei den Beschäftigungszuwächsen?
- Was bedeuten die Beschäftigungszuwächse im Dienstleistungssektor für einzelne Beschäftigtengruppen?

Methodisches Vorgehen

Neben einer zusammenfassenden Darstellung der sozialwissenschaftlichen Diskussion um den Strukturwandel und einschlägiger Ergebnisse aus der Regionalforschung basiert die Studie auf einer sekundärstatistischen Auswertung der amtlichen Statistik zu den sozialversicherungspflichtigen Beschäftigten im Dienstleistungssektor des Saarlandes im Zeitraum von 1987 bis 1997. Die Datenbasis ist bis zur „dreistelligen" Ebene der Wirtschaftsklassen gegliedert, was eine sehr differenzierte sektorale Betrachtung einzelner Teilsegmente erlaubt. Um zentrale Entwicklungslinien aufzuzeigen, wurden die Wirtschaftsklassen in vier bzw. sieben in der Arbeitsmarktforschung üblichen „Funktionsgruppen" zusammengefasst. Mit Hilfe dieser umfangreichen statistischen Grundlage wurden Berechnungen von Veränderungsraten der Beschäftigtenzahlen in einzelnen Teilbereichen des tertiären Sektors, ihre Korrelation zu der Entwicklung des Bruttoinlandsproduktes und der Beschäftigtenzahlen im sekundären Sektor des Saarlandes sowie von Anteilswerten einzelner Beschäftigtengruppen im Zeitvergleich vorgenommen.

Zusammenfassung wichtiger Ergebnisse

Im saarländischen Dienstleistungssektor sind zwischen 1987 und 1997 mehr als 34.000 neue Beschäftigungsverhältnisse entstanden. Durch diese beachtliche Expansion konnten die Verluste in den beiden anderen Sektoren während des Zeitraums ausgeglichen werden. Im Jahr 1997 gehörten mehr als die Hälfte aller sozialversicherungspflichtigen ArbeitnehmerInnen dem tertiären Sektor an.

Trotz positiver Gesamtentwicklung ist seit 1995 eine nachlassende Dynamik in dem Beschäftigtenzuwachs festzustellen, die unter Umständen auf eine nur begrenzte Expansionskraft der Dienstleistungsmärkte hinweist. Weiterhin konnten eine Verzahnung mit der Beschäftigtenentwicklung im sekundären Sektor sowie eine konjunkturelle Abhängigkeit der Dienstleistungsbereiche nachgewiesen werden - mit unterschiedlichem Ausmaß in den einzelnen Dienstleistungsfeldern.

Die Ergebnisse für die einzelnen „Funktionsgruppen" des Dienstleistungssektors fördern folgende Verläufe zu Tage: Während die Veränderungen der Beschäftigtenzahlen bei den haushaltsbezogenen Dienstleistungen im engeren Sinne (wie z.b. Friseurgewerbe, Chem. Reinigung) sowie bei den Gebietskörperschaften und Sozialversicherungen einer negativen Entwicklung folgten und die distributiven Dienstleistungen (Handel und Verkehr) sowie die freizeitbezogenen Dienstleistungen (wie z.b. Hotel-/Gaststättengewerbe, Medien/ Unterhaltungseinrichtungen) ein unterdurchschnittliches Wachstum aufwiesen, erfuhren drei Bereiche einen besonders expansiven Anstieg der Beschäftigtenzahlen: die vorwiegend wirtschaftsbezogenen Dienstleistungen, die weiteren gesellschaftsbezogenen Dienstleistungen sowie die Humandienste.

Bei den Humandiensten sind zwischen 1987 und 1997 rund 11.000 neue Beschäftigungsverhältnisse entstanden, wovon jedoch etwa die Hälfte Teilzeitarbeitsverhältnisse waren. Am deutlichsten haben das freiberufliche Gesundheitswesen, nicht-staatliche Heime und - im Bildungsbereich - die wissenschaftlichen Hochschulen sowie die Schulen unter privater Trägerschaft zugelegt. Wenngleich nicht pauschal von Substitutionseffekten durch nichtstaatliche Einrichtungen gesprochen werden kann, findet dieser Beschäftigtenanstieg dennoch vor dem Hintergrund einer sich differenzierenden sozialstaatlichen Aufgabenverteilung und strukturellen Veränderungen von Teilen des Bildungssystems statt.

Die mit Abstand deutlichste Beschäftigtenexpansion von mehr als 14.000 Arbeitsplätzen im Bereich der vorwiegend wirtschaftsbezogenen Dienstleistungen ist zweigeteilt: Einfache unternehmensnahe Dienste, wie etwa Bewachung oder Gebäudereinigung, stiegen deutlich an, aber auch qualifizierte Beratungsleistungen, wie z.B. Unternehmens- und Rechtsberatung oder bei Ingenieurbüros. Die dynamischste Entwicklung war im Bereich der Arbeitnehmerüberlassung festzustellen. Dabei handelt es sich um eine Wirtschaftsklasse ohne spezifizierte Tätigkeitsbereiche, deren Zuwachsraten in Zusammenhang mit einer zunehmend flexibilisierten Personalpolitik der Unternehmen und mit i.d.R. prekären Arbeitsbedingungen der Beschäftigten zu sehen ist.

Die vorwiegend wirtschaftsbezogenen Dienstleistungen sind sehr viel mehr als alle anderen Segmente an der Nachfrage von Wirtschaftssubjekten ausgerichtet und unterliegen daher auch in starkem Maße der Verzahnung des sekundären mit dem Dienstleistungssektor. Bemerkenswert ist weiterhin die unterdurchschnittliche Teilzeitquote: "nur" knapp jeder Vierte neu entstandene Arbeitsplatz zwischen 1987 und 1997 war ein Teilzeitarbeitsplatz.

Arbeitsformen und Beschäftigungsbedingungen im Dienstleistungssektor variieren zwischen einfachen Hilfsdienstleistungen und anspruchsvollen Leitungsfunktionen, zwischen Tätigkeitsanforderungen für Niedrigqualifizierte und solchen für Hochqualifizierte. Wenngleich bei einer Gesamtbetrachtung aller sozialversicherungspflichtigen ArbeitnehmerInnen im Saarland die Hochqualifizierten vergleichsweise am besten in Bezug auf ihre Berufschancen abschneiden, fördert die Analyse der sektoralen Beschäftigtenentwicklung durchaus auch Wirtschaftsbereiche zu Tage, die eine deutliche positive Entwicklung für eher geringqualifizierte Arbeitskräfte impliziert (z.B. im Bereich der privaten Heime oder der Bewachung).

Differenziert nach beruflichem Status spielen die Angestellte die größte Rolle. Sie machten im Jahr 1997 mehr als zwei Drittel aller Beschäftigten im saarländischen Dienstleistungssektor aus. Im Hinblick auf die Zuwachsraten während der vorangegangenen Jahre sind sie die eindeutigen Beschäftigungsgewinner.

Dennoch spielen auch die ArbeiterInnen in einigen Bereichen, wie z.B. bei den haushaltsbezogenen Dienstleistungen im engeren Sinne, eine große Rolle.

Die Zahl der Auszubildenden im Dienstleistungssektor des Saarlandes hat sich zwischen 1987 und 1997 beträchtlich verringert. Rund 11.600 Personen befanden sich am Ende des Untersuchungszeitraums noch in einem Ausbildungsverhältnis. Auffallend negativ ist die Relation der Auszubildenden zu den sozialversicherungspflichtigen Beschäftigten bei den Sozialversicherungen und den Gebietskörperschaften. Die leicht unterdurchschnittliche Ausbildungsquote im Bereich der vorwiegend wirtschaftsbezogenen Dienstleistungen ist besonders kritisch zu bewerten, da es sich hierbei um ein sehr expansives Segment des Dienstleistungssektors handelt und daher die Gefahr besteht, in einigen besonders prosperierenden Bereichen für die Zukunft ein Defizit an qualifizierten Arbeitskräften auszulösen. Seit 1994 war jedoch im gesamten Dienstleistungssektor wieder ein leichter Anstieg der Ausbildungsquote zu verzeichnen, der möglicherweise auf eine Umkehr in der Qualifizierungspraxis der Dienstleistungsanbieter hinweist.

Die Teilzeitbeschäftigung hatte auf die Arbeitsmarktentwicklung im saarländischen Dienstleistungssektor erheblichen Einfluss. Nahezu jeder vierte sozialversicherungspflichtige Arbeitnehmer wurde 1997 als Teilzeitbeschäftigter gezählt. Der kontinuierliche Zuwachs dieses Beschäftigtentypus trägt in maßgeblicher Weise dazu bei, dass sich die Zahl der Personen erhöht, die in einem sozialversicherungspflichtigen Arbeitsverhältnis stehen.

2. Berufseinmündung und Erwerbsverläufe von InformatikerInnen in der regionalen Arbeitswelt

Fragestellungen der Untersuchung

Die AbsolventInnenstudie Informatik untersucht den beruflichen Verbleib und Erwerbsweg der AbsolventInnen des Informatikstudiengangs an der Universität des Saarlandes.[1] Zentrale Fragestellungen betreffen die Übergangsphase der Informatikerinnen und Informatiker von der Hochschule in die Arbeitswelt, den Wandel ihrer Beschäftigungsformen und Arbeitsorientierungen, ihren Karriereverlauf und die Einschätzung der Studieninhalte im Hinblick auf die berufliche Praxis. Die soziologische Analyse der Erwerbsverläufe der InformatikabsolventInnen der Universität des Saarlandes gewährt so einen Einblick in das konkrete Verhältnis zwischen Hochschule und Arbeitswelt und ermöglicht durch die Fragen nach der Verwertbarkeit des während des Studiums Gelernten auch Rückschlüsse auf mögliche Verbesserungsmöglichkeiten im Studienangebot und in der Studienorganisation.

Methodisches Vorgehen

Methodisch ist die Studie als dynamische Erwerbsverlaufsuntersuchung konzipiert, die sich an den unterschiedlichen Erwerbsereignissen der InformatikerInnen orientiert. Dieses Erhebungsdesign ermöglicht es, den gesamten Erwerbsverlauf der AbsolventInnen zeitlich lückenlos nachzuvollziehen und somit Erwerbsformen, -verläufe und -chancen der InformatikerInnen der Universität des Saarlandes zu analysieren. Hier ergeben sich entsprechend sehr interessante Einblicke in die Erwerbstätigkeiten nach Branchen und Tätigkeitsfeldern im Verlaufe der einzelnen Berufsjahre.[2] Theoretischer Hintergrund eines solchen Forschungsdesigns ist das sozialwissenschaftliche Forschungsprogramm der "Lebensverlaufsforschung".[3] Für alle 903 Absolventinnen und Absolventen des Informatikstudiums der Jahre 1972 bis 1997 wurde eine repräsentative schriftliche Befragung durchgeführt. Insgesamt antworteten 291 InformatikerInnen. Dies entspricht einer Rücklaufquote von 32 %.

---

[1] Hunsicker, Stefan (1999): Informatikerinnen und Informatiker in der Arbeitswelt. Eine soziologische Analyse der Erwerbsverläufe der InformatikabsolventInnen der Universität des Saarlandes. Vorwort: Ludger Pries. Saarbrücken. Die Studie ist über die Kooperationsstelle "Hochschule und Arbeitswelt" zu beziehen.

2 Vgl. hierzu allgemein: Pries, Ludger (1997): Wege und Visionen von Erwerbsarbeit: Erwerbsverläufe und Arbeitsorientierungen abhängig und selbstständig Beschäftigter in Mexiko. Frankfurt am Main: Lang, S. 124-133.

[3] Mayer, Karl-Ulrich (1990): Lebensverläufe und sozialer Wandel. Anmerkungen zu einem Forschungsprogramm. In: ders.: Lebensverläufe und sozialer Wandel. Kölner Zeitschrift für Soziologie und Sozialpsychologie. Sonderheft. 31. Opladen: Westdeutscher Verlag.

Einige empirische Ergebnisse

Knapp zwei Drittel der AbsolventInnen verbleiben unmittelbar nach dem Studium im Saarland. Etwas mehr als ein Drittel nimmt seine erste Erwerbstätigkeit außerhalb des Saarlandes (andere Bundesländer, Ausland) auf. Die "entry jobs" im Saarland liegen vor allem im öffentlichen Dienst und hier vor allem im Bereich von Forschung und Lehre. Auch die Selbstständigkeit bzw. die freiberufliche Tätigkeit spielt bei den "entry jobs" im Saarland eine größere Rolle. "Entry jobs" außerhalb des Saarlandes bieten vor allem private Großbetriebe mit mehr als 1.000 Beschäftigten. Im Saarland dominieren dagegen kleine und mittlere Betriebe.

Für eine erste Beschäftigungsaufnahme im Saarland entscheiden sich vor allem diejenigen InformatikerInnen, denen die Nähe zum Wohn-/Heimatort wichtiger ist als gute Verdienst- oder Aufstiegsmöglichkeiten.[4] Es handelt sich dabei vor allem um aus dem Saarland stammende AbsolventInnen. Neben der geografischen Herkunft verstärken soziale und regionale Bindungen, die durch Erwerbstätigkeiten während des Studiums geknüpft wurden, diese Entscheidungsprozesse für einen ersten Arbeitsort im Saarland. Die offenen Fragen der Mobilitätsforschung, ob derart starke soziale Kontakte und Bindungen am Studienort oder am Heimatort existieren, die bei der ersten Berufssuche nachhaltig Berücksichtigung finden, kann für die Saarbrücker InformatikabsolventInnen bejaht werden.[5]

Insgesamt zeigt sich auch über einen längeren Beobachtungszeitraum ein relativ stabiles (Im)Mobilitätsmuster. Die Mehrheit der AbsolventInnen, die ihren ersten Arbeitsplatz im Saarland haben, bleiben beim Wechsel zum zweiten Job ebenfalls im Saarland (53 von 78, d.h. 68 %). Dies gilt auch für das dritte Beschäftigungsverhältnis (16 von 26, d.h. 62 %). Ein ähnliches Muster zeigt sich auch bei den AbsolventInnen, die ihren ersten Job nach dem Studium außerhalb des Saarlandes aufnehmen (vgl. Tabelle 01).

---

[4] Geschlecht, Semesterzahl, Abschlussnote, Ausrichtung der Diplomarbeit, Nebenfächer, Bildungshintergrund spielen bei der Wahl des ersten Arbeitsortes keine erklärende Rolle.
[5] Vgl. Rolfes, Manfred (1996): Regionale Mobilität und akademischer Arbeitsmarkt. Hochschulabsolventen beim Übergang vom Bildungs- in das Beschäftigungssystem und ihre potentielle und realisierte Mobilität (Reihe: Osnabrücker Studien zur Geographie; Bd. 17). Osnabrück.

Tabelle 01: Zahl der regionalen Beschäftigungsverhältnisse

	Erster Job			Zweiter Job			Dritter Job		
Job im Saarland	176	98		53	64	38	16	25	19
		78		11	26		9		6
Job außerhalb	110	59		25	65	29	10	37	24
		51		40	36		27		13
Summe	286			129			62		

Das aufgezeigte relativ stabile (Im)Mobilitätsmuster über den gesamten Erwerbsverlauf erlaubt den Schluss, dass die Entscheidung, unmittelbar nach dem Studienende im Saarland erwerbstätig zu werden, offensichtlich zu einer relativ stabilen regionalen Bindung führt.

Was aus der Sicht der regionalen Mobilität als typisches "(Im)Mobilitätsmuster" bezeichnet werden kann, lässt sich vor dem Hintergrund regionaler Wirtschafts- und Beschäftigungsentwicklung durchaus als erfolgreiches Modell interpretieren:

- Die Befragten sind ganz überwiegend mit dem angebotenen Studium sehr zufrieden und würden sich - mit leichten Änderungen eventuell bei einigen Nebenfächern und auch durchaus einigen interessanten Verbesserungsvorschlägen - für das gleiche Studium in Saarbrücken noch einmal so entscheiden. Im Bereich von Forschung und Lehre beschäftigte InformatikabsolventInnen sehen vor allem Verbesserungsbedarf in den Bereichen extrafunktionale Qualifikationen, Auslandsorientierung und Softwareengeneering. Beschäftigte in der EDV-Branche wünschen sich mehr Praxisnähe, Wirtschaftskontakte und ebenfalls eine stärkere Auslandsorientierung. Im industriellen Sektor scheint ein breiteres Grundlagenwissen von Vorteil zu sein, während im privaten Dienstleistungsbereich der Wunsch nach einer kürzeren Studiendauer besteht, der vor allem von einer tatsächlichen Beschränkung der Diplomarbeit auf höchstens ein halbes Jahr erhofft wird.

- Ein sehr großer Teil der AbsolventInnen verbleibt - aus Gründen sozialer Einbindungen - nach dem Studium im Saarland und nimmt dort in der Regel erfolgreich eine Beschäftigung in dem erlernten Beruf auf. Die Universität selbst hat dabei durch vielfältige Beschäftigungsmöglichkeiten für AbsolventInnen eine bedeutende "Brückenfunktion".

- Durch das Informatikstudium an der Universität des Saarlandes werden nicht nur größere Privat-Unternehmen und öffentliche Verwaltungen mit jungen professionals versorgt. Von den im Saarland verbleibenden AbsolventInnen finden erstaunlich viele auch in Klein- und Mittelbetrieben eine Anstellung.

- Erfreulich - und im Vergleich zu den außerhalb des Saarlandes erwerbstätigen ehemaligen Informatikstudierenden überdurchschnittlich - hoch ist auch der Anteil derjenigen, die sich nach einigen Jahren der Berufserfahrung freiwillig selbstständig machen.

- Nachdenklich stimmen muss die enorm niedrige Rate der Mitgliedschaft der Befragten in berufsprofessionellen Organisationen, besonders den Gewerkschaften (nur ca. 3% aller Befragten) - wobei erschwerend hinzukommt, dass die Mehrheit der Befragten eigentlich aus durchaus organisationsgewohnten Milieus stammt.

Schlussbemerkung

Die beiden hier zusammengefassten Studien, deren Langfassungen bei der Autorin und dem Autor erfragt werden können, zeigen, dass in relativ kurzer Zeit und mit relativ geringem Mittelaufwand praxisorientierte Forschungsergebnisse produziert werden können. Es bleibt zu hoffen, dass die beiden nur in Kurzform vorgestellten Studien allen Interessierten von Nutzen sein werden. Im Rahmen der regionalen universitären Schwerpunkt- und Profilbildung ist es den Sozialwissenschaften als eigenständigem Studiengang leider nicht vergönnt, ihre praxisbezogene Kapazität und Bedeutung im Rahmen der Universität des Saarlandes weiter unter Beweis zu stellen. Es wäre zu wünschen, dass die Kurzsichtigkeit einer solchen Beschneidung der regionalen sozialwissenschaftlichen Forschungs- und Lehrstrukturen erkannt und korrigiert wird.

3. Europäische Arbeitswelten: Saar-Lor-Lux und osteuropäische Transformation

Zeichnung von Hans-Joachim Trapp

Christoph I. Barmeyer, Hans-Jürgen Lüsebrink

Verstehen und Missverstehen. Interkulturelle Einblicke in deutsche und französische Arbeitswelten

1. Problemfeld 'Deutsch französische Kooperation in der Saar-Lor-Lux-Region'

Ein Blick in das fast 400 Seiten starke Adressbuch der deutsch-französischen Zusammenarbeit "Wege zur Freundschaft", das vom Auswärtigen Amt und dem Ministère des Affaires Etrangères herausgegeben wird, genügt, um sich der beeindruckenden Intensität der deutsch-französischen Beziehungen bewusst zu werden: Hunderte von Institutionen, Vereinigungen und Wirtschaftsunternehmen tragen zum Erfolg der deutsch-französischen Zusammenarbeit und damit zugleich zur europäischen Integration bei. Trotz der engen wirtschaftlichen und politischen Verflechtungen zwischen Frankreich und Deutschland existiert sowohl im wirtschaftlichen wie auch im gesellschaftlichen und kulturellen Bereich ein 'Kulturgefälle', in gewisser Hinsicht auch geradezu eine "Kulturmauer"[1]. Besonders ausgeprägt erscheinen kulturelle Differenzen in wirtschaftlichen Beziehungen, die sich in den letzten Jahrzehnten zwischen Deutschland und Frankreich in zum Teil spektakulärer Weise intensiviert haben[2].

Unser Forschungsinteresse war deshalb zu untersuchen, ob diese Problematik auch in der Saar-Lor-Lux-Region, die in gewisser Hinsicht ja als 'Laboratorium' der deutsch-französischen Beziehungen und der europäischen Integration gelten kann, zu beobachten ist und welche Initiativen Unternehmen und Bildungsträger ergreifen, um die grenzüberschreitende Handlungsfähigkeit von Mitarbeitern zu fördern. Der Lehrstuhl für Romanische Kulturwissenschaft und Interkulturelle Kommunikation der Universität des Saarlandes führte deshalb mit Unterstützung der Kooperationsstelle Hochschule und Arbeitswelt bei 30 deutschen und französischen Mitarbeitern kleiner und mittelständischer

---

[1] Robert Picht: Die "Kulturmauer" durchbrechen. Kulturelle Dimensionen politischer und wirtschaftlicher Zusammenarbeit in Europa. In: Europa-Archiv, 10, 1987, S. 279-286.
[2] Vgl. u.a. René Lasserre: Wirtschaftsbeziehungen – Partner und Konkurrenten. In: Haus der Geschichte der Bundesrepublik Deutschland (Hg.): Vis-à-vis: Deutschland und Frankreich. Köln, Dumont Verlag, 1998, S, 13-19.

Unternehmen eine Befragung durch.[3] In dem vorliegenden Beitrag werden Aspekte interkultureller Wirtschaftskommunikation und Ergebnisse der Befragung präsentiert.

2. Kultur und interkulturelle Kommunikation

Kultur wird von dem Sozialwissenschaftler Geert Hofstede verstanden als "die kollektive Programmierung menschlicher Verhaltens- und Denkweisen, die die Mitglieder einer Gruppe oder Kategorie von Menschen von einer anderen unterscheidet."[4] Die kulturelle Prägung dieses anthropologisch ausgerichteten Kulturbegriffs betrifft sowohl kollektive Werte und soziale Rituale im weiten Sinn des Wortes als auch symbolische Zeichensysteme, wie sie etwa die Kleider-, Essens- und sonstigen Verhaltenscodes oder auch das Sprachverhalten allgemein ausmachen. Die "kulturelle Programmierung" findet in Bereichen statt, in denen der Mensch Lebenserfahrungen sammelt: in der Familie, in Kindergarten, Schule und Universität, am Arbeitsplatz, im Freundeskreis und in der Partnerschaft. Durch diese sozialisatorische Erfahrung wird vom Menschen ein emotionales und kognitives System aufgebaut, "das für seine Gesellschaft spezifisch ist."[5] Ergänzend hierzu eignet sich der Kulturbegriff des amerikanischen Kulturanthropologen Clifford Geertz:[6] Kulturen werden nach Geertz als Gewebe von Zeichen und Bedeutungen verstanden. Kulturwissenschaftliche und interkulturelle Forschung hat die Aufgabe, Dynamik und Ordnungsmuster dieser Zeichen zu beobachten und ihre Sinnhaftigkeit entschlüsseln. Sie hat also zu deuten und zu interpretieren. Sie konstruiert häufig auch kulturelle Ordnungen zur Komplexitätsreduzierung der Realität. So werden auch Arbeitswelten von den kulturellen Prägungen der interagierenden Mitarbeiter geformt und stellen Bedeutungssysteme und -räume dar, in denen Zeichen ausgetauscht werden, um Arbeitsziele zu erreichen. Arbeitswelten stellen also ein eigenes, komplementäres Bedeutungs- und Orientierungssystem dar.

Interkulturelle Kommunikation wird verstanden als die Interaktion von Personen unterschiedlicher, im Allgemeinen sprachlich geprägter Kulturen, deren Haltungen auf den ihnen eigenen Werte- und Zeichensystemen basieren. Der fast schon inflationäre Gebrauch des Begriffs 'interkulturelle Kommunikation'

---

[3] Barmeyer, Christoph I. (in Verbindung mit Lüsebrink, Hans-Jürgen): Interkulturelle Qualifikationen im deutsch-französischen Management kleiner und mittelständischer Unternehmen. St.Ingbert, Röhrig, 1996.

[4] Hofstede, Geert: Interkulturelle Zusammenarbeit: Kulturen, Organisationen, Management. Wiesbaden, Gabler, 1993, S.19.

[5] Müller, Bernd-Dietrich: Zur Logik interkultureller Verstehensprozesse. In: Jahrbuch Deutsch als Fremdsprache, Bd.6, 1980, S.102.

[6] Geertz, Clifford: Dichte Beschreibung. Beiträge zum Verstehen kultureller Systeme. Frankfurt/M, Suhrkamp, 1994.

deutet darauf hin, dass er über ein akademisches Fachpublikum hinaus auch in der breiten Öffentlichkeit mit Interesse aufgenommen wird und zum Teil ganz pragmatische Berechtigung hat: Der Prozess der europäischen Integration und die zunehmende Internationalisierung drücken sich in einem wachsenden Austausch von Mitarbeitern unterschiedlichster Gesellschaften und Gruppen aus, deren divergierende Wahrnehmungsmuster, Denk- und Arbeitsweisen sowie Wertorientierungen häufig unterschätzte Konflikte, Befremden und Missverständnisse nach sich ziehen. Die Konsequenzen dieser internationalen Dynamik haben zum Forschungsfeld der 'Interkulturellen Kommunikation' geführt, die sich ausgehend von den USA seit den 1980er Jahren auch in Europa etabliert und zu vielen wissenschaftlichen Erkenntnissen der Austauschforschung geführt hat. Der Wissenstransfer fand jedoch nicht nur über den Atlantik von den USA nach Europa statt, sondern bewegt sich nun zunehmend von der Theorie in die Praxis. Nicht nur Mitarbeiter in Großunternehmen, sondern auch Mitarbeiter kleiner und mittlerer Unternehmen interessieren sich für das Thema der interkulturellen Kommunikation.[7]

3. Interkulturelles Missverstehen

In der interkulturellen Kommunikation spielen Phänomene und Prozesse des Disfunktionierens, des Missverstehens und des Konflikts eine zumindest ebenso wichtige Rolle wie Formen gelungener Verständigung. Für die interkulturelle Forschung erscheinen diese Phänomene des Disfunktionierens sogar ungleich interessanter, da sie auf kulturelle Unterschiede verweisen und somit Symptome für die eigentlichen Schwierigkeiten der Kommunikation zwischen Angehörigen verschiedener Kulturen (im anthropologischen Sinn von "Kultur") darstellen. Die interkulturelle Forschung der letzten Jahrzehnte hat sich vor allem für zwei Formen kommunikativen Disfunktionierens interessiert, die Missverständnisse und Konflikte hervorrufen können:

- zum einen für die Phänomene der "Critical incidents", mit denen situationsbezogene kommunikative Missverständnisse gemeint sind;
- und zum anderen für Prozesse des Disfunktionierens von Kommunikation, die im Verlauf zwischenmenschlicher Interaktion zu beobachten sind.

---

[7] So wird derzeit an der zweiten Auflage des von der Kooperationsstelle geförderten Buches 'Interkulturelle Qualifikationen im deutsch-französischen Management kleiner und mittelständischer Unternehmen' (St. Ingbert, Röhrig-Verlag) gearbeitet, das als Einführung in die Thematik gedacht ist.

'Critical Incidents' beruhen also auf Unterschieden der Wahrnehmungsmuster, Denkstile und Verhaltensweisen, die zu 'kritischen Ereignissen' führen können. Sie werden als repräsentativ für typische, wiederholt vorkommende Missverständnisse angesehen.[8] Sie bedeuten, dass bestimmte kulturelle Normen und Werte des Angehörigen der Fremdkultur verletzt worden sind.[9] Dies kann geschehen durch die Überschreitung von "Toleranzspielräumen", wie etwa durch Taktlosigkeit, mangelnde Wahrnehmungsfähigkeit, fehlende Kenntnis von Werten und Verhaltensmustern anderer Kulturen oder durch intendierte oder zufällige Beleidigungen.[10] Critical Incidents, die als Missverständnisse oder Konflikte zwischen Angehörigen verschiedener "ethnokultureller Herkunft"[11] auftreten können, umgreifen somit in der interkulturellen Forschung folgende Bereiche:

1° auf Missverstehen des non-verbalen Zeichencodes beruhende Missverständnisse (vor allem Begrüßungsformeln, Proxemik, d.h. physischer Abstand zwischen Personen, etc.);

2° auf unterschiedlichen Werten und Wertsystemen (wie z.B. unterschiedlichem Autoritätsverständnis oder einem anderen Ehrenkodex) beruhende Missverständnisse;

3° auf unterschiedlichen Glaubensvorstellungen beruhende Missverständnisse (die z.B. Phänomene wie Aberglauben, Fetischismus, Magie etc. betreffen);

4° auf unterschiedlichen sprachlichen Codes beruhende Missverständnisse (zum Beispiel unterschiedliche Sprachkonventionen bei Begrüßungen, im Gebrauch von Sprachakten, bei der Verwendung von Ausdrücken wie "vielleicht", "versprechen", "bestimmt" etc.).

---

[8] Wight, Albert R.: The Critical Incident as a Training Tool. In: Fowler, Sandra M./Mumford, Monica G. (Hg.): Intercultural Sourcebook: Cross-Cultural Training. Yarmouth, Maine, Intercultural Press, 1995, S.128.
[9] Gannon, Martin, J.: Understanding Global Cultures. Methaphorical Journeys Through 17 Countries. London, Sage Publications, 1994, S.5.
[10] Bolten, Jürgen: Grenzziehungen als interaktionaler Prozess. Zur Theorie und Vermittlung interaktiv-interkultureller Handlungskompetenz. In: Jahrbuch Deutsch als Fremdsprache, Jg.19, 1993, S.259.
[11] Forcier, Paul: Situations interculturelles au quotidien. Incidents critiques. Montréal, Faculté de l'Éducation permanente, 1989.

4. Das Forschungsprojekt

4.1 Zur Methodik interkultureller und kulturvergleichender Forschung

Wie lässt sich das konfliktuelle Potenzial interkultureller Kommunikation in der Arbeitswelt, beispielsweise kleiner und mittlerer Unternehmen, erfassen? Die empirische Sozialforschung hat inzwischen eine ganze Reihe von Erhebungsinstrumenten erarbeitet, die jedoch je nach Forschungsinteresse eingesetzt werden können. In den verschiedenen wissenschaftlichen Disziplinen existieren im Wesentlichen zwei konträre und zugleich komplementäre methodische Herangehensweisen: die quantitative und die qualitative Methodik der Daten- und Informationssammlung und deren Interpretation. In der theoretischen Diskussion innerhalb der interkulturellen Managementforschung herrscht ein Streit darüber, welche der beiden Methodenrichtungen genauere Untersuchungsergebnisse liefert, also besser vermag, die Realität abzubilden.

Der amerikanische Kulturanthropologe Hall und auch der französische Soziologe d'Iribarne arbeiten beispielsweise mit der qualitativen Analysemethode: Die einzelne Situation, die anhand von Gesprächen, teilnehmender Beobachtung und Berücksichtigung der Geschichte erarbeitet wird, steht im Mittelpunkt der Untersuchung und dient als zentrales Untersuchungs- und Interpretationsobjekt. Als Ergänzung hierzu werden auch weitere kulturtypisch erscheinende Materialien wie Texte und Literatur herangezogen.[12] Auch persönliche Erfahrungen des Forschers mit der anderen Kultur sind eine wichtige Voraussetzung für die Validität der Ergebnisse.[13] Persönliche Erfahrungen und Detailkenntnisse können den Blick schärfen für wesentliche und damit relevante Merkmale kultureller Unterschiede. Mit dieser ethnografischen 'weichen' Vorgehensweise[14] werden ausgehend von einzelnen, kulturspezifischen und in der Regel wiederkehrenden Situationen subtile Bedeutungsunterschiede erfasst und durch Kombinationen mit anderen Einzelfällen Rückschlüsse auf die Gesamtheit einer Kultur gezogen, ohne zufallsgesteuert vorgehen zu müssen. Es werden nicht nur - wie bei empirisch-quantitativer Forschung - Aussagen eines bestimmten Zeitpunkts erhoben.

Der niederländische Psychologe Hofstede dagegen wählte den Weg der quantitativen Methodik. In einem aufwändigen empirischen Verfahren, der statistischen Auswertung von rund 116.000 Fragebögen mit geschlossenen Fragen von IBM-Mitarbeitern der ganzen Welt, versuchte Hofstede kulturspezifische Einstellungen bezüglich der Arbeitswelt zu erfragen, die er dann den einzel-

---

[12] So können typische Stellenanzeigen, Produktwerbungen etc. viel Aufschluss geben über kulturelle Besonderheiten.
[13] Keller, Eugen, v.: Management in fremden Kulturen. Bern, Stuttgart, Paul Haupt, 1982, S.413.
[14] Eine umfassende Einführung zur ethnographischen Methode gibt: Agar, Michael: The Professional Stranger. An Informal Introduction to Ethnography. New York, Academic Press, 1980.

nen Ländern zuordnet. So stellt die quantitative Methodik Hypothesen auf und überprüft ihre Allgemeingültigkeit und schafft damit "Wenn-dann"-Zusammenhänge. Die deduktiv orientierten Methoden quantitativer Forschung, die auf dem naturwissenschaftlichen Forschungsideal objektiv nachprüfbarer Ergebnisse beruhen, machen universell gültige Aussagen anhand von Momentaufnahmen. Auf Grund 'harter' Messtechniken werden quantitative Daten erhoben.

4.2 Untersuchungsobjekte und Untersuchungsdesign

Im Rahmen eines Forschungsprojekts zum Thema "Interkulturelle Kommunikation in kleinen und mittelständischen Unternehmen des Saar-Lor-Lux-Raumes" wurden insgesamt 53 Stunden Interviews geführt mit je 15 deutschen und 15 französischen Mitarbeitern aus 22 mittelständischen Unternehmen verschiedener Branchen der Saar-Lor-Lux-Region. 13 Unternehmen befinden sich im Saarland, sieben in Lothringen und zwei in der Westpfalz.

Der von uns als Interview-Leitfaden eingesetzte Fragebogen orientiert sich inhaltlich an bereits durchgeführten Untersuchungen im deutsch-französischen Bereich und an Literatur zur Interkulturellen Kommunikation und Management. Als Kultur- und Landeswissenschaftler legten wir Wert auf eine landeskulturelle Ausrichtung, die bisher in der Forschung unterrepräsentiert ist. Der Fragebogen gliedert sich in die sechs unten aufgeführten Bereiche: Aus- und Weiterbildung, Kommunikation, Landeskunde, Mentalität, Arbeitsstil/Management und Deutsch-Französische Synergie. Er umfasst 8 Seiten und besteht aus insgesamt 72 Fragen:

Themenbereiche	Anzahl der Fragen
0. Fragen zur Person & Unternehmen	(10)
I. Aus- und Weiterbildung	9
II. Kommunikation	11
III. Landeskunde	14
IV. Mentalität	8
V. Arbeitsstil/Management	20
VI. Synergie-Effekte	10
Gesamt	72

Die persönlich geführten, bis zu drei Stunden dauernden Gespräche, die auch teilweise mit teilnehmender Beobachtung gekoppelt waren, boten viele Einblicke in die Denk- und Arbeitsweisen jenseits und diesseits der Grenze.

4.3 Ergebnisse der Studie

Welche Ergebnisse lassen sich verkürzt aus unserer Erhebung darstellen? Viele kleine und mittelständische Unternehmen achten bei grenzüberschreitender Zusammenarbeit immer noch deutlich mehr auf rechtliche und betriebswirtschaftliche Fragestellungen als auf landeskulturelle sowie interkulturelle Gesichtspunkte. Es wird folglich kaum Zeit und Geld in eine fundierte fremdsprachliche und interkulturelle Weiterbildung ihrer Mitarbeiter investiert, die für die grenzüberschreitende Zusammenarbeit von großer Bedeutung ist. Wir wollen die Einblicke in die interkulturellen Arbeitswelt vor allem durch Aussagen der befragten Mitarbeiterinnen und Mitarbeiter in bestimmten Bereichen illustrieren, da hierdurch eine hohe Authenzität erreicht wird. Obwohl im Grenzraum die Kenntnisse der Sprache des Nachbarn vor allem auf französischer Seite deutlich über dem landesweiten Durchschnitt liegen, gehen sie auch hier zurück – eine Konsequenz der fortschreitenden Monolingualität im allgemein bildenden Schulwesen und des sinkenden Interesses am Deutschen in Frankreich und am Französischen in Deutschland.[15]

Trotz geografischer Nähe und mentaler Ähnlichkeit gibt es auch in der Saar-Lor-Lux-Region Probleme grenzüberschreitender Kooperation, wie es folgende Aussagen der befragten Mitarbeiter aus Lothringen und dem Saarland zeigen:

---

[15] Vgl. hierzu Hans-Jürgen Lüsebrink: Ein zwiespältiges Bild. Deutsch-französische Kulturbeziehungen. In: Eichholz Brief. Zeitschrift zur politischen Bildung, 4/99, S. 114-119, zur Entwicklung der Sprachkenntnisse S. 117.

Où résident les plus grosses difficultés dans la coopération?	Wo liegen die größten Schwierigkeiten in der Zusammenarbeit?
"La langue: les Français ont peur de faire des fautes, ils se bloquent."	"Probleme der Sprache: Sinn, Inhalt."
"Ne pas savoir écouter." "Lenteur de réaction, perfectionnisme, manque d'imagination (chez les ingénieurs)."	"Die größten Probleme sind begründet durch Missverständnisse. Der eine meint etwas ganz anderes als der andere versteht."
"Ils existent des écarts entre la France et l'Allemagne au niveau de la sécurité (ex.: dans l'industrie, pour les enfants)."	"Fehlendes gegenseitiges Verständnis. Aber eigentlich wollen wir uns verstehen. Die Wellenlänge ist oft nicht dieselbe."
"La plus grande difficulté réside dans le refus de dialogue. Il faut aller vers l'autre, être ouvert, faire le premier pas. Dialoguer, c'est un métier, ça s'apprend. Ça rentre aussi dans la vie privée."	"Entscheidungen fällt der Franzose emotional. Der Mensch und die Beziehung stehen im Mittelpunkt."
	"Die Deutschen bilden sich ein, sie seien besser. Die Franzosen denken, sie seien schlechter."

Die Untersuchung verdeutlichte zudem zwei Problembereiche der Interkulturellen Kommunikation im Raum Saar-Lor-Lux, die mit den Begriffen 'fremde Nähe' und 'Wiederkehr verdrängter Konfliktpotenziale' umschrieben werden könnten. Mit der Illusion fremder Nähe[16] verbindet sich das Bewusstsein, auf Grund geografischer, aber im Falle Luxemburgs, Lothringens und des Saarlandes auch – zumindest zum Teil – kultureller und sprachlicher Verwandtschaften und Ähnlichkeiten gäbe es keine Probleme interkultureller Kommunikation.

---

[16] Vgl. hierzu Hans-Jürgen Lüsebrink: Fremde Nähe - nahe Fremde. Zum Thema "Interkulturelle Kompetenz". In: Rainer Silkenbeumer (Hg.): Kultur in der Region. Saar - Mosel - Rhein. Homburg, Edition Karlsberg, 1997, S. 63-72.

Ganz abgesehen davon, dass die Kompetenzen in der Nachbarsprache – vor allem im Saarland, aber zunehmend auch in Lothringen – keineswegs so ausgeprägt sind wie häufig angenommen, wird durch die Illusion kultureller und sprachlicher Nähe die entscheidende Prägung durch national geprägte Ausbildungsysteme (vor allem die Schule), die spezifische Lernstile implizieren und Wahrnehmungs- und Handlungsmuster bestimmen, sowie gleichfalls national orientierte Institutionen (wie die Medien) weitgehend außer Acht gelassen oder in seiner Bedeutung heruntergespielt. Ähnliches gilt für die weitgehende Verdrängung der Konflikte der Vergangenheit. Die weiterhin große mentale Bedeutung nationaler Grenzen, die in der Vergangenheit hypostasiert wurde und kriegerische Auseinandersetzungen provozierte, wird in der Gegenwart unterschätzt. Sie wird jedoch in Konfliktsituationen plötzlich deutlich: so etwa bei der Konkurrenz um Industrieansiedlungen; oder bei der in dieser Hinsicht geradezu symptomatischen Auseinandersetzung um die 'Nationalzugehörigkeit' der Sängerin Patricia Kaas, die in gleicher Weise vom Saarland wie von Lothringen als Sympathieträger beansprucht wird – was 1998 eine kleine Kontroverse in der Saarbrücker Zeitung und dem Républicain Lorrain hervorrief.[17] Auch in der beruflichen Praxis wird, vor allem von französischer Seite, wie unsere Untersuchung gezeigt hat, die Leugnung der 'nationalen Grenzen in den Köpfen' häufig als rücksichtslose Vereinnahmung und Überrumpelung empfunden, besonders in offenen oder latenten Konfliktsituationen: *"Les Allemands veulent toujours s'imposer"*, so beschrieb ein französischer Sachbearbeiter das für ihn 'typische' Verhalten seiner deutschen Geschäftspartner. *"Ils sont très susceptibles et arrogants"*. Auf Seiten der deutschen Befragten wurde die untergründige, in den Mentalitäten nachwirkende und bei Konflikten hervorbrechende Bedeutung der historisch geprägten 'Grenzen in den Köpfen' zumindest gelegentlich erkannt: *"Die Last der Geschichte"*, so ein Mitarbeiter eines befragten Unternehmens, *"ist noch latent vorhanden. Viele Franzosen können nicht verzeihen und vergessen. Tabu-Thema beim Geschäft. Die Zeit wird die Wunden heilen."*[18]

---

[17] Patricia vous salue. In: Républicain Lorrain (Metz), 13.11.1998; Hans Wyrwich: Wem gehört Patricia Kaas? In: Saarbrücker Zeitung, 18.11.1998.
[18] Zitate nach Christoph Barmeyer (In Verbindung mit Hans-Jürgen Lüsebrink): Interkulturelle Qualifikationen im deutsch-französischen Management kleiner und mittelständischer Unternehmen (mit Schwerpunkt Saarland/Lothringen). St. Ingbert, Röhrig Universitätsverlag (Saarbrücker Studien zur Interkulturellen Kommunikation Bd. 1), S. 94, S. 56.

5. Conclusion:

5.1 Interkulturelle Kompetenz und landeskundliches Wissen

Die Einblicke, die durch unsere Untersuchung bei den mittelständischen Unternehmen im Saarland und in Lothringen gewonnen werden konnten, zeigen deutlich, dass ein Bedarf für interkulturelles Lernen vorhanden ist, auch im Bereich der kleinen und mittelständischen Unternehmen und auch auf der Ebene der Sachbearbeiter/innen und Sekretärinnen. Einen Schlüsselbegriff bildet "Interkulturelle Kompetenz". Sie kann in gewissem Maße in Weiterbildungsveranstaltungen vermittelt werden. Oft ist sie jedoch auch sehr mit der eigenen Persönlichkeit verbunden. Die interkulturelle Psychologie schreibt ihr Eigenschaften zu wie Offenheit, Neugierde, Flexibilität, Einfühlungsvermögen und Toleranz. Sie hilft, sich in einer anderen Kultur erfolgreich zu verständigen und Brücken zu schlagen zwischen anderen Denkweisen, Gefühlen und Verhaltensmustern. Einige der befragten grenzüberschreitend erfolgreichen Mitarbeiter haben sich ihre interkulturelle Kompetenz in der Regel unbewusst allein erarbeitet:

Strategien eines saarländischen Mitarbeiters

- Kenntnisse über den Partner und sein Land haben;
- Informationen geben über die eigene Person und die Institution, für die man arbeitet;
- Vertrauen schaffen;
- eine persönliche Beziehung aufbauen;
- eine gute Atmosphäre schaffen;
- genau zuhören und nachfragen;
- Vereinbarungen zum Schluss gegenseitig absichern und evtl. schriftlich niederlegen.

Jedoch sollte der Lernprozess zur Entwicklung interkultureller Kompetenzen nicht nur rein sprachlich-kommunikativ oder psychologisch orientiert sein, sondern vielmehr auch die jeweiligen Arbeitskontexte einbeziehen und wichtige, für das Verständnis der anderen Kultur (und damit zur Vermeidung von Missverständnissen häufig unabdingbare) landeskundliche Aspekte berücksichtigen.[19] Hierzu gehört zum Beispiel Wissen über Geschichte und Gesellschaft des Grenzraums, Wissen über die institutionellen und rechtlichen Rahmenbedingungen wirtschaftlichen Handelns sowie die unterschiedlichen Ausbildungssysteme, Kenntnisse über andere verbale und non-verbale Kommunikationsformen, das heißt zu kulturellen Phänomenen, die vor allem in einem in der Vergangenheit von deutsch-französischen Konflikten in besonderer Weise geprägten Weise Raum wie der Saar-Lor-Lux-Region zu interkulturellen Trennwirkungen, zu Fehleinschätzungen und kulturell geprägten Missverständnissen führen können.[20]

5.2 Synergie-Effekte

Kulturelle Vielfalt kann dann für ein Unternehmen nicht nur eine Quelle zusätzlicher Schwierigkeiten und potenzieller Probleme sein, sondern auch ein echter Wettbewerbsvorteil - vorausgesetzt, es gelingt, die verschiedenen Sicht- und Vorgehensweisen für Problemlösungen und Innovationen zu nutzen. Das Schaffen von "Synergie-Effekten", eines der Zauberwörter der Unternehmensführung der letzten Jahre, ist vor allem im interkulturellen Bereich besonders schwierig. Empirische Studien belegen, dass Synergie-Effekte zwischen Franzosen und Deutschen möglich sind. Erfolgreiche deutsch-französische Kooperationen wie etwa im Technologie-Bereich (Flugzeugindustrie, Atomkraft und Telekommunikation) zeigen dies. Auf regionalpolitischer Ebene wird zunehmend - wenn auch in der Praxis vorerst nur zögernd und ansatzweise - an Möglichkeiten der grenzüberschreitenden wirtschaftspolitischen und wirtschaftlichen Kooperation (beispielsweise zwischen dem Saarland und Lothringen) gedacht, etwa im Bereich der Ansiedlungen von Industrie- und Dienstleistungsunternehmen, statt das bisherige Modell des national geprägten Wettbewerbs und der Konkurrenz weiterzuführen.[21] Auch die von uns befragten Mitarbeiter aus dem Saarland und Lothringen wussten von deutsch-französischen Synergien zu berichten:

---

[19] Lüsebrink, Hans-Jürgen: Interkulturelle Kommunikation und Kompetenz in der Arbeitswelt als Voraussetzungen für den Wirtschaftsraum Saar-Lor-Lux. In: "rat" - Zeitschrift der Kooperationsstelle Hochschule und Arbeitswelt, Nr.3, 1997. S.18-21.
[20] Barmeyer, Christoph I.: "Je ne comprends pas." Les systèmes de formation en France et en Allemagne, facteurs de division. In: Documents. Revue des questions allemandes, Jg.53, Nr.4, 1998, S.95-97.
[21] Vgl. den Bericht von Helmut Wyrwich: Die Standort-Vorteile der Nachbarn schwinden. Département Moselle kommt den Bedürfnissen von Hightech-Unternehmen nicht entgegen – Franzosen suchen stärkere Zusammenarbeit mit dem Saarland. In: Saarbrücker Zeitung, 29./30. April/1. Mai 2000, S. 7.

Allemands et Français sont-ils complémentaires?	Ergänzen sich Deutsche und Franzosen?
"Chaque peuple doit garder sa culture tout en estimant sa propre culture."	"Auf jeden Fall muss man 'eine gemeinsame Sprache' sprechen und dasselbe Ziel haben."
"L'Allemand est plus technique, le Français est plus commercial."	"Gerade im Saarland und in Lothringen."
"Chacun doit cultiver sa différence. Garder le charme des Latins."	"Merkt man in dieser Region nicht mehr. Ergänzen sich schon gut. Mischung: Leben wie Gott in Frankreich und arbeiten wie in Deutschland."
"L'indépendance d'un Français (par exemple le système D) permet des résultats fructueux."	"Im Marketing sind die Franzosen sehr kreativ, die Deutschen exakt und ziehen Aktionen konsequent durch."
"Si Allemands et Français se mettaient ensemble, on pourrait arriver à des résultats fantastiques."	"Der Deutsche ist der Spezialist, der Franzose liefert die Ideen, man probiert Neues aus."

Wir stellten unseren deutschen und französischen Interviewpartnern auch die Frage, was man wohl von der anderen Kultur lernen könnte. Die Aussagen zeigen eine gewisse Komplementarität auf: Die meisten Befragten waren sich einig, dass man vieles von der anderen Kultur lernen kann. Die befragten Franzosen schätzen die methodische Planung und die straffe Organisation und Vorgehensweise der Deutschen, die die erfolgreiche Durchführung eines Projekts und die gewollte Zielerreichung ermöglichen. Die Deutschen dagegen bewundern die Art der Franzosen, gewisse Dinge nicht so ernst zu nehmen und zu wissen, wo Prioritäten zu setzen sind ("esprit de synthèse"). Als Stichworte wurden häufig Lebenseinstellung, Lockerheit und Gelassenheit geäußert. Auch wurde das Improvisationstalent der Franzosen bewundert.

Stellvertretend für deutsch-französische Komplementarität wird die Aussage eines französischen Mitarbeiters wiedergegeben, der die Unterschiedlichkeit als einen Schatz ansieht, für den man zwei Schlüssel braucht, um an ihn zu gelangen:

> "Je crois, ce sont même les deux nations [Frankreich und Deutschland] les plus 'complémentarisales'. Tout les sépare, sauf la géographie. Ils ont des intérêts communs, mais la France est plus latine, tirée vers le sud, l'Allemagne est tirée vers le nord. Je pense, qu'il y a un trésor là. Il faut deux clés pour l'ouvrir, mettons ces deux clés ensemble!"

Ein Bewusstmachen der Stärken und der Schwächen eigener und anderskultureller Eigenschaften sowie die Sensibilisierung für kulturelle Unterschiede bilden die Grundlagen für eine konstruktive und komplementäre Zusammenarbeit. Um effektiv über geografische und mentale Barrieren hinweg zusammenzuarbeiten, bedarf es der Schulung interkultureller Kompetenz. In diesem Bereich - und vor allem auch für den Bereich der kleinen und mittelständischen Unternehmen - besteht noch ein großer Nachholbedarf an interkultureller Forschung und Weiterbildung.

5.3 Perspektivenwechsel durch Fremderfahrung

Das Wissen um kulturelle Unterschiede und Besonderheiten, wie sie zwischen Frankreich und Deutschland bestehen, und die Fähigkeit, diese Besonderheiten produktiv zu nutzen, sind wichtige Erfolgsfaktoren für eine gelingende transregionale Zusammenarbeit. Nach wie vor werden Kulturunterschiede in Europa verneint ("Wir sind alle Europäer!") oder verniedlicht ("Das ist doch nicht so wichtig!") oder gar völlig tabuisiert. Dies gilt in besonderer Weise auch für den Saar-Lor-Lux-Raum, in dem historisch geprägte Ähnlichkeiten (des Lebensraums, der Industriekultur, in der unmittelbaren Grenzregion auch der Sprache) häufig betont, die viel prononcierteren, national geprägten Unterschiede hingegen tendenziell nivelliert werden. In den Vordergrund rücken in diesem Zusammenhang 'messbare' und sichtbare Aspekte wie fremdsprachliche Probleme, administrative Hürden oder Preis- und Lohngefälle. Viel Zeit und Energie würden dagegen gespart, wenn die unsichtbaren Aspekte jeder Kommunikation und Kooperation mehr beachtet würden, wie divergierende Wahrnehmungen, Denkweisen und zu Grunde liegende Werte, die sich gerade zwischen Franzosen und Deutschen erheblich unterscheiden können.[22]

---

[22] Lüsebrink, Hans-Jürgen: Rhetorik, Wertesysteme und Kommunikationsstile. Zu Selbstkonzeption französischer Führungskräfte im internationalen Vergleich. In: Geißner, Hellmut K./Herbig, Albert F./Wessela, Eva (Hg.): Wirtschaftskommunikation in Europa. Business Communication in Europe. Tostedt, Attikon, 1999, S.133-147.

Hervorzuheben ist, dass interkulturelles Verstehen der Fremderfahrung bedarf, das heißt, die betroffene Person, z.b. eine deutsche Arbeitnehmerin, bereits über Arbeitserfahrungen mit französischen Kollegen verfügt oder aber bereit ist, solche Arbeitserfahrungen zu machen. Hier eröffnet die Saar-Lor-Lux-Region fantastische Möglichkeiten, da sich auf relativ kleinem Raum drei unterschiedliche Kommunikations- und Kulturräume befinden und somit geografische und mentale Grenzüberschreitungen leicht zu verwirklichen sind.

Dieser Perspektivenwechsel verlangt nicht nur gute Kenntnisse der Nachbarsprache, sondern im beruflichen Bereich möglichst auch ein interkulturelles Lernen durch Studium und Weiterbildungsmaßnahmen. Dabei sollten mehr noch als bisher erfolgt, Persönlichkeitseigenschaften der Interagierenden betrachtet werden, da sie als wichtige Voraussetzung für effektives interkulturelles Handeln angesehen werden können. Hier ist insbesondere die Erhebung von Lern- und Arbeitsstilen aufschlussreich, da je nach Persönlichkeit die Anpassung und Integration in die Zielkultur, also z.B. Frankreich, mit viel oder weniger Aufwand (oder im negativen Fall gar nicht) gelingt.[23] In einem Folgeprojekt mit der Kooperationsstelle Hochschule und Arbeitswelt findet eine vergleichende Analyse von Lernstilen bei Arbeitnehmern in Lothringen und im Saarland statt. Die Ergebnisse können einen weiteren Beitrag leisten zur Konzeption und Durchführung interkulturell und landeskundlich ausgerichteter Veranstaltungen, die für ein Zusammenwachsen der Saar-Lor-Lux-Region von großer Bedeutung sind.

---

[23] Barmeyer, Christoph I.: Interkulturelles Management und Lernstile. Studierende und Führungskräfte in Frankreich, Deutschland und Quebec. Frankfurt/New York, Campus, 2000.

Christo Stojanov

**Konflikt oder Kooperation der Kulturen?
Einige Entwicklungsprobleme der Ost-West-Joint Ventures**

Samuel Huntington vertritt die Ansicht, dass sich die westliche Kultur nur bei einer oberflächlichen Betrachtung gegen den Rest der Welt durchgesetzt habe. Westliche Vorstellungen unterscheiden sich jedoch grundsätzlich von denen, die in anderen Kulturen vorherrschen. Die westlichen Ideen so wie jene des Individualismus, des Liberalismus, des Konstitutionalismus, der Menschenrechte, der Gleichheit, Freiheit, Rechtsstaatlichkeit, Demokratie und Handelsfreiheit oder der Trennung von Kirche und Staat finden - so Huntington - oft nur wenig Widerhall in nichtwestlichen Kulturen. Er diagnostiziert, dass die anderen Kulturen zunehmend auf ihre eigene Identität pochen und sie unter zunehmendem Druck westlicher Kultur immer vehementer zu verteidigen beginnen. Dadurch vertritt er die Ansicht, dass die Weltpolitik auf einen 'Zusammenprall der Kulturen' zusteuere. Gerade oder trotz einer ständig wachsenden Internationalisierung der (Wirtschafts-)Märkte prognostiziert er wachsende kulturelle Konflikte als das zentrale politische Thema der näheren Zukunft: „Verwerfungen zwischen den Kulturkreisen werden den Frontverlauf der Zukunft bestimmen." (vgl. Huntington 1993a,b; ders. 1996). Huntington's Konzept lässt sich als eine zugespitzte Ausdrucksform des Bewusstseins kennzeichnen, dass die kulturellen Unterschiede eine wesentliche Dimension der Gestaltung der neuen Welt- und Gesellschaftsordnung nach dem Ende des 'Kalten Krieges' darstellen. Man muss diese Sichtweise nicht teilen, um der Bedeutung der angesprochenen Dimension Rechnung zu tragen. Man muss sich auch nicht mit der Weltordnung befassen, um ihre Relevanz bei einer jeden interkulturellen Interaktion und damit verbundenen Kommunikation[1] festzustellen.

---

[1] „Wenn Menschen verschiedener Kulturen einander begegnen, bezeichnen wir die Prozesse, die dabei ablaufen, als 'interkulturelle Kommunikation' oder auch als 'interkulturelle Interaktion'. (...) *Interkulturell* sind alle jene menschlichen Beziehungen, in denen die kulturelle Systemhaftigkeit durch die Überschreitung der Systemgrenzen erfahren wird." (Maletzke, 1996: 37)

Die weitere Ausführung basiert auf Ergebnissen einer international vergleichenden Untersuchung, deren Forschungsinteresse auf Ost-West-Joint Ventures gerichtet war[2].

Joint Venture meint gemeinsames Unternehmen, einen speziellen Typ Tochtergesellschaft, dessen Gründung und Führung auf den Direktinvestitionen der sich internationalisierenden Unternehmungen (Stammfirmen) und lokalen Investitionen von Personen, Firmen oder sonstigen privaten oder staatlichen Institutionen des Gastlandes basieren. Daraus wird das zentrale gemeinsame Merkmal aller Joint-Venture-Definitionen deutlich: die Kooperation von Vertretern unterschiedlicher Nationen und Kulturen in einem bestimmten wirtschaftlichen Umfeld. Durch diese Kooperation entsteht ein neues selbstständiges Unternehmen, die Gründungspartner bleiben voneinander und vom entstandenen Unternehmen juristisch unabhängig (vgl.: Kumar 1975: 257; Bald, 1995: 37). Mindestens einer der Gründungspartner muss seinen juristischen Sitz in einem anderen als im Gastland des Joint Ventures unterhalten. Demzufolge sind Joint Ventures ein typisches Feld interkultureller Interaktion und Kommunikation. Gegenstand des o.a. Forschungsprojekts waren gemeinsame Unternehmen, an denen westliche (deutsche) und osteuropäische (polnische, ungarische, bulgarische) Partner beteiligt waren, die in den jeweiligen Transformationsländern agierten.

Im Allgemeinen werden folgende Motive für die Gründung von gemeinsamen Unternehmen thematisiert: Für die deutschen Partner stehen im Mittelpunkt das niedrige Lohnniveau, billige Rohstoffe und Energie, d.h. kostengünstige Produktion und höhere Konkurrenzfähigkeit sowie die Erschließung eines Marktes. Zu den Motiven der einheimischen Partner gehören vor allem die Beschäftigung der vorhandenen Arbeitskräfte, die Ausbildung bzw. Weiterqualifizierung der Arbeitskräfte für die Arbeit mit moderner Technik und Technologie sowie die Modernisierung der Wirtschaft durch Einführung neuer Technik, Technologie und Know-How (vgl.: Helms, 1985: 291-292). Nach dem Zusammenbruch des staatssozialistischen Systems verbanden sich vor allem auf östlicher Seite geradezu euphorische Erwartungen mit der Förderung von Joint Ventures. Man erhoffte sich eine intensivere Einbindung in die internationale Arbeitsteilung, eine strukturelle Verbesserung der Zahlungsbilanz, den Transfer moderner Technologien, den Import ausländischen 'sauberen' Kapitals. Von westlichen Wissenschaftlern wurde ein 'Multiplikatoreffekt' erwartet, der den Joint Ventures eine Schlüsselrolle bei der Initiierung,

---

[2] Das Projekt wurde im Zeitraum 1994-1996 durchgeführt und war den Kommunikations- und Entwicklungsproblemen der Ost-West-Joint Ventures im Transformationsprozess Polens, Ungarns und Bulgariens gewidmet. Es wurde von der Europäischen Kommission finanziert. Die Koordination hatte Prof. Dr. Hans Leo Krämer inne.

Beschleunigung und sozialen Flankierung des Transformationsprozesses zukommen lässt (vgl.: Bald, 1995: 39). Die politische Förderung von Ost-West-Joint Ventures wurde also vor allem durch ihre Rolle als Modernisierungsmedien begründet, d.h. als Vorreiter der Marktwirtschaft sowie als Vorbild für die Kooperation zwischen Vertretern von Ost und West.

In Anlehnung an Crozier/Friedberg gehen wir davon aus, dass jede Organisation ein Gebilde von Konflikten ist: ihre Funktionsweise stellt das Ergebnis der Auseinandersetzungen zwischen den vielfältigen und divergierenden Rationalitäten relativ freier Akteure dar, die die zu ihrer Verfügung stehenden Machtquellen nutzen. Problematisch ist dabei nicht nur die Integration aller für das Erzielen eines Ergebnisses unbedingt nötigen Tätigkeiten, sondern auch die Integration der Machtbeziehungen und der Strategien der Akteure, die die Ausführung dieser Tätigkeiten gewährleisten (vgl.: Crozier/Friedberg, 1993: 56ff). Im Allgemeinen sind Joint Ventures dadurch gekennzeichnet, dass sie Machtbeziehungen und Handlungsstrategien von Vertretern unterschiedlicher nationaler Kulturen zu integrieren haben. In Anlehnung an G. Hofstede[3] gehen wir von der Annahme aus, dass kulturelle Heterogenität das Konfliktpotenzial in einer Organisation multipliziert. Im Fall unseres Untersuchungsgegenstandes - der Ost-West-Joint Ventures - sind die organisatorisch zu bewältigenden Divergenzen noch wesentlich komplizierter. Ein charakteristisches Merkmal dieser Unternehmen ist die Tatsache, dass sie mit der Notwendigkeit, die Zusammenarbeit von Vertretern nicht nur unterschiedlicher nationaler, sondern auch unterschiedlicher Wirtschaftskulturen[4] zu gewährleisten, konfrontiert sind. Die Vertreter der westlichen Firmen haben ihre persönlichen und beruflichen Erfahrungen unter den Bedingungen einer funktionierenden Marktwirtschaft in Deutschland gesammelt; hingegen ist der Erfahrungshorizont der osteuropäischen Partner durch die jeweils national 'gefärbte' Praxis der zentralen Planwirtschaft geprägt.

Im Hinblick auf die o. a. Erwartungen an die Ost-West Joint Ventures kann man davon ausgehen, dass Stabilität eine maßgebende Voraussetzung für eine effiziente Aufgabenerfüllung im Rahmen der postsozialistischen Transformation darstellt. Wie kann eine solche Stabilität und dadurch eine positive Entwicklungsperspektive gewährleistet werden? Bei der Suche nach der Antwort

---

[3] „Auf dem boomenden Markt für kulturübergreifendes Training gibt es Kurse und Bücher, die nur die Sonnenseite zeigen: kulturelle Synergie, keinen kulturellen Konflikt. Vielleicht ist dies die Botschaft, die einige geschäftsbewußte Leute hören möchten, aber sie ist falsch. Wenn man sich mit Kultur befasst, ohne einen kulturellen Schock zu erleben, dann ist das so, als wenn man nur den Fremden zuhören würde, die von hier stammen. (...) Kultur ist viel häufiger eine Quelle des Konflikts als der Synergie. Kulturelle Unterschiede sind bestenfalls etwas lästiges und oft eine Katastrophe." (Hofstede, 1997: IX).
[4] „Der Terminus 'Wirtschaftskultur' ... bezeichnet ganz einfach den soziokulturellen Kontext, in dem wirtschaftliche Tätigkeiten und Einrichtungen existieren." (Berger, 1992: 22, 23).

auf diese Frage können wir von folgender Annahme ausgehen: „Ein Joint Venture besteht so lange, wie die Partner von der Stärke des (der) anderen in einem bestimmten Bereich überzeugt sind, die Zusammenarbeit mit Vorteilen ('Netto') für alle verbunden ist und die eingebrachten Beiträge von den Partnern als äquivalent betrachtet werden." (Zentes, 1992: S. 11). Mit anderen Worten: Ausschlaggebender Faktor für Stabilität und die Entwicklungschancen der Ost-West-Joint Ventures ist der Auf- und Ausbau von Vertrauensbeziehungen zwischen den Partnern in den gemeinsamen Unternehmen.

Als Dauerlösung der aus den kulturellen (im o.a. doppelten Sinne) Differenzen resultierenden Spannungen in den Ost-West Joint Ventures wird also die Herauskristallisierung gemeinsamer, von den Vertretern beider Partnergruppen geteilter Wert-, Wahrnehmungs- und Handlungsmuster anzusehen sein, die in der modernen Organisationstheorie und -soziologie als Organisations- bzw. Unternehmenskultur bezeichnet werden. Dies bedeutet, dass das Integrationsproblem durch die Entwicklung einer neuen, gemeinsamen Organisationskultur gelöst werden sollte, die eine verlässliche Basis für die Stabilisierung und Effizienzsteigerung der Zusammenarbeit darstellt: die effektivsten Organisationen sind nämlich Gemeinschaften, deren Mitglieder dieselben Orientierungs- und Handlungsmuster teilen. Solche Gemeinschaften brauchen keine Verträge oder juristischen Mittel zur Regelung ihrer Binnenbeziehungen, da der von vornherein gegebene moralische Konsens eine ausreichende Vertrauensgrundlage darstellt. Vertrauensbeziehungen entstehen aber durch dauerhafte Kommunikations- und Lernprozesse zwischen den Beteiligten, aus vertrauenswürdigem Verhalten (vgl.: Fukuyama, 1995: 44, 42). So gesehen steht die Frage nach der Gestaltung der Beziehungen im Rahmen der untersuchten Joint Ventures im Mittelpunkt des Interesses, d.h. welche Ressourcen gewährleisten die Integration der einzelnen Akteursstrategien, insbesondere jener von Vertretern der beiden nationalen Gruppen in der Organisation?

Die gegenseitige Wahrnehmung der Vertreter von einheimischen und ausländischen Akteuren erfolgt vor dem Hintergrund der aktuellen Macht- und Prestigeproblematik, wobei die nationalen, kulturell und/oder geschichtlich geprägten Muster der Stereotypisierung eher als Legitimationsressource herangezogen werden. Auf der einen Seite sind Verdrängungswettbewerb und Peripherisierungsdruck grundlegende Tatbestände, mit denen sich die osteuropäischen Gesellschaften und ihre Vertreter auseinander zu setzen haben, die mit Vertretern der westlichen Spitzenökonomien zusammenarbeiten sollen. Sie müssen Abwehrkräfte mobilisieren, um ihre bestehenden (Macht-)Positionen zu bewahren bzw. auszubauen.

Auf der anderen Seite sind die Vertreter der westlichen Spitzenökonomien freihändlerisch-kosmopolitisch orientiert (vgl.: Senghaas, 1992: 26): Sie gehen axiomatisch davon aus, dass ihre Erfahrung mit der funktionierenden Marktwirtschaft in den eigenen Ländern generalisierbar sei und überall Erfolg gewährleiste. Dadurch sei eine dominante Position im Rahmen der gemeinsamen Unternehmen legitimiert.

Für die Mehrheit der deutschen Manager ist eine solche Asymmetrie eine Selbstverständlichkeit. Mit anderen Worten: Sie gehen implizit oder explizit von einer hierarchischen Konstellation aus ('Lehrer-Schüler'-Verhältnis - V. Tomov), die die Dominanz begründen sollte. Ausgerechnet dieses Argument teilen die osteuropäischen Partner nicht, weil dadurch ihr vorhandenes kulturelles und soziales Kapital, nämlich ihr Wissen über die Gewohnheiten und Vorlieben der Verbraucher sowie die bestehenden Kontakte zu relevanten Institutionen und Personen, abgewertet wird. Kennzeichnend ist jedoch die Tatsache, dass sie sich im Vorhinein in einer defensiven Position befinden.

Das Konfliktpotenzial solch formeller Asymmetrien wird häufig in Untersuchungen über Joint Ventures thematisiert. So hebt D. Endres hervor, dass derartige Beziehungskonstruktionen einen wesentlichen Destabilisierungsfaktor für gemeinsame Unternehmen darstellen: „In der Tat zeigt es sich bei Joint Ventures vielfach, dass die formale, durch das Beteiligungsverhältnis begründete Verhandlungsmacht der Gastlandpartner durch eine informale, meistens auf das Expertenwissen zurückzuführende Verhandlungsposition der Stammfirma kompensiert, ja oft sogar überkompensiert wird." (Endres, 1987: 261). Daher lässt sich ein Spannungspotenzial, eine Zeitbombe diagnostizieren, das auf Dauer die Entwicklungsperspektiven derartiger Unternehmen in Frage stellt. Es handelt sich dabei um konfligierende implizite Organisationsmodelle[5]: Während das von den Deutschen vertretene Modell der Zusammenarbeit hierarchisch aufgebaut ist, ist das von den osteuropäischen Managern beanspruchte Modell jenes der horizontal organisierten Aufgabenteilung.

Die einheimischen Mitarbeiter sind gezwungen so zu tun, als ob sie die ihnen zugewiesene untergeordnete Position im Unternehmen akzeptieren, um von bestimmten prestigemäßigen und finanziellen Privilegien Gebrauch machen zu können; dabei spielt die Erwartung, dass die westlichen Firmen ihnen die

---

[5] Ein Hinweis von G. Hostede bezüglich der Bedeutung solcher impliziten Unterschiede ist in diesem Zusammenhang besonders relevant: „Der Erfolg von Fusionen und Übernahmen innerhalb eines Landes ist oft zweifelhaft; allerdings ist die Wahrscheinlichkeit, bei multinationalen Unternehmungen Erfolg zu haben, noch geringer (...). Hauptursache hierfür dürften die versteckten Unterschiede in den impliziten Organisationsmodellen sein. In der neuen, integrierten Organisation soll alles harmonisch ablaufen; aber wie kann das funktionieren, wenn die Hauptbeteiligten verschiedene Modellansätze darüber vertreten, wie eine Organisation auszusehen hat?" (Hofstede, 1997: 203-204)

Leitung ihrer Geschäfte überlassen, eine entscheidende Rolle. Unseren empirischen Ergebnissen zufolge fehlen explizit festgelegte (formalisierte) Aufstiegswege und Karriere-Planungen für die einheimischen Mitarbeiter sowie (mit sehr wenigen Ausnahmen) tatsächliche Signale für eine Erweiterung der Autonomie und der Entscheidungskompetenzen der 'Tochtergesellschaften'. Auch die Konzentration der (insbesondere strategischen) Entscheidungskompetenzen bei den Zentralen der westeuropäischen Firmen vermitteln nicht eine Autonomisierungsperspektive. Daraus kann man schlussfolgern, dass Ankündigungen, in absehbarer Zukunft würde die Leitung den einheimischen Mitarbeitern überlassen, eher einen ideologischen und/oder manipulativen Charakter haben.

Vor diesem Hintergrund lässt sich die Gestaltung der Beziehungen in den untersuchten Ost-West-Joint Ventures folgendermaßen zusammenfassen: Die Interaktionen zwischen den deutschen und den osteuropäischen Partnern überschreiten in der Regel nicht den Rahmen der rein formellen, berufsbezogenen Kommunikation und Wahrnehmung; dadurch wird die Kooperation gewährleistet. In diesem Sinne lässt sich aus organisationssoziologischer Sicht von einem Modell der minimalen sozialen Integration in der Organisation sprechen. Diese sichert kurzfristig die Funktionsfähigkeit der Organisation, schränkt jedoch die Entwicklungschancen einer Organisationskultur ein. Hierbei handelt es sich um eine kurzfristige Lösung, die jedoch keine dauerhafte Perspektive verspricht.

Zwischen beiden nationalen Gruppen in den meisten untersuchten Joint-Ventures ist eine Art Arbeitsteilung im Hinblick auf die einzelnen Problemfelder entwickelt worden, bei der die einzelnen Organisationseinheiten parallel zueinander arbeiten und sich rein funktional abstimmen, wobei die Aufgabenbereiche und die Leistungen der deutschen Manager per Definition höher bewertet werden. Es wurden sogar einzelne Fälle beobachtet, in denen osteuropäische Mitarbeiter mit Hochschulabschluss deutschen Managern mit beruflichem Fachschulabschluss untergeordnet waren. Die empirischen Ergebnisse zeigen, dass sich dieses Integrationsmodell durch spezifische Merkmale der einzelnen Handlungsfeldern (interne Arbeitsteilung, Organisationsstruktur, Entscheidungsprozesse) kennzeichnet. Eine derartige Lösung ließe sich als minimale systemische Integration der Organisation bezeichnen, die nicht förderlich für die Herauskristallisierung von Organisationskulturen ist.

Die Anwendung dieses Modells basiert auf einem Minimum an gemeinsamer Kultur, was für die Anfangsphase nachvollziehbar ist, jedoch keine Entwicklungsperspektive durch Intensivierung der Kommunikation beinhaltet. Wenn die Verbesserung der Kommunikation als ein ausschlaggebendes Mittel zur Verbesserung der Funktionsweise der Organisation und als Mechanismus der

Herauskristallisierung von neuen Organisationskulturen verstanden wird, dann müsste die gezielte Suche nach entsprechenden Möglichkeiten eine vorrangige Aufgabe für die Ost-West-Unternehmen sein.

Im Rahmen der in unserer Untersuchung erfassten Fälle war ein tatsächlicher Dialog (im Sinne der Organisation von Entscheidungsprozessen) fast nicht zu beobachten. Das bereits angesprochene dominante Muster der sozialen und systemischen Integration in den erforschten Organisationen fördert keine Kommunikation, die zur Entstehung von Vertrauensbeziehungen und gemeinsamer Orientierungs- und Handlungsmuster dienen könnte. Die kulturell bedingten Einschränkungen im Hinblick auf die Kommunikation in den Ost-West-Joint Ventures beeinträchtigen vielmehr die Zusammenarbeit und die Integration in diesen Unternehmen. Eine Illustration für die Divergenz der grundlegenden kulturbedingten Selbstverständlichkeiten (basic assumptions) stellt die auf unseren Untersuchungsergebnissen basierende Systematik der Unzufriedenheitsgründe deutscher und osteuropäischer Führungskräfte dar (siehe Tabelle 1). Ob auf diesem Weg auf Dauer überlebensfähige Unternehmen entstehen können, ist fraglich. Klar ist jedoch, dass durch die Reduktion der Kommunikation auf die formelle (funktionsbedingte) Ebene die Entwicklungsperspektive der untersuchten Unternehmen wesentlich verkürzt wird.

Aus sozialisations- und wissenssoziologischer Perspektive lässt sich der Zusammenhang zwischen der einzelnen Erfahrungswelt und den daraus resultierenden Wahrnehmungs- und Handlungsmustern als ein Axiom betrachten. Daraus folgen notwendigerweise unterschiedliche basic assumptions der Akteure, die durch jeweils spezifische Erfahrungswelten geprägt sind und in divergierenden Situationsdefinitionen zum Ausdruck kommen. Die Dauer des Bestehens der gemeinsamen Unternehmen ist zu kurz, um annehmen zu können, diese Unterschiede seien bereits überwunden. In keinem der untersuchten Fällen wurden auf interkulturelle Differenzen bezogene personalpolitische Vorbereitungsmaßnahmen von Seiten der Gründerunternehmen festgestellt. Unseren Untersuchungsergebnissen zufolge lässt sich bezüglich der kulturell bedingten Differenzen kein Problembewusstsein erkennen; diese Differenzen wurden eher absichtlich verschleiert.

Die Intensität der nach außen demonstrierten 'Konfliktlosigkeit' zwischen den westlichen und den einheimischen Mitarbeitern lässt sich als ein Indiz für die Tiefe des Krisenpunktes interpretieren, in der sich die einzelnen ost- und ostmitteleuropäischen Länder befinden.

Mit anderen Worten: Das Modell der minimalen (sozialen und systemischen) Integration in den Organisationen mit gemischtem Personal aus Ost- und Westeuropa funktioniert zum einen umso problemloser, je stärker der strukturelle Druck der drohenden Arbeitslosigkeit, der Überlebensproblematik, der Isoliertheit von der restlichen Welt ist. Andererseits spielt in diesem Zusammenhang eine Rolle, wie groß die finanziellen und symbolischen Vorteile für die Beschäftigten bei einem Unternehmen mit westlichem Kapital bzw. Unzufriedenheitsgründe bei der Zusammenarbeit zwischen deutschen und osteuropäischen Führungskräften Beteiligung sind.

Je mehr sich jedoch die Situation normalisiert und die motivierende Wirkung der o.a. sozialen, finanziellen, symbolischen Faktoren abgeschwächt wird, desto stärker und offener kommen die Machtansprüche der jeweiligen osteuropäischen Partner zum Ausdruck.

Die bereits erwähnte Verschleierung der kulturell bedingten Differenzen lässt sich auf unterschiedliche Gründe zurückführen: Vom Wunschdenken auf Seiten der osteuropäischen Partner („Wir unterscheiden uns nicht von den Westeuropäern"; „Trotz des Staatssozialismus sind wir Europäer geblieben") über Furcht vor Abwertungen („Wir sind keine Barbaren") bis zur Aufrechterhaltung der relativen Privilegien, die mit der Beschäftigung in einem gemeinsamen Unternehmen verbunden sind. Auf der Seite der westeuropäischen Partner dominiert die ethnozentrische Orientierung des Aufgabenverständnisses, nämlich dass ihre Aufgabe die 'Verpflanzung' von westeuropäischen Organisationsmodellen und -kulturen sei; jedweder Widerstand dagegen wird als „rückständig", als „staatssozialistische Nostalgie" usw. gebrandmarkt. Eines der generalisierbaren Ergebnisse unserer Studie besteht in der Feststellung der mangelnden Sensibilität der westlichen Führungskräfte für die Eigenart der postsozialistischen Gesellschaften. 'Ethnozentrismus'[6] ist charakteristisch für die Haltung deutscher Manager in Osteuropa.

Jedenfalls ist eine solche Haltung (Verschleierung bzw. Ignorierung der kulturbedingten Differenzen und der daraus resultierenden Spannungen) kein positiv wirkender Faktor für die Überwindung der kulturellen Barrieren zwischen den Vertretern beider nationaler Gruppen sowie für die Dynamik der Integrationsprozesse in den gemeinsamen Unternehmen. Eine Suche nach Kompromisslösungen zwischen den 'impliziten Organisationsmodellen' (G. Hofstede), d.h. eine entsprechende Debatte wurde nicht festgestellt.

---

[6] „Ethnozentrismus ist eine unbewusste Tendenz, andere Völker aus der Sicht der eigenen Gruppe zu betrachten und die eigenen Sitten und Normen zum Standard aller Beurteilungen zu machen." (Meletzke, 1996: 23)

Die Schwerpunktsetzung auf die systemischen Medien (Recht und Geld) bei der Integration in den Ost-West-Joint Ventures ist eine ziemlich fragile Grundlage für die Weiterentwicklung dieser Unternehmen, insbesondere wenn das neue System selbst im Entstehen begriffen ist. F. Fukuyama zufolge stellt die weitgehende Formalisierung des Organisationsgeschehens ein Indiz für fehlendes Vertrauen, d.h. für die fehlende gemeinsame kulturelle Grundlage in der Organisation dar. Daher sind ihre Stabilität und Entwicklungsperspektiven fragwürdig (vgl.: Fukuyama, 1995: 42). Angesichts der extrem geringen Erfolgsrate von gemeinsamen Unternehmen, die wahrscheinlich nicht über 25% liegt (vgl.: Hofstede, 1997: 316) und der hohen Kosten, die mit der Unterschätzung der kulturell bedingten Funktionsprobleme solcher Unternehmen[7] zusammenhängen, ist die Entwicklungsperspektive von Ost-West-Joint Ventures ein besonders aktuelles Thema. Diese Aktualität ist nicht zuletzt durch die bereits angesprochenen doppelten kulturellen Risiken bei den Ost-West-Joint Ventures sowie durch die mit ihnen verbundenen Erwartungen bedingt.

Ohne einen 'Zusammenprall der Kulturen' in der Größenordnung von Huntingtons Prognosen anzukündigen, können wir eine generelle Unterschätzung der kulturellen Dimension der postsozialistischen Transformation diagnostizieren. Angesichts der Bedeutungszunahme der Problematik von Identität und Autonomie im Verlauf der postsozialistischen Transformation müssen wir das gesamte durch die Studie gewonnene Bild der Zusammenarbeit in den untersuchten Ost-West-Joint Ventures als noch ziemlich weit entfernt von einem wünschenswerten Vorbild für die zukünftige Entwicklungsperspektive (Stichwort: Osterweiterung der EU) kennzeichnen.

---

[7] „So muss bspw. ungefähr ein Drittel der ins Ausland entsandten Führungskräfte vorzeitig aufgrund mangelhafter Funktionserfüllung aus dem Ausland zurückgeholt werden, wodurch Mehrkosten in der Höhe von etwa DM 250.000, je Einsatz verursacht werden." (Wolf, 1994: 10)

Tabelle 1:

Gründe der deutschen Führungskräfte	Gründe der osteuropäischen Führungskräfte
• Besprechungen und Verhandlungen haben häufig keine klare Struktur, sondern nehmen den Charakter eines 'Philosophierens' an; • Die osteuropäischen Kollegen führen selten Notizen während der Sitzungen; auch zur Ausarbeitung von schriftlichen systematischen Berichten ist es schwierig, sie motivieren; • Entscheidungen bleiben oft sehr allgemein formuliert und werden nicht als verbindlich angesehen; • Die Argumentation der osteuropäischen Kollegen ist vielfach an relativ unwichtigen Details orientiert, während dringende Probleme oft zu spät angesprochen werden; • Alternativen werden selten systematisch entwickelt und kontrovers diskutiert; die längerfristigen Konsequenzen werden häufig nicht bedacht; • Die osteuropäischen Kollegen halten sich selten an den offiziellen Vorschriften; sie wollen immer bei der Ausführung ihrer Aufgaben 'andere Wege' ausprobieren; • Die osteuropäischen Kollegen äußern nur selten offen ihre jeweilige Position bzw. begründen sie sachlich, sondern argumentieren vage mit allgemeiner moralischer Werte; • Kosten- und Effizienzgesichtspunkte werden bei Entscheidungsprozessen kaum berücksichtigt; • Konflikte werden in der Regel verdrängt; • Wichtige Entscheidungen werden immer wieder verschoben oder die Entscheidungsfindung dauert häufig sehr lange; • Die Kompromissbereitschaft der osteuropäischen Kollegen ist häufig sehr gering; • Die osteuropäischen Kollegen demonstrieren gerne die Machtdistanz im Umgang mit ihren Mitarbeitern.	• Die deutschen Führungskräfte sind oft in geringen Grade bereit, sich an die Bedingungen im Gastland anzupassen und z.b. die Landessprache zu erlernen; • Sie orientieren sich in der Regel an die Anweisungen der Mutterfirma und zeigen ein geringes Engagement für das Unternehmen in ....., da sie ihren Aufenthalt hier als eine zeitweilige Angelegenheit betrachten; • Die deutschen Führungskräfte halten sich lediglich an den formellen Vorschriften - sie sind z.B. nicht bereit, nach dem offiziellen Geschäftsschluss zu bleiben, um das Angefangene zu erledigen; • Die Unzufriedenheit deutscher Führungskräfte über die relativ schwierigen Lebensbedingungen wirkt sich häufig negativ auf die Zusammenarbeit mit den (jeweiligen osteuropäischen) Kollegen; • Die spezifischen Bedingungen des Gastlandes werden häufig nur sehr oberflächlich wahrgenommen und bei Entscheidungen berücksichtigt; • Das Qualifikationsniveau der deutschen Führungskräfte ist manchmal niedriger wie bei den ihren osteuropäischen Kollegen, aber sie verfügen über mehr Entscheidungskompetenzen im Unternehmen; • Die Qualifikation und die Problemlösungsfähigkeit der osteuropäischen Manager werden unterschätzt und nicht ausreichend genutzt; • Die osteuropäischen Führungskräfte werden in der Regel nicht als gleichberechtigte Partner, sondern nur als geduldete 'Zuarbeiter' behandelt; • Deutsche Führungskräfte haben in der Regel eine materialistische und stark profitorientierte Einstellung und vernachlässigen soziale und moralische Werte; • Die sog. 'Lockerheit' der deutschen Führungskräfte wirkt als erlernt - sie lassen in der Regel keinen menschlichen Kontakt (insbesondere in der arbeitsfreien Zeit) zu; • Deutsche Führungskräfte gehen in der Regel von der grundsätzlichen Überlegenheit westlicher Organisationsmodelle und -techniken aus, die sie um jeden Preis in ... zu verpflanzen versuchen; sie sind jedoch den dynamischen und tief greifenden Veränderungen in Osteuropa nicht gerecht; • „Die Deutschen haben Vorurteile gegenüber dem Fremden - sie wollen alles wie in Deutschland haben"; • "Die Deutschen sind nicht flexibel genug in nicht geordneten Situation - hingegen haben wir gelernt mit dem Chaos umzugehen. "

Literatur

Bald, Joachim, (1995): Die Rolle von Joint Ventures im Transformationsprozess Osteuropas am Beispiel der Russischen Föderation. Frankfurt/M. - Berlin - Bern - New York - Paris - Wien

Berger, Peter L. (1992): Die kapitalistische Revolution. Fünfzig Leitsätze über Wohlstand, Gleichheit und Freiheit. Wien

Crozier, Michael/Friedberg, Erhard (1993): Die Zwänge kollektiven Handelns. Über Macht und Organisation. Athenäum - Hain - Hanstein

Endres, Dieter (1987): Joint Ventures als Instrument internationaler Geschäftstätigkeit. In: WiSt, 16 (1987), S.373-378

Fukuyama, Francis (1995): Konfuzius und Marktwirtschaft. Der Konflikt der Kulturen. München

Helms, Gerd (1985): Management und Joint Ventures. Erfahrungen deutscher Unternehmen mit Joint Ventures in verschiedenen Ländern. In: ZfB, 55 (1985), S.290-295

Hofstede, Geert (1997): Lokales Denken, globales Handeln. München

Huntington, Samuel. P. (1993): Im Kampf der Kulturen. in: Die ZEIT vom 13.8.93 (a); Huntington, Samuel P.: Interview. in: Frankfurter Rundschau vom 14. 8. 93 (b)

Ders. (1996): Der Kampf der Kulturen. Die Neugestaltung der Politik im 21. Jahrhundert. München - Wien

Kumar, Brij (1975): Joint Ventures. In: WiSt, 4(1975), S.257-263

Maletzke, Gerhard (1996): Interkulturelle Kommunikation: Zur Interaktion zwischen Menschen verschiedener Kulturen. Opladen

Senghaas, Dieter (1992): Vom Nutzen und Elend der Nationalismen im Leben von Völkern, - in: Aus Politik und Zeitgeschichte, B 31-32/92 (24. Juli 1992), S.23-32

Wolf, Joachim, (1994): Internationales Personalmanagement. Kontext - Koordination - Erfolg. Wiesbaden

Zentes, Joachim (1992): Ost-West Joint Ventures als strategische Allianzen, - in: Ders. (Hg., 1992): Ost-West-Joint Venture. Stuttgart, S. 3-23

4. Jugend, Arbeit, Zukunft

Zeichnung von Hans-Joachim Trapp

Hans Meister

Hauptschulversagen – ein Projekt aus den Anfängen der Kooperation

"Die isolierten Versuche einzelner Lehrer, die diffuse Wartesaal-Mentalität aufzubrechen, scheitern häufig an der organisatorischen Veranstaltung Schule selber" (Krämer 1976, S. 3).

Das voranstehende Zitat findet sich im Bericht über das erste Forschungsprojekt aus dem Kooperationsvertrag zwischen der Arbeitskammer und der ehemaligen Pädagogischen Hochschule des Saarlandes (vgl. Meister 1982, S. 197).

1976 hatten sich Arbeitskammer und Pädagogische Hochschule des Saarlandes zur Zusammenarbeit verpflichtet. Der damalige Präsident der Arbeitskammer des Saarlandes, Norbert Engel, nennt in seinem Vorwort folgende Intentionen: „Zusammenarbeit auf dem Gebiet arbeits- und erziehungswissenschaftlicher Fragen im Rahmen von Kooperationsverträgen", „Öffnung der Hochschulen für Arbeitnehmerinteressen", „Verbesserung der Bildungschancen von Arbeitnehmerkindern" (Engel 1982, S. 3).

Dieser Beitrag erinnert nicht nur an die - in Vergessenheit geratenen – Anfänge der Kooperation, sondern auch an Forschungsergebnisse, die heute noch eine erhebliche Relevanz haben. Das Projekt befasste sich mit Häufigkeit und Ursachen des fehlenden Hauptschulabschlusses, mit Nichtversetzung und permanenter Versetzungsgefährdung. Diese Probleme haben sich (auch nach Einführung der Erweiterten Realschule im Saarland) in den letzen Jahren verschärft. Und es ist sehr fraglich, ob die von der neuen Landesregierung im Saarland eingeführten Kopfnoten und Abschlussprüfungen - offenbar ohne Berücksichtigung von vorliegenden Untersuchungsergebnissen - eine Verbesserung bringen.

Das Projekt „Fehlender Hauptschulabschluss – Bedingungsanalyse und pädagogische Konsequenzen" wurde von Psychologen und Sonderpädagogen an der PHS (Pädagogische Hochschule des Saarlandes) initiiert und durchgeführt: Dr. Anne Hildeschmidt, M. Ed. (vgl. Hildeschmidt 1982a, b, c), Rudolf Fischer M. A. (vgl. Fischer 1982a, b), Klaus Lohrig M. A., Prof. Dr. Eduard Werner Kleber (vgl. Kleber 1982), Prof. Dr. Alfred Sander (vgl. Sander 1982a, b).

Nach Auflösung der PHS (1978) übernahm die Universität übrigens nicht deren Rolle im Kooperationsvertrag. E. W. Kleber und K. Lohrig verließen Saarbrücken, ich kam zur Projektleitergruppe hinzu und beteiligte mich an der Auswertung des Projektes (vgl. Meister 1982).

Was war und ist das Problem?

Ein Viertel aller im Saarland nach der allgemeinen Schulpflicht entlassenen Schüler/innen erreichten bis zu den 80er Jahren keinen Hauptschulabschluss! "Kein Hauptschulabschluss" bedeutet Entlassung aus dem 9. oder 10. Schulbesuchsjahr, ohne diesen Abschluss zu haben; die unten stehende Tabelle enthält also auch die Schüler/innen, die aus weiterführenden Schulen oder mit bzw. ohne Sonderschulabschluss entlassen werden. Auch in den letzten Jahren betraf dies offenbar jede/n 4. Schüler/in eines Jahrgangs!

Tab. 1 Schulentlassungen nach der allgemeinen Schulpflicht[1]

Schuljahr	Entlassungen nach der allgemein. Schulpflicht	davon ohne Hauptschulabschluss				
		Hauptschule	Sonderschule[2]	weiterführende Schulen	insgesamt	in %
Saarland						
74/75	9 594	1 334	813	364	2 511	26,2%
78/79	11 877	1 541	1 014	535	3 090	26,0%
82/83	9 337	1 034	814	547	2 395	25,7%
86/87	6 269	640	484	143	1 267	20,2%
90/91	4 282	394	320	189	903	21,1%
94/95	4 947	468	324	251[3]	1 043	21,1%
97/98	4 794	322	396	464[3]	1 182	24,7%
98/99	4 430	305	424	492[3]	1 221	27,6%
Deutschland						
97/98	328 330	30 654	34 661	17 653[3]	82 968	25,3%

[1] Quelle: Statistisches Bundesamt, Fachserie 11, Reihe 1, Allgemeinbildende Schulen 1975ff.; Statistisches Landesamt des Saarlandes: Schulabgänger/-innen nach Beendigung der Vollzeitschulpflicht nach Abschlussarten, 1974/75ff., vgl. auch Tab. 1 in Hildeschmidt 1982, S. 16 [2] mit od. ohne Abschluss der Sonderschule [3]. Enthalten sind hier auch die Abgänger der Sekundarschulen.

"Hauptschulversagen" ist also nicht nur ein Problem der Hauptschule!

Das Gewicht dieser Zahlen und die dahinter verborgene Problematik von eintausend Schüler/innen und deren Chancen in Ausbildung und Erwerbsleben brauchen hier nicht weiter ausgeführt zu werden. Sie waren Anlass für das Projekt "Fehlender Hauptschulabschluss".

Über die aus der Tabelle erkennbare Verringerung der prozentualen Anteile des "Hauptschulversagens" in den Jahren nach 1982 soll hier nicht spekuliert werden. Es wäre schön, wenn dies mit der damaligen Untersuchung und Veröffentlichung in Zusammenhang stünde.

Im Folgenden stelle ich – wie in einem Interview – Fragen, die dann mit Zitaten aus dem Forschungsbericht beantwortet werden.

Was verstand das Forschungsprojekt unter Hauptschulversagen?

„Hauptschulversagen, das den Schulabschluss gefährdet, betrachten wir im Folgenden als negatives Schulereignis und nicht einseitig als negatives Handlungsergebnis des Schülers. Denn Schulversagen stellt nicht unmittelbar das Leistungsergebnis eines Schülers dar, sondern ist gefiltert durch die Beurteilungsinstanz Schule" (Hildeschmidt 1982a, S. 16).

„Der Hauptschulabschluss wird von der Schule im Allgemeinen dann nicht gegeben, wenn die Leistungen des Schülers deutlich unter den institutionellen Leistungsnormen für das Ende der Hauptschule liegen" (a.a.O., S. 17).

„'Ohne Hauptschulabschluss' besagt also, das Ziel der Hauptschule, deren Leistungsanforderungen je nach Norm unterschiedlich sein können, nicht erreicht zu haben. Neben den Hauptschülern können auch Schüler von Sonderschulen und von weiterführenden Schulen einen Hauptschulabschluss verfehlen, wenn sie am Ende ihrer Vollzeitschulpflicht die Schule verlassen" (a.a.O., S. 18).

Mit welchen Fragen hat sich die Untersuchung beschäftigt?

„Vor allem Entstehungsbedingungen, die durch pädagogische Gegenmaßnahmen relativ gut beeinflussbar zu sein scheinen, werden näher analysiert. Auf nicht veränderbare außerschulische Bedingungen, insbesondere biografische und familiäre Merkmale, wird nur insofern eingegangen, als sie für Lehrer Signalcharakter im Sinne von 'Risikofaktoren' für Schulversagen darstellen können. Diese Analysen sollen Grundlagen für die Fördermaßnahmen zur frühzeitigen Vermeidung bzw. Verminderung von Schulversagen liefern" (Hildeschmidt 1982a, S. 27).

„Des Weiteren gehen wir der Frage nach, inwieweit Lehrer sich in dieser Situation selbst Handlungsspielräume verschaffen, um ihren individuellen Normvorstellungen Rechnung tragen zu können. Insbesondere interessiert uns im Zusammenhang mit der Nichtversetzung, inwieweit Lehrer den pädagogischen Entscheidungsspielraum, den die Rechtsbestimmungen bei weiter Auslegung lassen, autonom ausschöpfen" (a.a.O., S. 32).

„Aus der Perspektive des Schülers gehen wir den Fragen nach, in welchem Ausmaß negative schulische Beurteilungsprozesse, insbesondere punktuelle Zäsuren wie 'schlechte' Zeugnisnoten und Nichtversetzung, Schüler belasten und wie wirksam diese schulischen Ereignisse für die 'objektive' Schullaufbahn des Schülers sind" (a.a.O., S. 32).

An welcher Stichprobe wurde das alles untersucht?

„Das Forschungsvorhaben ermittelt an einer Schülerstichprobe aus dem Saarland Bedingungen, die dazu führen, dass Jahr für Jahr eine beträchtliche Anzahl von Hauptschülern ohne Abschlusszeugnis entlassen wird" (Hildeschmidt 1982a, S. 35).

„... saarländische Grund- und Hauptschüler ... die sich bei Untersuchungsbeginn (Schuljahresanfang 1976/77) in den Klassen 1, 4, 5 und 7 befanden ... je Klassenstufe zwei Klassen einer Stadtschule und zwei Klassen einer Schule in Randlage des Stadtverbandes ... insgesamt 440 Schüler aus 16 Klassen" (Fischer 1982a, S. 42).

„Die Stichprobe war so zusammengestellt worden, dass im Projektablauf Schüler an den verschiedenen Stellen ihrer Schullaufbahn betrachtet werden konnten... Die Zusammenstellung der Stichprobe ermöglichte Längsschnittbetrachtungen ... und ergänzende Querschnittsanalysen ... Weiter konnten kritische Stellen in der Schullaufbahn in Einzelanalysen betrachtet werden..."(a.a.O., S. 43).

Was alles wurde in die Untersuchung einbezogen?

„ ... Schülerakten ... Daten zu Schulwechsel ... Lehrerwechsel ... Dauer des Kindergartenbesuchs ... Alter der Schüler bei der Einschulung ... Zurückstellung ... vorzeitige Einschulung ... Geschlecht und Staatsangehörigkeit ... Behinderungen ... Sozio-ökonomischer Status ... Familiensituation ... Wohnverhältnisse ... Schulleistungstestbatterie ... Der Kombinierte Schultest ... Lernvoraussetzung am Schulanfang ... Columbia Mental Maturity Scale ... Instruktionsverständnistest ... Wortschatztest für Schulanfänger ... Prüfungsangstskala ... Allgemeine Angstskala ... Schulabschluss- und Berufseintrittstest ... Fragebogen zur Attribuierung von Erfolg und Misserfolg ... Fragebogen: Einstellung zur Schule ... Lernsituationstest ... Befragungen zum Erleben der Schulsituation ... Beobachtung des Lern- und Sozialverhaltens ..." (Fischer 1982a, S. 45ff.).

Was bedeuten dann „negative Schulereignisse", die ebenfalls untersucht wurden?

„Als negative Schulereignisse, die fehlenden Hauptschulabschluss nach sich ziehen können, kommen in Betracht:

(1) Wiederholen von Klassen in der Grund- und Hauptschule,

(2) Umschulung in eine Sonderschule,

(3) Abgang aus den Klassen 8 und 9 weiterführender Schulen,
(4) Entlassung aus Klasse 9 der Hauptschule"
(Hildeschmidt 1982a, S. 18).

Welche Folgen haben solche „negativen Schulereignisse" für die Schüler/innen?

„Die Konsequenzen negativer Schulereignisse lassen sich "objektiv" folgendermaßen beschreiben: Die Zurückstellung zu Beginn der Schullaufbahn führt in vielen Bundesländern, auch im Saarland, zu einer um ein Jahr verlängerten Pflichtschulzeit und damit zu einem um ein Jahr verspäteten Hauptschulabschluss. Ebenso wird der Schüler, gleichgültig zu welchem Zeitpunkt er eine Klasse wiederholen muss, vom regulären Hauptschulabschluss ausgenommen. Allerdings kann er durch ein freiwilliges 10. Schulbesuchsjahr nach Beantragung und Zustimmung durch den Klassenlehrer bzw. durch die Schulaufsichtsbehörde den Hauptschulabschluss innerhalb seiner Schule nachholen. Dies gilt nicht für Schüler, die mehrmals eine Klasse wiederholen mussten. Bei Abgang aus weiterführenden Schulen ohne Versetzung in Klassenstufe 10 kann nur unter bestimmten Bedingungen auf Antrag der Hauptschulabschluss nachträglich zuerkannt werden" (Hildeschmidt 1982a, S. 21).

Hat das auch Konsequenzen über die Schulzeit hinaus?

„Schüler, die mehrmals eine Klasse wiederholten, eine Schule für Lernbehinderte besuchten, aber auch andere junge Menschen, denen das Hauptschulabschlusszeugnis fehlt, haben die Möglichkeit, außerschulisch in Einrichtungen öffentlicher oder privater Träger den Hauptschulabschluss nachzuholen. Diesem Angebot steht jedoch die Tatsache des häufig fehlenden Hauptschulabschlusses gegenüber. Wie kommt es, dass das Angebot von den Jugendlichen so relativ wenig genutzt wird? – Man kann vermuten, dass neben der objektiv längeren Lernzeit subjektive Bedingungen der Demotivierung durch die vorausgegangenen und aktuellen schulischen Misserfolge eine wesentliche Rolle spielen" (Hildeschmidt 1982a, S.21f.).

Ist Hauptschulversagen in erheblichem Maße persönlichkeitsbedingt?

„Die(se) erste Hypothese kann bereits nach einer Voruntersuchung verworfen werden ... Es scheint, als ob die pädagogischen Probleme der Hauptschule in ganz erheblichem Maße bereits in und durch die Grundschule erzeugt werden ... " (Kleber 1982, S. 66).

Ist Hauptschulversagen also überwiegend "schulgemacht"?

„Allein durch das Faktum, dass fast die Hälfte der Schüler und der größte Teil der Hauptschulversager kontinuierlich über Jahre negative, personenentwertende Rückmeldungen erhalten, werden für diese Gruppe systematisch ungünstige innerschulische Lernbedingungen geschaffen ... ihre Lernmotivation wird mit sog. "pädagogischen" Mitteln systematisch abgebaut. Hierauf kann gar nicht oft und eindringlich genug hingewiesen werden" (Kleber 1982, S. 66).

Wie lassen sich die Untersuchungsergebnisse zur Bedeutung der Grundschulzeit zusammenfassen?

„Versagenskarrieren von Schülern beginnen häufig schon am Schulanfang. In der Grundschule Versäumtes ist oft in der Hauptschule kaum noch nachzuholen. ... Im Vergleich zu den am Schulanfang besser beurteilten Hauptschülern wurden die Schüler mit schlechtem Schulstart weit häufiger von negativen Ereignissen betroffen. Nach Zurückstellung vor Schuleintritt (25%), ungünstigem Leistungsverlauf in der Grundschule (83%), ein- oder mehrmaliger Klassenwiederholung (68%) gehörten die meisten auch am Anfang der Hauptschulzeit zu den Leistungsschwächsten, mit schlechten Aussichten auf einen regulären Hauptschulabschluss.

Bedingungen für diese Versagenslaufbahn lagen schon früh in der Schulzeit: Die Schüler hatten bei Schuleintritt meist schlechte Startvoraussetzungen (z.B. Schwächen im Instruktionsverständnis, Mängel im Wortschatz...), die durch den regulären Anfangsunterricht nicht ausgeglichen wurden. So zeigten sich schon in den Anfangslehrgängen Lerndefizite, die das weitere Lernen in der Grundschule erheblich erschwerten. Die frühen Schwierigkeiten und Misserfolge wurden als generelles Versagen erlebt und ließen die Schule nicht selten als bedrohlich (ängstigend) erscheinen" (Fischer 1982b, S. 94).

Welche Forderungen wurden zu diesem Komplex erhoben?

„Frühe Hilfen am Schulanfang (Förderangebote im Schulkindergarten für zurückgestellte Kinder, individuelle und differenzierte Förderung in den Anfangslehrgängen) sollten diesen Teufelskreis des Versagens durchbrechen" (a.a.O., S. 94).

Was bedeutet „permanente Versetzungsgefährdung"?

„Obwohl permanente Versetzungsgefährdung in der amtlichen Schulstatistik nicht erfasst wird, handelt es sich doch um eine formal nachweisbare Minderleistung" (Sander 1982a, S. 98).

- „Über ein Drittel der untersuchten Hauptschüler hat bis zum 7. Schulbesuchsjahr schon einmal in andauernder Nichtversetzungsgefahr geschwebt.

- Mehr als die Hälfte der Schüler hat bis zu diesem Schulbesuchsjahr schon den Selektionsdruck der Grund- und Hauptschule persönlich erlebt, sei es durch permanente Versetzungsgefährdung oder durch Nichtversetzung.

- Schüler in permanenter Versetzungsgefährdung werden auch in der von der Schulleistung relativ unabhängigen 'Führung' von Klassen 1 an im Zeugnis stets ungünstiger benotet als der Durchschnitt der Altersgleichen.

- Werden die Schulleistungen mit einem standardisierten Test gemessen, so erweist sich die Teilstichprobe 'Schüler in permanenter Versetzungsgefährdung' als nur geringfügig schwächer, verglichen mit der Gesamtgruppe ... " (a.a.O., S. 111).

Welche Rolle spielt die Nichtversetzung?

„Die Zurückstellung und damit auch ein erhöhtes Einschulungsalter, ein extrem häufiger Lehrerwechsel und ein mehrmaliger Schulwechsel kamen bei den 'Sitzenbleibern' häufiger vor als bei den immer versetzten Schülern" (Hildeschmidt 1982b, S. 139).

Wie wirksam ist die Nichtversetzung?

„Im Hinblick auf die gesamte Schulnotenentwicklung, zumindest in den versetzungskritischen Fächern, ist die Nichtversetzung wirkungslos" (Hildeschmidt, S. 160).

Verschaffen sich Lehrer/innen in dieser Situation selbst Handlungsspielräume?

„Nach unseren Untersuchungsergebnissen dient die ministerielle Versetzungsordnung in der Praxis nur als grober Leitfaden. 30% der Klassenwiederholungen erfolgten 'nach Buchstaben des Gesetzes'. In über 20% der Klassenwiederholungsentscheidungen wurde 'strenger' verfahren, als die oberste Schulaufsichtsbehörde anordnet. Ohne dass der Notenspiegel des Jahreszeugnisses dazu zwang, wurden Nichtversetzungen ausgesprochen oder es erfolgten Zurückstufungen auf Antrag. Und dies ausgerechnet bei solchen Kindern, die allein auf Grund besonders ungünstiger Wohn- und Familiensituationen gemäß den Ausnahmebestimmungen der Versetzungsordnung (vgl. § 9 (1)) hätten versetzt werden können, obwohl die Leistungen in den versetzungskritischen Fächern mit 'Mangelhaft' beurteilt wurden" (a.a.O., S. 148-149).

„Wie kommt es, dass gerade die Schüler, die in ungünstigen Familiensituationen leben oder längerfristig erkrankt waren, entgegen der Empfehlung der Versetzungsordnung 'sitzen gelassen' bzw. 'rückversetzt' wurden? Spielt hier das Vorurteil von der Bedeutung häuslicher Verhältnisse für erfolgreiches Lernen eine Rolle? Oder traut sich ein Lehrer selbst mehr Erfolg zu, wenn er sich auf die Mithilfe des Elternhauses verlassen kann?" (a.a.O., S. 150).

Was ist das Resümee der Untersuchung zum Sitzenbleiben?

„Abschließend lässt sich feststellen, dass die schulorganisatorische Maßnahme der Nichtversetzung, bei der der Schüler als der 'Schuldige' bestraft wird und nicht die Institution Schule als mögliche Ursache von Lernschwierigkeiten einbezogen wird, nicht nur wegen dieser einseitigen Prämisse, sondern auch wegen ihrer fehlenden Effizienz zur Beseitigung von Lernschwierigkeiten nicht als pädagogische Maßnahme zu bezeichnen ist.

Sie stellt vielmehr eine organisatorisch-ökonomische Reaktion der Instanz Schule dar, die volkswirtschaftlich betrachtet jedoch unökonomisch ist. Sie wird aufrechterhalten und legitimiert durch die Versetzungsordnung, die auch den Rückgriff des Lehrers zur Nichtversetzungsentscheidung und anderen Sanktionen, wie 'blauer Brief', 'schlechte Leistungsbeurteilungen', 'Zurückstellung' legitimiert.

D. h. der Lehrer ist gefordert, jeden einzelnen Schüler in seinen spezifischen Lernprozessen nur so lange zu fördern, wie der Schüler im allgemeinen Klassenunterricht mitkommt. Konstatiert der Lehrer mangelnde Leistungsfähigkeit, ist er berechtigt, diese mit Nichtversetzung zu bescheinigen.

Das Fatale an der Maßnahme der Nichtversetzung besteht darin, dass der einzelne Lehrer durch die Bestrafung des Schülers (und seiner Familie) sich selbst gleichzeitig (bewusst oder unbewusst) verstärkt, da er im nachfolgenden Schuljahr den nicht versetzten Schüler mit seinen Lernschwierigkeiten in aller Regel nicht länger fördern muss. Möglicherweise ist dies eine Erklärung dafür, dass das Ausmaß der Nichtversetzung trotz der vielfach belegten mangelnden Effizienz in den letzten 20 Jahren kaum abgenommen hat. Diese Überlegungen würden es rechtfertigen, die Nichtversetzung als pädagogische Maßnahme bei schulischen Lernschwierigkeiten zu Gunsten von Förderunterricht und individueller Förderung in den Regelklassen abzuschaffen. Gleichzeitig dürften jedoch Lehrer in ihren Bemühungen zur Vermeidung und Behebung schulischer Lernschwierigkeiten nicht allein gelassen werden" (a.a.O., S. 171f.).

Was ergab die Untersuchung zu Aspekten des subjektiven Erlebens der Schulsituation?

„Die weniger erfolgreichen Schüler, deren Hauptschulabschluss sowieso gefährdet ist, haben sich darauf eingestellt, dass besondere Anstrengungen zum Aufholen ihrer Defizite nichts nutzen; sie haben ihre Anstrengungsbereitschaft zu schulischem Lernen deutlich verringert, sich also auch hier gut angepasst. Ähnlich haben sie ihre Einstellung zum Lernen und zur Schule insgesamt etwas verändert. Mit Formulierungen einzelner Fragebogenitems ausgedrückt kann das heißen, dass sie im Unterricht weniger aufpassen, öfter etwas nicht verstehen, zuhause nicht so viel üben, nicht konzentriert genug arbeiten, oft gar keine Lust haben, in die Schule zu gehen, nicht gerne Hausaufgaben machen und oft die Schule satt haben" (Meister 1982, S. 192).

Welche Konsequenzen können aus dieser Teiluntersuchung gezogen werden?

„Mit dem Vorschlag, Schule als Lebensraum zu akzeptieren ... , ist gemeint, dass Bestrebungen des Lehrers, der Schule, der Lehrplan- und Verwaltungsvorschriften dahingehend intensiviert werden sollten, dass Schüler und auch Lehrer deutlich zwischen 'Schulerfolg' und 'Schulklima' zu unterscheiden lernen. Alle beteiligten Personengruppen sollen die Schule nicht nur als Lernort, sondern auch als Lebensraum tatsächlich akzeptieren können.

Die schulische Lernumgebung und die persönlichen Interaktionen sollten so gepflegt werden, dass sie mehr anregend, entschult, lebensnah, menschlich, beziehungsreich, schöpferisch, entkrampft, kooperativ und lebendig werden können" (a.a.O., S. 197).

Befasst sich die Untersuchung auch mit konkreten Interventionen?

„In der Pilotstudie zur Interventionsphase wurde erprobt, inwieweit schriftliche und vor allem mündliche Beratungen mit den Lehrern dem Hauptschulversagen entgegenzuwirken vermögen. Die Erprobung konnte nur ein Vierteljahr lang durchgeführt werden. Sie brachte unter anderem folgende Ergebnisse:

- Die beteiligten Hauptschullehrer sehen kollegiale Beratungsgespräche über einzelne Schüler, deren Schulabschluss gefährdet ist, grundsätzlich als einen Erfolg versprechenden Weg zur Vermeidung des Hauptschulversagens an.

- Der Erfolg scheint aber in hohem Maße von der Dauer der Beratungsphase abzuhängen sowie von der Dauer der Schulzeit, in welcher der Lehrer mit dem betreffenden Schüler noch zusammenarbeitet.

- Nach mehrheitlicher Auffassung der beteiligten Lehrer wirkt sich eine intensive Beratung über bestimmte Schüler auch günstig für andere Schüler aus, die selbst nicht Thema der Beratungen sind.

- Beratungen über pädagogisch-psychologische Probleme des Schulversagens, insbesondere auch über die Sicht der Schüler von der Schulsituation, erscheinen den Lehrern offensichtlich viel wichtiger als Beratungen über didaktisch-methodische Fragen des Unterrichts" (Sander 1982b, S. 266).

Konsequenzen für die Lehrerausbildung?

„Für die Ausbildung künftiger Hauptschullehrer ist ... zu fordern, dass die pädagogisch-psychologische Qualifikation erweitert wird. Dabei geht es nicht um mehr Kenntnisse in Systematischer Pädagogik, Allgemeiner Psychologie oder Grundlagen der Pädagogischen Psychologie, nicht also um Betrachtung 'des' Schülers, sondern um analytische, handlungsbefähigende Studien des Schulversagens. Es geht um eine differenzielle Erziehungswissenschaft, die das Schulversagen zum zentralen Gegenstand hat; es geht um eine moderne Sonderpädagogik für Lehrer an allgemeinen Schulen" (Sander 1982a, S. 267).

Abschließend knüpfe ich an dem Motto zu diesem Beitrag an und fordere Untersuchungen „der organisatorischen Veranstaltung Schule" (Krämer 1976, S. 197): wissenschaftlich kontrollierte und pädagogisch reflektierte Untersuchungen zur Wirksamkeit der jüngsten aktuellen bildungspolitischen Entscheidungen (Erweiterte Realschule, Kopfnoten, Abschlussprüfungen) insbesondere für die Schülerinnen und Schüler, denen ein besonderes Interesse des Kooperationsvertrags gilt.

Literatur

Engel, Norbert (1982), Vorwort. In: Arbeitskammer des Saarlandes, S. 3
Fischer, Rudolf (1982a), Projektbeschreibung. In: Arbeitskammer des Saarlandes, S. 41-53
Fischer, Rudolf (1982b), Zur Bedeutung von Schulanfang und Grundschulzeit für späteres Schulversagen. In: Arbeitskammer des Saarlandes, S. 69-95
Arbeitskammer des Saarlandes (Hg.) (1982), Hauptschulversagen: Bedingungsanalyse und pädagogische Konsequenzen; Bericht über ein Forschungsprojekt aus dem Kooperationsvertrag zwischen Arbeitskammer und ehemaliger Pädagogischer Hochschule des Saarlandes. (= Schriftenreihe der Arbeitskammer des Saarlandes, ISBN 3-88968-000-3). Saarbrücken: Arbeitskammer des Saarlandes
Hildeschmidt, Anne (1982a), "Hauptschulversagen" – Überlegungen zur Begründung, zu den Zielen und zur theoretischen Einordnung des Forschungsprojektes. In: Arbeitskammer des Saarlandes, S. 15-40
Hildeschmidt, Anne (1982b), Nichtversetzung – eine pädagogische Maßnahme? In: Arbeitskammer des Saarlandes, S.125-174
Hildeschmidt, Anne (1982c), Wie erklären sich Schüler nach negativen Schulereignissen Erfolge und Misserfolge in der Schule? In: Arbeitskammer des Saarlandes, S. 205-234
Kleber, Eduard Werner (1982), Hauptschulversagen – ein Problem "schwacher Begabung" (Restbegabung) oder einer defizitären Schullaufbahn? (Bericht über Voruntersuchungen zum Forschungsprojekt „Hauptschulversagen"). In: Arbeitskammer des Saarlandes, S. 55- 67
Krämer, Hans Leo (1976), Aggression und Apathie in der Schule. Soziale Bedingungen des Unterrichts. In: Saarländische Schulzeitung 23, Nr. 3, S. 1-6
Meister, Hans (1982), Welche Einstellungen zu Lehrern, Mitschülern, Schule und Lernen haben nicht-erfolgreiche Hauptschüler? In: Arbeitskammer des Saarlandes, S.175-203
Sander, Alfred (1982a), Interventionen bei gefährdetem Hauptschulabschluss. Bericht über die Interventionsphase (Pilotstudie) des Projektes. In: Arbeitskammer des Saarlandes, S. 235-270
Sander, Alfred (1982b), "Versetzung gefährdet!" Untersuchung über Bedingungen permanenter Versetzungsgefährdung bei Hauptschülern. In: Arbeitskammer des Saarlandes, S. 97-124

Alfred Sander, Anne Hildeschmidt

"Erst integriert, dann fallengelassen?"
Über Probleme beruflicher Integration behinderter Jugendlicher

1. Einleitung

"Erst integriert, dann fallengelassen?!", das ist die empörte Frage vieler Eltern, die für ihr behindertes Kind den Besuch einer allgemeinen Schule durchgesetzt haben und am Ende der neun bis dreizehn Schulbesuchsjahre feststellen müssen, dass es nun äußerst schwierig wird, die Integration in der Arbeitswelt fortzusetzen. Die Integration behinderter Kinder in die gemeinsame Regelschule ist in der Bundesrepublik Deutschland erstmals 1973 durch eine Empfehlung des Deutschen Bildungsrates salonfähig geworden und heute in den Schulgesetzen von bereits zehn der sechzehn Bundesländer ausdrücklich ermöglicht. Wenn auch noch längst nicht alle Integrationswünsche von Eltern behinderter Schulpflichtiger verwirklicht werden können, so haben doch die Kultusministerien der meisten Bundesländer ihre ehedem generell ablehnende Haltung gegenüber Integration aufgegeben und das Schulwesen entsprechend zu verändern begonnen. Aber die Zuständigkeit der Kultusministerien endet beim Verlassen der Schulen. Auf dem Ausbildungs- und Arbeitsmarkt herrschen andere Gesetze, nämlich die der so genannten freien Marktwirtschaft, mit nur geringen staatlichen Eingriffsmöglichkeiten. So erleben in Deutschland Jahr für Jahr viele junge Menschen mit Behinderung nach einer integrierten Schulzeit allergrößte Probleme beim Versuch, eine integrierte Berufsausbildung oder integrative Erwerbstätigkeit zu finden.

In der Integrationspädagogik hat sich die Meinung verbreitet, dass ein integrativ gestalteter Lebensabschnitt, etwa das Schulalter, generell für die Persönlichkeitsentwicklung wichtig ist, auch wenn die Integration im folgenden Lebensabschnitt keine Fortsetzung finden kann. Dennoch gilt natürlich auch für behinderte Menschen das Recht auf volle Teilhabe an der Gesellschaft und allen ihren Institutionen. *"Das Projekt der gesellschaftlichen Teilhabe ist ... die Zielangabe für einen möglichen Gesellschaftsentwurf der Zukunft",* schreibt Hans Leo Krämer (1989, S. 193) in einer Interpretation des frühen französischen Sozialkritikers Saint-Simon, Zeitgenosse der Großen Revolution. Was vor 200 Jahren Zielangabe für die Zukunft war, ist vielen behinderten Menschen nach der Schulzeit auch heute noch unerreichbar.

In einem wirtschaftlich schwachen Land wie dem Saarland sind die Möglichkeiten zu beruflicher Integration noch seltener als anderswo. Verschärfend kommt hinzu, dass im Saarland seit Jahren eine – gemessen an bundesdeutschen Verhältnissen – überdurchschnittlich große Quote von behinderten Kindern und Jugendlichen die Schulzeit integrativ in Regelschulen absolviert. Nach einer Statistik des Kultusministeriums betrug der Anteil im Schuljahr 99/00 bereits 20,7% aller SchülerInnen mit sonderpädagogischem Förderbedarf (MBKW 1999).

In der Praxis hat die Entwicklung der schulischen Integration behinderter Kinder im Saarland erst 1985/86 begonnen. Von Anfang an war die Arbeitseinheit Sonderpädagogik mit wissenschaftlicher Beratung, Begleitung und Unterstützung daran beteiligt. Die Problematik der Fortsetzung von Integration nach der Schulentlassung trat schon nach wenigen Jahren auf, weil im Saarland auch für ältere SchülerInnen in höheren Klassenstufen Integrationsmaßnahmen eingerichtet werden konnten und können. Schon in Band 4 der damals jährlich herausgegebenen "Saarbrücker Beiträge zur Integrationspädagogik" erschien eine Studie "Zur beruflichen Eingliederung von behinderten Jugendlichen nach der schulischen Integration" (Molaro-Philippi 1990), eine Analyse der damaligen einschlägigen Arbeitsmarktsituation im Saarland und der Erfahrungen von zwei körperbehinderten Jugendlichen. Da das Saarland zu den wenigen Bundesländern zählte, die zieldifferente Integration im Sekundarbereich landesweit zuließen, wurde uns von der Bund-Länder-Kommission für Bildungsplanung und Forschungsförderung (BLK) ab Herbst 1990 ein Modellversuch "Gemeinsamer Unterricht mit unterschiedlicher Zielvorgabe für nicht behinderte und behinderte Schüler/innen im Bereich der Sekundarstufe I" genehmigt und finanziert, der nach unserer Intention die Berufsvorbereitung während der letzten Schuljahre und möglichst auch die Fortsetzung nach der Entlassung aus der allgemeinbildenden Schule miterfassen sollte. Auf Grund der BLK-üblichen Förderungszeiträume endete der Modellversuch zunächst im Dezember 1993 (Projektleitung 1994; Hildeschmidt u. Sander 1995); und da die BLK wegen der deutschen Wiedervereinigung relativ plötzlich ganz andere Förderungsprioritäten gesetzt hatte, drohte unser längsschnittlich angelegtes Projekt abzubrechen, bevor die ersten Jugendlichen das Berufsschulalter erreicht hatten. In dieser Situation war es vor allem die "Kooperationsstelle Hochschule und Arbeitswelt" (Leitung: Professor Dr. Hans Leo Krämer) an der Universität des Saarlandes, die uns auf Antrag eine Fortsetzung der Begleituntersuchungen finanziell ermöglichte. Dafür und für die geradezu freundschaftliche Zusammenarbeit mit der Kooperationsstelle unseren herzlichen Dank!

Über Aufbau und Ergebnisse des Projektes wird weiter unten informiert (vgl. auch Hildeschmidt 1998 a; 1998 b). Zunächst soll das Feld beruflicher Eingliederungshilfen für benachteiligte und behinderte Jugendliche skizziert werden, also das strukturelle Umfeld, in dem sich unser Projekt abspielte.

2. Das Feld beruflicher Integration behinderter junger Menschen

Maßnahmen der beruflichen Eingliederung sind in Deutschland grundsätzlich eine Angelegenheit des Bundes (Bundesanstalt für Arbeit, nachgeordnete Landesarbeitsämter), nicht der Länder. In der BRD ist wie in fast allen Industriestaaten auf Grund der marktwirtschaftlichen Entwicklung das Ende der Vollbeschäftigung erreicht; und so ist es für alle jungen Menschen heute schwierig, einen Platz auf dem freien Ausbildungs- und Arbeitsmarkt zu finden. Für behinderte Menschen ist die Marktlage naturgemäß noch viel schwieriger und ohne staatliche Stütz- und Schutzmaßnahmen in aller Regel nicht mehr zu meistern. Die öffentlichen Stütz- und Schutzmaßnahmen sind in umfangreichen Rechtsbestimmungen und Verwaltungsvorschriften detailliert geregelt (vgl. Bundesanstalt 1997) und scheinen für jeden Problemfall eine angemessene Hilfe zu bieten. Der Schein trügt.

Zunächst aber ein Blick auf die beruflichen Schulen: In dem vielgliedrigen öffentlichen Berufsschulwesen – es ist den Länderkultusministerien unterstellt – kann man einzelne behinderte Jugendliche in fast allen Arten von Klassen antreffen. Zieldifferent zu unterrichtende Jugendliche finden sich gehäuft in Vollzeitklassen für noch nicht berufsfähige oder noch nicht in Ausbildungsstellen vermittelte Jugendliche. Sonderklassen für behinderte Jugendliche in der Berufsschule sind sehr selten. Viele Berufsschullehrerinnen berichten, dass sie in ihren allgemeinen Klassen eigentlich schon immer Integration praktizieren, ohne auf fachliche Hilfen zurückgreifen zu können. Die sehr große Heterogenität bereitet auch in den saarländischen Berufsschulen Probleme (vgl. Krämer 1994, S. 12 f.). Unterstützte berufsschulische Integration durch regelmäßige Mitarbeit einer Sonderschullehrkraft ist bis heute noch sehr selten.

Für körperbehinderte, hörgeschädigte oder sehgeschädigte Jugendliche gibt es bundesweit auch einige spezifische Berufsschulzentren mit länderübergreifendem Einzugsbereich. Die SchülerInnen leben dort in Internaten, also grundsätzlich desintegriert.

Behinderte Jugendliche, die einen betrieblichen Ausbildungsplatz erlangt haben, können zusätzlich von der Arbeitsverwaltung finanzierte "ausbildungsbegleitende Hilfen" (abH) erhalten.

Die abH erstrecken sich auf Fachtheorie und Fachpraxis, bei Bedarf auch auf sozial- und sonderpädagogische Einzelfallhilfe. Sie umfassen drei bis acht Wochenstunden und können in vielen Fällen wichtige Integrationsunterstützung leisten.

Arbeitsbegleitende Hilfen weisen auf den ersten Blick einige Ähnlichkeiten zu so genannten Arbeitsassistenz-Modellen auf. Arbeitsassistenzprojekte werden hauptsächlich von Eltern schwerer behinderter Jugendlicher initiiert. Für eine kleine Anzahl – zum Beispiel fünf Jugendliche – fungiert eine pädagogische Fachkraft als Arbeitsassistent ("Jobcoacher"), indem sie – je nach Erfordernis im Einzelfall – die Arbeitsanleitungen in der Firma didaktisch übersetzt, die Handgriffe trainieren hilft, bei sachlichen Problemen oder zwischenmenschlichen Konflikten vermittelt, bei Behördengängen den Jugendlichen begleitet, bei Zuschussanträgen die Firma berät und Ähnliches. Auch im Saarland gab es schon erste Schritte zu einem solchen Projekt (Molaro-Philippi 1998). Für das Arbeitsassistenzmodell benötigt der behinderte Mensch keinen Ausbildungs-, sondern lediglich einen Arbeitsplatz in der freien Wirtschaft.

Seit Jahren nimmt die Organisationsform "Berufsausbildung in einer überbetrieblichen Einrichtung" (BüE) zahlenmäßig in Deutschland zu. Sie ist u.a. für Auszubildende bestimmt, die wegen erheblicher schulischer Schwächen oder sozialer Schwierigkeiten auch mit abH nicht in einem freien Betrieb, sondern nur unter besonderem Betreuungsaufwand in einer überbetrieblichen Einrichtung gefördert werden können.

Für behinderte Jugendliche mit noch fehlender Ausbildungsfähigkeit haben die Arbeitsämter Förderlehrgänge (F1 bis F4) eingerichtet, das sind Vollzeit-Lehrgänge von einer Dauer bis zu 3 Jahren. Sie setzen die separierte Sonderschulsituation fort; ehemalige IntegrationsschülerInnen erleben hier erstmals die Aussonderung.

Die nächste Stufe in der Skala der beruflichen Eingliederungshilfen stellen die Berufsbildungswerke (BBW) dar. Berufsbildungswerke sind überregionale, mit Wohnheimen ausgestattete Einrichtungen zur beruflichen Erstausbildung behinderter Jugendlicher und junger Erwachsener, die umfassender besonderer Hilfen bedürfen. Bundesweit gibt es rund 50 Berufsbildungswerke (im Saarland: Homburg), etwa 30 davon sind auf bestimmte Behinderungsarten spezialisiert, die anderen 20 nehmen unterschiedlich behinderte Menschen auf. Einen etwas anderen Schwerpunkt haben die Berufsförderungswerke (BFW): Sie dienen der Fortbildung und Umschulung behinderter Erwachsener, die meistens bereits berufstätig waren. Bundesweit bestehen etwa 28 Berufsförderungswerke (keines im Saarland; das nächstgelegene in Birkenfeld).

Auch wenn ein behinderter Mensch das BBW oder das BFW erfolgreich durchlaufen hat, ist seine berufliche Integration keineswegs gesichert. Der freie Arbeitsmarkt funktioniert nach kapitalistischen Gesetzmäßigkeiten, nur leicht gemildert durch die Prinzipien der so genannten sozialen Marktwirtschaft, und ist daher in Zeiten verbreiteter Arbeitslosigkeit an der beruflichen Integration behinderter Menschen generell nicht interessiert. Für viele von ihnen bleibt daher nur die Beschäftigung in einer Werkstatt für Behinderte (WfB). Im Saarland gibt es acht (MiFAGS 1999), in ganz Deutschland rund 600 solcher Einrichtungen mit mehr als 150.000 behinderten Beschäftigten. Die Beschäftigten erhalten "im Bundesdurchschnitt ... zurzeit etwa 250 Mark monatlich" (Bundesanstalt 1997, S. 412). Werkstätten für Behinderte bieten Beschäftigung, aber keine berufliche Integration im eigentlichen Sinne. Viele Beschäftigte leben in den Wohnheimen der WfB, also deutlich abgetrennt von der allgemeinen Gesellschaft.

Als Alternative zur WfB sind in den letzten Jahren an mehreren Orten Deutschlands so genannte Integrationsbetriebe oder Integrationsfirmen entstanden; in ihnen arbeiten behinderte und nicht behinderte Menschen grundsätzlich gleichberechtigt zusammen. Die Initiativen dazu gehen meist von Gruppen betroffener Eltern aus, die schon die schulische Integration für ihren Sohn oder ihre Tochter durchgesetzt haben und nun nicht die berufliche Ghettoisierung hinnehmen wollen. Auch im Saarland gibt es erste vielversprechende Initiativen zu Integrationsbetrieben (Puschke 1999).

Diese Übersicht (vgl. Sander 1997, S. 214 f.) erhebt nicht den Anspruch auf Vollständigkeit, umfasst aber die gegenwärtig wichtigsten institutionellen Vorkehrungen zur beruflichen Eingliederung. Bei mehreren von ihnen ist die angestrebte berufliche Eingliederung jedoch strukturell mit sozialer Separation verknüpft, kann also nicht als Fortführung schulischer Integration gelten.

3. Das Projekt: Von der schulischen zur beruflichen Integration?
Eine Längsschnittstudie

Mit der wissenschaftlichen Begleitung der IntegrationsschülerInnen zweier Schuljahrgänge im Saarland (Totalerhebung) haben wir 1991 an der Nahtstelle des Übergangs von der Grundschule in die Sekundarstufenschulen begonnen, begleiteten die schulische Integration über drei Jahre und wendeten uns im letzten Teil der Studie dem Übergang nach der Schulpflichtzeit zu. Wir erhoben die formale Schullaufbahnentwicklung, den Schulabschluss (Schülerakten, Lehrerinterview) und die Selbstkonzeptentwicklung (Schülerfragebogen). Zur Berufsvorbereitung der Schule bzw. der Berufsberatung interviewten wir die KlassenlehrerInnen (Interviewleitfaden), wobei manchmal die SchülerInnen selbst einbezogen wurden. Mit der Erfassung des beruflichen bzw. weiteren schulischen Eingliederungsweges der IntegrationsschülerInnen schlossen wir Ende 1997 die Längsschnittstudie ab.

Im folgenden beziehen wir uns auf den letzten Teil des Forschungsprojektes, dessen Finanzierung – wie bereits erwähnt - von der Kooperationsstelle Hochschule und Arbeitswelt für die Jahre 1995 bis 1997 übernommen wurde. Hier ging es um die zentrale Frage „Erst integriert in der Schule, dann fallengelassen?" Um diese Frage zu beantworten, wurden dieselben beiden Jahrgänge behinderter SchülerInnen sowie weitere inzwischen hinzugekommene IntegrationsschülerInnen der verschiedenen Sekundarstufenschulen im Saarland einbezogen (n=86). Bis September 1997 stand der Schulabschluss des 1. und 2. Jahrgangs weitgehend fest (EntlassschülerInnen 1995, 1996, 1997) sowie deren Wege innerhalb bzw. nach der Schule.

Formal werden positive schulische Entwicklungsverläufe an den erreichten Schulabschlüssen gemessen. Die Art des Schulabschlusses gilt als entscheidendes Einstiegskriterium in Berufslaufbahnen. Angesichts der bekannten Probleme beruflicher Integration behinderter Jugendlicher in unserer Gesellschaft werden Betriebspraktika gezielt zur Ausbildungs- und Arbeitsplatzfindung vor allem im Rahmen von Fördermaßnahmen der Bundesanstalt für Arbeit als auch durch die Arbeitsassistenz (Modellversuch) durchgeführt. Uns interessierte, ob bereits das schulische Betriebspraktikum ein Türöffner für den freien Arbeitsmarkt sein kann. Abschließend interessierte uns konkret: Werden IntegrationsschülerInnen nach der Schule fallengelassen oder werden ihnen schulabschlussgerechte und individuelle Arbeitschancen eröffnet?

4. Ergebnisse der Längsschnittstudie

4.1 Bessere Schulabschlüsse und bessere Selbstkonzeptentwicklung?

Hierzu zunächst eine Entwicklungsbeschreibung einer sog. lernbehinderten Schülerin aus Klassenlehrersicht: Anne „hat sich von einem oft verschlossenen und trotzigen Kind zu einer aufgeschlossenen und gesprächsbereiten Schülerin entwickelt. Sie ist eine richtige Persönlichkeit geworden. Ihre Entwicklung verlief dabei kontinuierlich positiv mit stets ansteigenden Leistungen. Des Weiteren zeigt sie eine rege Beteiligung am Unterricht, ist sehr interessiert, aufgeschlossen und setzt sich kritisch mit dem Unterrichtsstoff auseinander. Während der Integrationsmaßnahme hat sie viel an Selbstbewusstsein gewonnen und geht nun ihren Weg. Besonders gefreut hat Anne, als die Maßnahme bei ihr offiziell abgesetzt wurde und sie danach endlich ein ganz normales Zeugnis bekam, so wie alle anderen Kinder in der Klasse auch... Es ist schön für mich, die großen Fortschritte zu sehen, die Anne gemacht hat und immer noch macht... Der Hauptschulabschluss, den Anne machen wird, entspricht ganz den Vorstellungen und Erwartungen, die sie selbst, ihre Eltern und ich hatten. Unser Ziel ist also voll und ganz erreicht." – Im Dezember 1997 ist Anne bereits im zweiten Ausbildungsjahr in dem Betrieb, in dem sie auch ihr Praktikum gemacht hat.

Nachfolgend die Schulabschlüsse im Überblick (vgl. Tab 1): Verglichen mit den Schulabschlüssen in Sonderschulen des Saarlandes wie auch bundesweit sind die Schulabschlüsse behinderter Jugendlicher bei schulischer Integration im Saarland ermutigend.

Tab. 1: Schulabschlüsse der saarländischen Untersuchung (n=86)

Behinderung	Ohne Abschluss	HSA	RSA/ Abitur	Summe
	43 (50%)	30 (35%)	13 (15%)	86 (100%)
Lernbehinderung	40 24w/16m	16 8w/8m	0	56 32w/24m
Geistige Behinderung	2 2m	0	0	2 2m
Andere zielgleich Unterrichtete	1 1w	14 3w/11m	13 6w/7m	28 10w/18m

1. Die Hälfte der IntegrationsschülerInnen der beiden Schuljahrgänge (43 von 86) erzielen einen Schulabschluss. Nur einer der zielgleich unterrichteten IntegrationsschülerInnen verpasste den Hauptschulabschluss. In den deutschen Schulen für Behinderte gelingt dies im Durchschnitt höchstens einem Viertel aller SonderschülerInnen.

2. Mehr als ein Viertel (16 von 56) der lernbehinderten IntegrationsschülerInnen erreichen den Hauptschulabschluss.

3. Fast die Hälfte (13 von 28) der zielgleich unterrichteten IntegrationsschülerInnen nehmen die in den saarländischen Sonderschulen nicht gegebene Chance auf höhere Bildungsabschlüsse wahr, haben diese bereits erreicht bzw. werden sie nach Einschätzung der KlassenlehrerInnen erreichen.

4. Die aktuellen Kostenersparnisse für weitere Fahrtwege zu Sonder- an Stelle von Regelschulen oder die Heimunterbringung in Real- bzw. Gymnasial-Sonderschulen außerhalb des Saarlandes (z.b. Marburg für Sehbehinderte und Blinde, Heidelberg oder Trier für Hörgeschädigte usw.) sind unübersehbare Kriterien ökonomischer Effizienz.

Zur Selbstwahrnehmung der IntegrationsschülerInnen: Abgesehen vom Fähigkeits-Selbstkonzept lernbehinderter IntegrationsschülerInnen fallen die Selbstwahrnehmungen der IntegrationsschülerInnen - erfasst mittels FDI (Schüler-Fragebogen zur Erfassung von Dimensionen der Integration von Haeberlin u.a. 1989) in den Klassenstufen 5/6 und 8/9 - positiv aus:

Sie sind überdurchschnittlich motiviert. Der zu erwartende Motivationsabfall zum 8./9. Schuljahr ist auch bei den „lernbehinderten" IntegrationsschülerInnen nicht feststellbar.

Die IntegrationsschülerInnen nehmen sich sozial integriert wahr (verglichen mit den Standardwerten des Fragebogens), und zwar unabhängig von der sog. Behinderungsart. Hingegen ergeben sich deutliche Unterschiede hinsichtlich des Fähigkeits-Selbstkonzeptes. Das der zielgleich unterrichteten SchülerInnen entspricht im Durchschnitt dem der Eichstichprobe zu beiden Messzeitpunkten. Das Fähigkeits-Selbstkonzept derjenigen IntegrationsschülerInnen, die keinen Schulabschluss erlangen, liegt schon in der Orientierungsstufe und auch zum Ende der Schulpflichtzeit signifikant (1%-Niveau) niedriger.

4.2 Das schulische Betriebspraktikum – Türöffner für einen Ausbildungsplatz?

Dreh- und Angelpunkt der praxisbezogenen Vorbereitung auf den Übergang scheint für die SchülerInnen selbst und die PädagogInnen das Betriebspraktikum zu sein:

„Er hat erstaunlich gut gearbeitet, bei Installationsarbeiten geholfen und Rohre verlegt. Er hat hart gearbeitet und 8 Stunden durchgehalten (in der Schule maximal 2 Stunden). Er war stolz darauf."

„Er hat sein Praktikum bei einem Rollladenbauer gemacht. Der Meister war so begeistert von ihm, dass er ihn direkt übernommen hätte."

„Das Betriebspraktikum verlief sehr positiv. Die Schülerin war nicht krank gewesen, war pünktlich und fleißig. Ganz anders als sonst."

„Beim Betriebspraktikum zeigte sich ihr Hang zum Aussteigen deutlich. Hier ist sie drei Tage hingegangen und dann weggeblieben", obwohl es ihr Wunschbetrieb war und sie es dort „gut hatte".

Das schulische Betriebspraktikum findet auch für IntegrationsschülerInnen in „normalen" Betrieben statt. Praktisch alle Sekundarstufenschulen (41 Schulen) - auch die Gymnasien, für die das Betriebspraktikum noch fakultativ ist - beteiligen sich an der betrieblichen Praktikumsform und achten darauf, dass die Suche des Praktikumsplatzes analog der Arbeitsplatzsuche relativ selbstständig erfolgt. Nach den Lehrerurteilen in den Interviews wird deutlich, dass das Betriebspraktikum entweder mittelbar und bei drei Jugendlichen auch unmittelbar zur Sicherung des Ausbildungsplatzes beitrug:

Tanja („lernbehindert") schaffte den Hauptschulabschluss und wollte Friseurin werden. Sie hatte auch ihr Betriebspraktikum in einem Friseursalon absolviert. Hier gab es jedoch Konflikte, so dass die Lehrerin ihr riet, sich bei einem anderen Betrieb zu bewerben. Trainings zur Bewerbung gab es genug in der Schule. Außerdem hat sich Tanja darüber informiert, welche Fächer sie in der Berufsschule haben wird und welche Hilfsmöglichkeiten für die Ausbildung es gibt. Tanja will zunächst versuchen, die Berufsschule ohne Hilfe zu bewältigen. Sie weiß aber, wenn es nicht klappt, wie sie sich Hilfe beschaffen kann. Falls sie Probleme bekommt, wird sie sich an das Arbeitsamt um ausbildungsbegleitende Hilfen (abH) wenden.

Tanja bewirbt sich in einem anderen Friseursalon. Nach Ansicht der Lehrerin hat sie aus dem Praktikum gelernt, „direkt jemanden anzusprechen, wenn sie Hilfe braucht". Mit ihrer zukünftigen Chefin „spricht sie über ihre Probleme". Diese scheint sehr verständnisvoll. Die mündliche Zusage auf eine Ausbildungsstelle als Friseurin hat sie bald erhalten und im August 1997 zu arbeiten begonnen.

4.3 Wege nach der Schule

Der Wechsel von der Schule in den Beruf gilt - wie Übergänge im menschlichen Lebenslauf generell - als zu bewältigende Entwicklungsaufgabe in der persönlichen Lebensplanung (Montada 1995). Angesichts des eng gewordenen Stellenmarktes resignieren jedoch zunehmend solche Personengruppen, deren Ausbildungschancen sie selbst oder das Umfeld - beispielsweise Familie, Schule, Arbeitsamt - als gering einschätzen.

Dies gilt auch für Jugendliche mit Behinderungen. Allerdings steht behinderten Jugendlichen ein breites Eingliederungsrepertoire (vgl. Kap. 2) mit ausreichend Plätzen zur beruflichen Eingliederung bereit. Fragt sich, ob das Auffangnetz eine „normale" Berufsfindung unterstützt oder eher verhindert. Immerhin sind Warteschleifen und Umwege der Berufsorientierung zu Schlüsselbegriffen in der Berufsberatung und Politik geworden (Hoff 1995). Vor diesem gesellschaftlichen Hintergrund sind die Wege nach der Schule, die die IntegrationsschülerInnen einschlagen, zu bewerten. Wo können die IntegrationsschülerInnen mit welchen Qualifikationen nach ihrer Schulentlassung einsteigen? Von 81 der 86 verbliebenen Integrationsschülerinnen und -schüler sind uns die Schullaufbahnen und die ersten Schritte nach der Schule bekannt (vgl. Tab. 2).

- Ausbildung: 13 IntegrationsschülerInnen mit Schulabschluss finden direkt nach der Schule einen Ausbildungsplatz: 11 Jugendliche in einem normalen Betrieb, zwei mit Unterstützung der Berufsberatung in einem Berufsbildungswerk.

Vier ehemalige Integrationsschüler einer Klasse, die alle den Hauptschulabschluss erreichen, berichten uns in einer Gesprächsrunde zusammen mit den Lehrern: Sie freuen sich, endlich die Schule verlassen zu können und arbeiten zu gehen. Nachdem alle Integrationsmaßnahmen aufgehoben wurden, fühlen sie sich als „normale" Schüler und „haben das vorherige Kapitel Integration abgehakt". Die vier Schüler sind sehr zufrieden mit ihrer Situation. Sie versuchen selbst, ihre Ausbildungsstellen zu finden. Sie gehen zu den Betrieben hin, kennen ihn teilweise schon durch ihr Praktikum oder erkundigen sich nach einer Lehrstelle, bewerben sich mündlich und bieten an, zur Probe zu arbeiten. Sie erhalten einen Ausbildungsplatz in Handwerksbetrieben.

Tab. 2: *Erster Schritt nach der Schulpflichtzeit*

Erster Schritt	**nach der Schulpflichtzeit**	*Ohne* **Abschluss**	*Mit* **Abschluss**	insgesamt
Ausbildung	Betrieb	-	11	11
	BBW	-	2	2
Berufsvorbereitung	Förderlehrgang	38	3	41
	BVJ	3	-	3
	BGJ	-	5	5
Schulwechsel	Berufsfachschule	-	3	**3**
	Schule G: Werkstufe	1	-	1
	Sonder-Realschule	-	2	2
Schulverbleib	Realschule/Gesamtschule/Gymnasium	-	7	7
Sonstiges	Lehrstellensuchende	-	6	6
	unbekannt	1	4	5
Insgesamt		43	43	86

- Berufsvorbereitung nach der Schule: Von 49 der 86 Jugendlichen ist uns bekannt, dass ihr erster Schritt nach der Schule in eine Berufsvorbereitung mündet: 41 in einen Förderlehrgang, 5 in ein Berufsgrundbildungsjahr (BGJ), 3 in ein Berufsvorbereitungsjahr (BVJ).

Einem („lernbehinderten") türkischen Jugendlichen wird von der Berufsberatung empfohlen, nach dem Hauptschulabschluss das Berufsgrundbildungsjahr zu machen. Das Lehrerteam beurteilt Mehmet so: „Er ist zuverlässig, pünktlich, fehlt sehr selten, arbeitet schnell und sauber in Arbeitslehre. Er übernimmt sogar Arbeiten für andere, d.h. Verantwortung für andere... Im Vergleich zu früher ist er nicht wieder zu erkennen....Mehmet ist berufsreif. Er weiß, dass der Beruf wichtig ist...Wenn er eine Lehrstelle finden würde, wäre es gut...". Er hätte am liebsten eine Ausbildung bei Saarberg als Industriemechaniker begonnen. Seine Bewerbung blieb ohne Erfolg.

„Er würde alles machen, Hauptsache, er hat eine Stelle".

- Weiterer Schulbesuch: Abgesehen von den an ihren bisherigen Schulen verbliebenen 7 IntegrationsschülerInnen entscheiden sich 6 Jugendliche nach Schulentlassung für einen weiteren Schulbesuch an einer anderen Schule: 3 besuchen eine Berufsfachschule; ein Jugendlicher die Werkstufe der Sonderschule G mit dem Ziel, später in einer Werkstätte für Behinderte zu arbeiten; zwei Jugendliche wechseln in eine „weiterführende" Sonderschule außerhalb des Saarlandes, um den Realschulabschluss zu machen.

5. Vorläufige Antwort auf die Frage „Erst integriert, dann fallengelassen?"

Der hohe Anteil von ehemaligen IntegrationsschülerInnen, die in Berufsvorbereitungsmaßnahmen (BVB) und hier insbesondere in Förderlehrgänge verwiesen werden, ist erschreckend. Haben Kritiker recht, die diese berufsvorbereitenden Maßnahmen nicht nur als „Warteschleifen", sondern als „Sackgassen" bezeichnen? Um diese Frage vorläufig zu beantworten, analysieren wir den Verbleib der TeilnehmerInnen von Förderlehrgängen im Saarland insgesamt und aus unserer Stichprobe (vgl. Tab. 3).

Der Verbleib der IntegrationsschülerInnen aus den Berufsschulen (BVJ, BGJ) bleibt uns unbekannt (vgl. Tab. 3).

Tab. 3: Verbleib der Teilnehmer an berufsvorbereitenden Maßnahmen

1996/97	BVB	Ausbildung	Ausbdg. §§48,42	BVJ/ BGJ	Arbeitsstelle	F2 - Lehrg.	unbekannt	davon BÜE
Saarland	824	282	85	51	42	89	275	129
	100%	34%	10%	6%	5%	11%	33%	16%
Integrationsschüler	41	17	5	1	0	4	14	14
	100%	41%	12%	2%	0%	10%	34%	34%

Quelle: Landesarbeitsamt Rheinland-Pfalz - Saarland. Referat Statistik 1996

Nach dem Besuch des Förderlehrgangs erhalten 22 (53% vs. 44%) ehemalige IntegrationsschülerInnen im 2. bzw. 3. Entlassjahr einen Ausbildungsplatz: 5 in einem normalen Betrieb, 3 in einem Berufsbildungswerk und 14 in einer überbetrieblichen Einrichtung (BÜE), davon 5 mit reduzierten Anforderungen nach § 48 BBiG oder § 42 HWO. Von diesen Auszubildenden erhält niemand eine sonderpädagogische Unterstützung in den berufsbildenden Schulen, allerdings werden 5 Jugendlichen ausbildungsbegleitende Hilfen (abH) durch die Bundesanstalt für Arbeit gewährt. 5 (12% bzw. 17%) nehmen in einem zweiten Jahr an einer beruflichen Vorbereitung teil. Bemerkenswert ist auch der hohe Anteil des unbekannten Verbleibs in der Statistik: 34% bzw. 33%.

Bezüglich der ehemaligen Integrationsschülerinnen erklärt er sich daraus, dass 15 Jugendliche (einer davon in einem zweijährigen Lehrgang) erst 1997 den Förderungslehrgang beginnen und somit ihr weiterer Verbleib erst 1998 feststand. Bis Herbst 1997 sind insgesamt

- 33 ehemalige IntegrationsschülerInnen in Ausbildung,
- allerdings nur die Hälfte (16) von ihnen in normalen Betrieben und
- die andere Hälfte (17) in überbetrieblichen Einrichtungen oder in einem Berufsbildungswerk.
- 26 Jugendliche, davon 5 in einem zweijährigen Lehrgang, sind noch in der „Berufsvorbereitung".
- Auffallend ist die geringe Bereitstellung bzw. Nutzung der pädagogischen Unterstützungsmöglichkeiten bei regulärer Ausbildung.
- Dies gilt insbesondere für die sonderpädagogische Unterstützung in berufsbildenden Schulen.
- Aber auch die ausbildungsbegleitenden Hilfen werden erst im Jahr 1997 nur für 5 Jugendliche beantragt.

Die Befürchtung, die eingeschliffenen Wege beruflicher Eingliederung würden auch bei ehemaligen IntegrationsschülerInnen begangen, hat sich insofern bestätigt, als ihnen in der Berufsberatung oft Berufsvorbereitungsmaßnahmen vor Ausbildungsplätzen empfohlen werden. So ist es kaum verwunderlich, dass im ersten Schritt nach der Schule nur diejenigen Jugendlichen eine Lehre beginnen können, die ihren Betrieb in Eigeninitiative gefunden haben. Anders beim zweiten Schritt: Denn während der berufsvorbereitenden Förderlehrgänge werden sowohl nachträglicher Hauptschulabschluss als auch Praktika in Betrieben außerhalb der Förderlehrgänge angeboten. Beides kann die Chance auf einen Ausbildungs- oder Arbeitsplatz erhöhen.

Literatur

Bundesanstalt für Arbeit (Hg.): Berufliche Rehabilitation junger Menschen. Handbuch für Schule, Berufsberatung und Ausbildung. Ausgabe 1997. Hochheim/Main (DKF Multimedia) 1997

Haeberlin, Urs, Moser, Urs, Bless, Gérard & Klaghofer, Richard: Integration in die Schulklasse. Fragebogen zur Erfassung von Dimensionen der Integration von Schülern, FDI 4-6. Bern (Paul Haupt) 1989

Hildeschmidt, Anne: IntegrationsschülerInnen – Schulabschlüsse und erste Schritte nach der Schule. In: Anne Hildeschmidt und Irmtraud Schnell (Hg.): Integrationspädagogik. Auf dem Weg zu einer Schule für alle. Weinheim, München (Juventa) 1998a, S. 315-329

Hildeschmidt, Anne: Zum Schulabschluss behinderter IntegrationsschülerInnen im Saarland. In: Alfred Sander, Anne Hildeschmidt und Irmtraud Schnell: Integrationsentwicklungen. (Saarbrücker Beiträge zur Integrationspädagogik, Band 10). St. Ingbert (Röhrig Universitätsverlag) 1998b, S. 93-116

Hildeschmidt, Anne und Sander, Alfred: Integration behinderter Schüler und Schülerinnen in der Sekundarstufe I. In: Heilpädagogische Forschung 21, 1995, (Heft 1) 14-26

Hoff, Ernst-Hartmut: Frühes Erwachsenenalter: Arbeitsbiografie und Persönlichkeitsentwicklung. In: Rolf Oerter & Leo Montada (Hrsg.): Entwicklungspsychologie. Weinheim (Beltz) 3. Aufl. 1995, S. 423 - 438.

Krämer, Hans Leo: Das Projekt der gesellschaftlichen Teilhabe oder vom sozialen Glück bei Saint-Simon. In: Hans Leo Krämer und Claus Leggewie (Hg.), Wege ins Reich der Freiheit. Berlin (Rotbuch) 1989, S. 188-198

Krämer, Hans Leo: Einleitung. In: Hans Leo Krämer und andere: Saarländische Berufsschule und Neuordnung der Berufe – Situation und Perspektiven. (Beiträge der Arbeitskammer des Saarlandes, 7. Jg. , Nr. 4) Saarbrücken (Arbeitskammer des Saarlandes) 1994, S. 10-15

MBKW: Schülerinnen und Schüler mit sonderpädagogischer Förderungsbedürftigkeit. Stichtag 1999: 24. August. Saarbrücken (Ministerium für Bildung, Kultur und Wissenschaft) 1999

MiFAGS: Werkstätten für Behinderte. Ihre kompetenten Partner für Industrie, Handel und Handwerk. Ausgabe August 1999. Saarbrücken (Ministerium für Frauen, Arbeit, Gesundheit und Soziales) 1999

Molaro-Philippi, Iris: Zur beruflichen Eingliederung von behinderten Jugendlichen nach der schulischen Integration. In: Alfred Sander, Klaus Christ, Barbara Franck-Weber u.a.: Gemeinsame Schule für behinderte und nichtbehinderte Kinder und Jugendliche. (Saarbrücker Beiträge zur Integrationspädagogik, Band 4). St. Ingbert (Röhrig) 1990, S. 209-232

Molaro-Philippi, Iris unter Mitarbeit von Klaus Christ: Arbeitsassistenz im Saarland (AiS) – Zwischenergebnisse und Perspektiven zum Übergang von Jugendlichen mit Behinderungen aus der Schule in die berufliche Orientierung. In: Alfred Sander, Anne Hildeschmidt und Irmtraud Schnell: Integrationsentwicklungen. (Saarbrücker Beiträge zur Integrationspädagogik, Bd. 10). St. Ingbert (Röhrig Universitätsverlag) 1998, S. 201-218

Montada, Leo: Fragen, Konzepte, Perspektiven. In: Rolf Oerter & Leo Montada (Hrsg.): Entwicklungspsychologie. Weinheim (Beltz) 3. Aufl. 1995, S. 1 – 83.

Projektleitung und Wissenschaftliche Begleitung: Gemeinsamer Unterricht mit unterschiedlicher Zielvorgabe für nichtbehinderte und behinderte Schüler und Schülerinnen im Bereich der Sekundarstufe I. Abschlussbericht über den Modellversuch. Saarbrücken (Ministerium für Bildung und Sport) 1994

Puschke, Christian: Hohe Anforderungen an die Qualität. In: Info-Blatt des Vereins "Miteinander Leben Lernen", Verein zur Förderung gemeinsamen Lebens und Lernens Behinderter und Nichtbehinderter e.V., Ausgabe Juni 99. Saarbrücken 1999, S. 7-9 (Nachdruck aus: Sonntagsgruß Nr. 23/1999, dort unter der Überschrift: Integration – Die Völklinger Firma TGOD schafft Arbeitsplätze für behinderte und nichtbehinderte Arbeitnehmer)

Sander, Alfred: Hilfen für behinderte Menschen. In: Heinz-Hermann Krüger und Thomas Rauschenbach (Hrsg.): Einführung in die Arbeitsfelder der Erziehungswissenschaft. Opladen (Leske u. Budrich) 2. Aufl. 1997, S. 203 - 218

Stefan Sandmayer

Fantasievolle Soziologie - Zukunftswerkstätten und ihr Beitrag für eine kritische Soziologie

Viel zu selten bieten sich für Soziologinnen und Soziologen im Rahmen ihrer beruflichen Arbeits- und Betätigungsfelder Möglichkeiten, fantasievolle, vom Mainstream des Faches und dem bisweilen langweiligen Wissenschaftsbetrieb abweichende Projekte zu konzipieren und umzusetzen. Adornos Kritik an Soziologie bezieht sich deshalb wohl nicht nur auf deren Methodenfetischismus im engeren Sinn, sondern auch auf die sonst so einfallslose soziologische Praxis, in der professionelle SoziologInnen lediglich als SachverwalterInnen denn als kreative ForscherInnen und neugierig Fragende tätig sind:

„Der Satz, ein Forscher benötige zehn Prozent Inspiration und neunzig Prozent Transpiration, der so gern zitiert wird, ist subaltern und zielt aufs Denkverbot. Längst schon bestand die entsagungsvolle Arbeit des Gelehrten meist darin, dass er gegen schlechte Bezahlung auf die Gedanken verzichtete, die er ohnehin nicht hatte."[1]

Das Projekt „Zukunft der Jugend – Zukunft der Arbeit", das 1997 – 1998 unter der Leitung von Hans Leo Krämer durchgeführt worden ist, bot gegenüber der üblichen Forschungspraxis Gelegenheit, sozialwissenschaftliche Fantasie und interdisziplinäres Arbeiten zu verbinden.

Die nachfolgende Skizze schließt an Erfahrungen, Wahrnehmungen, Fragen und teilweise auch an Eindrücke und Ergebnisse dieses Projektes an. Ich will dabei in der gebotenen Kürze zwei Aspekte ansprechen und diskutieren: Zunächst werde ich einen zentralen Bestandteil dieses Projektes, nämlich die „Zukunftswerkstätten" im Hinblick auf die Fragestellungen diskutieren, inwieweit sich hier Aspekte einer kritischen Soziologie finden lassen. Im Anschluss daran werde ich unter Bezugnahme auf vereinzelte Ergebnisse aus die-

---

[1] Adorno 1981a, S.96. Ich benenne an dieser Stelle solche Traditionszusammenhänge nur plakativ, weil sie, wie noch weiter ausgeführt werden soll, für die Durchführung des Projektes „Zukunft der Jugend – Zukunft der Arbeit" Orientierungshilfe und einen forschungsleitenden Rahmen abgaben. Vor allem will ich aber an dieser Stelle betonen, dass es *diese* Schul- und Traditionszusammenhänge sind, in denen Hans Leo Krämer Soziologiestudierende ausgebildet hat und so - meine Person eingeschlossen - mit den Möglichkeiten, v.a. aber der Notwendigkeit kritischer Soziologie bekannt gemacht hat.

sen Zukunftswerkstätten zum Komplex „Utopie" einige Gedanken formulieren, die nicht nur die Unerlässlichkeit und Plausibilität der geschilderten Forschungspraxis begreiflich machen, sondern die in diesem Falle auch notwendig unübliche und ungewohnte Vorgehensweise.

Damit werden zwei Stränge, die grundsätzlich als erkenntnisleitende Forschungsprinzipien Bedingung für eine sich als emanzipatorisch verstehende Wissenschaftspraxis sind, am Beispiel des Projektes „Zukunft der Jugend – Zukunft der Arbeit" zusammengeführt: Die Offenheit einer „Methode", die allen Beteiligten die Möglichkeit reflexiver Bildungs-, Lern- und Arbeitsprozesse ermöglicht sowie die Auseinandersetzung mit der für jede kritische Soziologie (wie auch für das Projekt) zentralen Kategorie „Utopie".

Die Idee, im Rahmen des Projektes „Zukunft der Jugend – Zukunft der Arbeit" Zukunftswerkstätten durchzuführen, wurde aus dem Anspruch heraus entwickelt, saarländischen Jugendlichen als den am Projekt eigentlich Beteiligten (eben keinesfalls als den Forschungsobjekten) die Möglichkeit zu bieten, im Vorfeld eines großen Jugendkongresses ihre eigenen Zukunftsbilder untereinander zu besprechen, zur Disposition zu stellen, um dann - je nach Interesse der Gruppe - daraus auch Konsequenzen für eine verändernde Praxis ziehen zu können.

Schon allein um die Offenheit für potenzielle Themen zu gewährleisten, (was die Frage nach „Zukunft" ja nahe legt), war eine wie auch immer geartete (standardisierte) Befragung oder vergleichbar konventionelle Methode ausgeschlossen. Nicht nur die Annahme, dass Jugendliche, nach ihren persönlichen Zukunftserwartungen gefragt, nur noch mit Überdruss reagieren, sondern auch die Überzeugung, dass junge Menschen die Gestaltbarkeit eigener Lebenswelten trotz vermeintlich unbeeinflussbarer Rahmenbedingungen erkennen können und mit entsprechenden Interventionsmöglichkeiten bekannt gemacht werden sollten, war verantwortlich für die Umsetzung der Idee, Zukunftswerkstätten im Rahmen des Projektes anzubieten. Diese wurden mit interessierten Jugendgruppen, die aus den verschiedensten Bereichen kamen, als eintägige Veranstaltungen durchgeführt.

Wenn man Zukunftswerkstätten nach Jungk[2] als ein „soziales Problemlösungsverfahren" mit seinen drei Schritten, der Kritik-, der Utopie- und der Umsetzungsphase begreift, kann man eine Analogie zu Modellen individueller Problemlösungskonzepten bzw. -bewältigung herstellen. Etwas zugespitzt formuliert, unterliegt idealtypisch eine individuelle Bewältigung von Schwierigkeiten und (Alltags-)Problemen einem ähnlichen Ablaufschema mit einer vergleichbaren Struktur: Sobald ein Subjekt mit einer Situation unzufrieden

---

[2] Vgl. Jungk/Müllert 1989.

und/oder nicht einverstanden ist, versucht es über eine (kritische) Analyse der Sachlage alternative Situationen zu beschreiben, um danach Umsetzungsstrategien zu suchen, deren Anwendung die kritisierte Situation bzw. Lebenslage verbessern sollen.

Allerdings wird solche individuelle Problemlösung in Zukunftswerkstätten um entscheidende Bedingungen und Dimensionen erweitert, denn der beim Individuum fast immer unbewusst ablaufende Prozess bleibt monadenhaft, also ausschließlich auf sich selbst und seine eigenen Erfahrungen bezogen.

Demgegenüber erzwingt eine Zukunftswerkstatt geradezu die Berücksichtigung und Auseinandersetzung mit den anderen teilnehmenden Personen und damit auch mit bisher womöglich fremden, unberücksichtigten Positionen. Da die Veranstaltungen moderiert werden, also keine „Lehrenden" mit eigenen Erkenntnisinteressen auf Inhalt und Konzept Einfluss nehmen und ebenso darauf geachtet wird, dass die Meinungen und Standpunkte tatsächlich aller TeilnehmerInnen berücksichtigt und als gleichberechtigt behandelt werden, sind Zukunftswerkstätten in ihrem Aufbau und ihrer Durchführung außerordentlich basisdemokratisch.

Vieles dieser Grundkonzeption erinnert an Adaptionen der „sokratischen Methode": Die ModeratorInnen sind, ihrem Grundverständnis entsprechend, keine Berater oder Lehrende, sondern „Förderer" von Gedanken und Ideen einer Gruppe bzw. Einzelner der Gruppe, die sich über ihre eigenen Motive, Beweggründe und Handlungsmöglichkeiten Klarheit und Einsicht im Hinblick auf ein für sie zentrales Problem verschaffen möchten. Im Gegensatz zum sokratischen Skeptizismus allerdings, dessen erkenntnisleitendes Prinzip es ist, möglichst die Grenzen des eigenen Nicht-Wissens kennen zu lernen, sind Ziel und Zweck von Zukunftswerkstätten, dem Nicht-Besser-Wissen einer Expertokratie eigene, sinnvollere Handlungsstrategien entgegen zu setzen. Um jedoch die möglichst persönlichen, autonomen und unabhängigen Gedanken, Ideen und Denksysteme zur Geltung zu bringen, bleibt eine mäeutische Vorgehensweise insofern ein besonders geeigneter Zugang, weil sie kompromisslos (und nur) den Standpunkt der beteiligten Subjekte herausarbeitet.

Bringt man diese erkenntnisfördernde und wahrheitssuchende sokratische Methode mit den handlungsorientierten und veränderungsbezogenen Ansprüchen von Zukunftswerkstätten zusammen, ergibt sich ein Koordinatensystem, auf dem sich unterschiedliche Dimensionen dieses Verfahrens bestimmen lassen.

So bieten Zukunftswerkstätten beispielsweise die Möglichkeit, dass sie über die oben beschriebene Programmatik („soziales Problemlösungsverfahren") hinaus von den Teilnehmenden auch als „Lernwerkstätten" begriffen werden. Rahmen wie auch Ablauf solcher Veranstaltungen bieten die Chance, andere als die gewohnten Formen des „Lernens" kennen zu lernen: ModeratorInnen strukturieren und visualisieren lediglich Erkenntnis- und Reflexionsprozesse, nehmen also keinerlei inhaltlichen Einfluss.

Die konstruktivistisch argumentierende Bildungstheorie hat in der letzten Zeit immer wieder betont, wie sehr individuelle Erfahrungen und Selbsttätigkeit als grundlegendes Prinzip für Deutungslernen von der Relativität und Subjekthaftigkeit allen Erkennens abhängig sind. Ebenso wie in Holzkamps Kritischer Psychologie, rücken damit bei der Analyse von Lernprozessen das Subjekt bzw. die „subjektiven Handlungsgründe" (Holzkamp) wieder in den Vordergrund. Gerade Holzkamp hat in seinen ausführlichen Untersuchungen zum „Lernen" die in traditionellen Bildungseinrichtungen (Schule, Universität) existierende Möglichkeit unterschiedlicher Zuteilung von Subjektivität (etwa zwischen SchülerInnen und LehrerInnen) untersucht und die stattfindende als Lehr-Lern-Kurzschluss[3] bezeichnet: Denn hier sind Situationen so konstruiert, als gäbe es nur ein Subjekt, nämlich den Lehrenden „und als ob diese (Lehrenden, Stefan Sandmayer) in ihren Lehraktivitäten gleichzeitig das Subjekt der Lernaktivitäten der SchülerInnen wären."[4]

Diese „Lerndimension" von Zukunftswerkstätten ist deswegen so interessant, weil viele SchülerInnen, die an Zukunftswerkstätten teilgenommen haben, diese zunächst als „Lehr- bzw. Lernveranstaltung" verstanden hatten. Im Anschluss an die stattgefundenen Zukunftswerkstätten haben sie dann sehr häufig und explizit zum Ausdruck gebracht, dass ihnen das in der Zukunftswerkstatt weitgehend überantwortete inhaltliche Verfahren eine Subjektivität zugesteht, die sie im Schulalltag vermissen.[5]

---

[3] Vgl. Holzkamp 1995.
[4] Holzkamp 1997, S. 257.
[5] „Man kann es nicht praktisch zulassen" so könnte man mit Holzkamp den SchülerInnen begegnen, „und deswegen auch nicht offiziell »denken«, dass die Schülerinnen/Schüler *von sich aus*, aufgrund ihrer *eigenen* Interessenlage und Zielsetzung lernen können, weil derartige Lernprozesse ja von der Schule nicht kontrollierbar und planbar sind und damit die gesamte machtökonomische Anordnung des Lernens als abhängiger Größe der Schulorganisation/Lehrereinwirkung ins Wanken geraten müßte. Die Leugnung der Vermittlung von Lernaktivitäten durch subjektive Lerngründe ist schon durch die begriffliche Kurzschließung von »Lehren« und »Lernen«, also Gleichsetzung von Lernen mit *Lehrlernen,* womit der Widerspruch zwischen der offiziellen Vorstellung, Lehren erzeuge bei optimaler Unterrichtung durch den Lehrer aufgrund seiner beruflichen Kompetenz (..) notwendig die vorgesehenen Lernprozesse, und der »dazwischen kommenden« Schul- und Lernrealität vom Standpunkt der Schülerinnen/Schüler durch mannigfache sprachliche-praktische Bedeutungsverschiebungen »gemanagt« werden kann." Holzkamp 1995, S.391 (kursiv im Original).

Man kann also in Zukunftswerkstätten ein Verfahren erkennen, das über seine basisdemokratische, maieutische und individuenzentrierte Konzeption in einer bemerkenswerten Art und Weise Subjektivität zum Vorschein bringen bzw. fördern kann.

Gleichwohl muss im Zusammenhang von Zukunftswerkstätten als Verfahren, das unter Bedingungen konventioneller Sozialforschung eingesetzt werden soll, darauf hingewiesen werden, dass sie keineswegs eine *Methode empirischer Sozialforschung* sind, sondern ein Verfahren bleiben, mittels dessen sich Gruppen von an einem Thema interessierten Individuen austauschen und bestenfalls zu Lösungen für ein sie betreffendes Problem kommen. So ist der zielorientierte Gruppenprozess nicht nur ein zentraler Aspekt, sondern macht den Sinn einer Zukunftswerkstatt aus, dem alle anderen Ziele nachgeordnet sind.

Dennoch lassen sich zahlreiche Motive anführen, die Parallelen und Aspekte dessen aufgreifen und die man als soziologische Intervention begreifen könnte.[6] Einige Hinweise zur Erörterung der mit diesem Gedanken formulierten Problemstellung will ich aus einem Kapitel von Gorz letztem Buch[7] entnehmen: Er verknüpft hier methodologische Fragen mit Grundfragen der Soziologie bzw. dem Selbstverständnis des Soziologen bzw. der Soziologin.[8]

Gorz legt es bei seiner Rezeption von Touraines subjektorientierter Soziologie und in Abgrenzung derselben von der Frankfurter Schule (insbesondere Habermas Diskurstheorie) nahe, den Soziologen als Gesellschaftskritiker und Intellektuellen zu begreifen, dessen Aufgabe und wissenschaftliche Praxis darin zu bestehen hat, sich v.a. darüber klar zu werden, in wessen Namen er Kritik übt: Erkennt er überhaupt – und unter welcher Maßgabe und Bedingung – die Kräfte, die ein emanzipatorisches Erkenntnisinteresse haben. Am Habermasschen Versuch, solches Potenzial in den Ressourcen einer Lebenswelt zu finden, kritisiert Gorz den konservativen Charakter dieser Quelle kommunikativer Vernunft. Im Gegensatz dazu ist in Touraines Ansatz durch seinen unmittelbaren Bezug auf das Subjekt selbst, in eben demselben einen direkten Zugang und unvermittelten Grund einer „wirksamen und legitimen Gesellschaftskritik" erkennbar. Mit Touraine sieht Gorz die einzige Möglichkeit der Soziologie, in einer "programmierten Gesellschaft" (Touraine) den Konflikt zwischen Akteur und Gesellschaft zu analysieren, in der Möglichkeit, dass sie

---
[6] Auch diese Gedanken müßten systematischer diskutiert und ausgearbeitet werden – zumal die mit soziologischer Intervention verbundenen Implikationen für die empirische Sozialforschung und/oder (kritische) Soziologie in der Bundesrepublik ziemlich im Dunkeln bleiben. Hier bleibt nur die Möglichkeit, einige Fragen zu formulieren und Argumente anzudeuten.
[7] Vgl. Gorz 2000 S. 181ff. (Anhang 2: „Alain Touraine oder Subjekt der Kritik").
[8] Dabei interessieren mich im Folgenden v.a. Fragen nach dem Selbstverständnis von (kritischer) Soziologie – keine methodischen Problemstellungen.

„den Standpunkt des Subjekts, das die ihm von der Gesellschaft aufgezwungenen Bilder ablehnt, annimmt".[9] Der Soziologe ist gezwungen, „die Mitglieder der Gruppe nicht als Studienobjekte (zu, Stefan Sandmayer) betrachten, sondern als Sinnträger ihres Handelns, das es so bewusst wie möglich zu machen und aus dem Druck der Ideologie und des politischen Spiels zu lösen gilt."[10]

Wie zumindest idealtypisch auch in Zukunftswerkstätten der Fall, gehen Touraine (bzw. Gorz) bei ihrem Modell soziologischer Intervention davon aus, dass die Beteiligten „grundlegende Veränderungen der Gesellschaft anstreben."[11] Sie müssen sich also auch ihrem Selbstverständnis nach als Emanzipationsbewegungen verstehen, die unablässig um die Erweiterung eigener Autonomieräume kämpfen.

Die handelnden Akteure, und da machen Touraine/Gorz keine Unterschiede zwischen dem Soziologen und dem „vorwissenschaftlich", ausschließlich gesellschaftlichen Akteur, „müssen diese Veränderungen durch Handlungen *im Rahmen* dieser Gesellschaft und ihrer kulturellen Orientierungen erreichen wollen und dabei die „Fähigkeit (dieser Gesellschaft) zur Selbstgestaltung" gegen die Interessen und die Logik der herrschenden Mächte lenken."[12]

Ziel und Aufgabe der Soziologie sind dementsprechend für Touraine/Gorz, das Subjekt dabei zu unterstützen zu „einem Akteur zu werden, der die Verhältnisse verändern kann"[13]. Für den Einzelnen kann es auch keine primäre Angelegenheit sein, eine Identität aufzubauen, die durch die Macht- und Abhängigkeitsverhältnisse der programmierten Gesellschaft determiniert ist, also in der Folge lediglich ein gleichsam massenkulturell produzierter, uniformierter und damit affirmativer Charakter[14] übrig bleibt.

Nun glaubt Gorz, unter Bezugnahme von Ergebnissen aus Untersuchungen und Arbeiten von Rainer Zoll, in den veränderten Einstellungen etwa Jugendlicher gegenüber der Arbeitswelt, einen Bewusstwerdungsprozess ablesen zu können, der dem oben erwähnten Modell von Autonomie und Selbstgestaltung eigener Interessen entspräche – zumindest nahe kommt. Widerstand gegen die etablierte Ordnung wäre demnach eine logische Konsequenz.

---

[9] Gorz 2000, S.194.
[10] Touraine, zit. nach Gorz 2000, S.194f. Auf die Parallelen zu Holzkamps Subjektbegriff kann hier nur noch einmal hingewiesen werden.
[11] Gorz 2000, S.195.
[12] Gorz 2000, S.195 (kursiv im Original).
[13] Gorz 2000, S.202.
[14] Vgl. zur Kategorie „Charakter" (wie ich sie hier verstanden wissen will) Adorno/Horkheimer den 1. Exkurs (Odysseuskapitel) aus deren „Dialektik der Aufklärung"; vgl. Horkheimer/Adorno 1947, S.58ff., beispielsweise S.84.

Da die veränderten Einstellungen nicht nur in einem Teilbereich bestimmter gesellschaftlicher Handlungsfelder (Lohnerwerbsarbeit) diagnostiziert werden, sondern sich nach Meinung beider Autoren auf die grundsätzlichen gesellschaftlichen Erwartungen beziehen, wird damit letztendlich den existierenden sozialen Integrationsprozessen und -mechanismen eine Absage erteilt. Folge ist ein radikaler Bruch mit dem traditionellen, bestehenden kulturellen Modell.

Jugendliche, so die von Gorz zitierte Behauptung, reflektierten durchaus über die nur vordergründig erscheinende Vielfalt an Berufsmöglichkeiten[15].

Sie fänden auf Grund der ihnen durchaus bewussten und vergegenwärtigten mangelnden Kontinuität (trotz des theoretischen Überangebots an Berufsmöglichkeiten) auf zentrale lebensbiografische Fragen keine zufrieden stellende Antwort. *Sinn*, so ihre Forderung, lässt sich nicht durch eine Vielzahl letztlich vergleichbarer (beruflicher) Konformitäten, die keine berufs- und lebensbiografische Sicherheit versprechen, herstellen. Über die Produktion von solchem Sinn aber konstituiert sich nach Touraine bzw. Gorz das Subjekt.

Mit diesem Moment sehen Gorz/Touraine am Horizont der sich durch nicht mehr existierende Integrationsmechanismen auflösenden Gesellschaft, neue Bewegungen auftauchen. Für Gorz sind das explizit solche Subjekte, die sich mit der Sinnkrise am Ende der Lohnarbeitsgesellschaft beschäftigen bzw. in ihrem Lebensalltag direkt davon betroffen sind. Deren Sinnsuche und Dechiffrierung derselben sollte von den SoziologInnen unterstützt werden. Gorz schließt sein Plädoyer für eine interventionistische, subjektorientierte Soziologie mit einem Zitat von Touraine, das nachdrücklich die Existenz von Utopien und Visionen reklamiert: „Neben den strategischen Machtkämpfen ist unsere Welt voll befreiender Utopien, kommunitarischer Gegenwehr, erotischer Bilder, humanitärer Hilfsaktionen, Suchen nach dem Blick des Anderen, versprengten Fragmenten der Erfindung eines Subjekts, das Vernunft und Freiheit, Intimität und Gemeinschaft, Engagement und Distanzierung verkörpert."[16]

Zwar bleibt es dabei: „Soziologische Erkenntnis ist tatsächlich Kritik."[17] Wenn das Fach aber nicht bloß in der Debatte und Reflexion über die Technik objektiver Erkenntnis stecken bleiben will, muss es an einer Vorstellung vom *„richtigen"* Gegenstand, den es kritisiert, arbeiten.[18] Auch deshalb ist für jede kritische Soziologie Utopie ein grundlegendes Erkenntnisinteresse, Kritik und Gegenentwurf unlösbar miteinander verschränkt: „Die Erfahrung vom wider-

---

[15] Vgl Gorz 2000, S.203f.
[16] Touraine, zit. nach Gorz 2000, S.208.
[17] Adorno 1981b, S.132.
[18] Adorno bezieht in diesem Kontext auf „Gesellschaft" als dem Gegenstand der Soziologie (vgl. Adorno 1981b, S.139).

spruchsvollen Charakter der gesellschaftlichen Realität ist kein beliebiger Ausgangspunkt sondern das Motiv, das die Möglichkeit von Soziologie überhaupt erst konstituiert. Nur dem, der Gesellschaft als eine andere denken kann denn die existierende, (...) wird sie zum Problem; nur durch das, was sie nicht ist, wird sie sich enthüllen als das, was sie ist, und darauf käme es doch wohl in einer Soziologie an, die nicht, wie freilich die Mehrzahl ihrer Projekte, bei Zwecken öffentlicher und privater Verwaltung sich bescheidet."[19]

Ob nun Utopien positiv oder eher negativ (als Abwesenheit von...) formuliert werden – sie sind in gewissem Sinne eine kognitive, intellektuelle Voraussetzung für das Formulieren von Kritik. Vieles spricht in den Augen der älteren kritischen Theorie dagegen, dass Subjekte im fortgeschrittenen Kapitalismus noch über eine entsprechende Sprache verfügen und auf Symbole zurückgreifen können, um der Affirmation zu entgehen und Alternativen zu formulieren. Hier könnte der oben ausgeführten Funktionsbeschreibung einer soziologischen Intervention entscheidende Bedeutung zu kommen, indem existierende Realitätsdefinitionen kritisiert und aufgebrochen werden können.

In Zukunftswerkstätten wird dieser Faden aufgenommen. Da Kritik und Utopie zwar als selbstständige (Arbeits-)Einheiten im formalen Ablauf beibehalten werden, aber jede funktionierende Zukunftswerkstatt durch die inhaltliche Geschlossenheit des Themas als eine Ganzheit existiert, wird sie dem Anspruch gerecht, Kritik und Kreativität, Widerspruch und Utopie, Einwand und Fantasie miteinander zu verbinden.

Und ähnlich den zitierten Bemerkungen von Touraine, Gorz und Adorno, sind Kritik- und Utopiephase für die TeilnehmerInnen einer Zukunftswerkstatt, komplementäre Ereignisse und Bausteine. Das Spannungsverhältnis zwischen beiden Momenten kann sie bei der Suche nach Wegen und Alternativen aus fremdbestimmten, bevormundeten, unmündigen Situationen und Abhängigkeitsverhältnissen unterstützen.

Die mögliche Vielfalt der Gegenentwürfe durch die unterschiedlichen lebensbiografischen Muster von den an solchen Veranstaltungen Teilnehmenden, kann eine „Produktion" von unterschiedlichen Inhalten bewirken, durch die gleichzeitig wieder Perspektivenerweiterung und -wechsel möglich werden, die wiederum kreatives Potenzial freisetzen usw. Ziel und Konsequenz ist dabei, dass der Blick weit über den verengten und einseitigen so genannter ExpertInnen hinausweist.

---

[19] Adorno 1981b, S.142.

Allerdings können biografische Muster (nicht unbedingt spezifische) für die Entwicklung von Fantasien und Utopien auch lähmend und hinderlich sein. Das kulturell geprägte (vielleicht besser das „zivilisierte", im Sinne von Elias' Disziplinierungsmodell) Subjekt mit seinen entsprechenden Wissensbeständen und inkorporierten Realitätsdefinitionen hat es unter Umständen nicht nur schwer, Utopien Mangels Vertrauen in das Verfahren Zukunftswerkstatt zu entwickeln, sondern keine diesbezüglich notwendigen „Kompetenzen" (mehr) zur Verfügung.

Daraus folgernd sollte eine kritische Soziologie reflektieren, welche Bedingungen und Gründe für das Verschwinden von Utopien aus den öffentlichen Räumen verantwortlich gemacht werden können und wo in der kapitalistischen Moderne überhaupt noch ein „Schwarzmarkt der Träume und Wünsche" (Negt) existiert.

Im Anschluss an solche Gedanken kann man nun aber auf Forschungsergebnisse aus den Zukunftswerkstätten verweisen, die den oben von Zoll zitierten widersprechen.[20]

Trotz unterschiedlich eingesetzter Kreativtechniken und einer ausführlichen „Vorbereitung" auf die jeweilige Utopiephase, entwickelte die übergroße Anzahl der saarländischen Jugendlichen in Zukunftswerkstätten keine eigenständigen Utopien. Sie reproduzierten in den meisten Fällen undifferenzierte Klischees („Familie", „großes Auto", „sicheren Beruf", „viel Geld", „eigenes Haus" u.Ä.). Nicht einmal vereinzelt deutete sich an, dass Jugendliche zentrale Institutionen ihres Lebens, die viele zuvor heftigst kritisiert hatten, grundsätzlich in Frage stellten – etwa um sich dadurch autonome Räume erkämpfen zu können.

Grundsätzlich, so unser Eindruck, war es für die Jugendlichen zwar keine schwierige „Übung", Lebensbereiche, die für sie zentral sind, zu kritisieren. Sobald aber in der Zukunftswerkstatt erwartet wurde, aus dieser Kritik eine positive, konkrete Utopie zu formulieren, hatten sie erhebliche Probleme und bezogen sich (ausweichend) auf die Benennung von „großen Themen". Der Ablauf glich geradezu einem selbstauferlegten Denk- und Utopieverbot.

Wenn es ein Ziel der Zukunftswerkstätten ist, auch aus der Sachzwanglogik eines v.a. „linearen" Denkens auszusteigen, dann kann zumindest für die TeilnehmerInnen an den Zukunftswerkstätten im Saarland konstatiert werden, dass dieser Anspruch nur sehr bedingt erfüllt wurde.

---

[20] Ich brauche dabei nicht mehr zu erwähnen, dass meine Argumente den Gültigkeitskriterien konventioneller empirischer Sozialforschung nicht genügen.

Gleichwohl verfügten die Jugendlichen über hohe Kompetenz hinsichtlich der Kritik wie auch in der Entwicklung pragmatischer Projekte. Eine spannende Aufgabe für weitere wissenschaftliche Fragestellungen und Untersuchungen läge in der Suche nach den Erklärungsmöglichkeiten für diese zitierte Ambivalenz. Ist es ein starkes und plausibles Argument, dass die TeilnehmerInnen in ihrem Lebensalltag ständig zu pragmatischen Lösungen und Handlungskonzepten gezwungen werden und deshalb auch ein noch so kurzer „Ausstieg" oder gar „Verweigerung" des Realitätsprinzips für sie unmöglich schien?

Literatur

Adorno, Theodor W., u.a. (1981): Der Positivismusstreit in der deutschen Soziologie. 9. Aufl., Darmstadt – Neuwied 1981

Adorno, Theodor W. (1981a): Soziologie und empirische Forschung. In: Ders, u.a.. 1981; hier bes.: S. 81-101

Adorno, Theodor W. (1981b): Zur Logik der Sozialwissenschaften. In: Ders, u.a. 1981; hier bes.: S. 125-143

Gorz, André (2000): Arbeit zwischen Misere und Utopie. Frankfurt a. M. 2000

Holzkamp, Klaus (1995): Lernen. Subjektwissenschaftliche Grundlegung. Studienausgabe. Frankfurt a. M./New York 1995

Holzkamp, Klaus (1997): Lehren als Lernbehinderung. In: Ders.: Schriften I. Normierung – Ausgrenzung – Widerstand. Hamburg 1997; hier bes.: S. 196-214

Horkheimer, Max/Adorno, Theodor W. (1947): Dialektik der Aufklärung. Philosophische Fragmente. Amsterdam 1947

Jungk, Robert/Müllert, Norbert R. (1997): Zukunftswerkstätten. Mit Fantasie gegen Routine und Resignation. 6. Aufl., München 1997

Gerhard Schneider
Lieben Bürger Foren?
Soziologische Intervention als Beteiligungsexperiment

Was ist soziologische Intervention?

Die soziologische Intervention ist von dem französischen Soziologen Alain Touraine entwickelt worden, um Beziehungen in sozialen Bewegungen aufzudecken und zu untersuchen. Um Lösungen für umstrittene Themen oder Probleme zu finden, konstituierte er Gruppen aus Mitgliedern der jeweils aktiven sozialen Bewegungen, die zugleich Vertreter unterschiedlicher und konflikthafter Positionen sind. Die Gruppen haben die Aufgabe, mit Hilfe der Intervention von Soziologen eine Analyse der eigenen Ideen, Ideologien und Strategien zu betreiben. Dadurch kann es gelingen, die historischen Möglichkeiten zur Veränderung besser zu erkennen. Im Interventionsprozess werden die Gruppenmitglieder mit anderen, auch gegnerischen Gesprächspartnern konfrontiert, wodurch sie zu ihrer eigenen Praxis Distanz gewinnen und gemeinsam vertretbare Lösungsschritte unternehmen können. Dieses Modell schien uns geeignet, aus Anlass der 1000-Jahr-Feier der Stadt Saarbrücken neue Beteiligungsformen für Bürger/innen zu grundsätzlichen Fragen des städtischen Lebens auszuprobieren.

Saarbrücken wird 1000: Na und?

Die Jahrtausendfeier der Stadt Saarbrücken fällt in eine Zeit tief greifender Umbrüche in vielen Bereichen der Gesellschaft. Regionale, nationale, europäische und weltweite Entwicklungen auf den Arbeitsmärkten, in den Produktions- und Verwaltungssektoren, im Umweltbereich, dem Energie- und Technologiebereich sowie im Verkehr von Waren und Menschen haben Auswirkungen auf eine Stadt wie Saarbrücken, die in einer Region sich umstrukturierender Industrielandschaften liegt. Die etablierten politischen und administrativen Einrichtungen der Stadt sind einem hohen Erwartungsdruck von Seiten der Bürger/innen ausgesetzt, und deren Vorstellungen von einer funktionierenden, lebenswerten Stadt sind nicht mehr unbedingt deckungsgleich mit den Konzepten der im Stadtrat vertretenen politischen Parteien. Ein Grund dafür ist sicherlich, dass sich die Lebensstile der Menschen pluralisiert und individualisiert haben, besonders im städtischen Bereich.

Nach der UN-Konferenz von Rio de Janeiro und der dort verabschiedeten Agenda 21 haben sich die europäischen Städte in der so genannten Aalborg-Charta zu Anstrengungen für eine „Zukunftsbeständigkeit" verpflichtet. Was dort primär für die Umweltproblematik gesagt wurde, kann allgemein als Auftrag gewertet werden, mit allen gesellschaftlichen Kräften einen Konsens herbei zu führen. „Wir verstehen, dass unsere derzeitige städtische Lebensweise, insbesondere unser arbeits- und funktionsteiliges System, die Flächennutzung, der Verkehr, die Industrieproduktion, Landwirtschaft, Konsumtion und die Freizeitaktivitäten und folglich unser gesamter Lebensstandard uns für die vielen Umweltprobleme wesentlich verantwortlich macht, denen die Menschheit gegenübersteht" (Aalborg-Charta 1994, S. 1). Die Charta spricht sich für verstärkte BürgerInnenbeteiligung und insbesondere für Vermittlungsverfahren zwischen Bürgerinteressen und Politik aus. Entsprechend sollen die Städte „die Grundsätze der Zukunftsbeständigkeit in sämtliche Politikfelder einbeziehen und die jeweiligen Stärken unserer Städte und Gemeinden zur Grundlage ortsangepasster Strategien machen" (Aalborg-Charta 1994, S. 2). Aber wie und wo äußern sich diese Vorstellungen, Erwartungen und Interessen, welche Wege können beschritten, welche Formen gefunden werden, um die Bürger und Bürgerinnen jenseits des traditionellen parteipolitischen Engagements stärker in die Gestaltung des Gemeinwesens einzubinden, und dies vor allem auf dem Gebiet der Zukunftsplanung?

Das Projekt

Die Idee zu dem Projekt „Bürgerforum 2000: Leben und arbeiten in unserer Stadt" entstand in einem Gespräch zwischen dem Kulturdezernenten der Landeshauptstadt Saarbrücken, Rainer Silkenbeumer, dem damaligen Programmchef SR 2 des Saarländischen Rundfunks, Hans Jürgen Koch, und Prof. Hans Leo Krämer. Der Grundgedanke war, bei der 1000-Jahr-Feier der Stadt Saarbrücken, die mit einer Vielzahl kultureller Veranstaltungen das ganze Jahr 1999 hindurch begangen wurde, auch eine Veranstaltungsreihe anzubieten, in denen die BürgerInnen selbst zu Wort kommen konnten. Aus der Fülle der möglichen und auch wichtigen Themen wurden drei ausgewählt, deren Relevanz für die künftige Stadt-Politik unzweifelhaft ist: die Kultur, die Arbeit und das Leben mit Fremden, mit Anderen. Die Projektkosten trugen anteilig die Landeshauptstadt Saarbrücken, die Kooperationsstelle Hochschule und Arbeitswelt an der Universität des Saarlandes, finanziell getragen von der Arbeitskammer des Saarlandes, sowie die Stiftung Demokratie Saarland. Der Saarländische Rundfunk übernahm die Moderation der drei Bürgerforen und deren Sendung im Programm von SR 2 KulturRadio, die Bertelsmann Stiftung ermöglichte es, auswärtige Experten zu den Bürgerforen einzuladen.

Ziele

In dem Projekt ging es zum einem um neue Beteiligungsformen und damit um Verständigungsmodelle, zum anderen sollten Vorstellungen von Bürgern und Bürgerinnen über zukünftige Entwicklungen zentraler Lebensbereiche der Stadt artikuliert und dargestellt werden.

Das Projekt ging von der Annahme aus, dass die Menschen sich mit ihrer Stadt eher identifizieren, wenn sie ihren Interessen und Bedürfnissen im städtischen Politikhandeln berücksichtigt finden. Interessen und Bedürfnisse sind je nach Alter, Geschlecht, sozialer Herkunft, Bildung, beruflichem Status und Wertorientierungen unterschiedlich. Sie werden mit ausgebildet in den Erfahrungen, die Menschen alltäglich in den verschiedensten Handlungsfeldern machen. Erfahrungen bilden die Weisen der Weltaneignung und der unterschiedlichen Konstruktionen von Wirklichkeit. Solche Erfahrungen sind stark subjektiv, zugleich jedoch von den objektiven Strukturen mitgeprägt. Dennoch vermuteten wir, dass die meisten Menschen auf Grund ihrer Lebenserfahrung über ein Potenzial an Vorstellungen von einer anderen, einer besseren, einer lebenswerteren Zukunft verfügen.

Das Ziel des Projektes war es also, dieses Potenzial an Zukunftsbildern für zentrale Bereiche städtischen Lebens in Saarbrücken sichtbar zu machen. Ganz konkret ging es also darum, Antworten auf die Frage zu finden: Wie wollen wir in unserer Stadt in Zukunft leben? Für den Bereich die Kultur/Kulturpolitik war die Impulsfrage, von der aus die Zukunftsvorstellungen entwickelt werden sollen: Welche und wie viel Kultur braucht die Stadt?, für den Bereich Soziales/Sozialpolitik: Wie wollen wir miteinander leben, was gemeinsam, solidarisch verantworten?, für den Bereich Leben mit Fremden: Welche Chancen eröffnet das Zusammenleben mit Fremden für eine europäisch und international orientierte Landeshauptstadt?

Die Vorlaufphase bestand in einem Projektstudium über zwei Semester in der Fachrichtung Soziologie der Universität des Saarlandes. Sie wurde durch drei den Themen zugeordnete Expertisen abgeschlossen. Auf diesen Expertisen aufbauend wurden die Diskussionsgrundlagen und -strukturen für drei ganztägige Workshops entwickelt.

Die Diskussionsgruppen

Unsere ursprüngliche Absicht war es, die Diskussionsgruppen in Anlehnung an das oben beschriebene Modell der soziologischen Intervention zu gestalten. Die von Touraine und seinen Schülern erprobten soziologischen Interventionen sind jedoch zeitlich und personell sehr aufwändig. Wir entwickelten aus diesem Grund eine verkürzte Version, die immerhin noch fünf Diskussionsabende vorsah. Es zeigte sich jedoch in der konkreten Planung der Diskussionsgruppen, dass für die meisten InteressentInnen auch dieser Zeitaufwand sowie eine regelmäßige Terminfestlegung nicht machbar waren. So entschloss sich die Projektgruppe, die Gruppendiskussionen als Kompaktworkshops von einem Tag durchführen. Dennoch sollte die ursprüngliche Zielsetzung beibehalten werden:

- Bürgerinnen und Bürgern, die nicht Funktionsträger in Vereinen, Verbänden und Gruppierungen sind, ein Gesprächsforum unter soziologischer Moderation zu bieten,

- eine Bürgerbeteiligung zu relativ komplexen und abstrakten, also von den unmittelbaren Interessen als Bewohner einer Straße, eines Stadtteils etc. entfernten Thematiken zu erproben,

- keine Erhebung von Einzelmeinungen vorzunehmen, sondern die Ergebnisse eines Prozesses der Auseinandersetzung und Verhandlung zu dokumentieren,

- zu erforschen, ob in der Bürgerschaft Vorstellungen zu den Themen vorhanden sind, die über die in der Öffentlichkeit geführte Diskussion hinausgehen und

- Personen ausfindig zu machen, die bereit sind, die Ergebnisse in die öffentlichen Bürgerforen einzubringen.

Selbst unter den geänderten Voraussetzungen war es aufwändig, interessierte BürgerInnen für die Teilnahme an den Workshops zu gewinnen, wie am Beispiel des Workshops 3: Leben mit Fremden als Nachbarn deutlich wird:

- Im November 1998 veranstaltete die Stadt eine Pressekonferenz zum „Projekt Bürgerforum 2000", daraus resultierten Berichte in der Saarbrücker Zeitung und im Wochenspiegel, die einen Aufruf zur Teilnahme an den Gruppendiskussionen enthielten, sowie ein Beitrag in SR 2 Kulturradio, jedoch ohne Adressenangabe. Zwei Anrufer fragten daraufhin nach näheren Informationen, ansonsten war keine Resonanz zu verzeichnen.

- Im November wurde eine Expertendiskussion veranstaltet, in der die anwesenden ExpertInnen gebeten wurden, in ihren Organisationen auf die Diskussionsgruppe hinzuweisen und interessierten Bürgern unsere Einladung zu übermitteln.
- Im Dezember 1998 wurden schriftliche Einladungen sowie Handzettel an Organisationen, Vereinigungen, Verbände etc. verschickt mit der Bitte, die Mitglieder zu informieren und InteressentInnen zurückzumelden. 3 Organisationen kamen der Bitte nach, indem sie telefonisch um weitere Informationen baten.
- Im Januar 1999 wurden alle angeschriebenen Organisationen, soweit sie erreichbar waren, telefonisch gebeten, die im Anschreiben formulierte Bitte weiterzuverfolgen und InteressentInnen zu benennen. Diese Anrufe wurden Ende Januar wiederholt und führten zu der Mehrzahl der TeilnehmerInnen, allerdings oft aus den Funktionärsebenen der Organisationen, was unseren Intentionen (vgl. oben) nicht unmittelbar entsprach.
- Mitte Januar sendete SR 2 Kulturradio einen Trailer mit Aufruf und Adresse, er führte zu zwei Anfragen und zu einer Teilnahme.
- Anfang Februar wurde die bis dahin angemeldete Interessentengruppe durch persönliche Ansprache von Personen aus dem weiteren Bekanntenkreis ergänzt. Dies führte zu drei zusätzlichen TeilnehmerInnen.
- Am Tag vor dem Workshop waren 13 TeilnehmerInnen schriftlich bzw. telefonisch angemeldet, am 6.2. fanden sich 3 der Angemeldeten nicht ein, jedoch 2 nicht angemeldete Eingeladene, so dass 12 TeilnehmerInnen anwesend waren.

Rein quantitativ war das ein eher mageres Ergebnis für einen sehr hohen Aufwand. Andererseits war mit diesem Vorgang selbst ein beachtlicher Mobilisierungsprozess verbunden, denn die Idee solcher Diskussionsgruppen und ihrer Themen verbreitete sich und hatte zur Folge, dass weit mehr Menschen sich deswegen an uns gewandt haben, als dann schließlich diskutierend beteiligt waren. Zudem kamen die Workshops durchweg zu ansehnlichen Ergebnissen, die in die Bürgerforen eingebracht werden konnten. Auch dies sei am Beispiel des Workshops „Leben mit Fremden als Nachbarn" verdeutlicht.

Das bemerkenswerteste Ergebnis des Workshops scheint mir neben vielen Detailvorschlägen zu sein, dass die Diskussion um Fremde, Ausländer, Immigranten, Integration, Assimilation etc. insgesamt eine Perspektive, eine Vision vermissen lässt und damit immer wieder in Detailverhandlungen stockt. Die Vision, auf die sich die TeilnehmerInnen des Workshops einigen konnten, besteht wesentlich in der Anerkennung von Tatsachen: der Tatsache zum einen, dass die Bundesrepublik seit Jahrzehnten ein Einwanderungsland ist und ohne Einwanderung nicht bestehen kann, weiterhin aus der daraus folgenden Tatsache, dass sich auf kommunaler Ebene bereits multikulturelle Bevölkerungsstrukturen etabliert haben, die nicht rückgängig zu machen sind. Für kommunale Politik folgt aus der Anerkennung dieser Tatsachen eine visionäre Orientierung, wie sie sich in der Themenneuformulierung „ein freundlicher Ort zum Leben für alle, gleich welcher Herkunft" ausdrückt.

Eine Orientierung der kommunalen Politik auf diese Vision hätte zur Folge, sich als offensiver Förderer des multikulturellen Zusammenlebens zu verstehen. D.h. zum einen, von den Institutionen auf Landes- und Bundesebene, die durch gesetzliche Vorgaben faktisch die Zusammensetzung der kommunalen Bevölkerung bestimmen, vehement eine hinreichende Mittelausstattung für die Umsetzung der Vision zu fordern. Zum anderen kommunal eine Diskussion in Gang zu setzen und zu halten, in der durch Verhandlungen eine Annäherung an die Vision des „freundlichen Ortes für alle" erreicht wird. Diese Verhandlungen, so ist zu vermuten, würden recht bald auch den Aspekt thematisieren, wie fremd uns der Nachbar ist, unabhängig davon, woher er kommt. Zusammenfassend geht es um nichts weniger als um die Aufforderung, über die Kultur des Zusammenlebens in einer Stadt neu und fortlaufend nachzudenken und die Diskussion in Gang zu halten. Dass die Voraussetzungen dazu nicht ungünstig sind, zeigt die Einschätzung einiger TeilnehmerInnen des Workshops, dass die Bemühungen in Saarbrücken im Vergleich zu anderen deutschen Städten durchaus Lob verdienen, das hier vorgestellte Projekt und den Workshop eingeschlossen. Viele schon vorhandene Veranstaltungen, man denke z.B. an das Altstadtfest, könnten durchaus neue Impulse vertragen, und diese Impulse könnten z.T. stärker den kulturellen und auch kommerziellen Ressourcen entspringen, die Saarbrücken mit seiner Vielfalt schon bietet.

Die Bürgerforen

Die Bürgerforen fanden im März 1999 in der Saarbrücker „Garage" statt: am 4.3. der Themenbereich Kultur mit den auswärtigen Experten Dr. Volker Kirchberg, Stadtsoziologe an der Freien Universität Berlin sowie Dr. Georg Leipold, Schul- und Kulturreferent der Stadt Nürnberg, am 11.3. der Themenbereich Arbeit und Soziales mit Martin Kempe, Wissenschaftsjournalist aus Hamburg und Dr. Matthias Schulze-Böing, Leiter des Amtes für Arbeitsförderung der Stadt Offenbach a.M. sowie am 18.3. der Themenbereich Leben mit Fremden als Nachbarn mit Prof. Dr. Yves Bizeul, Politikwissenschaftler an der Universität Rostock und Jürgen C. Brandt, Dezernent für Recht und Ordnung der Stadt Duisburg.

In diesen Foren wurden die in den Diskussionsgruppen erarbeiteten Ideen, Vorstellungen oder Szenarien mit den Erfahrungen der auswärtigen Experten konfrontiert. Es wurden bewusst keine in Saarbrücken tätigen Kommunalpolitiker oder parteipolitisch Aktive als Ansprechpartner auf das Podium geladen, obwohl das von einigen TeilnehmerInnen gefordert wurde, sondern wissenschaftlich versierte und praktisch erfahrene Fachleute, die ohne genaue Kenntnis der hiesigen Situation die von den Bürgerinnen und Bürgern entwickelten Visionen oder Überlegungen auf dem Hintergrund ihrer Sichtweisen spiegeln und Anregungen liefern konnten, in welche Richtungen weiter zu denken und zu arbeiten ist. Es würde an dieser Stelle zu weit führen, die Diskussionen in den drei Foren nachzuzeichnen, interessierte LeserInnen seien auf den im September 1999 in der Reihe „Arbeitsberichte Fachrichtung Soziologie (Krämer)" veröffentlichten Projektbericht hingewiesen.

Ergebnisse

Die Beurteilung der Ergebnisse des Projektes muss sich an den Zielen orientieren, also zum einen die Frage beantworten, ob es gelungen ist, akzeptierte Formen der Bürgerbeteiligung zu finden, zum anderen in inhaltlicher Sicht, ob es gelungen ist, Zukunftsvorstellungen zu entwickeln, die über das Bekannte hinausgehen.

Die von uns praktizierten Formen der offenen Beteiligung von BürgerInnen am kommunalen Leben sind neu. Von daher gab es im Vorfeld eine Reihe von Bedenken und im Anschluss auch zum Teil berechtigte Kritik. Dennoch zeigte sich, dass durch Diskussionsgruppen vorbereitete Bürgerforen geeignete Formen der Beteiligung sind und dass solche Diskussionen fruchtbar sind, wenn sie wissenschaftlich vorbereitet und moderiert werden. Es gibt ein beachtliches Interesse bei den BürgerInnen, sich argumentativ mit den Belangen städtischen Lebens und städtischer Politik auseinander zu setzen, allerdings auch sehr häufig die Befürchtung, dass ihre Meinungen und Vorstellungen von den kommunalen Stellen und Amtsinhabern nicht zur Kenntnis oder nicht Ernst genommen werden. Daher wurde immer wieder die Frage gestellt, in welcher Weise die Überlegungen und Ergebnisse eine praktische Umsetzung finden können. Es sollten ernsthafte Anstrengungen unternommen werden, vernetzte Formen eines Zusammenwirkens von Kommunalpolitik und nicht in festen Organisationen beheimateten Bürgerinnen und Bürgern zu erreichen. Im Bürgerforum über Fremde als Nachbarn zeigte sich beispielsweise, dass solche Vernetzungen möglich wären, bislang aber offensichtlich nicht gewollt sind.

Was die inhaltliche Seite angeht, haben sich weniger Visionen ergeben, die bisher völlig unbekannt gewesen wären, deutlich ist jedoch das Spektrum der Meinungen und Erwartungen geworden, so dass aus den kontroversen Diskussionen zu schließen ist, dass die drei im Mittelpunkt des Projektes stehenden Themenbereiche in Zukunft mit hohem Konfliktpotenzial belastet sein werden.

Martha Rosenkranz

Kleine Grübelei über „junge Helden" und gesellschaftliche Solidarität

Während einiger Jahre habe ich unter Leitung von Hans Leo Krämer mehrere Forschungsprojekte zum Themenschwerpunkt Arbeit und Technik bearbeitet. Im Mittelpunkt dieser Studien stand immer wieder die Frage danach, welche Auswirkungen die in aller Regel technisch induzierten Rationalisierungsvorhaben der Unternehmen auf die soziale Welt der Betriebe im Besonderen, aber auch auf die gesellschaftlichen Beziehungen im Allgemeinen haben. Welche Beschäftigtengruppen etwa konnten tatsächlich darauf hoffen, von der vollmundig propagierten Hinwendung der Unternehmensleitungen zu den Human Ressourcen zu profitieren, etwa in Richtung einer selbstbestimmteren, kreativeren Gestaltung ihrer Arbeitsbedingungen? Welche Mitarbeitergruppen hatten demgegenüber mit einer Dequalifizierung ihrer künftigen Tätigkeit, wenn nicht gar mit der zeitweisen oder völligen Ausgrenzung aus der Erwerbsarbeit zu rechnen? Was bedeuteten die Rationalisierungseffekte einer stetig steigenden Massenerwerbslosigkeit im Hinblick auf die formal geregelten Modelle gesellschaftlicher Solidarität, die Systeme der sozialen Sicherung? Und nicht zuletzt, welches Menschenbild steckte hinter den neuen Unternehmensphilosophien „des schlanken Unternehmens", des „lernenden Unternehmens" oder „des Wissensmanagements" im Betrieb?

Diese Fragen beschäftigten mich nach wie vor, als ich ein weiteres Projekt in Angriff nahm, das sich jedoch einem anderen Themenschwerpunkt widmete. Hier ging es um die Erforschung der Lebensverhältnisse von Jugendlichen. Es zeigte sich schnell, sowohl in Interviews mit ExpertInnen der Jugendarbeit als auch in Gesprächen mit Jugendlichen als ExpertInnen in eigener Sache und nicht zuletzt anhand der aktuellen Ergebnisse quantitativer Jugendbefragungen, welch zentralen Stellenwert Erwerbsarbeit in den Augen von Jugendlichen aller Altersgruppen hat.

Vor diesem Hintergrund stieß ich bei einer Recherche danach, welche breit angelegten Jugendprojekte zurzeit größere Aufmerksamkeit in der Öffentlichkeit genießen, auf einen Beitrag, der mich nachgrübeln ließ:

„Unsere Welt braucht wieder junge Helden als Triebfedern." Dies erklärte kurz und bündig Klaus Mangold, Vorstandsvorsitzender von Daimler-Chrysler-Services bei der öffentlichen Vorstellung der Jugend-Initiative Step21, in der die Unternehmen Bertelsmann, Siemens und Daimler-Chrysler sich 1998 zusammenschlossen, um bundesweit Projekte für Jugendliche zwischen 13 und 18 Jahren aufzubauen. Step21, die Entwicklung eines interaktiven Lern- und Spielpakets aus CD-Roms, Büchern und Videos, das ab Ende 1999 in Schulen und Jugendzentren eingesetzt werden könne, gebe *„Jugendlichen die Chance, engagiert und couragiert ins nächste Jahrtausend zu treten".* Man wolle *„der Gesellschaft von Morgen wieder traditionelle Werte vermitteln."* Es gehe darum, *„die Jugendlichen Verantwortung statt Destruktivität [zu] lehren."* Man wolle *„eine Jugend mit Lust auf Zukunft, Spaß an Kreativität und Entdeckerfreude, keine neue Null-Bock-Generation"*, verkündeten die Initiatoren weiter.[1]

Nachdem ich eine Weile meine Fantasie bemüht hatte, wie ich mir eine Truppe couragierter, jugendlicher Helden an der Schwelle dieses mittlerweile angebrochenen Jahrtausends wohl vorzustellen hätte (Sind sie eigentlich immer noch blond, vorzugsweise blauäugig, muskelbepackt und keinesfalls kleiner als ein Meter und achtzig?), drängten sich mir viele weitere Fragen auf: Von welchen Jugendlichen, welcher „Null-Bock-Generation" war hier eigentlich die Rede? Und welche Unternehmen hatte der Vorstandsvorsitzende eines global operierenden Großkonzerns im Blick, wenn er augenscheinlich davon ausgeht, die Zukunft sei vor allem mit Hilfe traditioneller Werte zu meistern? Hatte ich all die Jugendstudien der letzten Jahre, all die Untersuchungen über neue Unternehmenskonzepte und die Notwendigkeit von Schlüsselqualifikationen etwa nur geträumt?

Erfreulicherweise konnte ich Letzteres nach einem Blick in meine Bücherregale ausschließen, doch ging mir die Sache nicht mehr aus dem Kopf. Wurde hier vielleicht der zukünftige „Held der Arbeit" im real existierenden Kapitalismus beschworen, ein verantwortungsvoller „Arbeitskraftunternehmer", wie ihn sich der Vorstandschef eines Global Players träumt, ein Mitarbeiter, der heroisch die 70-Stunden-Woche schultert und genauso pflichtbewusst wie kreativ, den Entdeckergeist stets stolz auf potenzielle neue Märkte, Produkt- und Verfahrensinnovationen gerichtet, „sein" Unternehmen kraftvoll in die schwarzen Zahlen rudert?

Zahlreiche empirische wie theoretische Studien über die aktuellen Restrukturierungsbemühungen der Unternehmen als Reaktion auf die Krise des tayloristisch-fordistischen Produktionsmodells belegen ja durchaus die Janusköpfig-

---

[1] vgl. TAZ vom 9.12.1998, S. 6 u. S. 18.

keit der neuen Organisationsmodelle, die von eben jenen Unternehmen in Vorreiter-Rolle praktiziert und (etwa im Falle Bertelsmann) weltweit propagiert werden, die die eingangs erwähnte Initiative für Jugendliche ins Leben riefen.

Zwar wird in der Debatte um die zukünftige Gestaltung von Arbeit und Technik häufig - und zu Recht - betont, dass die Hinwendung der Unternehmen zu den so genannten Human-Ressourcen ihrer Belegschaften auch Spielräume in Richtung einer selbstbestimmteren, kreativeren Arbeitsgestaltung für einige privilegierte Beschäftigtengruppen eröffnet. Doch kaum jemand, am wenigsten die Unternehmensleitungen selber, hegt einen Zweifel daran, dass es im Kern der betrieblichen Modernisierungspraktiken nicht um Humanisierungsvorhaben, sondern um weitreichende systemische Rationalisierungsstrategien geht.[2]

Für die in den Unternehmen verbleibenden Belegschaften führt dies nicht selten zur massiven Verschlechterung ihrer Arbeitsbedingungen und gesamtgesellschaftlich betrachtet resultieren aus den in Unternehmen wie Verwaltungen erfolgreich umgesetzten Rationalisierungsprojekten nicht nur steigende Erwerbslosenzahlen, sondern auch eine fortwährende Abkopplung der Beschäftigung von der konjunkturellen Lage und nicht zuletzt ein stetig wachsender Druck auf die gesellschaftlichen Solidarsysteme der sozialen Sicherung.

Wie reagieren nun Jugendliche auf diese Entwicklung? Welche Erkenntnisse hat die Jugendforschung beizutragen, im Hinblick auf die anzunehmenden Auswirkungen schwindender Chancen der jungen Generation, in den Prozess der Erwerbsarbeit hinein zu wachsen und halbwegs kontinuierlich an ihm teilzuhaben?

Redlicherweise ist hier zunächst darauf hinzuweisen, dass es der Jugendforschung häufig schwer fällt, ihren eigenen Gegenstand zu rekonstruieren. Denn schon der Anspruch, den Begriff der „Jugend" zu definieren, ähnelt dem Versuch, einen kunterbunten Pudding an die Wand zu nageln.

Der gesamtgesellschaftliche Strukturwandel seit Beginn der 80er Jahre bedingte nicht zuletzt auch einen strukturellen Wandel der Jugendphase.[3] Vor allem die tief greifenden Veränderungen in der Arbeitswelt bewirkten eine tendenzielle Verlängerung des Jugendalters, das nicht länger als Übergangsphase oder Statuspassage von der Kindheit zum Erwachsenenalter beschrieben

---

[2] Die Zahl der Untersuchungen zum Thema der systemischen Rationalisierung ist Legion. Beispielhaft seien hier nur Altmann (1986), Seitz (1993) und Braczyk/Schienstock (1994) genannt, die die Debatte um das Spannungsfeld zwischen Humanisierungsoptionen und negativen Rationalisierungswirkungen maßgeblich vorbereiteten und beeinflußten.
[3] Einen fundierten Überblick über den Verlauf des Strukturwandels der Jugendphase geben Baethge (1989) und Schröder (1995).

werden kann. Jugend entwickelte sich in den letzten Jahren zunehmend zu einer Lebensphase eigener Qualität mit ganz spezifischen Problemen der Lebensbewältigung.

Doch werden nicht nur immer ältere Jahrgänge an der Schwelle zum Erwachsenenstatus ihrem Selbstverständnis nach als Jugendliche angesprochen, die älteren Jahrgänge der Erwachsenen selbst scheinen auch einem unaufhaltsamen Verjüngungsprozess zu unterliegen. Die „jungen Alten" sind der Werbebranche liebe Zielgruppe, und unlängst hat in Hamburg ein Lokal eröffnet, das zu Musik und Tanz „für die reifere Jugend ab 40" einlädt und sich großer Beliebtheit erfreut. Es scheint einige Konfusion darüber zu bestehen, welches Lebensalter in dieser Gesellschaft als jugendlich, erwachsen oder alt zu gelten hat.

So kann Jugend zum einen verstanden werden als eine subjektive biografische Lebensphase, der die innere Entwicklung und Identitätsbildung vorbehalten ist. Zum anderen ist sie als gesellschaftlich bestimmte Lebenslage zu begreifen, deren Chancen und Grenzen bestimmt sind von sozialen Rahmenbedingungen und damit auch und vor allem von den Bedingungen der Arbeitswelt.

Empirische Jugendstudien, die sich in aller Regel auf einen mehr oder weniger großen Ausschnitt der Altersgruppen von 12 bis 29 Jahren beziehen, belegen seit der Mitte der 90er Jahre in schöner Einhelligkeit, dass vor allem Unsicherheit über die eigene Zukunft die Themen bestimmt, mit denen Jugendliche sich befassen. Die Sorge um ihre berufliche Ausbildung und die Frage, ob es ihnen gelingen wird, einen Arbeitsplatz zu bekommen, rangiert für die überwiegende Mehrheit der Jugendlichen mit Abstand an oberster Stelle.[4] Je älter die befragten Jugendlichen sind, desto dringlicher erscheint ihre Sorge um die berufliche Zukunft. Darin spiegelt sich auch das Problem, die subjektive Lebensphase der Jugend nicht beenden zu können, da die Unsicherheiten der Arbeitswelt den Übergang in die ökonomische Unabhängigkeit des Erwachsenenstatus erschweren. Erscheint es da nicht ein wenig zynisch, wenn aus den Vorstandsetagen höchst potenter Großunternehmen die Null-Bock-Generation herbei geredet wird, nur um dann zu betonen, dass man mit der nichts anfangen könne?

Nach allen einschlägigen und in breiter Öffentlichkeit diskutierten Befunden der Jugendforschung gibt es sie nämlich gar nicht, diese Generation von jugendlichen Schlaffis, die angeblich nur darauf aus ist, für den Rest ihres Lebens in der sozialen Hängematte vor sich hin zu dösen. Die Mehrheit der Ju-

---

[4] Erstmals kam 1995 die repräsentative IBM-Jugendstudie zu dem Ergebnis, daß die Sorge um den Mangel an Ausbildungs- und Arbeitsplätzen vor der Angst vor weiterer Umweltzerstörung liegt. Die breit angelegten Shell-Jugendstudien der Jahre 1997 und des Jahres 2000, sowie unzählige kleinere, regional begrenzte Untersuchungen bestätigen diesen Befund.

gendlichen täte nichts lieber, als Verantwortung zu übernehmen für die Aufgaben eines Arbeitsplatzes - und im Übrigen auch für so traditionelle Werte wie die Gründung einer Familie und die Erziehung eigener Kinder -, wenn man sie nur ließe.

Was es sehr wohl gibt, sind Jugendliche, die kein Interesse an der soundsovielten Bildungsmaßnahme mehr haben, weil sie realistischerweise auch danach nicht den Ausbildungsplatz bekommen werden, den sie sich wünschen, oder weil sie bereits eine Lehre abgeschlossen haben, mit der sie auf dem Arbeitsmarkt nichts anfangen können und nicht in der Warteschleife von für sie unattraktiven Bildungsmaßnahmen geparkt werden wollen. Ausbildung ohne Berufung lehnen Jugendliche in der Regel ab.

Wenn man davon ausgeht, dass die Massenerwerbslosigkeit produzierenden Rationalisierungsschübe der vergangenen Jahren unumkehrbar und weitere verstärkte Bemühungen der Unternehmen in diese Richtung für die Zukunft absehbar sind, kann die in aller Munde geführte Forderung nach mehr und besserer Qualifizierung den Problemen ohnehin kaum Abhilfe schaffen. Denn gerade dem in den 80er Jahren noch verbreiteten „bildungsoptimistischen Lebensentwurf des Wohlfahrtsstaates"[5] können Jugendliche heute nicht mehr vertrauen. Die Bildungsinstitutionen können ihnen eine sichere und selbstverständliche Integration in die Gesellschaft nicht mehr bieten. Denn Qualifizierung allein schafft nun mal keine Arbeitsplätze. Sie erhöht allenfalls die individuellen Chancen einzelner, im Konkurrenzkampf gegen andere doch noch einen der vorhandenen attraktiven Arbeitsplätze zu ergattern.

Viele Jugendliche, mit denen ich Interviews geführt und in Zukunftswerkstätten zusammengearbeitet habe, sind sich darüber im Klaren, dass ihre Biografie keine gerade Linie mehr zeichnen wird. Zwischen Ausbildung oder Studium und Eintritt ins Erwerbsleben, zwischen abhängiger oder selbstständiger Erwerbsarbeit, Gelegenheitsjobs und befristeter Projektarbeit, Fortbildung und Erwerbslosigkeit wird es für die meisten von ihnen immer wieder Zeiten des Umbruchs und Wechsels geben, Zeiten, in denen sie auf die Solidarität der Gesellschaft angewiesen sein werden.

Wäre es da nicht angebracht, statt Heldenmut zu fordern, ein Bewusstsein dafür zu schaffen und zu stärken, dass geübte gesellschaftliche Solidarität kein Almosen ist, sondern vielleicht der einzige Kitt, der diese Gesellschaft in Zukunft zusammenhalten kann? Wäre es da nicht hilfreicher, die Jugendlichen nicht als „Triebfedern" für die Realisierung wie auch immer gearteter (Unternehmens-)Interessen, sondern um ihrer selbst willen in der Gesellschaft will-

---

[5] vgl. Böhnisch/Münchmeier (1987) S. 46ff.

kommen zu heißen und ihnen so eine Anerkennung entgegenzubringen, die sie im Erwerbsleben vielleicht nie erfahren werden und doch so nötig brauchen? Schade, dachte ich zum Abschluss meiner kleinen Grübelei. Ich wünschte, die Vorstandsetagen von Bertelsmann, Siemens und Daimler-Chrysler hätten bei der Vorstellung ihrer Jugendinitiative ein anderes, vielleicht folgendes Statement verlautbaren lassen:

„Unsere Welt braucht junge Menschen. Wir begrüßen die Jugendlichen mit all ihrem Spaß an Kreativität und ihrer Entdeckerfreude. Wir tragen Verantwortung für diese Initiative, um ein wenig gesellschaftliche Solidarität zu leisten."

Dann wäre mir jetzt, was die Zukunft dieser Gesellschaft und ihrer Jugend angeht, ein klein wenig wohler.

Literatur:

Altmann, N. u.a.: Ein „Neuer Rationalisierungstyp" – neue Anforderungen an die Industriesoziologie, in: Soziale Welt, Heft 2/3 1986, S.191-207
Baethge, M. u.a.: Jugend: Arbeit und Identität. Opladen 1989
Böhnisch, L.; Münchmeier, R.: Wozu Jugendarbeit? Orientierungen für Ausbildung, Fortbildung und Praxis. Weinheim und München 1997, S.46ff.
Braczyk, H.J.; Schienstock, G.: Lean Production – Intra Mures?, in: Soziologische Revue, Jg. 17, 1994, S. 320-331
Institut für empirische Soziologie (Hg.): „Wir sind O.K.!" Stimmungen, Einstellungen, Orientierungen der Jugend in den 90er Jahren. Köln 1995 (Die IBM-Jugendstudie 1995)
Jugendwerk der deutschen Shell (Hg.): Jugend '97. Zukunftsperspektiven, gesellschaftliches Engagement, politische Orientierungen. Opladen 1997
Jugendwerk der deutschen Shell (Hg.): Jugend 2000. Die 13. Shell-Jugendstudie. Opladen 2000
Schröder, H.: Jugend und Modernisierung. Strukturwandel der Jugendphase und Statuspassagen auf dem Weg zum Erwachsensein. Weinheim und München 1995
TAZ-Archiv Berlin, Ausgabe vom 9.12.1998, S. 6 u. S.18

Gudrun Müller
Die Darstellung der Arbeitswelt in saarländischen Schulbüchern

Im Wintersemester 1985/86 lernte ich Prof. Hans Leo Krämer kennen: Als junge Studentin hörte ich seine Vorlesung „Einführung in die Soziologie". Schon bald darauf ergab sich die Möglichkeit, wissenschaftliche Hilfskraft am Lehrstuhl von Prof. Krämer zu werden, und dies war der Beginn einer dann fast zehnjährigen (mit Unterbrechungen) Mitarbeit, die zumindest für mich sehr lehrreich und für mein weiteres berufliches Fortkommen sicherlich auch wichtig war. Ich konnte im Rahmen dieser Mitarbeit zwei Kooperationsprojekte bearbeiten, von denen ich im Folgenden eines kurz rekapitulieren möchte: Die Darstellung der Arbeitswelt in saarländischen Schulbüchern. Dieses Projekt wird mir nicht zuletzt deshalb in besonderer Erinnerung bleiben, weil ich das Glück hatte, mit engagierten Kolleginnen zusammenzuarbeiten: Ruth Eichenauer und Martha Rosenkranz. Prof. Krämer beschreibt dies zutreffend in seinen einführenden Worten, wenn er sich für das Engagement und den Einsatz bedankt, „der weit über die zur Verfügung gestellten Zeit- und Finanzressourcen hinausging".[1]

„In der einen Waagschale liegen Unabhängigkeit, Selbstverwirklichung, Gewinnchancen, in der anderen liegen Risiko, Verantwortung, Arbeitsfülle. Und immer häufiger werden offenbar die Nachteile als so schwerwiegend empfunden, dass die Selbstständigkeit aufgegeben oder gar nicht erst angestrebt wird. Es lebt sich auch als Arbeitnehmer mit sozialer Sicherheit und geregelter Arbeitszeit recht angenehm."[2] Wie schön für die Arbeitnehmer/innen, haben sie sich doch richtig entschieden. Oder sollten wir diesen Satz vielleicht falsch verstanden haben? Geht es etwa nicht darum, den Schüler/innen zu vermitteln, dass in unserer Gesellschaft jede/r die Möglichkeit hat, frei zu wählen zwischen Unternehmertum oder Arbeitnehmerschaft. Und dass die Unternehmer/innen ihre Fähigkeiten und ihr Wissen zum Wohle der Menschheit einsetzen. Schließlich hängt der Lebensstandard eines Volkes nach Aussagen der Schulbücher in hohem Maße von der Leistungsfähigkeit seiner Unternehmer/innen ab und vor allem von deren Risikobereitschaft, die dann auch den Unternehmergewinn legitimiert. Unternehmer/innen planen und organisieren, kontrollieren und führen, treffen Entscheidungen, leiten Innovationen ein.

---
[1] Darstellung der Arbeitswelt in saarländischen Schulbüchern, hrsg. von der Arbeitskammer des Saarlandes als AK-Beiträge Nr. 2/1993 (Aus der Einführung).
[2] Wirtschaftslehre für berufsbildende Schulen. Verlag H. Stam, Köln 1990, S. 177.

Demgegenüber sollten Arbeitnehmer/innen vor allem pünktlich sein, zuverlässig, anpassungsfähig und pflichtbewusst. Entsprechend finden sich in den Schulbüchern der Kriminalbeamte „Eifrig", der Monteur Hans „Fleißig" und der Werkmeister „Treu". Wie wird man nun solch vorbildliche/r Arbeitnehmer/in? Keinesfalls durch eine partnerschaftliche Erziehung, denn hier „besteht ... die Gefahr, dass [diese] die Kinder der Lebenswirklichkeit entfremdet. In Beruf und Arbeitswelt werden auch Unterordnung und Arbeitsdisziplin gefordert, weil sie für einen reibungslosen Arbeitsablauf wichtig sind".[3] Diese einseitige Beschreibung von Arbeitnehmertugenden bzw. Arbeitgeberleistungen war ein wichtiges Ergebnis unserer Untersuchung „Darstellung der Arbeitswelt in saarländischen Schulbüchern", die im Rahmen der Kooperation zwischen der Universität des Saarlandes und der Arbeitskammer/DGB Saar durchgeführt wurde. Die Untersuchung ging davon aus, dass immer mehr junge Menschen lebenszeitlich immer später mit der „Arbeitswelt" in Berührung kommen. In der Schule tritt sie ihnen, wenn überhaupt, als eine vermittelte Wirklichkeit gegenüber, wie sie in Schulbüchern dargestellt wird. In welcher Weise die Arbeitswelt in dem Sozialmedium Schulbuch vermittelt wird, ist deshalb so wichtig, weil die Arbeit für den einzelnen Menschen und seine Identitätsbildung als auch für eine Gesellschaft und ihre Organisationsstruktur von großer Bedeutung ist. Aus diesem Grund verfolgte die Untersuchung das Ziel, im Saarland zugelassene Schulbücher in allgemein- und berufsbildenden Schulen daraufhin zu analysieren, wie realistisch oder realitätsadäquat die konkrete Arbeitswelt in ihnen dargestellt ist. Die Analyse berücksichtigte im Wesentlichen die Lohn- und Erwerbsarbeit und ging von der Perspektive der lohnabhängigen Erwerbstätigen aus. Deren Realität ist eingebunden in die unterschiedlichen gesellschaftspolitischen Positionen und Auseinandersetzungen um den Stellenwert der Arbeit in unserer Gesellschaft. Das methodische Instrument der Untersuchung war die Inhaltsanalyse. Mit ihrer Hilfe haben wir die im Saarland zugelassenen Sozialkunde-, Wirtschaftskunde- und Arbeitslehrebücher, wie sie am Ende der Sekundarstufe I benutzt werden, analysiert. Die Festlegung auf diese Stufe erfolgte, weil die Jugendlichen hier der Arbeitswelt konkret begegnen, insofern als in den Klassen 8 und 9 der Haupt- und Realschulen Berufspraktika stattfinden und zum anderen eine erste Entscheidung für eine Berufsausbildung oder den weiterführenden Schulbesuch getroffen werden muss. Obwohl die Untersuchungsergebnisse im Detail sehr differenziert waren, kann doch generalisierend gesagt werden, dass die Darstellung der Arbeitswelt in den Schulbüchern oft erschreckend einseitig und lückenhaft war. Meist den Standpunkt von Unternehmer/innen einnehmend, werden hierarchische Wertvorstellungen reproduziert, problematisiert wird

---

[3] Sozialkunde Rheinland-Pfalz. Schroedel Schulbuchverlag, Hannover 1984, S. 17.

kaum. Aus der Untersuchung der verschiedenen Dimensionen der Arbeitswelt werden im Folgenden einige zentrale Hypothesen zur Veranschaulichung ausgewählt, die wir im Einzelnen überprüft haben.

Der wissenschaftlich-technische Fortschritt wird mit internationalen Wettbewerbszwängen begründet, ohne die sozialen Folgekosten zu problematisieren.
Diese Hypothese musste nach Durchsicht der Schulbücher bestätigt werden. Der Einsatz von neuen Technologien wird mit dem Argument der Wettbewerbsfähigkeit als unumgänglich gerechtfertigt. Nach Meinung der Schulbuchautor/-innen sollte man sich vergegenwärtigen, „dass Maschinenstürmerei nur in eine Sackgasse führen kann. Die Unternehmen müssen flexibel auf sich verändernde Marktbedingungen reagieren, wenn sie im internationalen Wettbewerb bestehen sollen".[4] Es fällt auf, dass in den Schulbüchern selten die Frage gestellt wird, inwiefern neue Technologien die Arbeitsbedingungen verändern oder inwiefern ein Zusammenhang zwischen dem Einsatz neuer Technologien und Arbeitslosigkeit besteht. Der Aussage, neue Technologien vernichteten Arbeitsplätze, wird entgegengehalten, dass neue Technologien neue Arbeitsmöglichkeiten schaffen würden. Hier offenbart sich eine deutliche Schwäche der Bücher. Das Insistieren auf der Notwendigkeit des Einsatzes von neuen Technologien auf Grund des internationalen Wettbewerbs enthebt die Schulbuchautor/innen in der überwiegenden Mehrheit davon, diesen Einsatz wenigstens ansatzweise zu problematisieren, auch Negativa aufzuzeigen.

Lebenszeit wird ausschließlich von den Erfordernissen der Arbeitswelt her dargestellt. Der Arbeitszeit steht eine „Rest-Zeit" oder „Frei-Zeit" gegenüber, die der Reproduktion von Arbeitskraft zu dienen hat.

Diese Hypothese lässt sich tendenziell bestätigen. Die Arbeitswelt hat nach Ansicht der Schulbücher determinierenden Einfluss auf das übrige Leben. Zwar wird einmal darauf verwiesen, dass die Arbeit nicht unabänderlich der wichtigste Bestandteil des Lebens sein müsste, man könne auch wie die alten Römer in der freien Zeit, der Muße, den Normalzustand sehen[5], doch im Allgemeinen steht Freizeit unter dem Diktat der Arbeitswelt. Arbeitsfreie Zeit, angefangen von Arbeitspausen, Nachtruhe, über verlängertes Wochenende, bis hin zum Jahresurlaub, wird nur komplementär zur Arbeitszeit gesehen. Sie dient einzig der Reproduktion der Arbeitsleistung. Freizeit hat vor allem die Funktion, die Wiederherstellung von Arbeitskraft zu ermöglichen. Darüber

---
[4] Sozialkunde Rheinland-Pfalz. Schroedel Schulbuchverlag, Hannover 1984, S. 57.
[5] vgl. Politik, Wirtschaft, Gesellschaft. Westermann Schulbuchverlag, Braunschweig 1979, S. 33.

hinaus sollte sie dazu genutzt werden, sich beruflich weiterzubilden. Immer wieder gerne wird in den Schulbüchern auf die Entwicklung der Arbeitszeit hin zur 40-Stunden-Woche verwiesen. Weitere Arbeitszeitverkürzungen sind dann „zu begrüßen, wenn es die wirtschaftliche Entwicklung erlaubt und die gewonnene Zeit nicht dazu dient, Überstunden und Schwarzarbeit zu leisten. Eine regelmäßige zusätzliche Tätigkeit kann zu gesundheitlichen Schäden führen und entzieht arbeitslosen Menschen die Beschäftigung".[6]

Neben der Information über die Jahresarbeitszeit in der Industrie im internationalen Vergleich fehlt auch nicht der Hinweis, dass „in Japan - einem der größten Konkurrenten der BRD auf dem Weltmarkt - ... die Jahresarbeitszeit 2.200 Stunden [beträgt], in der BRD etwa 1.600 Stunden".[7] Positiv, weil einmalig, fällt im Kontext Arbeitszeitverkürzung eine Frage an die Schüler/innen auf, die die Bedeutung der Arbeitszeit und ihrer Strukturen für andere Lebensbereiche anspricht: „Warum hängen demokratische Beteiligung und individuelle Entfaltung auch von der Arbeitsbelastung und Arbeitszeit ab?"[8]

Selten werden die Probleme Arbeitslosigkeit und Kurzarbeit thematisiert. Erwerbslosigkeit wird vorwiegend als individuelles Lebensrisiko betrachtet.

Das Thema „Arbeitslosigkeit" behandeln die Schulbücher sehr selten, Kurzarbeit schon gar nicht. So widmen ihm viele Bücher nicht einmal ein eigenes Kapitel. Als Ursachen der Arbeitslosigkeit werden einmal die mit dem Konjunkturzyklus einhergehenden Krisen genannt, weiter die konjunkturelle, die saisonale, die Fluktuationsarbeitslosigkeit und die strukturelle Arbeitslosigkeit. Gegenstrategien sind vor allem Wirtschaftsförderungsmaßnahmen, denn „alles, was das Wirtschaftswachstum fördert, verbessert auch die Situation am Arbeitsmarkt".[9] Weiter wird die Arbeitszeitverkürzung ohne vollen Lohnausgleich erwähnt. Mit dem Hinweis auf eine automatische Entlastung durch die Bevölkerungsentwicklung wird das Problem wieder nivelliert. Im Kontext „Magisches Viereck" wird darauf hingewiesen, dass eine hundertprozentige Vollbeschäftigung in einer Volkswirtschaft nicht zu verwirklichen sei. Man spricht vielmehr bei einer Arbeitslosenquote von unter 4 Prozent von Vollbeschäftigung. Durchgängig wird Arbeitslosigkeit als individuelles Risiko dargestellt. Damit verbunden ist die Betonung der Notwendigkeit beruflicher Qualifizierung und Mobilität. Qualifikation bedeute auch einen Arbeitsplatz. Die sozialen Folgen und Kosten von Arbeitslosigkeit werden nicht problema-

---

[6] Wirtschaftskunde. Winklers Verlag Gebrüder Grimm, Darmstadt 1989, S. 21.
[7] Wirtschaftslehre für berufsbildende Schulen. Verlag H. Stam, Köln 1990, S. 35.
[8] ich-wir-Gemeinschaftskunde. Hollend+Josenhans Verlag, Stuttgart 1989, S. 60.
[9] Grundwissen Wirtschaft. Ernst Klett Schulbuchverlag, Stuttgart 1988.

tisiert. Ein einziges Buch spricht von der Langzeitarbeitslosigkeit und den damit verbundenen seelischen Belastungen.[10]

Frauenerwerbstätigkeit als eine Realität der Arbeitswelt wird nur am Rande dargestellt. Der Reproduktionsbereich wird dagegen ausschließlich als Sache der Frauen dargestellt, wobei die Reproduktion nicht als gleichwertige Arbeitsleistung bewertet wird.

Die Beschäftigung mit der Frauenerwerbstätigkeit in Schulbüchern wirkt unsystematisch, zufällig und beiläufig. Die „Arbeitswelt" ist noch als vermittelte männlich dominiert. Einige wenige Kapitel beschäftigen sich mit Themen wie Frauenarbeitsschutz, Frauen in Männerberufen, beruflicher Wiedereingliederung und – natürlich – der Doppelbelastung von berufstätigen Frauen. Wenn es um Reproduktionsarbeit geht, tauchen in Beispielen ausschließlich „Hausfrauen" auf. Gleichzeitig befassen sich einige Schulbücher durchaus mit geschlechtsspezifischer Sozialisation und deren Folgen wie die eingeschränkte Berufswahl von Frauen, deren Unterrepräsentation in der Politik und eben ihre Hauptzuständigkeit für Haushalt und Familie.[11] Im Materialteil eines Gymnasialbuches wird das Beispiel eines norwegischen Ehepaares aufgeführt, das in konsequenter Arbeitsteilung außerhäusliche Erwerbstätigkeit und häusliche Reproduktionsarbeit verbindet. Die Schüler/innen werden aufgefordert, darüber zu diskutieren, ob diese Lösung in unserer Gesellschaft verallgemeinerbar ist bzw. welche Hindernisse dem entgegenstehen. Lösungen erscheinen stets als solche von Einzelfällen. Die strukturellen gesellschaftlichen Bedingungen, die verändert werden müssten, um grundsätzlich ein anderes Verhältnis von Männer- und Frauenarbeit erreichen zu können, bleiben unerwähnt.[12] Ein Schulbuch unternimmt den Versuch, die monatlichen Lohnkosten einer „Hausfrau" auszurechnen. Diese bekäme für einen Acht-Stunden-Dienstleistungstag auf der Basis eines Stundenlohns für eine angelernte Arbeiterin insgesamt 3.203 DM.[13]

Begriffe wie „Lohn-Preis-Spirale", „Sozialpartnerschaft", „Gemeinwohlverpflichtung" lassen Lohnforderungen von Seiten der Gewerkschaften als stabilitätswidrig erscheinen.

---

[10] vgl. Mensch und Politik. Schroedel Schulbuchverlag, Hannover 1990, S. 94.
[11] vgl. Sehen, Beurteilen, Handeln. Cornelsen Verlag Hirschgraben, Frankfurt/M. 1981, S. 40 ff.
[12] vgl. Sozialkunde Rheinland-Pfalz. Schroedel Schulbuchverlag, Hannover 1984, S. 24.
[13] vgl. Mensch und Politik. Schroedel Schulbuchverlag, Hannover 1990, S. 19.

172 Gudrun Müller

Diese Hypothese konnte nach Durchsicht der Schulbücher bestätigt werden, aber eine Bemerkung vorweg. Es gab tatsächlich ein Schulbuch, in dem das Wort „Gewerkschaften" gerade zweimal auftaucht, noch dazu ein Berufsschulbuch, und zwar im Kontext „Gruppen in der Gesellschaft" und bei der Auflistung verschiedener Vereine und Organisationen.[14] Lohnforderungen der Gewerkschaften werden meist als stabilitätswidrig angesehen. In dem Zusammenhang ist öfter die Rede von der Doppelwirkung des Arbeitslohns: Für Arbeitnehmer/innen ist der Lohn Einkommensquelle, für Arbeitgeber/innen ein Kostenfaktor. „Diese Doppelwirkung des Arbeitslohnes macht die Schwierigkeiten verständlich, die in Fragen der Entlohnung zwischen Arbeitgeber und Arbeitnehmer oft entstehen: Der Arbeitnehmer möchte den Arbeitslohn möglichst hoch sehen; der Unternehmer dagegen versucht, aus Gründen seiner Preisgestaltung und seiner Wettbewerbsstellung die Löhne möglichst niedrig zu halten."[15] Weitere die Stabilität gefährdende Argumente sind auch die steigenden Lohnnebenkosten der Arbeitgeber/innen, auch genannt der „Lohn neben dem Lohn", der „Zweite Lohn" oder die „Lohnzusatzkosten". „Schließlich ist zu beachten, dass es zweierlei ist, was jemand verdient und was er seinen Arbeitgeber kostet."[16] Diese „Kosten" sind nach Meinung der Schulbuchautor/innen Kosten, die „nicht mit der tatsächlich geleisteten Arbeit zusammenhängen"[17] wie vermögenswirksame Leistungen nach dem 936-DM-Gesetz, gesetzliche Arbeitgeber-Beiträge zur Sozialversicherung, Lohnfortzahlung im Krankheitsfall, Weihnachts- und Urlaubsgratifikationen oder 13. Monatsgehalt. Die Schüler/innen werden aufgefordert, sich zu informieren, was sie ihren Betrieb zusätzlich zur Ausbildungsvergütung kosten! Einen erheblichen Teil der so genannten Lohnnebenkosten machen die Sozialversicherungsbeiträge aus. Diese Beiträge existieren aber auch für die Arbeitnehmer/innen, so dass folgende Formulierung mehr als unsauber erscheint: „Die Sozialversicherung ist in erster Linie eine Selbsthilfeeinrichtung der Arbeitnehmer. Deshalb muss jeder Versicherte einen Teil seines Lohnes als regelmäßigen Beitrag an die Sozialversicherung abführen. Die Sozialversicherungsgesetze schreiben jedoch vor, dass ein beträchtlicher Teil der Beiträge vom Arbeitgeber getragen werden muss."[18] Bedenkt man, dass – außer im Falle der Unfallversicherung, wo die Arbeitgeber/innen die alleinigen Beiträge bezahlen – Arbeitgeber/innen und Arbeitnehmer/innen jeweils die Hälfte zahlen (und zur Finanzierung der Pflegeversicherung ein Feiertag gestrichen wurde und damit die Arbeitgeber/innen de facto entlastet sind), erscheint es doch merkwürdig, dass

---

[14] vgl. ich-wir-Gemeinschaftskunde. Hollend+Josenhans Verlag, Stuttgart 1989.
[15] Wirtschaftslehre für berufsbildende Schulen. Verlag H. Stam, Köln 1990, S. 47.
[16] Grundwissen Wirtschaft. Ernst Klett Schulbuchverlag, Stuttgart 1988, S. 21.
[17] Wirtschaft und Gesellschaft. Verlag H. Stam, Köln 1986, S. 133.
[18] Probleme der Gesellschaft. Verlag H. Stam, Köln 1991, S. 299.

die Arbeitnehmer/innen einen regelmäßigen Beitrag abführen, während die Arbeitgeber/innen einen beträchtlichen Beitrag zahlen.

Die Analyse der Arbeitswelt in saarländischen Schulbüchern versuchte die Inhalte und Vermittlungsformen aufzuspüren, mit denen Jugendliche am Ende der Sekundarstufe I über die Welt der Arbeit schulbuchmäßig aufgeklärt werden. Mehr als acht Jahre sind vergangen, seit wir diese Untersuchung durchgeführt haben. Unsere Handlungsempfehlungen, die von der Bildung von Diskussionszusammenhängen mit zuständigen Lehrplankommissionen und interessierten Schulbuchautor/innen über Weiterbildungsveranstaltungen bis hin zur Idee, eine Art alternatives Schulbuch zu konzipieren, reichten, konnten nicht umgesetzt werden. Wir ließen unsere Studie auch den Lehrbuchverlagen zukommen, was ebenfalls nicht zu nennenswerten Reaktionen führte. Leider war es mir nicht möglich, für diesen Beitrag zu überprüfen, welche der von uns damals analysierten Schulbücher heute noch genutzt werden und – wenn neuere Bücher zum Einsatz kommen – inwiefern das Thema heute wirklich differenzierter dargestellt wird? Vergegenwärtigt man sich die Entwicklung auf dem Arbeitsmarkt gerade in den letzten Jahren, die Veränderungen, die von Seiten der Politik mit dem Schlagwort der Globalisierung abgehandelt werden, seien zum Schluss einige essayistische Bemerkungen erlaubt, die einmal mehr die Notwendigkeit zeigen, die Jugendlichen heute auf eine Arbeitswelt vorzubereiten, die in keinster Weise mehr der entspricht, die ihnen jedenfalls bislang vermittelt wurde. Ländervergleiche zeigen, dass bei unseren französischen Nachbar/innen Zeitverträge längst die Regel sind. 1994 waren in Frankreich 70 Prozent der Neueinstellungen zeitlich befristet. Insgesamt hatten zu diesem Zeitpunkt nur 55 Prozent der werktätigen Bevölkerung einen festen Arbeitsplatz; 1970 waren es noch 76 Prozent. In den USA waren bereits 1993 90 Prozent der angebotenen Stellen befristet beziehungsweise Teilzeitstellen. Dabei bekommen Teilzeitbeschäftigte oftmals 20 bis 30 Prozent weniger pro Stunde als ihre noch fest angestellten Kolleg/innen und sind weder renten- noch krankenversichert. Das Phänomen der „working poor", derjenigen, die mehrere Jobs gleichzeitig haben (müssen), um zu überleben, ist ein Resultat dieser Entwicklung.[19] Und man möge jetzt nicht entgegenhalten, von amerikanischen oder französischen Verhältnissen seien wir noch weit entfernt. Wie alles aus den Vereinigten Staaten uns irgendwann erreicht, zeichnet sich auch diese Entwicklung all zu deutlich ab. Am Ende wird eine große Zahl von Bürger/innen ihr ganzes Leben lang in Unsicherheit leben. Neuere Überlegungen gehen jetzt in die Richtung, gerade den Frauen auf einem zukünftigen Arbeitsmarkt gute Chancen einzuräumen, da diese auf Grund ihrer Biografien die

---

[19] vgl. hierzu: Bernhard Cassen: „Krise der Arbeit – von den hehren Illusionen zur Flickschusterei?", in: Le Monde Diplomatique Nr. 4746 vom 13.10.1995, S. 7.

Voraussetzungen mitbrächten, die dort herrschen werden: Flexibilität, Akzeptanz von Brüchen im „Karriereverlauf", Bereitschaft zur Teilzeit bzw. Arbeitszeitverkürzung, Schlüsselqualifikationen im Sinne von Empathie, Teamfähigkeit, Aufopferungsgabe und so weiter. Nachtigall, ich hör' dir trapsen! Ich meine, uns Frauen kann das ja nur recht sein, sollten wir die Gewinnerinnen der Arbeitsmarktentwicklung sein. Vielleicht aber auch nur deshalb, weil wir ausbeutbarer scheinen? Vielleicht ebenso wie die IT-Spezialist/-innen, die unser Kanzler jetzt per Green-Card ordern will und die dann – der böse Verdacht bleibt – untertariflich bezahlt werden könnten? Nein, natürlich nicht. Es geht um fehlende Fachkräfte in unserem Land. Dabei dachte ich immer, unsere duale und unsere universitäre Ausbildung suchten ihresgleichen im weltweiten Vergleich. Ich sage nur: Sputnik-Schock! Sollte sich jetzt etwa rächen, dass die Industrie seit Jahren Ausbildungsplätze verweigert und es daher versäumt hat, qualifizierten Nachwuchs zu fördern? Und die Universitäten? Vor wenigen Jahren noch saßen plötzlich die jungen, dynamischen Informatiker/innen und Ingenieur/innen dem Arbeitsamt auf der Pelle. Durststrecke, hieß es. Die sind also heute zu alt, um noch auf den neuesten Stand gebracht zu werden? Nun gut, wir brauchen Spezialist/innen, und wäre man jetzt utopistisch veranlagt, könnte man – ganz im Sinne der „Das Herz schlägt immer noch links"-Fraktion – hoffen, über diese Diskussion endlich hin zu einer Debatte über eine geregelte Einwanderungspolitik in Deutschland kommen. Aber da sei Jürgen Rüttgers vor mit seiner Parole „Kinder statt Inder". Zur Erinnerung: Das ist der, der in der Vergangenheit als Bildungs- und Forschungsminister versäumt hat, die richtigen Weichenstellungen für den zukünftigen Arbeitsmarkt zu setzen. Nun versuchte er sich als Spitzenkandidat der CDU in Nordrhein-Westfalen. Ohne Worte. Apropos: Ist es sozial gerecht, wenn Unternehmen unter Inanspruchnahme gesellschaftlicher Ressourcen, Abschreibungen, Subventionen, Mitwirkung Dritter etc. Vermögen anhäufen, während die gemeine Arbeitslose bis heute auf den Leitfaden „Steuern sparen für Arbeitslose - leicht gemacht" wartet? Nun, wendet da die findige Unternehmerin ein, schließlich müssen hier zu Lande noch 45 Prozent des Gewinns an den Staat gezahlt werden, während etwa in den USA oder der Schweiz die Körperschaftssteuersätze bei rund 40 beziehungsweise 30 Prozent liegen. Also bleibt uns doch nichts anderes übrig, als kräftig die Möglichkeiten des Steuersystems zu nutzen, um die effektive Steuerlast zu drücken. Wie, es gibt Geschäftsjahre, in denen selbst Topkonzerne wenig oder gar nichts ans Finanzamt überweisen? Ach ja, ich vergaß, die lieben Unternehmer/innen, die allein das Risiko tragen, die Bundesrepublik Deutschland im internationalen Wettbewerb klar Schiff zu machen. Schon in der Schule lernen wir: S.o.! Und dafür lohnt sich's doch, die wenigen Risikofreudigen unserer Republik zu umgarnen. Eine weitere Steuererleichterung hier, ein hartes Wort gegenüber den Gewerkschaften da, sonst müssen wir leider, leider unsere Produktionsstätten ins Ausland verlegen. Ich meine, dass müssen wir eh', weil: So viele Volkswagen könnt ihr hier in Deutschland gar nicht kaufen, wie wir produzieren. Da müssen neue Märkte erschlossen werden und und und. Wenn ihr uns nur ein bisschen entgegenkommt, dann wird das schon. Denkt immer daran: Erst muss die Wirtschaft wachsen, dann kommen auch die Arbeitsplätze. Die Wachstumsideologie der 60er und 70er Jahre wird umso heftiger bemüht, je mehr sie sich an der Wirklichkeit bricht. Selbst ein Plus des Bruttosozialproduktes von mehr als 2 % geht am Arbeitsmarkt fast spurlos vorbei. Wieso auch nicht, geht es doch längst um den Shareholder Value, also den Profit der Aktionär/innen. Ist es wichtigstes Ziel, den Börsenwert der Firma zu steigern, treten eben ganz neue Gesetze in Kraft. Und wenn eines sicher ist, dann, dass die Reduzierung des Faktors „Arbeit" auf dem internationalen Börsenparkett immer einher geht mit einem Anstieg des Börsenwertes. Die Diskussion muss weitergehen.

Wenn immer neue Arbeitsformen entstehen und mehr Menschen selbstständig werden, gleichzeitig die Arbeitslosigkeit konstant hoch bleibt, verliert das herkömmliche Sozialsystem seine Grundlage. Grundsätzlichere Reformen als die derzeit angedachten sind notwendig. Wir leben in krisenhaften Zeiten, und wir haben keine oder unzureichende Konzepte dagegen. Es gibt ein extremes Beharrungsvermögen in Politik und Wirtschaft. Da ist es einfacher, die Verantwortung allgemein auf die Gesellschaft zurückzuwerfen. Immer wenn die Politik beispielsweise bei der Arbeitslosigkeit am Ende ist, werden entweder die Gewerkschaften dafür verantwortlich gemacht, weil sie zu viel Lohn verlangen und nicht verzichten wollen, oder die Unternehmen sind Schuld. Gleichzeitig muss die Politik zur Kenntnis nehmen, dass unsere Gesellschaft aus einer Vielzahl und Vielfalt verschiedener Menschen mit je unterschiedlichen Chancen besteht. Hier ist sie gefordert, nach wie vor ausgleichend und gestaltend einzuwirken, um mindestens jedem Menschen grundsätzliche Rechte zu gewähren. Und die beinhalten auch, dass man in der Schule adäquat darauf vorbereitet wird, wie man sich später in einer globalisierten Arbeitswelt bewegen kann, ohne eine/r der so genannten „Modernisierungsverlierer/innen" zu werden!

5. Gesundheit und Ökologie in der Arbeit

Zeichnung von Hans-Joachim Trapp

Axel Buchter, Ute Kirn-Jünemann, Michael Jablonski, Christoph Ecker

Gesundheit, Gestaltung und Vorschriften bei Bildschirmarbeitsplätzen

Einleitung und Zielrichtung

Mit zunehmender Computerisierung der Arbeitswelt rückt auch die Diskussion um die Auswirkungen von Bildschirmarbeit auf Gesundheit und Wohlbefinden der Benutzer immer mehr in den Vordergrund. So kamen internationale Untersuchungen zu dem Ergebnis, dass Beschwerden des Stütz- und Bewegungsapparates, Kopfschmerzen und Augenbeschwerden die häufigsten von Bildschirmbenutzern geäußerten gesundheitlichen Beeinträchtigungen darstellen. Darüber hinaus werden in manchen Medien auch reißerisch gestaltete Berichte über vermeintliche Gefahren und gravierende gesundheitliche Schäden durch Bildschirmgeräte ohne sachliche Grundlage veröffentlicht. Unsicherheit und Verängstigung der Arbeitnehmer im Umgang mit dem technischen Hilfsmittel „Bildschirm" sind die Folge davon. Aus diesem Grund haben wir es uns zum Ziel gesetzt, möglichst objektiv über die wesentlichen Rahmenbedingungen der Bildschirmarbeit, die potenziellen Belastungen und die eventuell daraus resultierenden gesundheitlichen Beanspruchungen zu informieren, um den sachlich-kritischen Umgang mit dem Arbeitsmittel „Bildschirm" zu erleichtern, die Bildschirmarbeit gegebenenfalls zu optimieren und zum gesundheitlichen Wohlbefinden beizutragen.

Im Rahmen einer sehr umfassenden Forschungsförderung durch das Bundesarbeitsministerium konnten wir zuvor eine Befragung an Bildschirmarbeitsplätzen der Universität des Saarlandes durchführen. Gleichzeitig hatten wir an den Universitätskliniken in Homburg ein differenziertes, individuelles Untersuchungsprogramm zu arbeitsbedingten Belastungen und Beschwerden angeboten. Auf Grund seiner Aktivitäten zur Gesundheitsförderung wurde das Klinikum Homburg als erste deutsche Universitätsklinik in das Netz der gesundheitsfördernden Krankenhäuser der Weltgesundheitsorganisation (WHO) aufgenommen.

Nach Schätzungen ist davon auszugehen, dass in der Bundesrepublik Deutschland zur Zeit ungefähr 14 bis 17 Mio Menschen mit Büroarbeiten beschäftigt sind und dass es sich dabei zu 65 bis 70% um Bildschirmarbeitsplätze handelt. Die Anzahl der Arbeitsplätze, die sich mit Informationsbearbeitung befasst, wird bis zum Jahr 2000 auf etwa 20 Mio ansteigen. Dies ist in sehr starkem Maße auf ein ständig günstigeres Preis-Leistungsverhältnis für die Komponenten von Bildschirmarbeitsplätzen zurückzuführen.

Die Computerisierung hat in den letzten Jahren viele Arbeitsprozesse sehr stark verändert. Es ist zu vermuten, dass auch Bereiche erfasst werden, die heute noch nicht so stark betroffen sind. Die Arbeit wird dadurch sicherlich erleichtert werden, dafür werden aber andere Belastungen hinzukommen.

Es wird viel von den Belastungen der Beschäftigten an Bildschirmarbeitsplätzen geredet. Dank der Bildschirmarbeitsverordnung ist zusammen mit weiteren Gesetzen, Regelungen und Normen eindeutig geregelt, wie ein Bildschirmarbeitsplatz zu gestalten ist. Ganz anders sieht es jedoch in anderen Bereichen aus, so zum Beispiel bei der Heim- und Telearbeit, wenn der Betreffende nicht bei einem Unternehmen angestellt ist, das heißt in den Fällen, in denen jemand eigenständig und sein eigener Angestellter ist. Diese Diskussion um diese Art von Beschäftigungsverhältnissen ist in vollem Gang, und es ist mit einem starken Wachstum zu rechnen. Die betroffenen Personen sind, obwohl nicht angestellt, dennoch völlig abhängig von dem betreffenden Unternehmen. Für diesen Personenkreis greift weder die Bildschirmverordnung, noch die Arbeitsstättenverordnung, noch sonst irgendetwas.

In Kooperation mit der Arbeitskammer des Saarlandes und auf Grund einer Förderung durch die Kooperationsstelle Hochschule und Arbeitswelt haben wir eine Broschüre über Gesundheit, Gestaltung und Vorschriften bei Bildschirmarbeitsplätzen erstellt. Hierbei wurden die praktischen Probleme besonders berücksichtigt.

Die Broschüre ist in zwei Teile untergliedert. Der erste Teil umfasst die wichtigen Vorschriften und die Ergonomie. Es werden die gesetzlichen Grundlagen, weitergehende Verordnungen und technische Regeln vorgestellt. Anschließend werden ergonomische Aspekte und die Arbeitsplatzgestaltung ausführlich besprochen. Damit bietet die Broschüre eine Hilfe bei der Einrichtung neuer Bildschirmarbeitsplätze oder bei dem normgerechten Herrichten bereits vorhandener Arbeitsplätze. Im zweiten Teil, dem medizinischen Teil, wird auf die verschiedensten Belastungen eingegangen. Es werden Lösungsansätze zur Vermeidung solcher Belastungen auch über die gesetzlichen Regelungen bzw. Vorschriften hinaus aufgezeigt. Am Schluss wird auf zusätzliche und weiterführende Literatur verwiesen.

Auf die möglichen Beschwerden bei Bildschirmarbeit, ihre Ursachen und eine eventuelle Intervention wurde in der Broschüre besonderer Wert gelegt. Der medizinische Teil umfasst Ausführungen zum muskuloskeletalen System, zum optischen System, zu psychischen Belastungen und Stress, zu sonstigen gesundheitlichen Auswirkungen, zu speziellen Benutzergruppen und zu sonstigen Belastungsfaktoren. Im folgenden möchten wir einige Schwerpunkte des medizinischen Teils zusammenfassen.

Muskuloskeletales System

Weichteilrheumatische Beschwerdebilder können sein Sehnenscheidenentzündung, Karpaltunnelsyndrom, Insertionstendopathien (Myotendinosen), Repetitive-Strain-Injury-Syndrom (RSI). Statische Wirbelsäulenüberlastungssyndrome sind das Halswirbelsäulensyndrom (HWS-, Zervikal- oder Schulter-Nackensyndrom) und das Lendenwirbelsäulensyndrom (Lumbalsyndrom). Mögliche Ursachen und Belastungsfaktoren sind Zwangshaltungen, hervorgerufen durch ständiges und „falsches" Sitzen, durch unergonomische Aufstellung und Bedienung von Arbeitsmitteln, durch fehlende Arbeitsmittel wie z.b. Fußstützen, durch unzureichende individuelle Sehvoraussetzungen oder durch ungünstige Sichtverhältnisse am Bildschirm. Weitere Ursachen sind motorische Belastungen durch repetitive Bewegungsabläufe in rascher Folge sowie zentralnervöse Verspannungen auf Grund beruflicher oder privater Konstellationen.

Bei entsprechenden Beschwerden sind Haus- und Betriebsarzt zu konsultieren und eventuell der jeweilige Facharzt. Betriebliche Arbeitsorganisation und eigene, variable Arbeitsgestaltung können manche Überlastungen verhindern. Genauso wichtig ist aber auch der persönliche Lebensstil. Bewegungsmangel und stundenlanges „Herumhängen" in ungeeigneten Sesseln vor dem Fernsehgerät sind genauso negativ wirksam wie entsprechende berufliche Belastungen. Unsere Broschüre gibt zudem Beispiele für eine Ausgleichsgymnastik am Schreibtisch, die kurz zwischendurch individuell entlastend wirken kann.

Optisches System

Die Grundlagen der Anatomie des Auges und der Funktion des Sehens werden gut verständlich beschrieben, so dass die speziellen Anforderungen am Bildschirm erkennbar werden. So sind Sehschärfe und Nahpunkt abhängig vom Lebensalter, gleichzeitig ist im Alter eine bessere Beleuchtung erforderlich. Zu starke Unterschiede in der Beleuchtungsstärke am Arbeitsplatz, stark unterschiedliche Farb-Wellenlängen und ständig wechselnde Sehabstände können die Augen übermäßig und überflüssig beanspruchen. Negativ-Bildschirme, d.h. helle selbstleuchtende Zeichen auf dunklem Hintergrund, sollten heutzutage keine Anwendung mehr finden, zumal die Augen stärker blendempfindlich werden und Sehfehler sich stärker bemerkbar machen. Ein flimmerndes Bild am Monitor entsteht durch eine zu geringe Bildwiederholfrequenz. Diese sollte über 75 bis 85 Hz liegen. Ältere Arbeitnehmer haben hier den Vorteil, dass sich die Fähigkeit, Flimmern wahrzunehmen, mit zunehmendem Alter und abnehmender Sehschärfe verringert.

Häufig findet man eine falsche Aufstellung des Bildschirms im Verhältnis zu den Fenstern oder der Beleuchtung, so dass eine direkte Blendung oder eine Lichtreflexion auftreten. Beides beeinträchtigt das Sehvermögen und kann zu Augenbeschwerden führen.

Augenbeschwerden gehören zu den häufigsten Klagen bei Bildschirmarbeit. Einzelne betriebliche oder private Faktoren oder die Summe der betrieblichen und privaten Faktoren können gegebenenfalls zu einzelnen oder mehreren Augenbeschwerden führen: Verschwommen- oder Doppeltsehen, Flimmern, Brennen, Stechen, Jucken, Rötung, Tränen, Druck- und Spannungsgefühl, Fremdkörpergefühl, „Sand in den Augen", Ermüdung, Schmerzen, Lidbrennen, Lidflattern, Schwindel, Kopfschmerzen, „trockenes Auge". Die Wichtigkeit einer adäquaten medizinischen Abklärung bei Auftreten von Augenbeschwerden, die angesichts des großen Ursachenspektrums eine enge Zusammenarbeit von Arbeitnehmer, Betriebsarzt, Hausarzt und Augenarzt notwendig macht, ist hervorzuheben. Nicht oder unzureichend korrigierte Sehfehler gehören zu den häufigeren Ursachen von Augenbeschwerden. Jedoch haben wir auch eine ganze Reihe betrieblicher Ursachen, persönlicher Ursachen und außerberuflicher Faktoren für Augenbeschwerden aufgeführt. Klinisch manifeste oder bleibende Augenschädigungen durch die Bildschirmarbeit selbst waren bisher nicht nachzuweisen.

Ein ergonomisch guter Bildschirmarbeitsplatz, Entspannungsübungen für die Augen am Arbeitsplatz, augenärztliche Untersuchungen und geeignete Korrekturen des Sehvermögens gehören heutzutage zum Standard.

Die Untersuchung des Sehvermögens und der Augen ist in verschiedenen Vorschriften geregelt. Der Arbeitgeber hat die Pflicht, den Beschäftigten vor Aufnahme der Bildschirmtätigkeit und anschließend in regelmäßigen Zeitabständen, sowie beim Auftreten von Sehbeschwerden, die auf die Bildschirmtätigkeit zurückgeführt werden, eine angemessene Untersuchung von Augen und Sehvermögen anzubieten. Hierbei ist auch geregelt, welche Untersuchungen durchzuführen sind. Wenn sich eine augenärztliche Untersuchung erforderlich erweist, muss der Arbeitgeber dieses ermöglichen. Für Arbeitnehmer mit ausreichender Akkomodationsfähigkeit sind in der Regel keine speziellen Bildschirmbrillen erforderlich. Ungefähr ab dem 40sten bis 45sten Lebensjahr erfolgt jedoch eine kontinuierliche Abnahme der Sehfähigkeit im Nahbereich (Alterssichtigkeit), die primär für übliches Schriftgut und später dann auch an dem weiter vom Auge entfernten Bildschirm auftritt. Dementsprechend müssen beim Alterssichtigen differenzierte Betrachtungen über die Versorgung mit geeigneten Sehhilfen für den Arbeitsplatz angestellt werden. Dabei sind auch die speziellen Sehanforderungen durch die Arbeitsinhalte zu berücksichtigen, die eventuell nicht nur ein Sehen in der Nähe, sondern gleichzeitig auch in der Ferne erfordern. Zu beachten ist, dass die Abstände am Bildschirmarbeitsplatz mit den Sehentfernungen der Brille vereinbar sein müssen. Es sei weiterhin darauf hingewiesen, dass bei einer Dreistärkenbrille für die Mitteldistanz nur ein sehr kleines Gesichtsfeld zur Verfügung steht. Dies kann wiederum Zwangshaltung des Kopfes und muskuloskeletale Beschwerden im Schulter-Nackenbereich provozieren.

Die Verordnung einer Brille oder einer anderen Sehhilfe sollte im alltäglichen Leben grundsätzlich bei jeder Form von Fehlsichtigkeit zur Optimierung der Sehleistung und Minimierung der Augenbelastung erfolgen, so dass eine exakte Korrektur durch entsprechend geeignete Brillengläser bzw. Kontaktlinsen erfolgt. Ist hierbei die Akkomodationsfähigkeit, d.h. die Fähigkeit zur Anpassung des Sehens im Nahbereich noch ausreichend, kann die im alltäglichen Leben getragene Universalbrille prinzipiell auch für die berufliche Tätigkeit am Bildschirm verwendet werden. Die Kostenübernahme für eine spezielle Sehhilfe am Bildschirmarbeitsplatz erfolgt nur unter besonderen Bedingungen. Es gibt eine differenzierte Teilung der Kosten zwischen Krankenkassen, Arbeitgebern und Beschäftigten.

Stress, mentale und psychoemotionale Belastungen

Übermäßiger Arbeitsstress ist gekennzeichnet durch ein Ungleichgewicht zwischen den Arbeitsanforderungen und Arbeitsbedingungen einerseits und andererseits dem persönlichen Vermögen, sie zu bewältigen. Dabei spielt auch die private, familiäre und soziale außerberufliche Situation eine Rolle. Mögliche Stressoren am Bildschirmarbeitsplatz können u.a. sein: Zu hohe Arbeitsanforderungen, Zeit- und Leistungsdruck, Leistungskontrolle, zu geringer Entscheidungsspielraum, schlechte Arbeitsorganisation, unklare Arbeitsanweisungen und Zielvorgaben, mangelnde Kommunikation, fehlende Unterstützung, schlechtes Betriebsklima, ständige Unterbrechung, schlechte Software, schlechte ergonomische Arbeitsbedingungen.

Mögliche Stress-Reaktionen können sein: Konzentrationsstörung, Reizbarkeit, Ermüdung, Kopfschmerzen, Beschwerden des Bewegungsapparates oder Herz-Kreislauf-Beschwerden. Darüber hinaus ist eine große Vielfalt arbeitsbedingter Erkrankungen möglich.

Die notwendigen Interventionen sind dementsprechend differenziert betrieblich und persönlich zu treffen.

Kopfschmerzen

Beschäftigte an Bildschirmarbeitsplätzen klagen häufig über Kopfschmerzen, wobei der Spannungskopfschmerz, die Migräne und der ophthalmologische Kopfschmerz die drei häufigsten Formen sind. Das Ursachenspektrum für das Auftreten von Kopfschmerzen am Bildschirmarbeitsplatz kann sehr vielfältig sein. Unergonomische Körperhaltung und inadäquate optische Voraussetzungen sind nur zwei, wenn auch bedeutende Teilaspekte. Dabei kann die Belastung der Augen einerseits direkt (ophthalmologische Kopfschmerzen) und andererseits indirekt über die durch eine Seheinschränkung aufgezwungene Kopfhaltung (Spannungskopfschmerz) zu Kopfschmerzen beitragen.

Weiterhin können Arbeitsinhalt und -ablauf, wie z.b. repetitve, monotone Tätigkeiten, aber auch subjektive Faktoren wie Arbeitsunzufriedenheit, hoher Arbeitsdruck, negatives Arbeitsklima etc. das Auftreten von Kopfschmerzen begünstigen. Unsere Broschüre gibt eine Übersichtstabelle über die wichtigsten Charakteristika von Spannungskopfschmerz, Migräne und ophthalmologischem Kopfschmerz, jedoch sollte auch hier eine konstruktive Zusammenarbeit zwischen Beschäftigtem, Betriebs- und Hausarzt stattfinden. Auch beim Kopfschmerz gibt es einige Interventionsmöglichkeiten und geeignete Übungen.

Ältere Arbeitnehmer

Bei älteren Arbeitnehmern sind normale, altersbedingte Veränderungen des menschlichen Auges zu berücksichtigen, so z.B. die Abnahme der Akkomodationsfähigkeit mit Erschwerung des Nahsehens durch Elastizitätsverlust der Augenlinse, die Verlängerung der Dunkeladaptation und die Zunahme der Blendempfindlichkeit. Schlechte, nicht ergonomische Arbeitsplatzverhältnisse machen sich daher bei älteren Arbeitnehmern besonders bemerkbar.

Die altersbedingten Veränderungen des Stütz- und Bewegungsapparates bestehen im Wesentlichen in der Abnutzung von Knorpeln, Gelenken, Knochen und Muskeln. Schlechte Ausstattung des Bildschirmarbeitsplatzes und unphysiologische Bewegungsmuster können somit vermehrt zu Beschwerden führen. Auch hier hilft die regelrechte, ergonomische Arbeitsplatzgestaltung, die Erfahrung und Qualifikation älterer Arbeitnehmer für einen Betrieb zu bewahren.

Schlussbemerkung

Durch das Kooperationsprojekt Hochschule und Arbeitswelt konnte erneut eine Broschüre in Zusammenarbeit des Instituts und der Poliklinik für Arbeitsmedizin der Universität des Saarlandes mit der Arbeitskammer des Saarlandes erstellt werden, hier mit dem Titel „Gesundheit, Gestaltung und Vorschriften bei Bildschirmarbeitsplätzen". Wir haben dabei praxisrelevante Schwerpunkte gesetzt. Die Eckpunkte der rechtlichen Rahmenbedingungen und der ärztlichen Vorsorgeuntersuchungen wurden zitiert, weitere Detailvorschriften für spezielle Bedingungen wurden aufgelistet. Die ergonomische Arbeitsplatzgestaltung ist praxisrelevant dargestellt. Damit lässt sich der eigene Arbeitsplatz gegebenenfalls auch in Eigeninitiative optimieren. Der medizinische Teil zur Gesundheit an Bildschirmarbeitsplätzen nimmt den größten Umfang der Broschüre ein. Er ist angenehm und verständlich zu lesen und bereitet mit anatomischen und funktionellen Grundlagen die Erklärung von Belastungen und Funktionsbeeinträchtigungen vor. So werden z.B. Sehschärfe, Akkomodation und Blendung bei jüngeren und älteren Menschen am Bildschirm erläutert. Typische Beschwerden oder Erkrankungen werden geschildert, mögliche Ursachen und ergonomische Defizite benannt und Möglichkeiten der Intervention und persönlichen Prävention aufgezeigt. Der Ablauf der ärztlichen Vorsorgeuntersuchungen wird beschrieben bis hin zur diffizilen Frage der Kostenübernahme einer verordneten Brille. Schließlich wird noch auf Arbeitsstress bei Bildschirmarbeit, sonstige Belastungsfaktoren, weitere gesundheitliche Auswirkungen und spezielle Benutzergruppen eingegangen.

Auch am Beispiel der Bildschirmarbeitsplätze zeigt sich, dass gute Arbeitsbedingungen in der heutigen Arbeitswelt kein Luxus sind, sondern Grundlagen für Leistungsfähigkeit, Produktivität, Wohlbefinden und Gesundheit. Hierzu möchten wir mit der recht aufwändigen Arbeit an der vorliegenden Broschüre beitragen und uns gleichzeitig für die Förderung herzlich bedanken.

Christian Schulz, Wolfgang Brücher

Zwischen Laisser-Faire und Eigeninitiative - Betrieblicher Umweltschutz aus Sicht saarländischer und lothringischer Arbeitnehmerinnen und Arbeitnehmer

Der betriebliche Umweltschutz in der Industrie hat in den letzten Jahren zweifelsohne an Bedeutung gewonnen. Dieser - von optimistischen Zeitgenossen gerne als "greening of industry" bezeichnete - Prozess hat vielerlei Ursachen: Stärkere gesetzliche Reglementierungen zur Begrenzung produktionsbedingter Umweltbelastungen, technische Innovationen und nicht zuletzt die wachsende Problemwahrnehmung in der Bevölkerung und der daraus resultierende politische Druck auf die Industriebetriebe haben zu einem Umdenken in der Unternehmerwelt geführt. Hinzu kommen mehr oder weniger stark wachsende Teilmärkte für Umweltschutz- und Energietechnik, die der vordergründig ökologischen Motivation auch eine attraktive ökonomische Komponente verleihen können. Schlagwörter wie "ganzheitliches Umweltmanagement" oder "nachhaltige Produktionsweisen" erfreuen sich - nicht nur in den Industrieländern - seit einigen Jahren großer Popularität (Sietz 1994). Versuche, diese sehr vagen Begriffe in konkretere Formen zu kleiden, finden sich beispielsweise in den in den USA schon seit den 1970er Jahren existierenden Verfahren der Umweltbetriebsprüfung (Eco-Auditing) bzw. des Unternehmens-Rankings, d.h. der regelmäßigen Veröffentlichung von Ranglisten, die Firmen entsprechend ihrem Umweltengagement klassifizieren (GAO 1995:13ff.).

Jedoch können weder behördlich verordnete Umweltschutzmaßnahmen noch freiwillig eingegangene Selbstverpflichtungen der Industrie von Erfolg gekrönt sein, wenn nicht gleichzeitig auch die Belegschaft von einem Bewusstseinswandel erfasst wird oder zumindest aktiv die „neuen" Unternehmensstrategien unterstützt. Deshalb wird in der folgenden Betrachtung ein besonderes Augenmerk auf die Rolle der Mitarbeiterinnen und Mitarbeiter in den Industriebetrieben gelegt.

Hintergrund der Untersuchung

Im September 1996 beauftragte die Kooperationsstelle Hochschule und Arbeitswelt die Fachrichtung Geographie der Universität des Saarlandes, Arbeitsgruppe Prof. Dr. Wolfgang Brücher, mit der Bearbeitung einer gemeinsam vorbereiteten Expertise zum Themenfeld Betrieblicher Umweltschutz in der saarländischen und lothringischen Industrie (Brücher & Schulz 1997). Die Bearbeitung der Studie umfasste den Zeitraum November 1996 bis April 1997.

Die vorliegende Untersuchung hatte zum Ziel, durch die Befragung zufällig ausgewählter saarländischer und lothringischer Industriebetriebe unterschiedlicher Größe und Branchenzugehörigkeit ein Profil zu zeichnen, das den Stellenwert des Umweltschutzes im Betriebsablauf widerspiegelt, Trends aufzeigt und die Rolle der Arbeitnehmerinnen und Arbeitnehmer in einer sich unter ökologischen Gesichtspunkten wandelnden Wirtschaft aufzeigt.

Im Rahmen der Untersuchung wurden nicht nur die Betriebsleitungen bzw. die mit Umweltfragen befassten Fachkräfte (z.B. Betriebsbeauftragte für Umweltschutz) befragt, sondern auch Mitarbeiterinnen und Mitarbeiter unterschiedlichen Ausbildungsgrades, wovon sich die Projektinitiatoren insbesondere Aufschluss über Stärken und Schwächen des Angebots an umweltbezogenen Maßnahmen der beruflichen Weiterbildung versprachen.

Methodische Vorgehensweise

Die Vorbereitung der Betriebs- und Mitarbeiter/innenbefragung erfolgte in mehreren Arbeitsgesprächen mit der Kooperationsstelle Hochschule und Arbeitswelt sowie mit Vertreterinnen und Vertretern der Industrie- und Handelskammer des Saarlandes, der Handwerkskammer des Saarlandes, der Beratungsstelle für sozialverträgliche Technologiegestaltung (BEST) e.V., der Chambre de Commerce et d'Industrie de la Moselle und der Gewerkschaft Force Ouvrière, Union Régionale Lorraine. Die Besprechungen verfolgten zwei Ziele: Zum einen dienten sie einer möglichst umfassenden Berücksichtigung der relevanten Teilaspekte der zu bearbeitenden Problematik. Zum anderen war auch die redaktionelle Gestaltung der Fragebögen und hier insbesondere das Problem ihres Einsatzes in zwei unterschiedlichen Sprach- bzw. "Kultur"-Räumen zu lösen.

Die Auswahl der befragten Betriebe erfolgte zufällig mit Hilfe von Branchenfernsprechbüchern und -statistiken. Aus Gründen der Ausgewogenheit und der höheren Repräsentativität der Untersuchungsergebnisse wurde eine Verteilung auf sechs ausgewählte Branchen sowie drei Betriebsgrößenklassen angestrebt. Insgesamt konnten 60 Betriebe befragt werden, 28 auf lothringischer und 32 auf saarländischer Seite.

Tabelle 1: Betriebsgrößenklassen und Branchenzugehörigkeit der befragten Betriebe

NACE Code	Klasse	Anzahl Betriebe						Σ
		Saarland			Lothringen			
		klein 10-99	mittel 100-499	Groß >499	klein 10-99	mittel 100-499	groß >499	
25	Chemische Industrie	2	2	-	-	2	2	8
31	Herstellung von Metallerzeugnissen	2	2	2	2	3	2	13
32	Maschinenbau	2	3	2	2	1	1	11
34	Elektronik und Elektrotechnik	3	1	2	1	2	2	11
35	Fahrzeuge, Einzelteile und Zubehör	1	-	3	1	-	3	8
41	Lebensmittel, Getränke	-	1	1	1	1	-	4
48	Gummi- und Kunststoffverarbeitung	1	1	1	1	-	1	5
							Ges.:	60

Die Ansprache der Mitarbeiterinnen und Mitarbeiter, die im unmittelbaren Anschluss an die Interviews mit der Betriebsleitung erfolgte, gestaltete sich aus betriebstechnischen Gründen nicht immer reibungslos, so dass die Rücklaufquote in diesem Bereich sehr stark schwankte und nicht in allen Betrieben auch Beschäftigte befragt werden konnten. Insgesamt wurden 59 Personen befragt, davon 30 im Saarland und 29 in Lothringen. 26 der Personen waren in der Produktion beschäftigt, 19 im technischen Bereich und 14 gehörten der Verwaltungsabteilung ihres Betriebes an. Bei 18 der Befragten lag die Dauer der Betriebszugehörigkeit bei über 20 Jahren, bei 15 Personen zwischen 11 und 20 Jahren und bei den übrigen 26 Personen zwischen einem und zehn Jahren.

Ergebnisse der Betriebsbefragung

Wie bereits erwähnt, sollen in diesem Beitrag die Ergebnisse der Betriebsbefragung nur sehr verkürzt wiedergegeben werden. Der Schwerpunkt wird deshalb auf die personalrelevanten Aspekte der Untersuchung gelegt.

Über die Hälfte der befragten Betriebe beschäftigt Mitarbeiter/innen, die sich explizit dem Umweltbereich zu widmen haben (z.B. Umweltbeauftragte, Betriebsbeauftragte für Gewässerschutz u. Ä.). Während die Großbetriebe fast ausnahmslos entsprechendes Fachpersonal aufzuweisen hatten, gilt dies nur für zwei der Kleinbetriebe (s. Abb. 1).

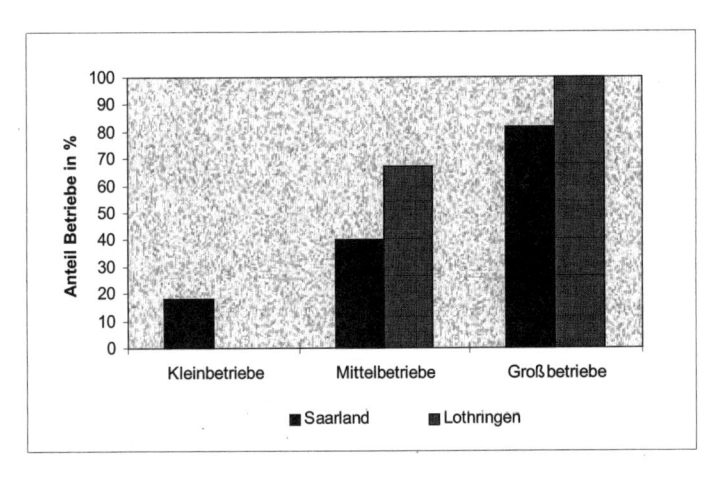

Abb. 1: Anteil der Betriebe mit eigenem Fachpersonal für Umweltschutz

Die berufliche Weiterbildung des Personals im Bereich Umweltschutz kann einerseits betriebsintern erfolgen, andererseits durch Freistellung bzw. Entsendung der Beschäftigten zu einschlägigen Kongressen, Seminaren und zu Veranstaltungen der Träger der beruflichen Weiterbildung gefördert werden. Abb. 2 faßt die Zielgruppen betriebsinterner Fortbildungsveranstaltungen zusammen.

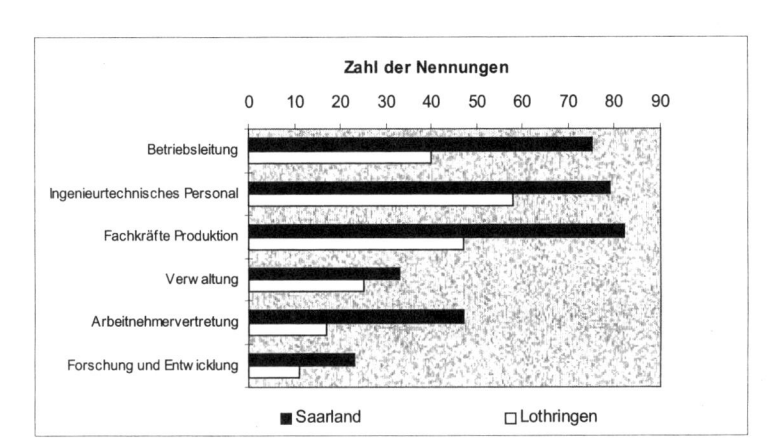

Abb. 2: Zielgruppen betriebsinterner Fortbildungsveranstaltungen

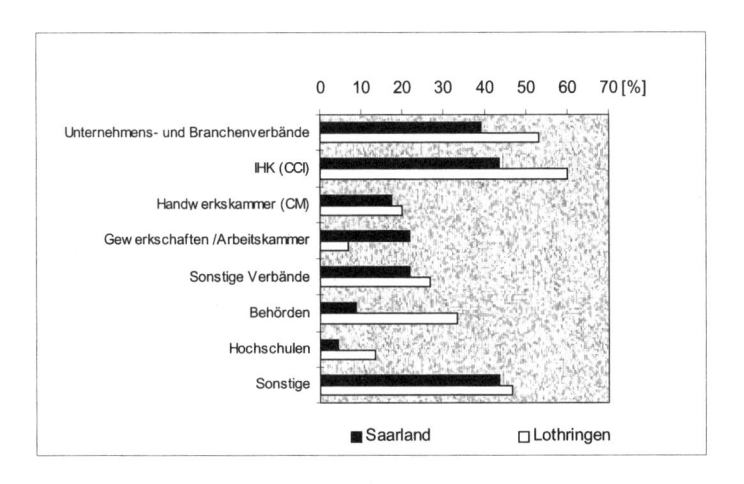

Abb. 3: Von den befragten Betrieben genutzte Träger von Fortbildungsveranstaltungen im Umweltschutz

Die Fachkräfte aus dem Produktionsbereich waren die Hauptzielgruppe betriebsinterner Fortbildungen. Auf lothringischer Seite folgt die Gruppe des ingenieurtechnischen Personals sowie die Ebene der Betriebsleitung, während diese von den saarländischen Betrieben fast nicht angesprochen wurden. Die Verwaltungskräfte sowie die Arbeitnehmervertretung (Betriebsräte etc.) spielten insgesamt eine untergeordnete Rolle, der Bereich Forschung und Entwicklung wurde in diesem Zusammenhang kaum genannt.

Als inhaltliche Schwerpunkte dieser Fortbildungsveranstaltungen ließen sich die Bereiche Abfallmanagement, Immissionsschutz, Gewässer- und Bodenschutz sowie der Energiesektor ausmachen.

Betriebsexterne Fortbildungsveranstaltungen wurden von 38 der befragten Betriebe regelmäßig in Anspruch genommen. Dabei wird das Angebot der in Abb. 3 dargestellten Träger genutzt.

Ergebnisse der Mitarbeiter/innenbefragung

Nach eigenen Angaben übten 32 Personen eine Tätigkeit mit unmittelbarem Umweltbezug (z.B. Umgang mit Gefahrstoffen) aus. Die von dieser Tätigkeit ausgehenden direkten Umweltauswirkungen werden durchschnittlich als eher gering eingestuft – selbst in der chemischen Industrie sowie der kunststoffverarbeitenden Industrie.

Auf der Basis vorformulierter Items gaben die Befragten folgende Selbsteinschätzung ihres persönlichen Umweltengagements bzw. zur Stellung des Umweltschutzes im eigenen Betrieb ab. Abb. 4 stellt - differenziert nach Betriebsgrößen - den Anteil der zustimmenden Antworten zur jeweiligen Aussage dar.

Mit 82 bis 92% glaubt der Großteil der Befragten, im Rahmen ihrer täglichen Arbeit etwas für den Umweltschutz tun zu können. Gleichzeitig verneint die Mehrzahl, sich angesichts der persönlichen Arbeitsbelastung keine Gedanken zu diesem Thema machen zu können. Während sich 86 bzw. 91% des Personals in den Mittel- bzw. Großbetrieben verantwortlich für Umweltbelastungen fühlt, die durch persönliche Fehlbedienungen/-entscheidungen ausgelöst wurden, traf dies in den Kleinbetrieben nur auf die Hälfte der Befragten zu. Etwa ein Drittel war der Meinung, das eigene Umweltbewusstsein sei größer als das der Kolleginnen und Kollegen.

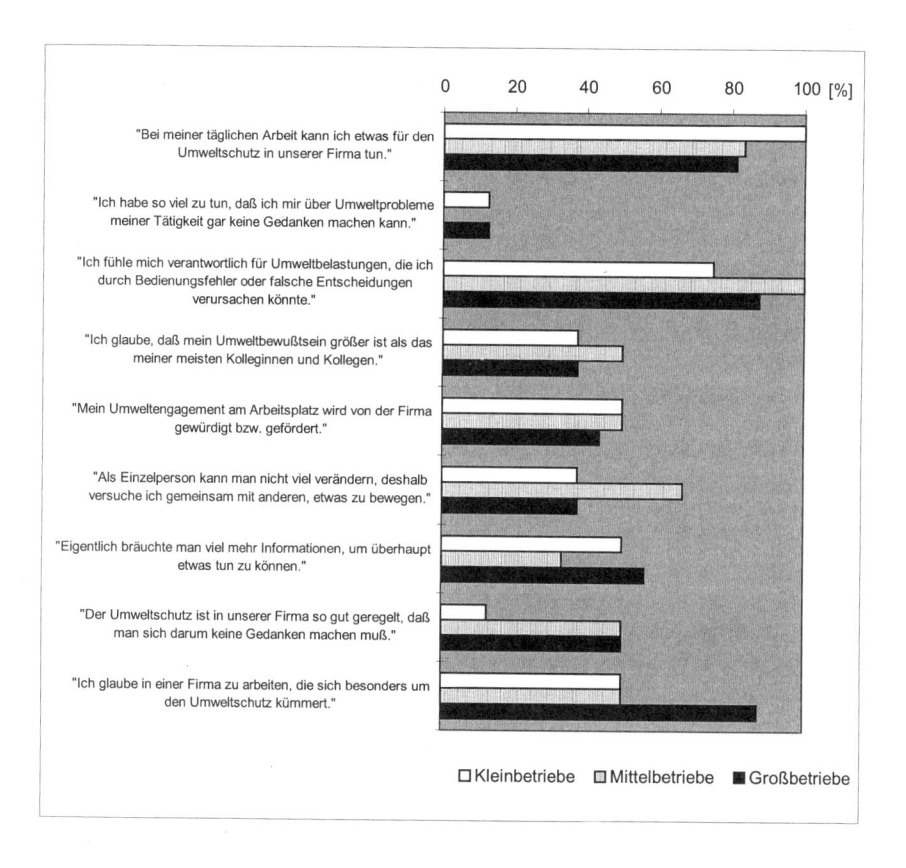

Abb. 4: *Selbsteinschätzung des eigenen Umweltengagements und des Umweltstandards im Betrieb*

	Kleinbetriebe	Mittelbetriebe	Großbetriebe

Aussagen (von oben nach unten):
- "Bei meiner täglichen Arbeit kann ich etwas für den Umweltschutz in unserer Firma tun."
- "Ich habe so viel zu tun, daß ich mir über Umweltprobleme meiner Tätigkeit gar keine Gedanken machen kann."
- "Ich fühle mich verantwortlich für Umweltbelastungen, die ich durch Bedienungsfehler oder falsche Entscheidungen verursachen könnte."
- "Ich glaube, daß mein Umweltbewußtsein größer ist als das meiner meisten Kolleginnen und Kollegen."
- "Mein Umweltengagement am Arbeitsplatz wird von der Firma gewürdigt bzw. gefördert."
- "Als Einzelperson kann man nicht viel verändern, deshalb versuche ich gemeinsam mit anderen, etwas zu bewegen."
- "Eigentlich bräuchte man viel mehr Informationen, um überhaupt etwas tun zu können."
- "Der Umweltschutz ist in unserer Firma so gut geregelt, daß man sich darum keine Gedanken machen muß."
- "Ich glaube in einer Firma zu arbeiten, die sich besonders um den Umweltschutz kümmert."

In den untersuchten Klein- und Großbetrieben hatte mehr als die Hälfte der Mitarbeiter/innen das Gefühl, dass ihr Umweltengagement von der Firmenleitung gebührend honoriert wird. In den Mittelbetrieben trifft dies nur auf etwa ein Drittel zu. Der Aussage, man bräuchte eigentlich "viel mehr Informationen, um überhaupt etwas tun zu können", stimmten in den Klein- und Mittelbetrieben 64 bzw. 57% der Befragten zu, in den Großbetrieben nur 24%.

Durchschnittlich ein Drittel vertrat die Ansicht, dass der Umweltschutz im eigenen Betrieb so gut geregelt sei, dass man sich darum keine Gedanken machen müsse. Die Einschätzung, "in einer Firma zu arbeiten, die sich besonders um den Umweltschutz kümmert", teilten in den Klein- und Mittelbetrieben etwas mehr als die Hälfte, in den Großbetrieben gar 88% der antwortenden Personen.

Informationsstand in Fragen des Umweltschutzes

Während 70% der befragten Personen sich über die Umweltauswirkungen der eigenen Tätigkeit ausreichend informiert fühlten, bestätigen dies für die Auswirkungen ihres Betriebes nur 48%. Fast zwei Drittel (63%) glaubten hingegen, hinlängliche Kenntnisse über die Umweltschutzaktivitäten des Betriebes zu besitzen.

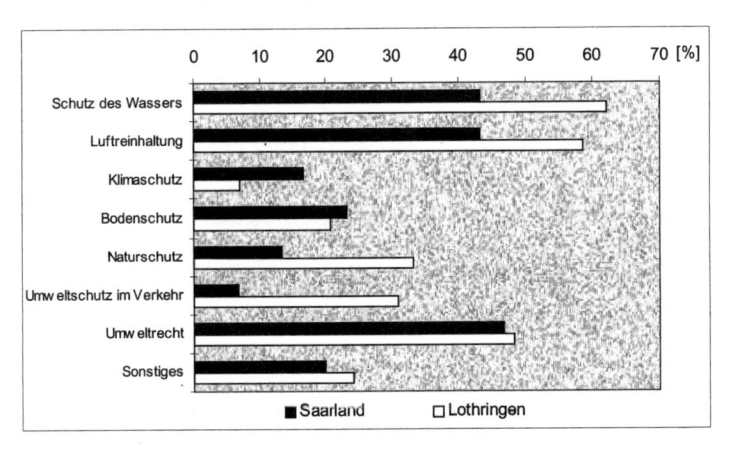

Abb. 5: Informationsdefizite auf einzelnen Themengebieten

Inhaltliche Informationsdefizite bestanden auf unterschiedlichen Themengebieten (s. Abb. 5). Auf saarländischer Seite werden insbesondere Wissenslücken in den Bereichen Umweltrecht (47%), Schutz des Wassers und Luftreinhaltung (je 43%) beklagt. Auf lothringischer Seite mangelt es an ausreichenden Kenntnissen vor allem auf dem Gebiet Schutz des Wassers (62%), gefolgt von Luftreinhaltung (59%) und Umweltrecht (48%). Eine untergeordnete Rolle spielte auf beiden Seiten das Themenfeld Klimaschutz.

Nutzung von Weiterbildungsmöglichkeiten

Eine qualitative Einschätzung des umweltschutzspezifischen Angebots der einschlägigen Träger der beruflichen Weiterbildung aus Sicht der Befragten ergibt folgendes Bild: Mit Ausnahme des unternehmensinternen Angebotes sowie der Maßnahmen der Unternehmens- bzw. Branchenverbände wurde von den saarländischen Beschäftigten das Angebot aller übrigen Träger als ausreichend bis gut bewertet. Dagegen liegen alle lothringischen Träger in der Bewertung knapp unter ausreichend. Wichtiger noch als diese Einschätzung erscheint die Tatsache, dass die Angebote der jeweiligen Träger in der Mehrzahl der Fälle nicht bekannt waren. So gaben 67% der befragten saarländischen Arbeitnehmer/innen an, keinerlei Kenntnis über die Veranstaltungen der Handwerkskammer sowie der Hochschulen zu haben, 63% kannten das Programm der Industrie- und Handelskammer (IHK) nicht und 60% wussten nicht, welche Maßnahmen die Arbeitskammer bzw. die Gewerkschaften im Umweltbereich anbieten. In Lothringen war der Kenntnisstand mit 59% für die Unternehmens- bzw. Branchenverbände sowie mit jeweils 52% für die Chambre de Commerce et d'Industrie (CCI), die Chambre de Métiers und die Gewerkschaften etwas besser. Auch sonstige Verbände, darunter die Umweltverbände, schnitten mit 50 bzw. 40% relativ gut ab.

Auf die Frage, welche der vorgenannten Stellen die jeweilige Person am ehesten kontaktieren würde, um sich über Weiterbildungsmöglichkeiten zu informieren, lagen die IHK bzw. die CCI an erster Stelle, auf saarländischer Seite gleichauf mit den sonstigen Verbänden, womit in aller Regel Umweltverbände gemeint waren. Nur sehr selten fanden die Handwerkskammer, die Hochschulen sowie die Arbeitskammer bzw. die Gewerkschaften Erwähnung. Letztere wurden in Lothringen sogar überhaupt nicht als erster Adressat genannt.

Sehr wichtig erscheint in diesem Zusammenhang auch die abschließende Frage nach den Aussichten der Betroffenen, für den Besuch externer Veranstaltungen freigestellt bzw. finanziell unterstützt zu werden. Nur 10 der 59 Befragten sahen prinzipiell gute Chancen, externe Weiterbildungsmaßnahmen wahrnehmen zu können. Die Mehrzahl der Antworten lag im Bereich zwischen vom Einzelfall abhängig und schwierig, für acht Befragte erschien es kaum möglich. Grundsätzlich standen die Chancen für das technische Personal besser als für Mitarbeiter/innen aus Produktion und Verwaltung.

Fazit

In Anbetracht des sehr bescheidenen Umfangs der Stichprobe kann und will die vorliegende Untersuchung nicht den Eindruck der Repräsentativität erwecken. Dennoch sind einige der Ergebnisse so deutlich, dass sie eine vorsichtige Interpretation erlauben, aus der Schlussfolgerungen und Empfehlungen abgeleitet werden können.

Die Resultate der Mitarbeiter/innenbefragung erwecken den Eindruck, dass bezüglich der Umweltauswirkungen der eigenen Tätigkeit in den meisten Fällen kein sehr differenziertes Problembewusstsein vorhanden ist. Zwar misst man der eigenen Arbeit eine gewisse Umweltrelevanz bei, die Auswirkungen jedoch werden in der Regel als sehr gering eingeschätzt. In den Großbetrieben ist zudem eine relativ starke Identifizierung der Belegschaft mit der Umweltschutzpolitik des Unternehmens auszumachen, während in Klein- und Mittelbetrieben eher kritische Stimmen laut wurden.

Offensichtliche Informationsdefizite bestehen hinsichtlich des Angebotes an Weiterbildungsmaßnahmen im Umweltschutz, das entweder nicht bekannt ist, oder, vor allem in Lothringen, als eher unzureichend erachtet wird.

Besonders frappierend ist in diesem Zusammenhang, dass gerade das Angebot der Arbeitnehmervertretungen kaum bekannt zu sein scheint. Gleichzeitig werden die Chancen, zum Besuch solcher Bildungsveranstaltungen entsandt oder freigestellt zu werden, eher pessimistisch gesehen.

Insgesamt scheinen jedoch betriebsinterne Kommunikationsprobleme und daraus resultierende Informationsdefizite massivere Barrieren darzustellen als Uneinsichtigkeit oder fehlendes Problembewusstsein seitens der Mitarbeiterinnen und Mitarbeiter. Die hier offensichtlich vorhandenen personellen Potenziale könnten durch eine gezielte Förderung seitens der Arbeitgeber deutlich besser in Wert gesetzt werden. Dazu könnten auch die genannten externen Institutionen einen wesentlichen Beitrag leisten.

Literatur

Brücher, Wolfgang & Christian Schulz (1997): Betrieblicher Umweltschutz in der saarländischen und lothringischen Industrie. Expertise im Auftrag der Kooperationsstelle Hochschule und Arbeitswelt. Saarbrücken

GAO (1995): = United States General Accounting Office (Hrsg.): Environmental Auditing. A Useful Tool That Can Improve Environmental Performance and Reduce Costs. Washington D.C.

Hassler, Robert & Dirk Reinhard (1995): Öko-Rating - Transparenz im Umweltbereich durch ökologische Unternehmensbewertung. In: Zeitschrift für Wirtschaftsgeographie, 39(3-4), S. 165-177. Frankfurt a.M.

Sietz, Manfred (Hrsg., 1994): Umweltbewusstes Management. Umwelt-Checklisten, Umweltbetriebsprüfung, Ökoauditing, Abfallmanagement, UVP, Umweltrisikoanalyse, Gesetze, Umwelthaftung, Umweltinformation, Umweltkommunikation. Taunusstein

6. Technik und Arbeit

Zeichnung von Hans-Joachim Trapp

Margret Wintermantel, Marcus Plach

Benutzerorientierte Entwicklung von Informationssystemen

Die Wissensgesellschaft des beginnenden 21. Jahrhunderts bietet nach Meinung von Experten neue Chancen der Beschäftigung in einer Vielzahl qualifizierter Arbeits- und Aufgabenbereiche. Doch diese Chancen lassen sich nur unter bestimmten Voraussetzungen nutzen. So kommt beispielsweise die Enquete-Kommission „Zukunft der Medien in Wirtschaft und Gesellschaft – Deutschlands Weg in die Informationsgesellschaft" in ihrem Abschlussbericht zu der Feststellung, dass der Verlust Hunderttausender Arbeitsplätze droht, falls es nicht gelingen sollte, die Deutschen verstärkt mit der Anwendung von Computer und moderner Kommunikationstechnologie vertraut zu machen (Bundesdrucksache, 1998).

Um die gewünschte Akzeptanz zu erreichen, ist es notwendig, die neuen Technologien an die Bedürfnisse, Beschränkungen sowie die Denk- und Verhaltensweisen der Benutzer anzupassen (Bundesministerium für Bildung, Wissenschaft, Forschung und Technologie, 1997). Das Ausmaß, in dem ein technisches System auf die Anforderungen, insbesondere die Arbeitsabläufe und Arbeitsaufgaben des Benutzers zugeschnitten ist, bestimmt die Usability des Systems, d.h. inwieweit der Benutzer effektiv, effizient und mit Zufriedenheit mit dem System umzugehen vermag (ISO 9241, 1996). Der Einsatz von Methoden und Prozeduren im Entwicklungsprozess, die zu einer gezielten Erhöhung der Usability eines Systems führen, werden als Usability Engineering (Gould, Boies & Lewis, 1991) bezeichnet.

Dieser, von IBM Forschern Ende der 80er Jahre eingeführte, durchaus programmatisch zu verstehende Begriff, signalisiert die Auffassung, dass eine hohe Usability kein Zufallsprodukt ist, sondern durch strukturierte Vorgehensweisen auf der Grundlage von Fachwissen verschiedener Fachdisziplinen aktiv entwickelt und sichergestellt werden kann.

Trotz großer Fortschritte auf dem Forschungsgebiet der Mensch-Computer Interaktion (MCI), die als Mutterdisziplin auch des Usability Engineering angesehen werden kann, fehlt es derzeit noch an der Umsetzung psycho- und sozio-technischer, auf kognitions-, arbeits- und sozialpsychologischen Erkenntnissen beruhender Methoden des benutzerorientierten Engineerings (Bullinger, Ilg & Zinser, 1997; Gould, Boies & Lewis, 1991; Kensing & Munk-Madsen, 1993).

In der hier zu berichtenden Studie wird eine kommunikationspsychologische Perspektive eingenommen in der Weise, dass das Umgehen mit dem technischen System als Dialog gesehen wird, der vom Nutzer nach spezifischen Regeln geführt wird. Unter der Annahme, dass Störungen in der MCI nicht nur durch eine Missachtung kognitiver Beschränkungen des Menschen verursacht werden, sondern in erheblichem Maße auch darin begründet sind, dass Systeme nicht auf die erlernten Schemata und Koordinationsmechanismen, die die menschliche Kommunikation steuern und die menschliche Sprachverwendung effizient machen, zugeschnitten sind. Dabei wird exemplarisch eine Strategie erprobt, die anwendungsrelevante Fragestellungen ins Auge fasst, jedoch nicht den Anspruch an eine aus theoretischen Modellen abgeleitete empirische Herangehensweise aufgibt.

Es wird versucht eine möglichst präzise Simulation alltäglicher MCI als Ausgangspunkt für die Operationalisierung von Fragestellungen, die sich aus Theorien der menschlichen Kommunikation und Kognition ableiten, zu generieren.

1. Theoretische Überlegungen

Moderne Theorien der Sprachverarbeitung gehen davon aus, dass Menschen mentale Repräsentationen aufbauen, die die Informationsaufnahme und Verarbeitung steuern. Auch bei der sprachlichen Kommunikation spielen derartige kognitive Schemata eine besondere Rolle. In seiner Theorie der Sprachverarbeitung unterscheidet Herrmann zwei Typen derartiger Schemata, die sowohl beim Sprachverstehen als auch bei der Sprachproduktion eine wichtige Bedeutung haben (Herrmann & Grabowski, 1994): das Was-Schema und das Wie-Schema. Während das Was-Schema sich auf den Inhalt des Gesagten bezieht, betrifft das Wie-Schema die sprachliche Form, in der etwas gesagt wird. Nach Herrmann und Grabowski ist ein Wie-Schema ein kognitives Ablaufschema, in dem das Können bezüglich der Herstellung und Durchführung von Diskursen sowie allgemeiner sprachlicher Darstellungsmodalitäten gespeichert ist. Es besteht aus Strukturen von Regeln, die die Selektion, Linearisierung und Organisation von Wissen steuern. Ein derartiges Wie-Schema ist gut gelernt und steht für häufiges, routiniertes Anwenden zur Verfügung (Wintermantel, i. Dr.).

In der vorliegenden Studie wird der Begriff des Wie-Schemas erweitert und in einen dialogischen Zusammenhang gestellt. Wir nehmen an, dass Menschen kognitive Schemata über die Koordinierung von Dialogbeiträgen in unterschiedlichen Dialogsituationen mental repräsentieren (Wintermantel, 1991).

Diese Schemata steuern beispielsweise wie in alltäglichen face-to-face Situationen Begrüßungsformeln ausgetauscht, Themen eingeleitet werden und das so genannte turn taking, d.h. der Wechsel zwischen den Beiträgen, geregelt wird. Liddicoat (1994) geht davon aus, dass sich für Dialoge mit technischen Systemen wie z.B. Anrufbeantwortern ebenfalls Schemata dieser Art herausbilden. Während der Interaktion mit einer Maschine werden jedoch die impliziten Erwartungen des Benutzers im Hinblick auf die Koordinierung von Inhalt und Prozess eines Dialoges häufig verletzt.

Im folgenden werden einige Basisstrukturen von Koordinationsschemata für eine telefonbasierte Benutzerschnittstelle aufgezeigt, die auch in jeder anderen Form eines Koordinationsschemas geregelt sein müssen:

1. Dem Benutzer muss die grobe Ablaufstruktur der Textinformation, die die Maschine sprachlich darbietet, klar sein.
2. Ebenfalls muss der Sprecherwechsel (turn taking) klar geregelt sein.
3. Auch muss der Benutzer wissen, an welchen Stellen Unterbrechungen herbeigeführt werden können, z. B. um weiter zu springen, oder um sich eine bereits gegebene Information noch einmal wiederholen zu lassen.
4. Geregelt sein muss auch, wie der Benutzer seine Fehler wieder beheben kann.
5. Schließlich muss dem Benutzer die von ihm jeweils getätigte Eingabe auf angemessene Art und Weise, z. B. in Form eines konsistenten Signaltones bestätigt werden.

2. Fragestellung und Hypothesen

Es ist nicht anzunehmen, dass Benutzer spezifische Schemata für die Interaktion mit telefonischen Informationssystemen ausgebildet haben, da eine regelmäßige Nutzung dieser Systeme derzeit noch nicht stattfindet und das Erlernen derartiger Schemata nicht möglich ist.

Es ist deshalb plausibler anzunehmen, dass das untersuchte telefonische Informationssystem strukturelle Eigenschaften besitzt, die verschiedene verfügbare, aber nicht auf diese spezielle Situation zugeschnittene Ablaufschemata auslösen, wie z. B. für Telefongespräche, face-to-face Gespräche oder den Anrufbeantworterdialog. Diese Schemata sind nur zum Teil verträglich, und wir vermuten, dass die Nutzung des Systems erschwert ist, da der Benutzer ohne Hilfestellung nicht weiß, nach welchen Koordinationsregeln er vorzugehen hat.

Des Weiteren erwarten wir, dass der Benutzer beim Auftreten von Interaktionsproblemen im Allgemeinen die Ursache in der eigenen Unkenntnis der Koordinationsregeln eines eigentlich einfach zu bedienenden Mediums sieht. Infolge dessen wird der Benutzer das System auch dann nicht negativ bewerten, wenn massive Probleme auftreten.

3. Methode

Als prototypischer Untersuchungsgegenstand dient der interaktive Kinoansagedienst der Deutschen Telekom. Der Ansagedienst ist interaktiv in dem Sinne, das eine digitalisierte, von einer Maschine aufgezeichnete und entsprechend der jeweiligen Informationseinheiten zusammengestellte menschliche Stimme Eingabeaufforderungen macht, denen der Benutzer folgen muss, um die von ihm jeweils angestrebte Auskunft zu erhalten. Die Eingabe seitens des Benutzers erfolgt über die Tastatur an seinem Telefon je nach Instruktion des Sprechers.

Um das Vorgehen und die Probleme der Versuchspersonen beobachten und beschreiben zu können, wurden quasi-experimentelle Untersuchungen in Form so genannter Usability-Tests und Fragebögen vorgenommen. Da der tatsächliche Informationsdienst mit Hilfe eines rechnerbasierten Prototypen simuliert wurde, waren wir in der Lage, jede Handlung des Benutzers genau festzuhalten und damit späteren Analysen zugänglich zu machen. Zusätzlich wurden sowohl die Oberfläche des Systems, d.h. in diesem Falle die Tastatur, als auch die Mimik und sprachliche Äußerungen des jeweiligen Benutzers unter Zuhilfenahme zweier Kameras aufgezeichnet.

Die Interaktionsstruktur lässt sich wie folgt beschreiben. Der Benutzer wird nach einer kurzen Begrüßungssequenz zu einer Einführung weitergeleitet, in der er Information zur Bedienung des Systems erhält. Danach gelangt er in das Hauptmenü und von dort den Instruktionen folgend in eine der Hauptrubriken Kinos, Aktuelle Kinohits oder Alle laufenden Filme. Innerhalb dieser Kategorien ist er wiederum gezwungen, seine Wahl auf Kinos bzw. Filme mit den Anfangsbuchstaben A bis I, J bis R oder S bis Z einzuschränken, wobei er innerhalb dieser Rubriken wiederum mit bestimmten Tasten in feinerer bzw. gröberer Form von Information zu Information weiterspringen kann. Zum Abschluss hört der Benutzer einen Schlusssatz und wird dann automatisch aus dem System entlassen.

3.1 Versuchsablauf

Zur Durchführung der Usability-Tests wurde eine Simulation des Kinoansagedienstes mit Hypercard programmiert. In der Simulation wurde ein Telefon nebst Tastatur auf einem Bildschirm abgebildet, dessen Tasten durch Anklicken mit der Computermaus bedient werden konnten. Die Versuchspersonen konnten mit der Maus den Hörer abheben, wählen und auch wieder auflegen, wann immer sie wollten. Einwählen in den Dienst konnten sie sich mit einer Starttaste, die ihnen die Aufgabe des Wählens der gesamten Einstiegsnummer abnahm. Das System simulierte akustisch ein reales Telefon. Sowohl die Eingabe von Zahlen, als auch die Stimme des Sprechers waren dem Dienst der Telekom nachgebildet. Getestet wurden 24 StudentInnen unterschiedlicher Fachrichtungen der Universität des Saarlandes.

3.2 Szenarios

Den Versuchspersonen wurden während des Versuchs drei verschiedene Problemstellungen in Form alltagstypischer Szenarios bezüglich der Nutzung des Systems in schriftlicher Form auf dem Bildschirm präsentiert. Das erste Szenario verlangte die Suche nach einem bestimmten Film inklusive Kino, in dem dieser gezeigt wird und den dazugehörigen Spielzeiten, das zweite ließ eine offene Suche nach einem Film der eigenen Wahl, Kino und entsprechenden Zeiten zu. Das dritte Szenario definierte sowohl einen Film, als auch das dazugehörige Kino und verlangte von der jeweiligen Versuchsperson herauszufinden, zu welcher Zeit dieser Film in dem entsprechenden Kino gezeigt wird.

3.3 Nachbefragung

Nach der Bearbeitung der Szenarios wurde eine Nachbefragung durchgeführt wobei (1) das Vorwissen, (2) die Akzeptanz, (3) die Erwartungen und (4) mögliche Ansätze für Verbesserungen erhoben wurden.

4. Ergebnisse

Die Auswertungen zeigten eine erhebliche Diskrepanz zwischen dem schnellstmöglichen Weg ans Informationsziel zu gelangen und den Wegen, die die Versuchspersonen auf Grund von verschiedensten Problemen im Umgang mit dem System zu wählen gezwungen waren. Eine Versuchsperson musste z.B. sechzehn Tasten drücken um herauszufinden, wo ein Film gespielt wird, obwohl sie diese Information auch mit fünf Tasten hätte erhalten können (Tab. 1 und Tab. 2). (Szenario 2 repräsentierte eine freie Suche. Ein idealer Weg lässt sich hierfür nicht definieren.)

Tabelle 1: Bearbeitungszeit der Scenarios in Sekunden

	Szenario 1	Szenario 3
ideal	50,4	58,3
tatsächlich (gemittelt)	154,16	150,8

Tabelle 2: Anzahl der ausgeführten Schritte innerhalb der Scenarios

	Szenario 1	Szenario 3
ideal	8	9
tatsächlich (gemittelt)	15	14

Die im Folgenden dargestellten Fehlerraten verdeutlichen in noch drastischerer Weise die Schwierigkeiten, die bei der Benutzung des Systems auftraten. Die Gesamtfehlerrate von 0.833 bezogen auf alle drei Szenarios zeigt, dass fast bei jeder Bearbeitung ein Fehler aufgetreten ist. Diesem Wert entsprechen 60 Fehler bei 72 Aufgabenbearbeitungen.

Einige Fehler sind bei der Nutzung des Systems bei der Mehrzahl der Versuchspersonen wiederholt aufgetaucht:

- Bei 8 Bearbeitungen reagierten Teilnehmer nacheinander bei allen drei Aufgaben mit „Orientierungslosigkeit", d.h. dass sie innerhalb eines Sinnkontextes mindestens dreimal eine bezüglich der vom System gegebenen Vorinformation funktionslose Taste gedrückt haben.

- Bei 11 Bearbeitungen legten Teilnehmer den Hörer während der Aufgabe auf und begannen von vorne, weil sie an einem Punkt angekommen waren, an dem sie keinen anderen Ausweg mehr zu finden schienen.

- Bei 4 Bearbeitungen wurden Teilnehmer vom System ungewollt ausgeschlossen, d. h. sie gelangten in die Verabschiedungssequenz, aus der nur Auflegen des Hörers wieder hinaus führt.

- Bei 37 Bearbeitungen begingen Teilnehmer weniger schwerwiegende Fehler wie z.B. eine real funktionslose Taste zu drücken.

Zudem wurden 19 Teilnehmer in den Szenarios 1 und 3 mit dem Problem konfrontiert, dass sie sich während eines Anrufes weder in der Anfangssequenz noch im Hauptmenü befinden und die Funktionstaste „5" in einem funktionsfähigen Kontext drücken, um zum Hauptmenü zurückzukehren. Dies entspricht einer Fehlerrate von 0.396.

Über alle Szenarios hinweg betrachtet trat das "0"-Problem am häufigsten auf. Es gibt keinen Teilnehmer, der nicht ergebnislos versuchte die langwierige Eingangssequenz des Informationsdienstes, die der Begrüßung folgt, zu überspringen. Die Möglichkeit wird den Anrufern vom System zwar angeboten (im tatsächlichen Dienst durch Spracheingabe in Form des Wörtchens „Ja", bei unserer Simulation entsprechend durch die Eingabe von „0" ersetzt), allerdings muss diese Taste nach einem Signalton und innerhalb einer bestimmten Zeit, etwa während drei Sekunden, gedrückt werden. Es gibt also ein begrenztes Zeitfenster, innerhalb dessen nur die „0" aktiv und funktionstüchtig ist. Die Versuchspersonen nehmen jedoch den Signalton meist als Feedback auf ihre getätigte Eingabe der Null war und warten so den kritischen Zeitraum hindurch ab, um sich dann die gesamte Eingangssequenz noch einmal anhören zu müssen, ohne zu wissen, in welcher Weise sie einen „Fehler" begangen haben könnten.

Die Ratingergebnisse zur Akzeptanz des Systems, der Erlernbarkeit, Verständlichkeit der Instruktionen, Benutzerfreundlichkeit, etc. zeigen durchweg mittlere Werte (2,25 - 3,04 auf einer Skala von 1 bis 5).

Im deutlichem Gegensatz zu diesen global durchaus positiven Beurteilungen fallen die Einschätzungen zur Bereitschaft der weiteren Nutzung des Dienstes eindeutig negativ aus.

Obwohl ein großer Prozentsatz der Benutzer dem System eher positive Bewertungen anhand der Ratingskalen zukommen lässt, sagen nahezu 75% derselben Personen, dass sie auf keinen Fall bereit wären, das System weiterhin zu nutzen. Von den verbleibenden Teilnehmern sind wiederum nur nahezu die Hälfte bereit, das System nur dann zu verwenden, wenn keine anderen Alternativen zur Verfügung stehen.

Der Befund, der sich in den moderaten Ratings einerseits und den deutlich negativen Antworten zur Frage der Wiederverwendung des Systems andererseits zeigt, ist nur scheinbar widersprüchlich. Ein ähnliches Befundmuster zeigt sich z.B. auch in Settle, Dillon & Alreck (1999). Eine Erklärung für diesen Befund könnte sein, dass die Versuchspersonen nicht die Schwächen des System als verursachend für ihrer Probleme halten, sondern sich selbst. Das heißt, Benutzer gehen bei einem telefonbasierten Informationssystem davon aus, dass das Medium Telefon eigentlich einfach zu bedienen ist. Das bedeutet, dass die Teilnehmer zwar glauben, über ein passendes Schema zu verfügen, nämlich ein solches darüber wie mit einem Interaktionspartner am Telefon zu kommunizieren ist, dass sie selbst aber nicht in der Lage sind, dieses Schema in angemessener Weise einzusetzen.

Auch die übrigen Ergebnisse unterstützen die Hypothesen der Untersuchung.

Probleme, die im Zusammenhang mit dem „0"-Problem auftraten, können als ein recht eindrückliches Beispiel für das Aufeinandertreffen zweier unvereinbarer Koordinationsschemata interpretiert werden. Beim „0"-Problem kann davon ausgegangen werden, dass die Entwickler des Systems zumindest an dieser Stelle der Eingangssequenz ein der Benutzung eines Anrufbeantworters, ähnliches Schema zu Grunde gelegt haben. Es bestand offensichtlich die Annahme, dass die Benutzer durch die geübte Interaktion mit einem Anrufbeantworter gewohnt sind, nach einem Piepton zu sprechen. Da diese Explikation nicht erfolgt, greifen Versuchspersonen offensichtlich jedoch auf ein Wie-Schema der Telefonkommunikation mit einem Menschen zurück, d.h. sie beginnen dann zu sprechen, wenn der Gesprächspartner geendet hat und ein größere Pause entsteht. Der Piepton wird in der Folge nicht als Aufforderung, sondern als Feedback ähnlich demjenigen interpretiert, der nach einem Tastendruck erfolgt.

Ein weiteres Indiz für eine unzureichende Koordination des Dialogs findet sich darin, dass die Versuchspersonen übereinstimmend bemängeln, dass offensichtlich gegen ihre Erwartung vom System keine Funktion zur Verfügung gestellt wird, die es erlaubt, eine Aussage noch einmal zu wiederholen. Es fehlt also eine Rückfragemöglichkeit, die in einer alltäglichen face-to-face Kommunikation immer gegeben ist.

5. Ausblick

Welche Schlussfolgerungen lassen sich aus diesen Befunden über die Weiterentwicklung bzw. Verbesserung des getesteten Kinoansagedienstes der deutschen Telekom hieraus für vergleichbare Systeme ziehen?

Die Ergebnisse der Untersuchung belegen die eingangs getroffene Annahme, dass Benutzer auf keine angemessenen Koordinationsschemata für telefonbasierte Informationssysteme zurückgreifen können. Auch ist kein anderes Schema aus einer anderen Domäne ohne weiteres auf dieses System übertragbar. Zudem wird durch Inkonsistenzen im Aufbau des Informationssystems der Erwerb eines neuen Schemas nicht gefördert, wenn nicht sogar verhindert.

Bei der Entwicklung von informationstechnischen Benutzerschnittstellen sollte in Zukunft darauf geachtet werden, dass konsistente Wie-Schemata der Kommunikation aufgebaut werden können. Erst ein konsistentes Koordinationsschema erlaubt es, spezifische Regeln der Interaktionssteuerung infolge kontinuierlicher Nutzung auch über verschiedene Systeme hinweg zu erwerben. Die Orientierung an diesen Kommunikationsprinzipien bei der Gestaltung einer Benutzeroberfläche stellt auch eine Vereinfachung für die technische Entwicklung dar und liefert eine Grundlage für die frühzeitige Evaluation eines Systems.

Sowohl der auf der Grundlage eines interaktiven Prototypen des Informationssystems durchgeführte Usability-Test, als auch die administrierte Befragung der Benutzer, haben sich als fruchtbare Methoden zur Analyse und Verbesserung des Systems erwiesen. Weitere Forschungsanstrengungen sind notwendig, um analytische Verfahren wie etwa die heuristische Analyse mit empirischen Methoden, wie dem in dieser Untersuchung eingesetzten Usability-Testing, stärker zu integrieren.

Literatur

Abschlussbericht der Enquete-Kommission „Zukunft der Medien in Wirtschaft und Gesellschaft – Deutschlands Weg in die Informationsgesellschaft" (1998): Bundesdrucksache 13/1 1004.

Bullinger, H.-J., Ilg, R., Zinser, S. (1997): Turbulente Zeiten erfordern kreative Köpfe – Neue Impulse für das Management von Unternehmen. In A.-W. Scheer (Hrsg.), Organisationsstrukturen und Informationssysteme auf dem Prüfstand, (S. 33-50). Heidelberg: Physika-Verlag.

Bundesministerium für Bildung, Wissenschaft, Forschung und Technologie (BMBF) (1997): Mensch-Technik-Interaktion in der Wissensgesellschaft. Leitprojektausschreibung.

Gould, J.D., Boies, S.J., & Lewis, C. (1991): Making usable, useful, productivity-enhancing computer applications. Communications of the ACM, 34, 74-85.

Herrmann, T. & Grabowski, J. (1994): Sprechen: Psychologie der Sprachproduktion. Heidelberg; Berlin; Oxford: Spektrum, Akad. Verl.

ISO 9241 (1996): Ergonomic requirements for office work with visual display terminals. ISO.

Kensing, F. & Munk-Madsen, A. (1993): Participatory Design: structure in the toolbox. Communications of the ACM, 36, 78-85.

Liddicoat, A. (1994): Discourse Routines in Answering Machine Communication in Australlia. Discourse Processes, 17, 283-309.

Settle, R. B., Dillon, T. W. & Alreck, P. (1999): Acceptance of the fone-based interface for automated call direction. Behaviour & Information Technology, 18 (2), 97-107.

Wintermantel, M. (1991): Dialogue between expert and novice. In J. Markova & K. Foppa (Eds.), Asymetries in dialogue (p. 124-142). New York: Harvester.

Wintermantel, M. (i.Dr.): Die sprachliche Darstellung in Sachverhalten und Ereignissen. In T. Hermann & J. Grabowski (Eds.), Sprachproduktion.

Roland Mangold

Softwaregestaltung: Ein Beitrag zur Humanisierung der Arbeitswelt?

Moderne Computer mit ihren grafischen Benutzungsoberflächen sind aus der Arbeitswelt nicht mehr wegzudenken. Die bild- bzw. piktogramm-orientierte Schnittstelle zwischen Benutzer und Programmfunktionalität zeichnet sich dadurch aus, dass Informationen in Fenstern grafisch aufbereitet dargeboten werden und die Funktionen des Programms mit Hilfe der Maus bzw. der Tastatur abgerufen werden. Moderne Softwarepakete fügen sich nahtlos in die vom Betriebssystem bereitgestellte grafische Oberfläche ein. (Wie die gegenwärtig in den USA gegen den Hersteller des bei PC-Systemen dominierenden Betriebssystems mit grafischer Benutzungsoberfläche laufenden Prozesse zeigen, scheint die Versuchung groß zu sein, bei der Programmierung des Betriebssystems etwas dabei nachzuhelfen, dass sich eigene Softwarepakete in das Betriebssystem besser einpassen als Fremdprogramme.) Die heute verbreiteten grafischen Benutzungsoberflächen gelten allgemein als „benutzungsfreundlich" und die anfänglichen Kinderkrankheiten und Beschwernisse beim Umgang mit Rechnern scheinen überwunden. Wie das Fernsehgerät oder der Videorekorder zählt der Computer mittlerweile zu den elektronischen Alltagsgeräten, deren Bedienung rasch erlernt wird und die auch von weniger geübten Personen benutzt werden können. (Allerdings zeigt die Erfahrung, dass auch die Bedienbarkeit von Videorekordern noch zu verbessern wäre.)

Mit der Bedienungsfreundlichkeit von Software befasst sich die Softwareergonomie (Maaß, 1993; Wandmacher, 1993). In der Softwareergonomie arbeiten Computerfachleute, Kognitionspsychologen und Arbeitspsychologen zusammen, um die Prinzipien von in der Arbeitswelt effektiv, effizient und zufrieden stellend nutzbarer Hard- und Software herauszufinden. Dabei muss unterschieden werden zwischen den textbasierten Mensch-Maschine-Schnittstellen in der ersten Phase der Computertechnologie und den bereits erwähnten grafischen Schnittstellen heutiger Prägung.

Der reduzierte Blick: Zur Ergonomie textbasierter Benutzungsoberflächen

In den Anfängen der technischen Entwicklung waren Personal Computer (PC) sowohl in ihrer Verarbeitungsgeschwindigkeit als auch in ihrer Speicherkapazität sehr begrenzt. Zur Ausgabe stand ein Monitor mit einer Bildschirmdiagonalen von üblicherweise 14 Zoll zur Verfügung, auf dem Informationen als Texte (in 24 Zeilen mit 40 bzw. später 80 Zeichen pro Zeile) in weißer, gelber oder grüner Farbe leuchtend vor schwarzem Hintergrund dargestellt wurden. Grafische Ausgaben beschränkten sich auf einfache Blockzeichen, mit denen wichtige Textstellen umrahmt oder Formulare aufgebaut werden konnten. Zwar boten viele der Grafikkarten im Rechner bereits die Möglichkeit, vom Text- in den Grafikmodus umzuschalten und in diesem Modus auf einer rechteckigen Fläche mit z.b. 312 x 256 Bildpunkten („Pixeln") zu „zeichnen", jedoch wurde der Grafikmodus nur für spezifische Funktionen (wie z.b. zur Ausgabe von Diagrammen) genutzt. Ein Einsatz für eine grafische Benutzungsoberfläche verbot sich auf Grund der begrenzten räumlichen Auflösung der Zeichenfläche und des enormen Zeitbedarfs für das Erstellen einer Grafik.

Programme mit Textdarstellung wurden durch Kommandos gesteuert, die mit Hilfe der Tastatur in einer sog. „Kommandozeile" eingegeben werden konnten (z.b. „print all"). Mit Text- und Blockzeichen wurden bereits erste Menüs entworfen, bei denen die darin enthaltenen Kommandos mit Hilfe der Tastatur (und später mit der Maus als Eingabegerät) ausgewählt und ausgeführt werden konnten. Eine menügeführte Programmsteuerung hat den Vorteil, dass sie das Gedächtnis entlastet und rascher erlernbar ist, andererseits aber gestaltet sich die Benutzung eines Programms über Menüs aufwändiger, weshalb geübte Benutzer für häufig gewählte Kommandos die Eingabe über die Tastatur (Tastenkürzel, Funktionstasten) bevorzugen. Konsequenterweise sah sich die Softwareergonomie mit der Frage konfrontiert, für welche Benutzer kommando- oder menügesteuerte Programme günstiger sind (vgl. Altmann, 1987). Weitere Forschungsbemühungen richteten sich auf die Frage, wie die Befehle in den Menüs bezeichnet werden sollten - Beobachtungen ergeben eine sehr große Variabilität zwischen den Benutzern hinsichtlich der bevorzugten Formulierung von Befehlen - und wie die Menüs organisiert werden sollten - als Alternative bietet sich entweder einer größere Zahl flacher Untermenüs mit wenigen Befehlen oder eine geringere Zahl tiefer Untermenüs mit jeweils vielen Befehlen an.

Der volle Blick: Zur Ergonomie grafischer Benutzungsoberflächen

Die Fortschritte der Computertechnologie - CPUs werden immer schneller, die Arbeitsspeicherkapazität wächst und Grafikkarten sind mit einer größeren maximalen Pixelzahl (i.d.R. 1024 x 768) und mit Grafikbeschleunigern ausgestattet - ermöglichten es, den Textmodus zu verlassen und alle Ausgaben im Grafikmodus anzuzeigen. Der Grafikaufbau ist inzwischen schnell genug möglich und eine Auflösung von 800 x 600 bzw. von 1024 x 768 Bildpunkten lässt eine befriedigende Detailliertheit der dargestellten Zeichen zu. Der Auflösungsgrad wird überdies durch Farbmonitore mit 17 oder gar 19 Zoll Bildschirmgröße verbessert und die Farbtiefe der Grafikkarten von 16, 20 oder gar 24 Bit gestattet eine fotorealistische Darstellung von Bildern.

Mit der Verbreitung dieser Grafiktechnologie ging der Siegeszug von Betriebssystemen mit grafischer Benutzungsoberfläche einher. Zunächst von der Firma XEROX entwickelt, galt eine auf Fenstern („windows") basierende Benutzungsoberfläche bei Apples Macintosh-Computer als hinsichtlich ihrer Bedienbarkeit vorbildlich und fand später ihre Nachahmung im Windows-Betriebssystem von Microsoft (für Rechner mit Intel-Prozessoren). Dieses Betriebssystem hat inzwischen eine enorm hohe Verbreitung gefunden und ist als Standard für heute Benutzungsoberflächen anzusehen.

Neben der Tatsache, dass die Ausgabe des Rechners auf dem Bildschirm generell im Grafikmodus erfolgt, weisen aktuelle Softwarepakte einige weitere Besonderheiten auf:

- Auf dem Bildschirm („Desktop") angezeigte Icons wie „Arbeitsplatz" oder „Papierkorb" legen es nahe, die Benutzungsoberfläche mit einem Schreibtisch-Arbeitsplatz („Desktop") in Verbindung zu bringen. Durch dieses „mentale Modell" (Dutke, 1994; Schmalhofer, 1987; Young, 1981) soll den die Tätigkeit am Schreibtisch gewohnten Benutzern der Umstieg erleichtert werden.

- Im Hinblick auf die Programmbedienung gilt die Regel, dem Benutzer einen möglichst großen Freiheitsspielraum einzuräumen. So erlauben es moderne Betriebssysteme, mehrere Anwendungen gleichzeitig zu benutzen und zwischen Anwendungen hin und her zu schalten. Bei der Ausführung einer Arbeit muss vom Programm her keine feste Reihenfolge eingehalten werden; so kann ein geschriebener Text entweder zuerst auf Rechtschreibung überprüft und dann formatiert werden oder umgekehrt. Dem softwareergonomischen Prinzip der Handlungsfreiheit entspricht das Prinzip der Selbstbestimmtheit und der Gestaltbarkeit von Arbeit.

- Softwarepakete werden immer leistungsfähiger und bieten inzwischen eine so große Fülle von unterschiedlichen Funktionen, dass ein wenig geübter Benutzer leicht die Übersicht verliert. Wie Potosnak (1990) zeigt, benötigen auch fortgeschrittene Anwender in 80% aller Fälle lediglich ein Viertel der Funktionalität eines Programmes. Um die Übersicht zu wahren, kommt es darauf an, das Menüsystem bzw. die Benutzerführung so zu gestalten, dass der Benutzer die von ihm benötigten und häufig eingesetzten Befehle rasch findet und sich nicht im Dickicht komplexer Menübäume und Dialogboxen verliert (Kofer, 1983).

Vor dem Hintergrund der gerade skizzierten technischen Entwicklung lässt sich ableiten, warum sich die Softwareergonomie seit dem Aufkommen grafischer Benutzungsoberflächen in stärkerem Maße auf die Beantwortung folgender Fragestellungen konzentriert: Wie leistungsfähig ist die „Schreibtisch"-Metapher? Hilft sie tatsächlich ungeübten Benutzern, sich im Programm zurecht zu finden? Wie kann durch die Gestaltung der Oberfläche die Übertragung analoger mentaler Modelle gefördert werden? Wie kann das Problem gelöst werden, dass einerseits eine Vielzahl von Funktionen als Befehle in der Benutzungsoberfläche unterzubringen sind, andererseits aber der Benutzer die gesuchten Funktionen mit wenigen Mausklicks findet (vgl. Paap & Roske-Hofstrand, 1988)?

Die im Vergleich zur Kommandosprache einfachere Bedienbarkeit von Computersystemen mit grafischer Benutzungsoberfläche hat den breiten Einsatz von Softwarepaketen (mit Programmen für die Textverarbeitung, die Bildverarbeitung, die Datenspeicherung, die Datenkalkulation und die Präsentation) in der Arbeitswelt möglich gemacht und gefördert; heutige Softwaresysteme mit grafischer Schnittstelle gelten als hinreichend benutzungsfreundlich. Die Einsicht, dass den Arbeitenden an EDV-gestützten Arbeitsplätzen ein effektives, effizientes und zufrieden stellendes Arbeiten mit dem Rechner und den Programmen ermöglicht werden muss, hat auch Eingang in EU-Recht gefunden. Damit soll nicht ausgedrückt werden, dass die Frage der Benutzungsfreundlichkeit von Softwaresystemen endgültig gelöst wäre; dieses Thema wird auch weiterhin ein Gegenstand softwareergonomischer Forschung bleiben. Allerdings lässt sich eine Verschiebung der Arbeitsschwerpunkte beobachten; in einer erweiterten Perspektive werden Softwareentwicklung und Softwaregestaltung verstärkt auch in ihrer Wechselbeziehung mit Veränderungen in den Arbeitsabläufen und betrieblichen Vorgängen gesehen.

Der erweiterte Blick: Softwaregestaltung als Arbeitsgestaltung

Grundsätzlich kann die Einführung neuer Softwaresysteme in zwei voneinander unterschiedlichen Situationen erfolgen: Entweder hat es vor der Einführung eines Programmes noch keine Softwareunterstützung für die Tätigkeit am Arbeitsplatz gegeben und zuvor manuell ausgeführte Verrichtungen werden jetzt vollständig oder zumindest teilweise mit Hilfe des Rechners erledigt. Oder es war bereits Software installiert und die neue Software wird eingeführt, weil sie leistungsfähiger ist oder zusätzliche Funktionen bereitstellt. Auf diese Weise können mit der Einführung weitere Arbeitsmöglichkeiten in das Softwaresystem integriert werden. Insbesondere bei der Neueinführung von Software, aber auch bei jeder Einführung einer verbesserten Version werden nicht bisher manuell ausgeführte Verrichtungen in einer 1:1-Entsprechung auf den Rechner verlagert, sondern es handelt sich um einen Vorgang, bei dem mehr oder weniger tief in die Struktur von Arbeitsabläufen und betrieblichen Vorgängen eingegriffen wird. Beispielsweise werden Verrichtungen, die zuvor von getrennten Stellen vorgenommen wurden, oftmals mit Hilfe der EDV an einem Arbeitsplatz bzw. bei einer Person konzentriert. Schon allein die Tatsache, dass es die EDV dem/der einzelnen Mitarbeiter/in gestattet, auf eine Vielzahl von Informationen aus anderen Stellen im Betrieb zuzugreifen, verändert den Geschäftsprozess, da die Informationsbeschaffung zuvor nur eingeschränkt (und nur unter Kontaktaufnahme zu informierten Kolleginnen und Kollegen) möglich war.

Wie die betriebliche Situation und die Softwaregestaltung miteinander verwoben sind, demonstrieren die Befunde einer Fragebogen-Erhebung, die wir mit finanzieller Unterstützung der Arbeitskammer des Saarlandes und im Rahmen einer Kooperation mit Saarberg AG bei Nutzern des Textverarbeitungsprogramms Word 2.0 für Windows durchgeführt haben. In dem von 62 Personen vollständig ausgefüllten Fragebogen wurde unter anderem erfragt, wie gut sich die Benutzer die Befehle und Symbole der Benutzungsoberfläche dieses Programms einprägen können, wie sie diese beurteilen und wie häufig sie die mit diesen Interaktionselementen verbundenen Programmfunktionen einsetzen. Als Ergebnis dieser Studie kann zusammenfassend festgehalten werden, dass die Benutzer an ihrem Arbeitsplatz vergleichsweise gut mit den Bedienungselementen von Word 2.0 zurecht kamen und es ergaben sich lediglich Hinweise auf kleinere Ungereimtheiten. So findet sich der Befehl „Tabelle einfügen" nicht im Menü „Einfügen", sondern im Menü „Tabelle". Allerdings zeigte sich bei der Befragung, dass die allgemein als Vorteil des untersuchten Programms angesehene Möglichkeit, die Benutzungsoberfläche selbst zu gestalten und damit den individuellen Erfordernissen anzupassen, so gut wie nie genutzt wird, also dieses Potenzial zur Gestaltung einer effizienteren und zufrieden stellenderen Arbeitsumgebung verschenkt wird. Die Gründe für die Zurückhaltung bei der bedarfsorientierten Gestaltung der Benutzungsoberfläche sind einmal in der komplizierten Vorgehensweise bei Änderungen an der Programmoberfläche zu suchen; so war den meisten Befragten nicht bekannt, wie sie z.B. bei der Anpassung der Symbolleisten vorzugehen hatten. Außerdem war die - keineswegs unbegründete - Befürchtung verbreitet, dass mögliche unerwünschte Änderungen nicht mehr rückgängig gemacht werden könnten. Zum anderen ergab sich im Rahmen der Nachbefragung, dass viele Rechner am Arbeitsplatz von mehr als einer Person genutzt werden. Da das untersuchte Softwarepaket nicht in der Lage ist, individuelle Konfigurationen zu speichern und später wiederherzustellen, hätte eine Änderung Auswirkungen auf die Benutzbarkeit des Programms durch andere Personen gehabt und ist somit unterblieben (vgl. auch Ulich, 1987; Ackermann & Ulich, 1987; Rich, 1983). Dies veranschaulicht die bereits angedeutete Wechselwirkung von betrieblichen Rahmenbedingungen und Features der Benutzungsoberfläche.

Nicht nur setzen die Arbeitsbedingungen einen Kontext für die Softwaregestaltung; Softwaregestaltung wirkt andererseits aber auch auf die jeweiligen Geschäftsprozesse ein (Hamborg & Schweppenhäuser, 1992). Um dieses Veränderungspotenzial von Softwareentwicklungen nutzen und verantwortlich einsetzen zu können, sollte der Programmierung eine intensive Auseinandersetzung mit den betrieblichen Besonderheiten vorausgehen. Softwarepakete werden heute fast ausschließlich im Paradigma der objekt-orientierten Programmierung (OOP) erstellt, bei dem Objekte samt ihren Eigenschaften und Verhaltensweisen definiert werden (Gibson, 1991; Rubin & Goldberg, 1992). Ein Vorteil der OOP ist die im Unterschied zu ablauforientierten Programmen wesentlich größere Übersichtlichkeit, was die Pflege, die Wiederverwendbarkeit von Programmteilen und die Erweiterbarkeit der Software deutlich verbessert. Um Geschäftsabläufe mit Hilfe der OOP-Software auf dem Rechner zu modellieren, werden im Vorfeld der Programmerstellung Geschäftsdaten (aus der Systemanalyse) herangezogen und in einer Struktur von Objekten, Objekteigenschaften und Objektverhaltensweisen nachgebildet. Als Ausgangsdaten eignen sich einmal Planungs- und Strukturdaten, zum anderen werden mit der Tätigkeit vertraute Mitarbeiter/innen befragt, um zu einer möglichst breiten Datengrundlage für die Programmierung zu kommen. (Die Befragung der Mitarbeiter bringt darüber hinaus einen Aspekt der Partizipation in den Prozess der Softwaregestaltung ein.)

Zur empirischen Erhebung von Benutzerdaten im Vorfeld der Programmerstellung wurden unterschiedliche Verfahren entwickelt (vgl. Gediga, Greif, Monecke & Hamborg, 1989). Dabei sollte die Entscheidung für ein Verfahren von zwei Gesichtspunkten geleitet sein:

- Die Erhebung von Daten zu Arbeitsvorgängen ist nicht unproblematisch. Tätigkeiten sind als automatisierte Prozeduren oftmals kaum bewusst und können ohne Hilfsmaßnahmen im Interview oder im Fragebogen nur schwer und nur unvollständig beschrieben werden. Für die Datenerfassung zu routinemäßig ausgeführten Handlungen haben sich Erhebungsverfahren als vorteilhaft erwiesen, mit deren Hilfe die in Betracht kommenden Wissensbestände visualisiert werden (Mandl & Fischer, 2000). Als Visualisierungsverfahren kann eine Legetechnik zum Einsatz kommen, bei der die Elemente der Arbeitstätigkeit vom Befragten auf einer großen Fläche ausgelegt werden. Es ist zudem günstig, wenn der Befragte selbst die Elementkärtchen in seinen eigenen Worten beschriften kann. Bei der ausgelegten Struktur ist eine kontinuierliche Änderungsmöglichkeit gegeben; so kann der Befragte das externalisierte kognitive Aufgabenmodell seiner Tätigkeit sukzessive seinen Vorstellungen anpassen und mit dem Interviewer besprechen.

- Die mit der Einführung von Software einhergehende mehr oder weniger tief greifende betriebliche Umgestaltung kann bereits bei der Erhebung der Ausgangsdaten berücksichtigt werden. Hierzu sollte das Erhebungsverfahren so aufgebaut sein, dass es nicht nur softwarebezogene, sondern darüber hinaus weitere Daten (z.B. über die Verkettung von Aufgaben zu Vorgängen und deren Schnittstelle) liefert, die im Umfeld der Softwareentwicklung für betriebliche Reengineering-Maßnahmen von Nutzen sind.

Vor dem Hintergrund dieser Überlegungen haben wir im Rahmen einer von Daimler Benz (Ulm) finanzierten Auftragsprojektes ein Instrument zunächst zur Erhebung von subjektiven Aufgabenmodellen (DEI; vgl. Mangold-Allwinn, Antoni & Eisenecker, 1995) entwickelt, das später zum Instrument zur Vorgangsanalyse (IVA) erweitert wurde. Bei diesem Verfahren sind eine Legetechnik (mit einer begrenzten Anzahl von Kärtchen) und ein halbstrukturiertes Interview vereint. Beim ersten Treffen des Interviewers mit dem Aufgabenträger erfolgt die Erhebung einer vorgegebenen Aufgabe, beim zweiten Treffen wird das so entstandene subjektive Modell validiert und verfeinert. Die Dokumentation des Aufgabenmodells bildet die Grundlage für die nachfolgende Programmentwicklung einschließlich der damit einhergehenden Veränderungen in den Geschäftsprozessen.

Während die mit der Entwicklung von Software einhergehende Veränderung in betrieblichen Ablaufprozessen durchaus noch als Arbeitsgebiet „klassischer" Softwareergonomie (und hier insbesondere der Arbeitspsychologie als beteiligter Disziplin) gesehen werden kann, ergibt sich bei den neuen, mit Hilfe vernetzter und multimediafähiger Computersysteme realisierten Arbeitsmitteln ein Bedarf zur Gestaltung der Benutzungsoberfläche, die neuartige Anforderungen an die Gestaltung der Software- bzw. Medienoberfläche stellt. Diese anders gearteten Anforderungen sind nicht mehr allein mit einer aus Computertechnologie, Kognitionspsychologie und Arbeitspsychologie zusammengesetzten Softwareergonomie zu lösen, sondern fordern die Zusammenarbeit mit spezifisch auf die Medien orientierten Disziplinen - wie etwa der Medienpsychologie - heraus.

Der Ausblick: Softwaregestaltung als Mediengestaltung

Verbreitete Bürosoftware läuft am Arbeitsplatz lokal auf einem Rechner ab, gibt über die Benutzungsoberfläche für den Benutzer Informationen aus und wird mit der Maus oder der Tastatur bedient. Mit Hilfe verbreiteter Browser wie Netscape, Internet Explorer oder Opera werden bei den sog. „neuen Medien" die mit Internettechnologie übertragenen HTML-Dokumente auf dem Bildschirm dargestellt. Einerseits entspricht die Browser-Software (mit ihrer Benutzungsoberfläche mit Bedienungselementen und Ausgabefenster) einem Textverarbeitungs- oder Tabellenkalkulationsprogramm, andererseits unterscheiden sich die mit Browsern über das Netz geladenen und dargestellten Dokumente in mehrfacher Hinsicht von den Dokumenten, die lokal mit den Büro-Softwarepaketen bearbeitet werden:

- Mit dem Browser geöffnete Dokumente werden nicht bearbeitet, sondern nur gelesen. Lediglich die in Formularen in HTML-Dokumenten enthaltenen Felder können ausgefüllt und an eine andere Website übertragen werden.

- Webdokumente sind mit multimedialen Elementen angereichert; der reine Text ist weniger umfangreich, grafisch aufbereitet und tritt in den Hintergrund.

- Im Browser können markierte Links mit der Maus angeklickt werden, was zu einem raschen Dokumentenwechsel und unter Umständen zu einer anderen Website irgendwo auf der Welt führt. Zudem können durch Buttons Funktionen (wie z.B. das Übertragen eines ausgefüllten Formulars) ausgelöst werden.

- Webdokumente können „programmiert" werden, das heißt, sie zeigen ein Verhalten und reagieren auf Benutzeraktionen. Beispielsweise kann mit JavaScript realisiert werden, dass ein Bereich des Dokumentes auf das Überfahren mit der Maus reagiert und die Form der in diesem Bereich dargestellten Information ändert. Der Programmierung von Aktionen mit Hilfe von CGI-Skripts oder Java sind kaum Grenzen gesetzt; so steht ein Shop-System für den elektronischen Handel mit angebundener Datenbank in seiner Programmvielfalt einer lokal ausgeführten Anwendungssoftware kaum mehr nach.

Auch die hier beschriebenen „aktiven" Netzdokumente werfen die Frage nach der optimalen Gestaltung der „Benutzungsoberfläche" auf. Während die „klassische" Softwareergonomie Hinweise zur besten Anordnung von Informationen auf dem Bildschirm oder zur Benennung von Buttons und Formularfeldern zu geben vermag, sieht man sich vor dem Hintergrund des Benutzungskontextes von Webdokumenten mit neuen Problemen konfrontiert, die kaum mehr im Rahmen einer informationstechnologisch, kognitionspsychologisch und arbeitspsychologisch orientierten Softwareergonomie zu lösen sind. Ein Beispiel mag dies verdeutlichen: Während bei den bekannten (lokalen) Softwarepaketen z.B. emotionale Empfindungen nicht oder kaum von Bedeutung sind (vgl. Allen, 1982), zeigt sich bei der Interaktion mit einem Webangebot, dass hier Informations- und Unterhaltungsbedarf eng miteinander verwoben sind und auch vom Dokument ausgelöste emotionale Effekte eine Rolle spielen. (Die Beschränkung der Softwareergonomie auf überwiegend kognitive Zustände kommt z.B. in den Kriterien Effektivität, Effizienz und Zufriedenheit zum Ausdruck, die als übergeordnete Gütemaßstäbe für benutzungsfreundliche Software in der EU-Norm genannt werden.) Aus der Tatsache, dass das Gefühl des Unterhaltenseins bei den Netzdokumenten eine größere Bedeutung hat als bei den im Büro lokal bearbeiteten Dokumenten und dass zudem der Besucher einer Website rasch als Nutzer verloren gehen kann, weil die nächste Website mit nur einem einzigen Mausklick erreichbar ist, ergibt sich als Vorgabe, dass sich Anbieter von Webangeboten intensive Gedanken über die bei der Nutzung ihres Angebotes bei den Besuchern entstehenden emotionalen Zustände machen sollten. Wenn während der Interaktion negative Emotionen wie Ärger oder Geringschätzung zu beobachten sind, liefert dies Hinweise dazu, dass Änderungen an den dargebotenen Informationsinhalten, an der Aufmachung oder an den Navigationselementen vorgenommen werden sollten. Zudem lässt das Muster der bei der Evaluation insgesamt vorgefundenen positiven und negativen Emotionszustände eine Einschätzung zu, ob das Ziel (z.B. der Unterhaltung der Besucher) mit dem Webangebot erreicht worden ist.

Zur Identifikation emotionaler Zustände bei der Interaktion mit Netzangeboten haben wir ein Verfahren entwickelt, bei dem interaktionsbegleitend die Gesichtsmimik der Nutzer aufgezeichnet und - im Nebenraum - von dem Versuchsleiter analysiert wird. Im Anschluss an die Interaktionssitzung wird die Testperson mit den in ihrem Gesicht beobachteten Emotionen konfrontiert und es werden die Ursachen für die Auslösung dieser emotionalen Reaktionen im Interview elaboriert. Dieses hier nur kurz beschriebene Verfahren - eine ausführlichere Darstellung findet sich unter http://www.psychologie.uni-mannheim.de/members/_mangold unter dem Punkt „Mimikbasierte Evaluation von Webauftritten" - hat den Vorteil, dass die Interaktion der Testperson ungestört verläuft. (Die Aufnahmekamera neben dem Computermonitor für die Gesichtsmimik wird nach unseren Erfahrungen nach kurzer Zeit nicht mehr wahrgenommen und beim Vorhandensein einer Einweg-Beobachtungsscheibe kann die Registrierung völlig unbemerkt erfolgen.) Ein weiterer Vorteil dieses Verfahrens ist, dass die Testperson in der Nachbefragungsphase sowohl ihre emotionalen Reaktionen als auch (als „Bild im Bild") den zum gleichen Zeitpunkt auf dem Computerbildschirm dargebotenen Inhalt sehen kann; auf diese Weise können Vergessenseffekte fast vollständig eliminiert werden. (Bei anderen Verfahren, die auf einer Nachbefragung ohne eine solche Gedächtnisstütze beruhen, ergibt sich häufig als Problem, dass die Befragten einen Teil ihrer Erlebnisse mit dem Medium vergessen oder übersehen und so eine nicht repräsentative Gesamtbeurteilung des Angebotes resultiert.

Abschließend ist festzustellen, dass die Softwareergonomie einen wesentlichen Beitrag zur Verbesserung der textbasierten und insbesondere der grafischen Benutzungsoberflächen von Computerprogrammen geleistet hat. Obwohl gegenwärtig die Entwicklung der Oberflächen weniger rapide und dramatisch als in den Anfängen der Computer- und Softwaretechnologie verläuft, werden auch künftig softwareergonomische Studien in „usability labs" erforderlich sein, um die Benutzungsfreundlichkeit weiter zu verbessern. Allerdings sind die größeren Veränderungen im Internetbereich zu beobachten; so werden vernetzte Computer am Arbeitsplatz in immer stärkerem Maße für den Abruf multimedialer Hypertext-Dokumente eingesetzt und auch bei diesen „aktiven" Dokumenten stellt sich die Frage nach der Gestaltung der Schnittstelle zum Benutzer (Koller, 1993). Prägnant formuliert könnte man sagen, dass aus Softwaregestaltung Mediengestaltung wird. Es ist anzunehmen, dass mit den sich hier abzeichnenden Veränderungen der Aufgabenstellung auch eine Veränderung der Softwareergonomie selbst einhergehen wird, da die skizzierten Fragestellungen (z.B. Wie kann die Unterhaltungswirkung eines interaktiven Mediums optimiert werden?) nicht mehr von Computertechnologie, Kognitionspsychologie und Arbeitspsychologie allein beantwortet werden können, sondern im Rahmen einer erweiterten Kooperation bearbeitet werden sollten. So habe ich bereits vor sechs Jahren argumentiert (Mangold-Allwinn, 1994; vgl. auch Mangold, 1997), dass softwareergonomische Fragestellungen zunehmend auch zu einem Arbeitsfeld medienpsychologischer Forschungstätigkeit werden würden und die gegenwärtige stürmische Entwicklung im Bereich des Internets bestätigt meine These. Wenn die Medienpsychologie als weitere Disziplin zur Computertechnologie, Kognitionspsychologie und Arbeitspsychologie hinzutritt, um Probleme der Ergonomie von Webangeboten zu bearbeiten, so kann dieses Fach nicht nur zur Theorie und Empirie von Unterhaltung, sondern auch zu den bei modernen Softwarepaketen zunehmend in den Vordergrund tretenden Aspekten der Kommunikation am Arbeitsplatz (z.B. mit Email oder im Intranet; vgl. Mangold, 1999) einen Beitrag leisten.

Und schließlich ist nicht auszuschließen, dass in dem Maße, wie Information und Unterhaltung bei den neuen Medien zusammenrücken und damit das Wechselspiel von Kognition und Emotion immer wichtiger wird, auch die Emotionspsychologie zu einer anerkannten Disziplin in der softwareergonomischen Forschung wird.

Literatur

Ackermann, D. & Ulich, E. (1987): The chances of individualization in human-computer interaction and its consequences. In M. Frese, E. Ulich, & W. Dzida (eds.), Psychological issues of human computer interaction in the work place (p. 131-145). Amsterdam: Elsevier Science Publishers.
Allen, R. B. (1982): Cognitive factors in human interaction with computers. Behaviour and information technology, 1, 257-278.
Altmann, A. (1987): Direkte Manipulation: Empirische Befunde zum Einfluss der Benutzeroberfläche auf die Erlernbarkeit von Textsystemen. Zeitschrift für Arbeits- und Organisationspsychologie, 31, 108-114.
Dutke, S. (1994): Mentale Modelle: Konstrukte des Wissens und Verstehens. Kognitionspsychologische Grundlagen für die Software-Ergonomie. Göttingen: Verlag für Angewandte Psychologie.
Gediga, G., Greif, S., Monecke, U. & Hamborg, K. H. (1989): Aufgaben- und Tätigkeitsanalysen als Grundlage der Softwaregestaltung. In S. Maaß & H. Oberquelle (Hrsg.), Software-Ergonomie '89. Aufgabenorientierte Systemgestaltung und Funktionalität. Stuttgart: Teubner.
Gibson, E. (1991): Objekte - Aufzucht und Pflege. c't, 1, 174-178.
Hamborg, K. h. & Schweppenhäuser, A. (1992): Zum Verhältnis von Software- und Arbeitsgestaltung und daraus resultierenden Anforderungen an Analysemethoden. Ergonomie und Informatik, 15, 10-17.
Kofer, R. (1983): Benutzerfreundlichkeit trotz Funktionsvielfalt oder: Durch Strukturierung zur Überschaubarkeit. In H. Schelle & P. Molzberger (Hrsg.), Psychologische Aspekte der Software-Entwicklung. Beiträge zu einem Symposium an der Hochschule der Bundeswehr München (S. 221-236). München: Oldenbourg.
Koller, F. (1993): Benutzergerechte Gestaltung von Multimedia-Systemen. In J. Ziegler & R. Ilg (Hrsg.), Benutzergerechte Softwaregestaltung. Standards, Methoden und Werkzeuge (S. 103-122). München: Oldenbourg.
Maaß, S. (1993): Software-Ergonomie. Benutzer- und aufgabenorientierte Systemgestaltung. Informatik Spektrum, 16, 191-205.

Mandl, H. & Fischer, F. (2000): Wissen sichtbar machen. Wissensmanagement mit Mapping-Techniken. Göttingen: Hogrefe.

Mangold, R. (1997): The contribution of media psychology to user-friendly computers: A proposal for cooperative work. In P. Winterhoff-Spurk & T. van der Voort (eds.), New horizons in media psychological research. Cooperation and projects in Europe (p. 73-86). Opladen: Westdeutscher Verlag.

Mangold, R. (1999): Inter-, Intra- und Extranet als Instrumente für das Wissensmanagement. In C. H. Antoni & T. Sommerlatte (Hrsg.), Spezialreport Wissensmanagement. Düsseldorf: Symposion Publishing.

Mangold-Allwinn, R. (1994): Benutzungsfreundliche Computer: (auch) ein Thema medienpsychologischer Forschung? Medienpsychologie, 6, 110-132.

Mangold-Allwinn, R., Antoni, C. & Eisenecker, U. (1995): Erhebung von Aufgabemodellen als Beitrag zur Softwaregestaltung. In W. Dzida & U. Konradt (Hrsg.), Psychologie des Software-Entwurfs (S. 129-148). Göttingen: Verlag für Angewandte Psychologie.

Paap, R. P. & Roske-Hofstrand, R. J. (1988): Design of menus. In M. Helander (Ed.), Handbook of Human Computer Interaction (p. 203-207). Amsterdam: North Holland.

Potosnak, K. (1990): Pruning your programs' unused functions. IEEE Software, 122-124.

Rich, E. (1983): User's are individuals: Individualizing user models. International Journal of Man-Machine Studies, 18, 199-214.

Rubin, K. S. & Goldberg, A. (1992): Object behavior analysis. Communications of the ACM, 35.

Schmalhofer, F. (1987): Mental model and procedural elements approaches as guidelines for designing word processing instructions. Proceedings of INTERACT' 87. Hillsdale: Erlbaum.

Ulich, E. (1987): Zur Frage der Individualisierung von Arbeitstätigkeiten unter besonderer Berücksichtigung der Mensch-Computer-Interaktion. Zeitschrift für Arbeits- und Organisationspsychologie, 31, 86-93.

Wandmacher, J. (1993): Software-Ergonomie. Berlin: de Gruyter.

Young, R. M. (1981): The machine inside the machine: User's models of pocket calculators. Int. Journal of Man-Machine Studies, 15, 51-85.

Erich Steiner

Arbeitnehmereinfluss auf Entstehung und Funktion neuer Informationstechnologien im Bereich der interkulturellen Kommunikation[1]

In einer Einleitung zum Thema wissenschaftlicher Modelle und ihrer Offenheit für Technikfolgenabschätzung werden wir kurz forschungs- und wissenschaftspolitische Einflüsse auf die Konzeption neuer Technologien im Bereich der mehrsprachigen maschinellen Sprachverarbeitung ansprechen und auf das weitgehende Fehlen von Einflüssen der späteren Anwender und Nutzer verweisen, was Ausdruck für die in diesem Bereich immer noch fehlende Technikfolgenabschätzung ist. Im Hauptteil wird es dann um Modelle aus Sprach- und Übersetzungswissenschaft gehen. Für den Bereich der Sprachwissenschaft werden wir argumentieren, dass sich gesellschaftsorientierte Modelle als Grundlage für eine erfolgreiche Technikfolgenabschätzung deutlich besser eignen, als ausschließlich technikorientierte Modelle, die allerdings die Theoriebildung im Bereich der mehrsprachigen maschinellen Sprachverarbeitung immer noch dominieren. Auch für den Bereich der Übersetzungswissenschaft werden wir uns um die Herausarbeitung von Grundpositionen, die für eine Technikfolgenabschätzung Erfolg versprechend sind, bemühen. Abschließend werden Implikationen für eine Forschungs- und Entwicklungslandschaft im Bereich mehrsprachiger maschineller Sprachverarbeitung diskutiert, die die Grundlage bilden könnten für eine Technikgenese, die den programmatischen Anspruch auf Arbeitnehmereinfluss in der Form von Technikfolgenabschätzung und frühem Benutzereinfluss im Entstehungsprozess realisiert. Im hier beschriebenen Projekt diente diesem Szenario eine Beratungs- und Informationsstelle für Interessierte, sowie die direkte Zusammenarbeit mit dem IAI und dem Landesarbeitsamt.

---

[1] Der folgenden Beitrag gibt eine Zusammenfassung eines Forschungsprojektes unter Förderung der Kooperationsstelle Hochschule und Arbeitswelt der Universität des Saarlandes 1994/95. Das Projekt wurde an meinem Lehrstuhl unter der Mitarbeit von Frau Dipl. Übersetzerin Nicole Klingenberg durchgeführt. Daneben gab es eine Projektpartnerschaft mit dem Institut der Gesellschaft zur Förderung der Angewandten Informationsforschung e.V. an der Universität des Saarlandes IAI (Herrn Prof. Dr. Haller, Herrn Dr. Volker Caroli, vgl. auch Steiner und Klingenberg 1995). Unsere kurzen Bemerkungen hier geben, soweit nicht anders gekennzeichnet, den damaligen Kenntnisstand wider.

Einleitung: Wissenschaftlicher Modelle und ihrer Offenheit für Technikfolgenabschätzung

Seit längerer Zeit bereits hat sich eine Diskussion um mögliche Implikationen wissenschaftlicher Theorien und Modelle für Technik und Technologien, und durch diese auf das gesellschaftliche Umfeld, entwickelt (vgl. stellvertretend für viele andere Bijker et al. Hrsg.1987). Diese Diskussion bildet einen wesentlichen Kontext, in dem sich eine gesellschaftlich bewusste Technikfolgenabschätzung und in ihrem Rahmen auch Benutzereinfluss realisieren können. Die traditionelle Kategorie „Arbeitnehmereinfluss" ist hier innerhalb des Benutzereinflusses mit gemeint: Ein großer Teil von Benutzern von Technologien sind als Benutzer Arbeitnehmer – allerdings häufig nicht mehr in traditionellen Arbeitsverhältnissen. Wir konzentrieren uns hier auf wissenschaftliche Modelle des Übersetzungsprozesses und ihr Potenzial für die Führung einer Diskussion im gerade angesprochenen Sinne.

Wissenschaftliche Modelle mit einem hohen Potenzial für Technikfolgenabschätzung zeichnen sich durch die Vermeidung von mindestens zwei scharfen Trennungen aus: Zum einen nehmen sie keine zu scharfe Trennung zwischen Wissenschaft und Technik vor, also keine wertende Trennung zwischen Theorie und Anwendung. Statt dessen wird zwischen diesen Polen auf einer Skala allmählicher Übergänge eine Kommunikation gesucht. Zum anderen werden auch die Begriffe Technik und Technologie nicht zu scharf voneinander getrennt, sondern im Gegenteil zueinander in Beziehung gesetzt. Beide Begriffe können sich auf drei Ebenen beziehen, nämlich auf eine gegenständliche, auf eine Wissensebene, und auf eine Tätigkeitsebene – wenn eine von diesen dreien optional ist, dann ist es die gegenständliche. Das heißt, dass Technik und Technologie sich auf jeden Fall in menschlichem Wissen und in menschlichen Tätigkeiten ausdrücken, und je nach Einzelfall auch als gegenständliche Objekte. Und es sind die Wissens- und die Tätigkeitsebenen, auf denen sich Benutzereinfluss am konsequentesten realisieren kann, was eben auch heißt im frühen Stadium der Konzeption und Entwicklung von Techniken und Technologien, und nicht erst dann, wenn die (gegenständliche) Technologie vorliegt und nur noch schwer veränderbar ist.[2]

---

[2] Die Möglichkeit und dann auch politische Realisierung eines solchen Einflusses sind übrigens unverzichtbare Voraussetzungen für ein gutes „Betriebsklima" in der späteren operativen Anwendung (etwa im Sinne vieler Beiträge in Roßmanith und Krämer. Hrsg. 1998).

Schauen wir uns nun forschungs- und wissenschaftspolitische Einflüsse auf die Konzeption neuer Technologien im Bereich der mehrsprachigen maschinellen Sprachverarbeitung an, so gilt wohl auch noch heute (2000) das, was wir schon 1995 kritisch feststellen mussten: weder die Deutsche Forschungsgemeinschaft, noch die durch Bundesinstitutionen und die Europäische Union geförderte Forschung in unserem Bereich, fördern in nennenswertem Ausmaß die Technikfolgenabschätzung. Dies gilt im selben Maße für die ohnehin nur in bescheidenem Maße betriebene industrielle Forschung zur maschinellen und maschinell gestützten Übersetzung, wobei man hier vielleicht positiv eine gewisse Ergonomisierung bei einigen Systemen zur maschinell gestützten Übersetzung ausnehmen kann. Nun ist allerdings Softwareergonomie noch nicht gleichzusetzen mit Benutzereinfluss und Technikfolgenabschätzung.

Ein kurzer Überblick über bisherige kritische Stimmen zu neuen Sprachtechnologien (vgl. Ahrweiler 1995) zeigt, dass sich solche zwar von z.T. sehr prominenter Seite erhoben haben (etwa Weizenbaum 1976, Winograd and Flores 1986), dass sie allerdings bisher in der Forschung nicht wirklich Einfluss gewonnen haben. Auch eigene Beiträge haben hier über einen engeren Kreis hinaus keine große Wirkung entfalten können (vgl. Steiner 1993, 1996).

Modelle aus Sprach- und Übersetzungswissenschaft

Wenden wir uns nun Modellen des Übersetzungsprozesses aus Sprach- und Übersetzungswissenschaft zu und fragen wir, wo Potenziale für eine wirksame Technikfolgenabschätzung gesehen werden können. Wir vertreten zunächst drei Thesen zum Unterschied zwischen Grundrichtungen der sprachwissenschaftlichen Modellierung des Übersetzungsprozesses, bevor wir die in den Grundthesen vertretenen Typisierung anhand von 6 Kriterien vertiefen. Ziel ist eine Bewertung von Theorien und Modellen hinsichtlich der Frage, inwieweit sie einen Anspruch auf Technikfolgenabschätzung und Benutzereinfluss im Rahmen ihrer Modellbildung unterstützen können. Danach wenden wir uns der Übersetzungswissenschaft zu, um auch dort nach Modelltypen und Themen zu suchen, die einen Anspruch auf sinnvolle Technikfolgenabschätzung erheben und einlösen können.

These 1: Die beiden Grundrichtungen von Sprachwissenschaft, welche im Folgenden technikorientiert (1) und gesellschaftsorientiert (2) genannt werden, sind in Umrissen recht klar identifizierbar. Sie sind nicht die einzigen Grundrichtungen, insbesondere kann man (2) nicht ohne weiteres gleichsetzen mit einer eher vom Standpunkt einer traditionellen Philologie und der geisteswissenschaftlichen Hermeneutik aus argumentierenden Richtung (vgl. Jäger 1993).

These 2: Die eher technikorientierte Richtung (1) formt die akzeptierten Fragestellungen innerhalb ihrer Disziplin nach dem Vorbild der technischen Disziplinen und/ oder der Logik. Sie steht in einer rationalistisch-logikorientierten Tradition.

These 3: Die eher gesellschaftsorientierte Richtung (2) formt die akzeptierten Fragestellungen innerhalb ihrer Disziplin in Anlehnung an die gesellschaftswissenschaftlichen Disziplinen und/ oder Rhetorik und deskriptive Grammatik.

Im Folgenden werden die Grundrichtungen (1) und (2) anhand von 6 Kriterien voneinander unterschieden. Bei diesen 6 Kriterien handelt es sich um entscheidende Anknüpfungspunkte für einen an Technikfolgenabschätzung orientierten Diskurs.

Was zum ersten die Breite des Gegenstandsbereiches angeht, so sind Theorien und Modelle in Richtung (1) durch eine starke Konzentration, oder je nach Sichtweise auch Verengung, ihres Gegenstandsbereiches gekennzeichnet. Legitimierte Forschungsgebiete sind Satzsyntax, Formale Semantik, Phonologie und Phonetik, aber jeweils eingeschränkt auf Kompetenzfragen. Als weitgehend angewandt und theoriefern werden dann Felder wie Textlinguistik, Pragmatik und ganz allgemein Performanzfragen angesehen. Theorien und Modelle von Richtung (2) hingegen tendieren eher zu einer Bestimmung ihres Gegenstandes in einem weiteren Sinne und schließen neben den oben genannten Kernbereichen auch Fragestellungen aus den „Randbereichen" in ihr Aufgabenfeld mit ein.

Sieht man sich zum zweiten die Spezialisierung und Formalisierung von Methoden an, so gelten in Richtung (1) tendenziell nicht formale Methoden als unwissenschaftlich. Modellbildung und Terminologie verlaufen sehr stark in

Richtung Spezialisierung und verlangen für ihr Verständnis eine entsprechende fachliche Sozialisation. Die Breite des dabei abgedeckten Gegenstandsbereiches verhält sich dabei in der Tendenz umgekehrt zum Formalisierungsaufwand. Die Distanz zum sog. „Alltagswissen" vergrößert sich kontinuierlich, bis zu einem Punkt, an dem eine Verbindung kaum noch möglich erscheint. Richtung (2) dagegen ist formalen Methoden aus anderen Disziplinen gegenüber zunächst einmal eher zurückhaltend. Methoden werden eher aus traditionell sprachwissenschaftlichen und hier insbesondere rhetorischen Schulen entwickelt, als aus Mathematik oder Informatik. Auch hier tritt wachsende Spezialisierung ein, aber eher als Ausdifferenzierung einer bestehenden Breite, denn als Reduktion eines inhaltlich ohnehin sehr schmalen Gegenstandsbereiches. Formale Methoden werden bisweilen angewandt, aber dann eher als Hilfsmittel zur Darstellung und Lösung bestimmter Fragen, denn als grundsätzliches methodisches Ausdrucksmittel.

Ein drittes Kriterium ist die Auffassung von Wissen als elitäres Herrschaftswissen oder als emanzipatorisches Breitenwissen. Richtung (1) tendiert zur Erzeugung und Verwendung von Wissen als spezialisiertes Herrschaftswissen technokratischer Eliten und ist von daher leicht zu instrumentalisieren im Rahmen hierarchischer Auffassungen von Gesellschaft, selbst wo dies keineswegs beabsichtigt ist, wie etwa bei Chomsky (1995). Richtung (2) tendiert eher zu einer Auffassung von Wissen als (möglichst verfügbares) Instrument gesellschaftlichen Handelns, sowie zu einer offenen und tendenziell egalitären Auffassung von (Aus-)Bildung. Dabei gilt natürlich für beide Richtungen, dass die Wissensbestände entwickelter Disziplinen so weit spezialisiert und durch verfeinerte Methoden ausdifferenziert sind, dass sie sich nicht ohne vertiefte Beschäftigung erschließen. Dass Erwerb von Bildung und Wissen Arbeit bedeutet, sollte für jede ernst zu nehmende Wissenschaft gelten.

Ein weiteres Unterscheidungskriterium für die beiden von uns postulierten Grundrichtungen der Sprachwissenschaft sind die jeweils als unmittelbare Nachbardisziplinen begriffenen Wissenschaften. Richtung (1) sieht sich vorzugsweise im Kontext einer naturwissenschaftlich interpretierten Psychologie (vgl. Grewendorff 1994). Innerhalb der Philosophie werden Verbindungen am ehesten zur Logik und anderen Richtungen der formalen Philosophie gesucht. Das typische Berufsbild der Absolventen ist die computerlinguistische Forschung oder die, allerdings bislang nur rudimentär existierende, Industrieforschung und –entwicklung in diesen Bereichen. Richtung (2) sieht sich eher in Verbindung zu den Sozial- und Kulturwissenschaften, auch wenn es in Einzelbereichen, etwa der automatischen Textgenerierung, Ausnahmen gibt. Innerhalb der Philosophie gibt es starke Anknüpfungspunkte zur Rhetorik und in Ansätzen zur Sprachphilosophie. Typische Berufsbilder sind, außer der Forschung, Sprachdidaktik, Interkulturelle Kommunikation (etwa Übersetzung), sowie verwandte Felder.

Ein fünftes Kriterium ist im Verhältnis zwischen Theorie und Anwendung zu sehen. Richtung (1) begreift sich wissenschafts-theoretisch als betont theoretisch, wobei scharfe Grenzen zur Anwendung gezogen werden. Linguistik etwa wird deutlich als theoretische, nicht aber als angewandte, Disziplin betrieben. Richtung (2) tendiert eher zu einer Auffassung eines dialektischen Verhältnisses zwischen Theorie und Anwendung (vgl. etwa Halliday 1994)

Ein sechstes und letztes Kriterium mag man in der Lebensdauer von (Versionen von) Theorien sehen: Die Lebensdauer von Versionen von Theorien in Richtung (1) ist gewöhnlich kurz, wobei diese kurze Lebensdauer oft im Sinne von Kuhnschen Paradigmenwechseln (vgl. Kuhn 1970) als Fortschritt interpretiert wird (s. dazu auch Steiner 1999). Die Lebensdauer von Theorien in Richtung (2) ist gewöhnlich länger, was u.a. damit zusammenhängt, dass man hier nicht der wissenschafts-theoretischen Auffassung anhängt, die besagt, dass Erkenntnisfortschritt am besten durch möglichst rasche Hypothesenbildung und Falsifizierung zu erzielen ist.

Sehen wir uns nun die unterschiedlichen Charakteristika der technikorientierten (1) und gesellschaftsorientierten (2) Grundrichtungen von Sprachwissenschaft, wie sie durch unsere Diskussion sichtbar werden, an, so wird klar, dass es die gesellschaftsorientierte Grundrichtung ist, die sich für eine methodisch sinnvolle Einbringung von Technikfolgenabschätzung eignet: Diese Richtung hat Sprache im sozialen und kulturellen Kontext im Blick, sie öffnet sich einer Diskussion mit Laien, sie begreift Wissen tendenziell als emanzipatorisches Breitenwissen, sie verbindet sich mit den Disziplinen, die eine Technikfolgenabschätzung motivieren und praktizieren, sie verbindet Theorie und (technische) Anwendung, und sie ist weniger kurzlebigen Paradigmenwechseln unterworfen, als man dies bei vielen Disziplinen und Schulen von Richtung (1) feststellen muss.

Sehen wir uns einige Entwicklungen in der Übersetzungswissenschaft an und fragen wir, wo es dort interessante Potenziale für eine Technikfolgenabschätzung im Bereich Sprachtechnologien gibt. Zunächst gibt es auch hier technikorientierte Beschreibungsmodelle, die einer motivierten Technikfolgenabschätzung nicht ohne weiteres zugänglich zu machen sind. Daneben gibt es aber, insbesondere in jüngerer Zeit, auch Modelle, denen man eher das Merkmal „gesellschaftsorientiert" zusprechen kann, und in denen Übersetzen verstanden wird als kulturell bedingtes Handeln, oder insbesondere auch als ein Arbeitsprozess, innerhalb dessen sich für den übersetzenden Menschen sowohl positiv-weiterbildende, als auch negativ-dequalifizierende und belastende Momente identifizieren lassen. Eine Weiterentwicklung davon ist in den psycholinguistisch basierten und kritischen Untersuchungen der Postedition im maschinellen und maschinell unterstützten Übersetzungsprozess zu sehen (vgl. Krings 1995). Hier werden auch die negativen Folgen von reinen Anpassungsprozessen an schlecht entwickelte und ergonomisch unsinnige Technologien thematisierbar. Letztlich gibt es in zunehmendem Maße die Praxis der Evaluation von MÜ-Systemen durch die Benutzer und Benutzerinnen (vgl. Huchins and Somers 1992). In diesem Prozess spielen zumindest ansatzweise Kriterien wie Benutzerfreundlichkeit und Auswirkung auf den Grad der Qualifizierung der Arbeit bzw. Arbeitskraft eine Rolle – wenn auch noch viel zu wenig, und kennzeichnender Weise wieder nur als Bewertung eines bereits vorliegenden und in seiner Grundkonstellation nicht mehr veränderbaren Produktes.

Implikationen

Wie bereits in der Einleitung festgestellt, konzentrieren wir uns in den vorliegenden Überlegungen auf wissenschaftliche Modelle des Übersetzungsprozesses und ihre Implikationen für Informationstechnologien im Bereich der interkulturellen Kommunikation. Mit diesen Überlegungen wollen wir einen Beitrag leisten sowohl zur allgemeineren Diskussion über fachwissenschaftliche Modell- und Theoriebildung in gesellschaftlicher Verantwortung, als auch zur spezifischen Diskussion über Schulen, Modelle und Theorien in der Sprach- und Übersetzungswissenschaft. Es geht um die Entwicklung von Bewertungskriterien für solche Kernelemente jeder Wissenschaft, die einmal sachgerecht, zum anderen aber auch von einer Einsicht in gesellschaftliche Implikationen unserer Tätigkeit getragen sind. Im folgenden wollen wir in Kurzform wesentliche Implikationen der von uns vorgetragenen Argumente auflisten:

1. Zwischen verschiedenen am Prozess der Technikgenese in unserem Bereich Beteiligten gibt es zu wenig Kommunikation, insbesondere zwischen Informatik, KI, Linguistik, Übersetzungstheorie und -praxis. Diese Kommunikation ist zu verbessern, was aber nur auf Grundlage eines Minimums an gemeinsamer oder zumindest gegenseitig verständlicher Modellbildung geht. Eine solche ist gegenwärtig nur in Ansätzen gegeben.

2. Modelle des Übersetzungsprozesses, die die Grundlage für einen Eingriff in den Prozess der Technologiegenese liefern sollen, müssen (Grundlagen für) Aussagen darüber enthalten, was die vermutlichen Auswirkungen eines bestimmten Typus von Technologie auf die sprachliche Tätigkeit selbst sein werden. Weitere Grundlagen kommen selbstverständlich aus anderen Bereichen (Soziologie, Psychologie, Informatik), können aber nicht die alleinige Basis für Technikfolgenabschätzung und vor allem für Technikbewertung darstellen.

3. Wenig tauglich für den gerade geforderten Prozess scheinen Modelle die

a) im Gegenstandsbereich (Übersetzung und Sprachverarbeitung) überspezialisiert und reduziert sind,

b) in ihrer Gegenstandssetzung von nicht humanistischen Fragen wie Formalisierbarkeit dominiert sind (etwa Informatik, sog. formale Lingusitik),

c) im interdisziplinären Bereich keinen Kontakt zu Sozialwissenschaften haben,

d) die sich als rein theoretisch begreifen.

Selbstverständlich besagt dies nicht, dass die solcherart charakterisierten Disziplinen nicht auch positive Funktionen haben. Sie werden in der Tat notwendiger Bestandteil der Technologiegenese bleiben.

Was wir hier betonen wollen ist, dass sie einen äußerst geringen Erkenntniswert besitzen für den typisch menschlichen Prozess des Übersetzens, und deshalb für Fragen der Technikfolgenabschätzung. Ihr Alleinvertretungsanspruch als wissenschaftliche Disziplin oder auch Schule - so weit ein solcher erhoben wird, gerade auch im Bereich von Sozial- und Humanwissenschaften - ist daher entschieden zurückzuweisen.

4. Ebenfalls als ungeeignet müssen Theorien und Modelle erscheinen, die durch mangelnde theoretische Fundierung eher den Status eines leicht systematisierten Alltagswissens haben und deshalb zu einem selbstbewussten Dialog (und zur Auseinandersetzung) mit anderen Wissenschaften nur schwer in der Lage sind.

5. Eine (konstruktiv) kritische Haltung aus gesellschaftlicher Verantwortung im Bereich der Technikgenese muss gerade auch aus den Fachdisziplinen

selbst entwickelt werden, mit tatsächlichem Einfluss ausgestattet sein und nicht folgenlose Alibiforschung bleiben. Nur so lässt sich der notwendige frühe und auch gestalterische Einfluss auf den Prozess der Technikgenese realisieren.

6. Bereits zum jetzigen Zeitpunkt, zu dem Systeme zum vollautomatischen Übersetzen noch kaum und zur Teil- und/oder Rohübersetzung noch eher versuchsweise eingesetzt werden, sind in Ansätzen drei Problemfelder zu erkennen, die gesellschaftlich und kulturell negative Auswirkungen dieser Technologie darstellen:

- Die Qualität des Produktes, d.h. des (nachredigierten) zielsprachlichen Endtextes ist in vielen Fällen schlechter als eine Humanübersetzung - keine verantwortungsvolle Technologiepolitik sollte in Kauf nehmen, gesellschaftliche Kommunikation systematisch in Form von minderwertigen Texten zu fördern.

- Der kreative Entscheidungsraum in den Arbeitsprozessen Übersetzen und Nacheditieren wird durch das Einbringen von Rohübersetzungen stark beschnitten, was sich einerseits auf die Qualität des Produktes negativ auswirkt (s.o.) und andererseits für die Arbeitenden psychologisch unbefriedigend und demotivierend wirkt.

- Eine vorwegnehmende Dequalifizierung von ÜbersetzerInnen und DolmetscherInnen auf dem Arbeitsmarkt; Werbestrategien von Anbietern maschineller Systeme sowie bisweilen unrealistisch kurzfristige Ankündigungen leistungsfähiger Systeme aus Forschung und Entwicklung erwecken den Eindruck, als sei insbesondere Übersetzung bereits jetzt ein wissenschaftlich verstandener und technologisch kontrollierbarer Prozess. Dies wirkt sich negativ auf die Einschätzung menschlicher ÜbersetzerInnen bzw. ihrer Qualifikation aus, auch bereits zu einem Zeitpunkt, zu dem sich entsprechende Systeme am Markt noch kaum etabliert haben.

Keines der genannten Probleme erscheint unvermeidlich. Alle drei allerdings setzen für ihre Lösung eine gesellschaftlich verantwortungsvolle Technikgenese voraus.

7. Es sollte klar werden, dass wir hier nicht nur über die engere Frage des Einsatzes von rechnergestützter Technologie sprechen (können), sondern dass wir auch Anforderungen an den Kommunikationsprozess in seiner

nicht technisierten Form entwickeln müssen. Seit längerer Zeit schon wird die These vertreten, dass am ehesten solche Bereiche gesellschaftlicher Tätigkeit automatisiert werden, die bereits vor dieser Automatisierung durch technische Geräte in ihrem Ablauf als menschliche Tätigkeiten automatisiert sind - die Vorstufe zum automatisierten Büro ist sicherlich das Großraumbüro mit umfassender Taylorisierung der noch nicht automatisierten Arbeitsabläufe. Die Vorstufe zum maschinellen Übersetzen ist dementsprechend menschliches Übersetzen als taylorisierter und repetitiver Arbeitsprozess. Eine Kritik bestimmter Technologien wird daher die Kritik menschlicher Arbeitsprozesse zur Voraussetzung und/oder Folge haben müssen.

Soweit unsere Implikationen für eine Konzeption von Forschung und Entwicklung, die einen frühen und gestalterischen Einfluss von Nutzern und auch Kunden auf Entstehung und Funktion neuer Informationstechnologien im Bereich der interkulturellen Kommunikation fördern könnte. Sehr viel breiter und ausführlicher ist dies in unserem Abschlussbericht (Steiner und Klingenberg 1995) nachzulesen. Im dort geschilderten Projekt setzten wir den geforderten frühen und auch theoretisch motivierten Einfluss von Benutzern auf die Technikgenese in zweifacher Weise modellhaft um:

Einerseits erarbeiteten wir ein Konzept für eine Beratungs- und Informationsstelle für Arbeitende in Forschung, Entwicklung und Anwendung, die der Information über und der kritischen Diskussion von Technologien diente, die sich gerade auf dem Weg von der Forschung in die Entwicklung befanden. Diese Informationsstelle konnte nicht über die Laufzeit des Projektes hinaus gehalten werden, da ein entsprechend gestellter DFG-Antrag nicht erfolgreich war, bleibt aber auch für die Zukunft wünschbar, ja geradezu notwendig.

Andererseits arbeiteten wir mit unserem Schwesterprojekt am IAI eng und kontinuierlich zusammen an einer Design- und Machbarkeitsstudie für die Integration eines maschinellen Übersetzungssystems in den Stelleninformationsservice des Landesarbeitsamtes Saarland/Rheinland-Pfalz zur Verbesserung der grenzüberschreitenden Zusammenarbeit und Information.

Über diese spezifischen Projekte hinaus haben wir vor allem zweierlei gelernt und versuchen dies auch weiterzuentwickeln und zu vertreten: Ein Arbeitnehmer- und Benutzereinfluss auf neue Technologien im Bereich der interkulturellen Kommunikation ist nur zu entwickeln, wenn einerseits Einsicht in die Notwendigkeit sowohl bei Anwendern wie auch bei Entwicklern vorhanden ist, andererseits aber auch bei allen Beteiligten die Qualifikation und die gemeinsame Sprache entwickelt werden können, auf deren Grundlage eine sinnvolle Auseinandersetzung erst möglich wird. Und letztlich kann eine Stärkung der Stellung von Anwendern und Kunden im Prozess der Technikgenese nicht durch passives Einüben in bereits auf dem Markt befindliche Technologien realisiert werden, wie es verschiedene Spielarten der Akzeptanzforschung nahe legen. Was hier notwendig ist, ist der frühe, qualifizierte und politisch durchsetzungsfähige Dialog mit Forschung und Entwicklung.

Literatur:

Ahrweiler, Petra 1995, Künstliche Intelligenz-Forschung in Deutschland: Die Etablierung eines Hochtechnologie-Fachs. Münster/ New York: Waxmann

Bijker, W. T. Hughes and T. Pinch Hrsg. 1987, The social construction of technological systems Cambridge, Mass.: MIT Press

Chomsky, Noam 1995, The minimalist program Cambridge, Mass.: MIT-Press

Grewendorff, Günther 1994, Interview with Noam Chomsky: Notes on lingusitics and politics. In: Linguistische Berichte (153): 386-395

Halliday, Michael A. K. 1994, An Introduction to Functional Grammar. 2nd edition. London: Edward Arnold.

Hutchins John W. and Somers, Harold L. 1992, An introduction to machine translation London: Academic Press

Jäger, Ludwig 1993, Language, whatever that may be. Die Geschichte der Sprachwissenschaft als Erosionsgeschichte ihres Gegenstandes. In: Zeitschrift für Sprachwissenschaft 12 (1). 1993

Krings, Hans Peter 1995, Texte reparieren Habilitationsschrift Universität Hildesheim

Kuhn, Thomas 1970, The structure of scientific revolutions Chicago

Roßmanith, Birgit und Krämer, Hans Leo Hrsg. 1998, Betriebsklima produktiv gestalten Saarbrücken: Arbeitskammer des Saarlandes

Steiner, Erich 1993, Producers – users – customers: towards a differentiated evaluation of research in machine translation. Machine Translation 7: S. 281-284

Steiner, Erich und Nicole Klingenberg 1995, Arbeitnehmereinfluss auf Entstehung und Funktion neuer Informationstechnologien im Bereich der interkulturellen Kommunikation – das Beispiel der maschinellen und maschinell gestützten Übersetzung Saarbrücken: Universität des Saarlandes

Steiner, Erich 1996, Systemic Functional Linguistics – A Chomsky-Theory or a Mead-Theory. In: Klein, Jürgen und Dirk Vanderbeke Hrsg. Proceedings of the Anglistentag 1995 Tübingen : Niemeyer. S. 169-192

Steiner Erich 1999, Linguistik und Translationswissenschaft - (getrennte) Disziplinen? In: Gil, Alberto, Haller, Johann, Steiner, Erich und Gerzymisch-Arbogast, Heidrun. Hrsg. 1999. Modelle der Translation. Frankfurt: Peter Lang Verlag. S. 477-506

Weizenbaum, Joseph 1976, Computer power and human reason. W.H. Freeman and Company

Winograd, Terry and Fernando Flores 1986, Understanding computers and cognition: new foundations for design Norwood, N.J.: Ablex

Anke Jungfleisch

Organisation von Wissenstransfer - zwischen technologischen Fachgebieten der Hochschulen, technologieorientierten außeruniversitären Forschungsinstitutionen und Betriebs- und Personalräten im Saarland

Was verbirgt sich hinter diesem Titel? - Ein Vorwort

Ziel des Projektes war es, einen technologieorientierten Wissenstransfer in Zusammenarbeit zwischen Hochschulen, Technologiewissenschaften und Betriebs- und Personalräten in Gang zu setzen. Dieser Wissenstransfer, so ein Ergebnis der Studie, besteht im Sinne eines gegenseitigen Austausches nicht und sollte durch das Projekt angestoßen werden. Der Titel, mag zwar etwas lang klingen, aber er deutet auch die Reichweite unseres Ansatzes an, der über eine deskriptive Beschreibung der Situation hinausgehen sollte: Aus den Ergebnissen der Teiluntersuchungen sollten Ideen entwickelt werden, diesen Wissenstransfer im Saarland zwischen den angesprochenen Akteuren anzuregen.

Hans Leo Krämer fragte mich im März 1998, ob ich an diesem Projekt, das im Jahr zuvor begonnen hatte, mitarbeiten möchte. Ich war damals gerade zwei Tage von meiner 6-monatigen Reise zur anderen Seite der Welt zurückgekehrt, hatte weder eine Wohnung noch eine feste Arbeitsstelle und nur die Hoffnung, dass sich mir so schnell wie möglich eine berufliche Perspektive eröffnen würde. Aus Interesse am Thema und im Hinblick darauf, Forschungserfahrung zu gewinnen - dies war übrigens mein erstes Projekt nach Beendigung meines Soziologiestudiums im September 1997 - sagte ich gerne zu und begann auch bald mit der Arbeit.

Die Studie wurde zum Gemeinschaftsprojekt, d.h. für die einzelnen Teile zeichnen verschiedene Personen verantwortlich: Martha Rosenkranz bearbeitete die Teiluntersuchung über die Betriebs- und Personalräte, ich übernahm die Auswertung der leitfadengestützten Interviews und die Ausführungen der strukturellen wirtschaftlichen, arbeitsorganisatorischen und wissenschaftspolitischen Rahmenbedingungen, Birgit Roßmanith fasste die Ergebnisse thesenartig zusammen, entwickelte auf Anregung der Befragten Umsetzungsideen und leitete zusammen mit Hans Leo Krämer den Workshop - ein erster Schritt zur Umsetzung eines kooperativen Austausches zwischen Technologieforschenden und Arbeitnehmervertretung.

An dieser Stelle möchte ich mich noch mal ganz herzlich bei Hans Leo Krämer bedanken für seine Unterstützung im Projekt selbst und die ausführliche Betreuung meiner Diplomarbeit. Vielen Dank auch an Birgit Roßmanith, die unsere Gemeinschaftsstudie überarbeitet, die Handlungsempfehlungen ausformuliert hat und die einzelnen Teile des Projektes in ein Ganzes zusammenführte.

I Einleitung

Unser Projekt untersuchte die Frage, ob es Kooperationsschnittstellen zwischen Wissenschaftseinrichtungen und Betriebs- und Personalräten gibt, die auf der einen Seite die Forschung wandeln helfen; mit dem Ziel, die sozialen Folgen ihrer Technologieentwicklungen auf den Arbeitsplatz und das Unternehmen sowie beschäftigungspolitische Auswirkungen in die Reflexion einzubeziehen. Auf der anderen Seite sollte danach gefragt werden, ob die Betriebs- und Personalräte durch Kompetenzen aus den Wissenschaftseinrichtungen bereichert werden können, um die Wandlung ihrer Rolle professioneller zu gestalten. Auf der Basis dieser Analyse hat die Kooperationsstelle Hochschule und Arbeitswelt Zusammenarbeitsvorschläge entwickelt und teilweise erprobt, die die beiden Zielgruppen zusammenführen können.

Festgestellt wurde im Vorfeld des Projektes erstens, dass zwischen ExpertInnen insbesondere technologieorientierter universitärer Fachgebiete und Betriebs- und Personalräten kaum Austauschbeziehungen bestehen.

Festgestellt wurde zweitens, dass durch die sehr unterschiedlichen Kulturen der beiden ExpertInnenwelten diese Kooperationsbeziehungen nicht ausgebaut sind. Ein weiteres Anliegen des Projektes sollte daher nicht die Deskription dieses Zustandes sein, sondern auch dessen Überwindung.

Wir haben daraufhin mit Strategien experimentiert, die diese ExpertInnenwelten systematisch, experimentierfreudig und zielorientiert zueinander führen. Beide Seiten können als Konsequenz aus dem Projekt in Zusammenarbeit mit den intermediären Institutionen Gewerkschaften, Arbeitskammer, Kooperationsstelle Hochschule und Arbeitswelt und der Beratungsstelle für sozialverträgliche Technologiegestaltung (BEST e.V.) eine weitere systematische technologieorientierte Vernetzung zwischen Hochschulen, Forschungsinstitutionen und Arbeitswelt beleben.

Innerhalb des Projektes wurde direkt eine Idee umgesetzt, um den Diskurs zwischen Technolgieforschern und Interessenvertretung in Gang zu bringen: Auf der Grundlage der Ergebnisse der Studie fand an der Universität des Saarlandes ein Workshop unter Leitung von Hans Leo Krämer und Birgit Roßmanith statt, an dem Vertreterinnen und Vertreter saarländischer Betriebs- und Personalräte und Technologieforscher teilnahmen.

II Die Teilschritte des Projektes

Das Projekt bestand im Wesentlichen aus drei Projektteilen:

- Schriftliche Befragung saarländischer Betriebs- und Personalräte
- Leitfadeninterviews mit saarländischen Forschern aus dem Technologiebereich
- Workshop: Technologie-Wissenstransfer zwischen Wissenschaftseinrichtungen und Betriebs- und Personalräten.

Ergebnisse der unterschiedlichen Teilschritte

- Befragung der Betriebs- und Personalräte

Die Auswirkungen des Technikeinsatzes auf die betriebliche Organisation stellen an die saarländischen InteressenvertreterInnen neue Anforderungen: Bedarf an externer Beratung besteht.

Im Vergleich zu früheren Studien zeigte sich, dass die Sensibilisierung der Interessenvertretungen für die Auswirkungen des Technikeinsatzes auf die betriebliche Organisation erheblich gestiegen ist. Neben den traditionellen Aufgabenbereichen der betrieblichen Interessenvertretung brachten und bringen die politischen, technologischen und unternehmensstrategischen Entwicklungen der 90er Jahre eine Fülle von neuen Anforderungen an die Betriebs- und Personalratsarbeit mit sich. Diese sind vor allem in der Notwendigkeit der Auseinandersetzung mit tief greifenden Deregulierungs- und Flexibilisierungsprozessen und einer Einflussnahme sowohl auf die Gestaltung der Einführung neuer Technologien als auch auf die Gestaltung der technikinduzierten sozialen Wandlungsprozesse im Bereich der betrieblichen Organisation zu sehen. Die Studie zeigte deutlich, dass die gestaltende Funktion der Arbeitnehmervertretung im Sinne eines Co-Managements der betrieblichen Modernisierung von befragten Betriebs- und Personalräten fast ebenso intensiv wahrgenommen wird wie die traditionelle Funktion der Schutzrolle im Hinblick auf die eher „nachsorgende" Vertretung von Arbeitnehmerinteressen zur Verhinderung negativer Modernisierungsfolgen. Die befragten Interessenvertreter, die sich dieser Rolle bewusst sind, wünschen mehr externe Beratung und eine Zusammenarbeit mit Forschungseinrichtungen der Hochschulen. Hier ergab die Untersuchung, dass der Beitrag der Hochschulen gering ist. Das liegt in erster Linie daran, dass die Betriebs- und Personalräte den universitären Forschungseinrichtungen eine kompetente technik- und praxisorientierte Beratung in ihren Angelegenheiten kaum zutrauen.

Vom Austausch mit Forschungsinstitutionen versprechen sich die kooperationsbereiten Interessenvertretungen eine Unterstützung ihrer konkreten Arbeit vor Ort. Die überwiegende Mehrheit der Betriebs- und Personalräte ist jedoch der Ansicht, allenfalls könne die Hochschule von einem Austausch mit ihnen in Richtung einer Anregung zur Berücksichtigung der Arbeitnehmerinteressen profitieren.

Die Chancen einer zukünftigen Kooperation zwischen Arbeitnehmervertretungen und Forschungseinrichtungen sind gegeben, aber nicht unbelastet.

Eine wesentliche Voraussetzung einer erfolgreichen Beratung der kooperationsbereiten Interessenvertretungen durch Forschungsinstitutionen besteht jedoch darin, dass die Forscherseite nachvollzieht, dass die Vertretungsgremien den Schwerpunkt ihres Beratungsbedarfes im Bereich der Arbeitsorganisation setzen. Sie interessieren sich weniger für die Funktionsweise der eingesetzten Technologien „an sich" als für ihre anzunehmenden Folgen auf die Qualität der Arbeitsbedingungen im Unternehmen. Ihre Bereitschaft, skeptische Haltungen gegenüber der Kooperationswilligkeit der Forschenden aufzugeben, dürfte entscheidend davon abhängen, ob es gelingt, ihnen eine an der Arbeitsorganisation ihrer Unternehmen orientierte Beratung zur Technikfolgenabschätzung zu vermitteln.

■ Leitfadeninterviews mit Technologieforschern

Saarländische Technologieforscher haben bisher keinen Kontakt zu Interessenvertretern.

Befragt wurden insgesamt 27 Forschende aus dem Bereich der Technikwissenschaften bzw. der Ingenieurwissenschaften, die in der Lehre, der Grundlagenforschung und anwendungsorientierten Forschung tätig sind. So entstand ein heterogener Querschnitt durch die saarländische universitäre Forschungslandschaft. Ein klares Ergebnis der Gesprächsanalysen war, dass bisher keine technologieorientierte Verzahnung von Wissenschaft und Betrieb, insbesondere mit der Arbeitnehmerschaft und ihren Vertretungen, besteht. Daher war es Ziel der Befragung herauszufinden, inwieweit ein Interesse am gegenseitigen Austausch von Seiten der Forscher besteht, vor dem Hintergrund, konkrete Kooperationsprojekte für die Zukunft zu initiieren.

Forscher und Interessenvertreter: zwei unbekannte Welten

Sehr pauschal, aber trotzdem die Sache treffend, lautet das zentrale Ergebnis unserer Untersuchung, dass zwischen den Forschern, den forschenden Institutionen und den Betriebs- und Personalräten zuallererst einmal Kontakte hergestellt werden müssen. Teilweise klingt in den Interviews an, dass zur Initiierung solcher Kontakte unabhängige Instanzen aktiv werden sollten.

■ Der Workshop: Zusammenführung der beiden Akteure - ein erster Schritt

Aus den Ergebnissen der beiden Untersuchungen ließen sich 16 Thesen formulieren, die im Wesentlichen als Grundlage eines besseren Austausches der von uns beschriebenen „beiden Welten" - Betriebs- und Personalräte auf der einen und Technologieforscher auf der anderen Seite - sind.

Als unabhängige Instanz - wie von verschiedenen Forschern gewünscht - initiierte die Kooperationsstelle Hochschule und Arbeitswelt einen Workshop, auf dem die Ergebnisse mit Vertretern der beiden Welten diskutiert und künftige Kooperationsbeziehungen beschlossen wurden.

Eingeladen wurden zu dem Workshop am 03. Juli 1998 alle befragten Forscher, Betriebs- und Personalräte und ExpertInnen aus interessierten intermediären Institutionen. Fünf Betriebs- und Personalräte, zwei technologieorientierte Forscher und acht ExpertInnen aus intermediären Institutionen, wie BEST e.V., Arbeitskammer, Gewerkschaften, IFB (Institut für praxisorientierte Forschung und Bildung) konnten wir begrüßen. Das Interesse der intermediären Institutionen an einer Zusammenarbeit war deutlich am größten.

III Fazit

Gerade der Workshop hat gezeigt, dass beide „Welten" ein gegenseitiges Interesse an einer Zusammenarbeit haben. Mehrere Ideen wurden diskutiert und entwickelt, die in der Folge weiter ausgebaut wurden.

Stellvertretend möchte ich nur eine Umsetzungsidee nennen, die infolge des Workshops in die Praxis überführt wurde: eine Publikation der Kooperationsstelle Hochschule und Arbeitswelt mit dem Titel "Arbeitswelt 2010 - Technologische Wissensgebiete gestalten die Zukunft der Arbeit" wird gegenwärtig begonnen.

Ein Satz, der mir aus der Auswertung der leitfadengestützten Interviews auch heute noch im Gedächtnis ist, war: „Wer etwas bewegen will, muss Steine ins Wasser werfen!" In diesem Sinne hoffe ich, dass unsere Studie ein solcher Stein war, der, um die Metapher noch weiter auszubauen, viele Kreise um sich zieht.

Wolfgang Lerch, Ronald Westheide

Forschung kann ganz praktisch sein. Kooperationsprojekte unterstützen die Beratung und Qualifizierung der saarländischen Betriebs- und Personalräte

Die Universität des Saarlandes ist für die „Beratungsstelle für sozialverträgliche Technologieberatung e.V." (BEST)[1] seit mehr als zehn Jahren ein wichtiger Kooperationspartner. BEST leistet arbeitsorientierten Wissens- und Technologietransfer in die saarländischen Betriebe und Verwaltungen. Ziel ist die humane und innovationsförderliche Gestaltung von Arbeit und Technik. Im Mittelpunkt steht die Beratung und Qualifizierung von Betriebs- und Personalräten. Die Zusammenarbeit mit Fachrichtungen und Transfereinrichtungen der Hochschulen bildet für diese Aufgaben eine wesentliche Grundlage. Hierbei geht es sowohl um die Erarbeitung von Hintergrundwissen als auch und gerade um „Forschung für die Praxis".

Gestaltung von Arbeit und Technik

Unsere Arbeitswelt wird in immer größerem Maße durch Informations- und Kommunikationstechnologien geprägt. Hieraus ergeben sich ebenso wie aus neuen Organisations- und Unternehmenskonzepten vielfältige Chancen und Risiken für die Beschäftigten. Angesichts dieser Tatsache haben die Gewerkschaften seit Anfang der 80er Jahre ihre auf den Schutz vor Rationalisierungsgefährdungen ausgerichtete Politik um den Anspruch erweitert, selbst Einfluss auf die Gestaltung der betrieblichen Arbeitsorganisation und Technikanwendung zu nehmen. Damit soll die Chance des Umbruchs von Arbeit und Technik für grundlegende arbeitspolitische Weichenstellungen in Richtung auf eine sozialverträgliche bzw. menschengerechte Gestaltung aktiv genutzt werden. Ziel ist es, den dauerhaften Bruch mit dem Taylorismus in den Betrieben herbeizuführen und neue Leitbilder und Standards der Arbeit zu entwickeln.

---

[1] BEST nahm ihre Tätigkeit im Herbst 1989 auf. Die Beratungsstelle wird von der Arbeitskammer des Saarlandes und vom DGB-Landesbezirk Saar getragen. Als Bestandteil des regionalen Technologietransfersystems wird sie vom Ministerium für Wirtschaft des Saarlandes gefördert.

Der Mensch im Mittelpunkt

Dabei geht es den Gewerkschaften und arbeitsorientierten Beratungs- und Transfereinrichtungen darum, eine humane und zugleich wirtschaftliche Gestaltung von Arbeit und Technik in der Praxis der Betriebe und Behörden Wirklichkeit werden zu lassen.

Dies erfordert in aller Regel ganzheitliche Konzepte zur technischen und sozialen Innovation. Technik muss dabei ein Werkzeug für den Menschen sein. Gerade das Können und die Kreativität der Arbeitnehmerinnen und Arbeitnehmer bieten die Chancen der Zukunft. Ohne ihre Fähigkeiten und ihr Engagement ist eine innovative und wettbewerbsstarke Wirtschaft und damit die Sicherung von Beschäftigung nicht möglich. Grundvoraussetzung hierfür sind Vertrauen und Sicherheit, die Delegation von Kompetenz und Verantwortung. Trotz positiver Beispiele ist dies in der Mehrzahl der Betriebe und Behörden allerdings noch keineswegs selbstverständlich. Hier liegt ein enormes Potenzial brach, auf das zur Bewältigung des Strukturwandels nicht verzichtet werden kann.

Komplexe Aufgaben

Die betriebliche Mitbestimmung hat sich als wirkungsvolles Mittel zur sozialen Integration der Unternehmen erwiesen. Sie hat den Strukturwandel der neunziger Jahre nicht behindert, sondern im Gegenteil in vielen Fällen aktiv unterstützt. Dies ist in der Regel auch dort erfolgt, wo den Beschäftigten erhebliche Opfer abverlangt wurden.[2] Die aktuellen Hauptprobleme der betrieblichen Interessenvertretungen sind nach wie vor der Personalabbau, die Leistungsverdichtung und die Ausgliederung von Unternehmensteilen. Ein vorrangiges Thema bildet daneben weiterhin die Einführung neuer Technologien. In allen Handlungsfeldern nehmen betriebliche Regelungen an Bedeutung zu. Zugleich ist ihre Ausgestaltung schwieriger geworden. Betriebs- und Dienstvereinbarungen verändern ihren Charakter. Die Entwicklung geht von der Detail- zur Rahmenregelung, von der abschließenden Vereinbarung konkreter Punkte zur Gestaltung eines offenen Prozesses, von langer Gültigkeit zur Befristung mit laufenden Ergänzungen. Außerdem verlagern die Tarifparteien durch tarifvertragliche Öffnungsklauseln Gestaltungsoptionen auf die betriebliche Ebene. Insgesamt wird die Materie zunehmend komplexer.

---

[2] vgl. Mitbestimmung und neue Unternehmenskulturen - Bilanz und Perspektiven. Bericht der Kommission Mitbestimmung, hrsg. v. Bertelsmann Stiftung und Hans-Böckler-Stiftung, Gütersloh 1998, S. 8.

Forschung für die Praxis

Angesichts der umfassenden Aufgabenstellungen und steigenden „Verwissenschaftlichung" der betrieblichen Tätigkeitsfelder kommt der arbeitsweltbezogenen Forschung auch für den direkten Transfer eine immer stärkere Bedeutung zu. Die angemessene Unterstützung betrieblicher und überbetrieblicher Akteure ist ohne eine spezifische wissenschaftliche Fundierung nicht mehr zu leisten. Hierbei geht es um die praxisgerechte Aufbereitung und Anpassung aktueller Wissensbestände ebenso wie um die gezielte und anwendungsorientierte Erforschung von betrieblichen Problemen, die sich im Rahmen der Transferarbeit stellen. Die Beratungs- und Qualifizierungstätigkeit selbst hat zunehmend Bedarf nach wissenschaftlicher Weiterentwicklung. Auf Seiten der Forschung kommt in diesem Prozess der „Kooperationsstelle Hochschule und Arbeitswelt" der Universität des Saarlandes eine wichtige Brückenfunktion zu. Ein Partner und Multiplikator auf Seiten der Arbeitswelt ist die Beratungsstelle BEST. Auf der Grundlage des Kooperationsvertrags zwischen der Arbeitskammer des Saarlandes, dem DGB-Landesbezirk Saar und der Universität stehen Ressourcen zur Realisierung arbeitsweltlicher Projekte zur Verfügung.

Zwar besitzt die Universität des Saarlandes nach wie vor nur in vergleichsweise wenigen Bereichen eine explizit arbeitsorientierte Ausrichtung. Durch die Tätigkeit der Kooperationsstelle Hochschule und Arbeitswelt ist das Spektrum der universitären Anknüpfungspunkte für Arbeitnehmervertretungen, Gewerkschaften, Beratungseinrichtungen und Beschäftigte jedoch breiter geworden. Von mehr als 30 Lehrstühlen aus allen Fachbereichen der Universität wurden in den zurückliegenden Jahren Projekte mit einem direktem Arbeitsbezug durchgeführt. Mit einer ganzen Reihe von Partnern konnten dauerhafte Kooperationsbeziehungen aufgebaut werden. Die Kooperation erfolgte dabei auf zahlreichen Ebenen, von der gemeinsamen Bedarfsdefinition und Projektentwicklung, über die Projektbegleitung bis zur Umsetzung und den Transfer von Ergebnissen in die Praxis – in Arbeitskreisen, Workshops, Seminaren und Veranstaltungen. Nicht zuletzt schlug sie sich in einer umfangreichen Reihe von Veröffentlichungen nieder.

Ein herausragender Partner war und ist in diesem Kontext Professor Krämer als Kooperationsbeauftragter und Forscher. Praktisch von Beginn an konnten zwischen ihm, seinem Lehrstuhl für Soziologie, dem von ihm geleiteten „Institut für praxisorientierte Forschung und Bildung", der Kooperationsstelle und BEST dauerhafte und fruchtbare Arbeitsbeziehungen entwickelt werden. Gerade hier hat sich die Zusammenarbeit häufig durch einen hohen Anteil an Praxisrelevanz ausgezeichnet. Initiativprojekte, die ihren Anfang in der Kooperation Hochschule und Arbeitswelt genommen hatten, konnten über diesen

Rahmen hinaus zu größeren Drittmittel geförderten Studien ausgebaut werden. So konnte ein erheblich größerer fachlicher Input erreicht werden, als dies mit den begrenzten regionalen Ressourcen möglich gewesen wäre.

Bemerkenswert ist darüber hinaus auch, dass in einer Reihe von Lehrveranstaltungen, an denen zum Teil auch BEST-Mitarbeiter beteiligt waren, arbeitsorientierte Inhalte in die Universität getragen wurden. Bei Studierenden konnte so eine Sensibilisierung für arbeitswissenschaftliche Themen und Probleme erreicht werden. Zahlreiche Diplomarbeiten und andere Abschlussarbeiten sind hierfür ein Beleg.

Arbeitswelt in der Lehre

Sozialwissenschaftliche Seminare befassten sich unter anderem mit den Auswirkungen und mit der Gestaltbarkeit neuer Technologien, mit neuen Unternehmenskonzepten wie Lean Management und Business Reengineering, mit neuen Organisationskonzepten und Verfahren wie Gruppenarbeit, Total Quality Management und Kaizen oder auch mit der Zukunft der Gewerkschaften und den Perspektiven der Arbeitsgesellschaft. In der Regel waren in diese Seminare Betriebsbesuche sowie Diskussionen mit überbetrieblichen Fachleuten, Gewerkschaftssekretären, Betriebsräten und Entscheidungsträgern eingebunden. Zum Teil wendeten sich diese Veranstaltungen nicht nur an Studierende, sondern auch an betriebliche Praktiker/innen. Besondere Bedeutung hatte aus Sicht von BEST ein über drei Semester geführtes Projektstudium zur Arbeit der saarländischen Betriebs- und Personalräte Mitte der 90er Jahre.

In dieser von BEST mitbetreuten Lehrforschung stand neben einem Theorieteil, Exkursionen und Workshops mit betrieblichen und gewerkschaftlichen Akteuren eine umfangreiche empirische Bestandsaufnahme der aktuellen Tätigkeitsschwerpunkte der Arbeitnehmervertretungen im Mittelpunkt. Die standardisierte Erhebung brachte aufschlussreiche Erkenntnisse zu wesentlichen betrieblichen Problemfeldern im Zuge und im Gefolge des wirtschaftlichen Strukturwandels und der Rezession 1993/94.[3] Zentrale Ergebnisse wurden 1995 im Bericht der Arbeitskammer zur Lage der saarländischen Arbeitnehmer an die Landesregierung aufgegriffen.[4] An ihnen setzte eine Nachfolgebefragung von Betriebs- und Personalräten zum Ende der 90er Jahre ebenso an wie eine im letzten Jahr abgeschlossene Umfrage zur Unternehmenskultur und zum Betriebsklima in den regionalen Betrieben und Verwaltungen. Auch ließ

---

[3] Fetick, H. u.a.: "Die Anforderungen werden immer höher." Ergebnisse eines Projektstudiums zur Arbeit der saarländischen Betriebs- und Personalräte im Jahr 1993/94, Universität des Saarlandes 1994

[4] Vgl. näher: Bericht an die Regierung des Saarlandes 1995, hersg. v. Arbeitskammer des Saarlandes, Saarbrücken 1995, S. 32ff

sich für BEST nach fünfjähriger Tätigkeit aus den Daten des Projektstudiums eine erste wissenschaftlich fundierte Einschätzung über die Bewertung ihrer Arbeit und ihre Akzeptanz bei den saarländischen Arbeitnehmervertretungen ableiten.

Transfer in Beratung und Qualifizierung

Diese Arbeit war bereits zuvor durch mehrere Kooperationsprojekte fachlich unterstützt worden. Zum einen ging es um empirische Grundlagenstudien für den Beratungsschwerpunkt von BEST, zum anderen um die Mitwirkung bei der Entwicklung von Beratungs- und Qualifizierungsinstrumenten. So wurde parallel mit der Arbeitsaufnahme von BEST am Lehrstuhl von Professor Krämer eine Erhebung und Auswertung von bereits in saarländischen Betrieben und Behörden vorhandenen Betriebs- und Dienstvereinbarungen zu Themen der Arbeits- und Technikgestaltung durchgeführt. Die Ergebnisse flossen in die direkte Beratungstätigkeit und in die Entwicklung eigener Vereinbarungsentwürfe ebenso ein wie in die Erstellung einer BEST-internen Fachinformationsdatenbank. Im Anschluss an diese Dokumentenauswertung erfolgte 1992/93 eine umfangreiche Studie zu den Mitbestimmungsaktivitäten der saarländischen Betriebs- und Personalräte bei der Einführung von Informations- und Kommunikationstechnologien. Die Intensivinterviews und die repräsentative Fragebogenuntersuchung gaben einen zuvor noch nicht vorhandenen Einblick in die Erfolge und Schwachpunkte des arbeitsorientierten Gestaltungshandelns. Die in mehreren Beiträgen publizierten Ergebnisse wurden auch bundesweit aufgegriffen.[5] Eine unmittelbare Folge bestand in einem weiteren Schritt in der gemeinsam von BEST und Lehrstuhl entwickelten und 1995 veröffentlichten Handlungshilfe „Menschengerechte Einführung und Veränderung von Informations- und Kommunikationssystemen."[6] Neben der Vermittlung von arbeitswissenschaftlichen, rechtlichen und anderen Grundlagen sowie der Formulierung von Mindestanforderungen ging es hier vor allem um die Ausarbeitung von Verfahrensschritten für den Gestaltungsprozess.

Im Kontext und auf der Grundlage dieser Studien waren Mitarbeiter/innen von Professor Krämer in verschiedenen Seminaren und auf Fachtagungen von BEST bzw. gewerkschaftlichen Veranstaltern als Referent/innen tätig – sei es zu Fragen der Betriebsdatenerfassung, zu betrieblichen Modernisierungsstrategien, zur interregionalen Zusammenarbeit oder zur praktischen Nutzung von Personal Computern im Betriebs- bzw. Personalratsbüro. Zu letzterem wurden

---

[5] Westheide, R.: "Dann wird unterschrieben und fertig." Einblicke in die technikbezogenen Mitbestimmungsaktivitäten saarländischer Betriebs- und Personalräte, AK-Beiträge 1/1993
[6] Petschelt, G. und R. Westheide: Menschengerechte Einführung und Veränderung von Informations- und Kommunikationssystemen. Prozeßorientierte Verfahrensschritte, AK-Beiträge 4/1995

in einem Modellprojekt umfangreiche Seminarmaterialien und Handlungshilfen zur Planung, Einführung und Anwendung von EDV in der Interessenvertretung ausgearbeitet. Grundlage waren neben gewerkschaftlichen Zielvorstellungen und dem Know how überbetrieblicher Fachleute vor allem die Praxiserfahrungen und Bedarfe der zu diesem Zweck interviewten Betriebsräte.

Neben diesen vorrangig fachbezogenen Weiterbildungsaktivitäten ist ein weiteres von Professor Krämer geleitetes Projekt hervorzuheben. Das Anfang der 90er Jahre von der Abteilung Gesellschaftspolitik der Arbeitskammer betreute Projekt „Methoden der Sozialpsychologie zur Effektivierung der Interessenvertretungsarbeit" konzentrierte sich vor allen Dingen auf die Vermittlung von Methoden- und Sozialkompetenz in die Betriebs- und Personalratsgremien.

Die Entwicklungsarbeiten resultierten in einem regulären Seminarangebot, das überwiegend im Bildungszentrum Kirkel der Arbeitskammer durchgeführt wurde, aber auch von Einzelgewerkschaften aufgegriffen wurde. In über 50 Mehrtages- oder Wochenseminaren wurden bisher rund 750 Mitglieder saarländischer Betriebs- und Personalräte in Fragen der „effektiven Zusammenarbeit im Gremium", der „erfolgreichen Kommunikation mit der Belegschaft" und der „sachorientierten Verhandlungsführung mit dem Arbeitgeber" geschult.

Auch der Blick über die Grenze wurde geschärft, unter anderem durch zwei am Lehrstuhl Professor Krämer angefertigte Gutachten zur Organisation und zur Praxis der arbeitsorientierten Technologieberatung in Lothringen. Hieraus sind zum Beispiel neben grenzüberschreitenden Seminaren und Workshops dauerhafte Arbeitsbeziehungen zu ARACT Lorraine, der „Action régionale pour l'amélioration des conditions de travail" mit Sitz in Metz, hervorgegangen.[7]

Bausteine für Politikberatung und –gestaltung

Die vorgenannten Beispiele konzentrieren sich aus Anlass dieser Veröffentlichung auf den von Professor Krämer geleiteten Bereich. Die Projekte hatten zumeist einen unmittelbaren Bezug zur Beratungs- und Qualifizierungstätigkeit von BEST. Sie geben einen Eindruck von den Möglichkeiten im Zusammenwirken von arbeitsorientierter Forschung und Transfer. Darüber hinaus beste-

---

[7] ARACT Lorraine ist im Wesentlichen im Bereich der Analyse, Begleitung und Bewertung von Reorganisationsprojekten in kleinen und mittleren Betrieben tätig. Im Mittelpunkt stehen technische Innovationen, arbeitsorganisatorische Veränderungen, Arbeitszeitfragen, der Arbeits- und Gesundheitsschutz so wie die betriebliche Weiterbildung. Aspekten der Sozialverträglichkeit und der Förderung des sozialen Dialogs kommt hierbei - ähnlich wie in der Arbeit von BEST - eine wesentliche Bedeutung zu.

hen auch mit anderen universitären Lehrstühlen fruchtbare Arbeitsbeziehungen, wenn auch nicht in der oben dargestellten Breite. So lassen sich im Rückblick zahlreiche weitere Projekte anführen, mit denen ebenfalls eine Unterstützung des arbeitsorientierten Transfers verbunden ist: Literaturanalysen, Fallstudien und quantitative Untersuchungen zur Implementation sozialer Innovationen in saarländischen und lothringischen Betrieben, zur betrieblichen Weiterbildung im Saarland, zum Technikeinsatz, zur Arbeitsorganisation und zur Qualifizierung in unternehmensbezogenen Dienstleistungsbetrieben, zum Stand der Einführung von Gruppenarbeit, zur Praxis von Qualitätszirkeln, zum beteiligungsorientierten Qualitätsmanagement, zum „lernenden Unternehmen", zur Mitbestimmungspraxis bei der Arbeitsgestaltung in Call Centern oder auch zu den Möglichkeiten und Grenzen des arbeitnehmerorientierten Wissenstransfers aus technischen Fachrichtungen der Universität und der Hochschule für Technik und Wirtschaft. Zu nennen sind in gleicher Weise Studien zum Qualitätsmanagement im Saarland, zur betrieblichen Reorganisation, zum Innovationspotenzial saarländischer Betriebe, zur Telearbeit, zur benutzerorientierten Gestaltung von Informationstechnologien oder zu den Berufskarrieren der Absolvent/innen der Informatik. All diese Untersuchungen bieten BEST und der Arbeitskammer Hintergrundinformationen zur Situation im Saarland. Sie sind Bausteine für die Politikberatung und –gestaltung in der Region.

„Kooperativ forschen"

Trotz dieser positiven Beispiele und der erfreulichen Ausweitung der Arbeitsbeziehungen in den letzten Jahren ist es geboten, die „Kooperationslandschaft" an den saarländischen Hochschulen weiter auszubauen. Forschung und Praxis wirken insgesamt betrachtet noch zu wenig zusammen. Dies gilt nicht nur in Bezug auf arbeitsorientierte Probleme. Falsche oder unklare Erwartungen, Berührungsängste und teilweise gegenseitiges Nichtverstehen verdecken Anknüpfungspunkte, verengen Zugänge und lassen manche Initiative im Sand verlaufen. Das nach wie vor in nicht wenigen Forschungszweigen überwiegend praktizierte Top-down-Modell des Wissenschaftstransfers reicht alleine nicht aus. Die bloße Weitergabe von Expertenwissen führt noch nicht zu einer Veränderung.

Ein erfolgreicher Wissenschaftstransfer ist keine Einbahnstraße. Die genannten Projekte und Aktivitäten bieten Beispiele für die Richtigkeit dieser Erkenntnis. Der erfolgreiche Wissenschaftstransfer ist vielmehr ein gemeinsamer Lernprozess. Er erfolgt mehrdimensional und zielt auf die Anwendung des Wissens. Erforderlich sind Kontinuität, Dialogbereitschaft zwischen gleichberechtigten Partnern und das Bemühen um kooperative Wege – bei der Entwicklung von Ideen, der Durchführung von Projekten und der Umsetzung von Ergebnissen. Hierbei müssen Lernen und Handeln miteinander verknüpft werden. Orientierungspunkte sind die zu lösenden Probleme in der Arbeitswelt.[8]

Dergestalt konnte unter dem Motto „kooperativ forschen" gerade mit den von Professor Krämer geleiteten Institutionen und auch mit einer wachsenden Zahl weiterer Lehrstühle und Forschungseinrichtungen erfreulich oft eine aus Sicht von BEST praxisgerechte und wirkungsvolle Zusammenarbeit realisiert werden. Das Netzwerk in der Kooperation zwischen Hochschule und Arbeitswelt konnte in den vergangenen Jahren deutlich ausgeweitet werden. Hieran lässt sich für die Zukunft anknüpfen.

---

[8] Vgl. näher: Fricke, W.: neue Anforderungen an den arbeitnehmerbezogenen Wissenschaftstransfer, in: 20 Jahre Kooperation Universität – Arbeiterkammer Bremen, Universität Bremen 1993.

7. Arbeitsrecht

Zeichnung von Hans-Joachim Trapp

Stephan Weth, Carsten Jahn

Europäisches Arbeitsrecht - ein Buch mit sieben Siegeln?

Einleitung

Jüngst ist in einer führenden juristischen Fachzeitschrift ein Aufsatz mit dem Titel "Europäisches Arbeitsrecht - kein Buch mit sieben Siegeln" erschienen.[1] In diesem Artikel wird die Ansicht vertreten, die Zeiten eines an Ländergrenzen abgeschotteten nationalen Arbeitsrechts seien endgültig vorbei. Der Vormarsch des Europäischen Arbeitsrechts sei erfolgreich gewesen; den im Arbeitsrecht tätigen Rechtsanwälten könne nur dringend empfohlen werden, sich über die Entwicklungen in Rechtsprechung und Gesetzgebung ständig zu informieren und sie in ihre Arbeit zu integrieren.

Dieser Auffassung ist zuzustimmen. Nationales Arbeitsrecht kann heute ohne Berücksichtigung des Europäischen Arbeitsrechts nicht mehr betrieben werden. Ständige Information über die Entwicklungen auf diesem Gebiet sind in der Tat unerlässlich, allerdings nicht nur für Rechtsanwälte, sondern auch für Laien, namentlich für Arbeitnehmer und Arbeitgeber. Vielen ist auch heute noch das Europäische Arbeitsrecht - anders als es die oben zitierte Überschrift zum Ausdruck bringt - ein Buch mit sieben Siegeln.

Information über diese Rechtsmaterie tut Not. Das unten geschilderte Forschungsvorhaben wird von der Kooperationsstelle Hochschule und Arbeitswelt, deren Leiter und Motor der Jubilar seit vielen Jahren ist, unterstützt. Die vorliegenden Zeilen sind ihm als kleines Dankeschön für seinen persönlichen Einsatz, seine Ideen sowie für seine stete Gesprächsbereitschaft und Unterstützung des Vorhabens gewidmet.

Ausgangslage

Das Arbeitsrecht ist, wie schon angedeutet, in vielfältiger Weise durch das Recht der Europäischen Union geprägt. Dies ist jedoch bei zahlreichen Betroffenen noch nicht in ausreichender Weise ins Bewusstsein gerückt. Hinzu kommt, dass der Zugriff auf die Rechtsquellen und auf die Literatur zum Europäischen Arbeitsrecht häufig nicht einfach ist. Um diesem Missstand abzuhelfen, sollte im Rahmen des Instituts für Arbeits- und Sozialrecht der Universität des Saarlandes eine Informationsstelle zum Europäischen Arbeitsrecht

---
[1] Behrens/Fritsche, NJW 2000, 1625 ff.

aufgebaut werden, welche es interessierten Personengruppen über eine Homepage im Internet ermöglicht, sich über aktuelle Probleme zu informieren und auf sonst schwer zugängliche Informationsquellen Zugriff zu haben.

Problemstellungen des Europäischen Arbeitsrechts

Gegenwärtig stellen sich eine Vielzahl rechtlicher Probleme auf dem Gebiet des Europäischen Arbeitsrechts. Es sei etwa auf das Problem der Gleichbehandlung von Männern und Frauen hingewiesen. Hier geht es insbesondere um die mittelbare Diskriminierung Teilzeitbeschäftigter, um eine automatische Bevorzugung von Frauen bei gleicher Qualifikation, um die Möglichkeit des gleichen Zugangs zum Arbeitsverhältnis. Hier geht es jedoch auch um unterschiedliche Altersgrenzen für Frauen und Männern, um Betriebsräte, welche in einem Teilzeitbeschäftigungsverhältnis stehen sowie um die Sozialplanabfindung für Teilzeitbeschäftigte. Ein weiteres Problemfeld stellt die Arbeitnehmer-Freizügigkeit dar. Hierzu zählen beispielsweise die Probleme um den Beweiswert im Ausland ausgestellter Arbeitsunfähigkeitsbescheinigungen, um die Befristung von Verträgen mit ausländischen Fremdsprachenlektoren, aber auch um Ausländerklauseln im Profisport. Das Europäische Arbeitsrecht wirkt sich darüber hinaus auch auf den Sozialarbeitsschutz aus, auf die Entsendung von Arbeitnehmern in andere europäische Staaten sowie auf den Nachweis der geltenden Arbeitsbedingungen. Weitere Probleme stehen im Zusammenhang mit dem Europäischen Betriebsrat.

Die genannten Probleme betreffen insbesondere die im Arbeitsrecht tätigen Juristen, aber auch eine nicht zu unterschätzende Zahl von Laien. Insbesondere seien hier Arbeitnehmer und Arbeitgeber genannt.

Projektziel

Ziel des Projektes war und ist es, die einzelnen Problemkreise des Europäischen Arbeitsrechts so aufzubereiten und zu strukturieren, dass neben dem Fachmann auch der Laie die Möglichkeit hat, sich über ein sich ihm individuell stellendes Problem und dessen rechtlichen Hintergrund zu informieren. Neben einer Sammlung von wichtigen Urteilen und Normen müssen daher auch weitergehende Literaturhinweise und eine Kommentierung von Grundsatzurteilen des Europäischen Gerichtshofes geboten werden.

Projektlauf

1. Um überhaupt Informationen über das Europäische Arbeitsrecht europaweit problemlos anbieten zu können, war zunächst die Schaffung der technischen Möglichkeiten sowie die Einrichtung einer Homepage für die Informationsstelle für Europäisches Arbeitsrecht (InfEA) zu bewerkstelligen. Dies ist inzwischen geschehen. Zu den Seiten der Informationsstelle gelangt man entweder über die Homepage des Juristischen Internetprojektes Saarbrücken (URL: http://www.jura.uni-sb.de), welche einen Verweis (Link) auf die Informationsstelle anbietet, oder direkt über die Internetadresse http://www.jura.uni-sb.de/FB/LS/Weth/InfEA.

2. Als nächster Schritt war es vordringlich erforderlich, eine Grundkonzeption des Informationsangebotes auszuarbeiten. An dieser sollte und soll sich das gesamte Angebot der Informationsstelle ausrichten. Es musste insofern insbesondere eine aus sich heraus klare Gliederung erarbeitet werden, welche sich auch in der auf dem Server befindlichen Dateistruktur widerspiegeln sollte. Letzterer Punkt erleichtert insbesondere die Pflege des Angebotes. Das Angebot hat mehrere hundert Dokumente zu bieten. Da es sich bei dem vorliegenden Projekt um ein solches des Europäischen Rechts handelt, welches darüber hinaus im Wirtschaftsraum Saar-Lor-Lux situiert ist, lag es auf der Hand, ein Konzept für ein mehrsprachiges Angebot zu entwerfen. Gewählt wurden hier neben Deutsch die in Europa gebräuchlichsten Sprachen Englisch und Französisch. Die Informationen werden unter folgenden (Ober-)Rubriken angeboten:

- Aktuelles,
- Rechtsvorschriften,
- Rechtsprechung des EuGH,
- Rechtsprechung deutscher Gerichte,
- Vorlagen deutscher Gerichte gem. Art. 177 EGV,
- Orientierungshilfen zum Europäischen Arbeitsrecht,
- ausgewählte Literatur.

Das Angebot sollte leicht handhabbar sein, weiterhin soll jede Internetseite dieselbe Navigationsfunktionalität bieten

3. Zu den einzelnen (Ober-)Rubriken lässt sich Folgendes sagen:

a) Während sich im deutschen Angebot unter „Aktuelles" die Pressemitteilungen sowohl des EuGH als auch des BAG befinden, liegen im englischsprachigen Angebot zur Zeit lediglich die Pressemitteilungen des Europäischen Gerichtshofes vor, da die Pressemitteilungen des Bundesarbeitsgerichtes zur

Zeit nicht in fremdsprachigen Versionen zur Verfügung stehen. Das französischsprachige Angebot soll noch innerhalb dieses Jahres erstellt werden; es enthält derzeit noch keine Einträge.

b) Unter dem Begriff „Rechtsvorschriften" findet der Nutzer zum einen das Primärrecht, d. h. insbesondere die Gründungsverträge der Europäischen Union. Er findet zum anderen aus dem Sekundärrecht derzeitig verfügbare konsolidierte Richtlinien, Verordnungen und Beschlüsse. Weiterhin wurde die neue Rubrik „nationale Umsetzung europarechtlicher Vorgaben" eingefügt. Diese enthält unter anderem das Gesetz vom 26. Oktober 1996 über europäische Betriebsräte (Umsetzung der EU – Richtlinie 94/0045). Zusätzlich wird eine Übersetzung in englischer Sprache mit zahlreichen erläuternden Fußnoten angeboten.

c) Unter der Überschrift „Rechtsprechung des EuGH" findet der Interessierte aktuelle Entscheidungen des EuGH mit arbeitsrechtlichem Bezug. Zu jedem dieser im Volltext vorliegenden Urteile wird eine Kurzzusammenfassung gegeben. Unter der Sparte "Kommentierte Rechtsprechung – 'Highlights'" – werden zu besonders bedeutenden Urteilen weitergehende Kommentierungen angeboten. Hier war es nötig, einen gemeinsamen Grundaufbau festzulegen, an welchem sich die Urteilsbesprechungen orientieren. Unmittelbar nach dem Aufruf eines kommentierten Urteils muss der Leser ersehen können, dass es sich zum einen um eines der besagten „Highlights" handelt, zweitens, um welches Urteil und drittens, in welchem Printmedium sich ebenfalls ein Abdruck der Entscheidung findet. Unmittelbar an die Fundstellenangabe schließt sich eine Kurzüberschrift an. Diese gibt die Gliederung der nachfolgenden Besprechung wieder und ermöglicht des Weiteren per Hyperlink, unmittelbar an die gewünschte Stelle zu springen. Daraufhin wird versucht, in einem oder zwei Sätzen den Gegenstand des Urteils darzustellen. Die im Urteil behandelten Normen werden im Anschluss daran kurz dargestellt und sollen später, bei Verfügbarkeit, auch per Hyperlink anklickbar werden. Nun schließen sich die offiziellen Leitsätze des EuGH an. Nach einer Kurzzusammenfassung des Urteils hat der Leser die Möglichkeit, über einen Hyperlink direkt zum Urteil des EuGH selbst im Volltext sowie zu den Schlussanträgen des Generalanwaltes zu gelangen. Nach diesem erfährt der Interessierte den Streitstand vor dem Urteil und kann sich anhand von Kritik und Stellungnahme des Urteilskommentators eine eigene Meinung von dem Urteil bilden. Ein tabellarisches Entscheidungsregister schließlich veranschaulicht sämtliche auf dem Server der Informationsstelle archivierten Urteile des EuGH und ermöglicht außerdem per Hyperlink direkt, diese aufzurufen.

Eine englischsprachige Übersetzung der „Highlights" liegt noch nicht vor; sämtliche anderen Optionen des Unterpunktes „Rechtsprechung des EuGH" können jedoch auch auf englisch abgerufen werden.

d) Die (Ober-) Rubriken "Rechtsprechung deutscher Gerichte" und "Vorlagen gemäß Art. 177 EGV" sind vorläufig noch nicht ausgefüllt. Erste extern angebotene Urteile deutscher Gerichte zum Europäischen Arbeitsrecht sind jedoch per Hyperlink bereits erreichbar, sofern sie von Schlussanträgen des Generalanwaltes oder einem Urteil des Europäischen Gerichtshofes zitiert werden und dieses Urteil sich in der Sparte „Highlights" befindet.

e) Unter dem Stichwort "Materialien zum Europäischen Arbeitsrecht im Internet" sind erste verfügbare Links zum Europäischen Arbeitsrecht abgelegt. Avisiert ist eine ebenso umfangreiche Liste wie diejenige des Institutes für Arbeits- und Sozialrecht zum deutschen Arbeitsrecht.[2]

f) Die "Orientierungshilfen zum Europäischen Arbeitsrecht" sollen sowohl dem Laien als auch dem Juristen (Studenten wie Praktiker) helfen, eine Einführung oder auch tiefer gehende Hinweise zu Problemen des Europäischen Arbeitsrechtes zu finden. Neben Kernfragen und Leitsätzen (bisher noch nicht ausgefüllt) werden hier umfangreiche Literaturlisten angeboten. Diese Angaben deutschsprachiger Literatur zum Europäischen Arbeitsrecht sowie auch zum Europarecht allgemein beinhalten nicht nur Nachweise zum materiellen Recht, sondern auch zum Rechtsschutz vor dem EuGH. Darüber hinaus finden sich hier auch Literaturhinweise zu Einzelgebieten wie Gleichbehandlung, Betriebsübergang oder zum Nachweisgesetz.

g) Schließlich wurde noch ein "Chat-Room" eingerichtet, der es Interessierten ermöglicht, sich online über Themen des Europäischen Arbeitsrechts zu unterhalten.

Aussichten

Das Internetangebot der Informationsstelle zum Europäischen Arbeitsrecht soll weiter gepflegt und ausgebaut werden.

1. Die Automatisierung von Dokumentationsabläufen und die Darstellung juristischer Informationen im Internet ist weiterhin Thema einer Dissertation am Institut für Arbeits- und Sozialrecht (Prof. Dr. Weth) mit dem Arbeitstitel "Erstellung eines Dokumentationssystems zum Europäischen Arbeitsrecht".

---

[2] Das Institut für Arbeits- und Sozialrecht ist im Internet erreichbar unter der Adresse http://www.jura.uni-sb.de/FB/LS/Weth/LSTWeth

2. Neben der Erstellung eines französischsprachigen Angebotes und dem Ausbau der englischen Abteilung soll die Kommentierung von Urteilen des EuGH besonders vorangetrieben werden. Darüber hinaus soll die deutsche Rechtsprechung zum Europäischen Arbeitsrecht verstärkt eingebaut werden, es soll eine allgemeine und auch für den Laien verständliche Einführung in das europäische Arbeitsrecht verfasst werden, und es sollen weiterhin zahlreiche einführende Aufsätze zu grundlegenden Problemen des Europäischen Arbeitsrechts erfasst und in das Angebot eingearbeitet werden.

3. In die Rubrik „Rechtsvorschriften" werden in absehbarer Zeit Faksimile-Ausgaben wichtiger europäischer Normen aufgenommen. Hierbei handelt es sich um eingescannte Dateien des EU-Amtsblattes, d. h. um Bilddateien bzw. exakte Kopien. Diese haben gegenüber den üblichen HTML-Dokumenten ("Hypertext Markup Language", das Format üblicher Internet-Seiten) den Vorteil, dass sie zitierfähig (mit exakter Seitenangabe) sind. Ein ähnliches Vorgehen ist beispielsweise bekannt für das Bundesgesetzblatt.

4. Die Bundesvereinigung der deutschen Arbeitgeberverbände hat der Informationsstelle erlaubt, ihre umfangreiche Dokumentation zur europäischen Sozialpolitik nebst sämtlichen enthaltenen Grafiken und Übersichten zu übernehmen und für das Internet aufzubereiten. Sie hat daneben in Aussicht gestellt, weitere von ihr herausgegebene, gedruckte Veröffentlichungen für eine Aufbereitung im Internet zur Verfügung zu stellen. Darüber hinaus werden demnächst miteinander per Hyperlink verbundene Zusammenfassungen bedeutender Monografien und Aufsätze einen umfassenden Überblick über die praktische Bedeutung des Europäischen Arbeitsrechts geben und die Informationsrecherche erleichtern.

5. Das bisherige Angebot soll noch benutzerfreundlicher gestaltet werden. Neben einer einheitlichen Sortierung der angebotenen Informationen nach thematisch zugeordneten Sachgebietskennzeichen soll die Möglichkeit einer Volltext-Suche gegeben werden, sowie die Option, sich in eine so genannte „Mailing-Liste" einzutragen, um stets über Änderungen des Angebotes auf dem Laufenden zu bleiben. Bei entsprechender Konzeption ermöglicht es eine Mailing-Liste weiterhin, dass deren Mitglieder untereinander (auf elektronischem Wege, über das Internet) Erfahrungen austauschen und miteinander kommunizieren können. So würde die Informationsstelle für Europäisches Arbeitsrecht zu einem Kommunikationszentrum für rechtlich in gleicher Richtung Interessierte.

Wie die Zugriffszahlen und E-Mails von Benutzern belegen, wird das Informationsangebot schon jetzt sehr gut angenommen, so dass man hoffentlich schon bald im eingangs genannten Sinne sagen kann: "Europäisches Arbeitsrecht - kein Buch mit sieben Siegeln"!

Rainer Fuchs
Neues Tempo im Arbeitsrecht?

Wohl kaum ein anderes Rechtsgebiet unterliegt seit Jahren einem vergleichbar steten Wandel wie das Arbeitsrecht. Immer wieder ist es ein Objekt der Begierde für Lobbyisten aller Lager und für die Politik. Empfinden die Arbeitgeber das deutsche Kündigungsschutzgesetz als Nachteil für den Wirtschaftsstandort Deutschland, ändert(e) der (alte) Gesetzgeber das Kündigungsschutzgesetz. Offenkundig war dies lediglich eine Behauptung der Lobbyisten, die jedweder wissenschaftlichen Grundlage entbehrte. In der Folgezeit konnte keine kausal bedingte Entlastung auf dem Arbeitsmarkt beobachtet werden. Widerlegt wird diese These auch durch einen jüngsten Bericht der OECD, die bei einem strengeren Kündigungsschutz allein als Ergebnis die Tatsache feststellt, dass es zu weniger Umschlag am Arbeitsmarkt kommt: Arbeitnehmer bleiben länger in Beschäftigungsverhältnissen, Arbeitslose dafür aber auch länger arbeitslos. Wie sich ein strengerer Kündigungsschutz auf die Arbeitsmotivation der Arbeitnehmerinnen und Arbeitnehmer auswirkt, dürfte ebenfalls eher in den Bereich der These als in den Bereich gesicherter wissenschaftlicher Erkenntnis gehören. Meinungen, Auswirkungen und Reaktionen auf die Änderungen zur Scheinselbständigkeit und zur geringfügigen Beschäftigung sind weitere aktuelle Beispiele für den Stellenwert des Arbeitsrechts im Konzert der wichtigen Faktoren, die unsere (Wirtschafts-)Gesellschaft prägen. Die anhaltende Diskussion um die Novellierung des Betriebsverfassungsgesetzes brechen die bekannten "Fronten" wieder neu und nachhaltiger als je auf. Themen wie Erweiterung des Anwendungsbereiches auf Arbeitnehmer ähnliche Personen und Leiharbeitnehmer, Neudefinition des Betriebs- und Unternehmensbegriffs, Einführung eines Übergangsmandats bei Organisationsänderungen vergleichbar dem Umwandlungsgesetz veranlassen einige (Fach-)Anwaltskollegen von einem "Horrorkatalog des DGB" zu reden und zu schreiben. Es ist die Fortsetzung der Bestimmung von Anfang und Ende der unternehmerischen Freiheit und dem sozialen Schutz der abhängig Beschäftigten. Wieder einmal wird es keine Patentlösung geben können. Beide Seiten tun gut daran, dass sie wechselseitig aufeinander angewiesen sind und im Ergebnis nur ein gemeinsames Ziel haben: das Wohl des Betriebs. Dieses Ziel lässt sich nur durch wechselseitige Achtung der jeweiligen Interessen erreichen.

Der Gesetzgeber hat mit Wirkung zum Tag der Arbeit 2000 thematisch treffsicher erneut wesentliche Änderungen im Arbeitsrecht vorgenommen. In diesem aktuellen Fall kommt sein Handeln einer Lobby zu Gute, die sich zwar auch häufig zu Wort meldet, als Reparaturbetrieb aber nicht unbedingt auf den ersten Plätzen der Hitliste des Unternehmens Bundesrepublik Deutschland zu finden ist: die Arbeitsgerichtsbarkeit. Einmal sollen die Neuregelungen zu verstärkter Rechtssicherheit bei der Beendigung und Befristung von Arbeitsverhältnissen, zum anderen zur Beschleunigung des arbeitsgerichtlichen Verfahrens führen.

Mit diesem Beitrag sollen die wesentlichen Neuerungen und deren Zielsetzungen dargestellt werden.

Eine wesentliche Neuerung stellt der Schriftformzwang im neuen § 623 BGB bei Kündigungen, Auflösungsverträgen (und Abwicklungsverträgen?!) sowie bei befristeten Arbeitsverträgen dar. Es handelt sich um ein konstitutives Schriftformerfordernis. Nach § 126 Absatz 1 BGB muss der Aussteller das jeweilige Schriftstück eigenhändig durch Namenszeichen unterzeichnen, oder das Handzeichen muss notariell beurkundet sein. Damit ist die moderne Technik geschlagen: ein Telefax genügt entgegen den Möglichkeiten des § 127 Satz 2 BGB nicht! Die Schriftform bezieht sich bei befristeten Arbeitsverhältnisses nur auf den temporären Inhalt, nicht aber auf den Befristungsgrund. Dagegen stellen Zweck und Bedingung für eine Befristung Merkmale dar, die sich auf den Beendigungszeitpunkt beziehen und sind somit zwingend schriftlich zu fixieren. Die Nichtbeachtung des Formerfordernisses führt nach § 125 Satz 1 BGB zur Nichtigkeit des Rechtsgeschäfts. Mündliche Kündigung und mündlicher Auflösungsvertrag führen also nicht zur Beendigung des Arbeitsverhältnisses. Mündliche Befristungen führen zu einem unbefristeten Arbeitsvertrag.

Nach dem neuen § 5 Absatz 4 Satz 1 Kündigungsschutzgesetz kann nunmehr die Kammer des Arbeitsgerichts ohne mündliche Verhandlung über die Zulassung verspäteter Klagen im Sinne der §§ 4, 13 Kündigungsschutzgesetz entscheiden. Damit können kurzfristig bereits terminierte Kammertermine zur Entscheidung in diesen Angelegenheiten genutzt werden.

Änderungen hat auch das Arbeitsgerichtsgesetz erfahren. Danach (§ 54 Absatz 1 Satz 5) kann der Vorsitzende nunmehr nach durchgeführter (erster) Güteverhandlung mit Zustimmung der Parteien eine zweite Güteverhandlung mit dem Ziel der Einigung anberaumen. Ob dies in der Praxis Sinn macht und sich als sinnvoll erweisen wird, muss sich erst zeigen. Völlig neu gestaltet wurde die Berufungsmöglichkeit. Nach § 64 Absatz 2 Arbeitsgerichtsgesetz ist eine Berufung - alternativ - nur möglich, wenn sie im Urteil des Arbeitsgerichts zugelassen worden ist, der Wert des Beschwerdegegenstandes 1.200 DM übersteigt, oder in Rechtsstreitigkeiten über das Bestehen, das Nichtbestehen oder die Kündigung eines Arbeitsverhältnisses.

Um die Vergleichsbereitschaft der Parteien zu erhöhen, bestimmt Nr. 9112 des Gebührenverzeichnisses, dass die Gerichtsgebühr in diesem Fall entfällt. Eine wesentliche Neuerung hat das arbeitsgerichtliche Beschlussverfahren erfahren. Nach § 80 Absatz 2 Arbeitsgerichtsgesetz kann der Vorsitzende ein Güteverfahren ansetzen. Damit kann nunmehr auch im Sinne der Fortsetzung der vertrauensvollen Zusammenarbeit außerhalb des Kammertermins der Versuch einer gütlichen Einigung mit Unterstützung des Vorsitzenden unternommen werden.

Des Weiteren sind eine Reihe von Änderungen und Neuerungen noch für die laufende Legislaturperiode angekündigt. So soll nach der Novellierung des Bundesdatenschutzgesetzes ein Arbeitnehmer-Datenschutzgesetz entworfen werden. Dabei steht der Schutz des Persönlichkeitsrechts der Arbeitnehmer bei Erhebung, Verarbeitung und Nutzung personenbezogener Daten durch Festlegung der Informations,- Überwachungs-, Verarbeitungs- und Nutzungsrechte des Arbeitgebers im Vordergrund.

Die Bereiche Arbeitszeitflexibilisierung, Altersteilzeit, Teilzeitbeschäftigung sind Themen des Gesetzgebers und werden es angesichts anhaltend hoher Arbeitslosigkeit bleiben. Dabei ist insbesondere die Umsetzung der Richtlinien des Rates der EU 91/81 vom 15.12.1997 und 1999/70 vom 28.06.1999 in nationales Recht zu beachten. Nach wie vor ein spannendes Thema ist die Schaffung der Bestimmungen für die Europäische Aktiengesellschaft. Wann es zur Verabschiedung einer entsprechenden Richtlinie durch die EU kommen wird, ist zurzeit ebenso ungewiss, wie die Erfüllung des seit Abschluss des Einigungsvertrages als Auftrag bestehende Kodifizierung des Arbeitsvertragsrechtes.

Wer sich mit der interessanten Materie des Arbeitsrechts beschäftigt, wird unter Langeweile und Stillstand auch in Zukunft gewiss nicht leiden!

8. Geschlechtsspezifische Aspekte der Arbeit

Zeichnung von Hans-Joachim Trapp

Susanne Poro, Barbara Sandig

Geschlecht und Status in Arbeitsgesprächen

1 Ziele

Eine mittlerweile populäre These besagt, Frauen und Männer bedienten sich in Gesprächen zweier unterschiedlicher Stile. Häufig - so die pauschalisierende Behauptung - führten diese geschlechterspezifischen Stile zu Missverständnissen, sogar zum Scheitern der Kommunikation.

Die Linguistin Deborah Tannen (1995) hat dies auch für Gespräche am Arbeitsplatz festgestellt; allerdings bezieht sich ihre Studie auf den amerikanischen Sprach- und Kulturraum. Eine entsprechende Verbindung der beiden sprachwissenschaftlichen Forschungsfelder Sprache und Geschlecht einerseits und innerbetriebliche Kommunikation andererseits wurde 1996 mit der vorliegenden Untersuchung erstmals für den deutschsprachigen vollzogen.

Ziel des Projektes[1] war die Beschreibung und Auswertung von Arbeitsgesprächen zwischen Frauen und Männern hinsichtlich eines möglichen geschlechterspezifischen asymmetrischen Sprachgebrauchs. Dabei verharrten wir jedoch nicht in der Fokussierung von Geschlecht als alleinigem Gespräche bestimmendem Faktor, sondern betrachteten auch den situativen, innerbetrieblichen Status der Gesprächsbeteiligten. Anhand von authentischem Gesprächsmaterial aus einem großen saarländischen Dienstleistungsunternehmen sollte analysiert werden, wie stark und auf welche Weise das Geschlecht der Sprechenden den Verlauf ihrer Dienstbesprechungen beeinflusst. Die Ergebnisse sollten den Verständigungsprozess von Frauen und Männern am Arbeitsplatz optimieren.

2 Theoretische Hintergründe

Die vorliegende Studie fußt auf zwei verschiedenen Forschungsbereichen der Sprachwissenschaft: der *feministischen Linguistik* und der *beruflichen Kommunikation*. Beide können im Rahmen dieses Berichts lediglich erwähnt werden.

Seit den 1980er Jahren beschäftigt sich die feministische Linguistik im deutschsprachigen Raum ausführlich mit dem Gesprächsverhalten von Frauen und Männern. Grundlage der meisten Untersuchungen ist der methodische

---

[1] Die Untersuchung wurde 1996 am Lehrstuhl von Frau Prof. Dr. Barbara Sandig auf Grund einer Konzeption von Dr. Martina Mangasser-Wahl durchgeführt.

Ansatz der linguistischen Gesprächsanalyse. Dabei steht neben der Frage nach geschlechterspezifischen Unterschieden vor allem der Bereich von Macht und Dominanz im Vordergrund des Interesses. Problematisch daran war zumeist die unreflektierte Gleichsetzung von Macht und Dominanz mit männlichem Verhalten und damit natürlich die Zuschreibung von Machtlosigkeit als weiblichem Verhalten. Neuere Forschungen lehnen eine solche Gleichsetzung von Geschlecht und Status bzw. Macht jedoch eindeutig ab (vgl. Gräßel 1991; Frank 1992; Kotthoff 1996).

Ebenso wird die Annahme zweier geschlechterspezifischer Sprechstile negiert. Problematisch ist dabei auch die unterstellte Omnirelevanz der Identitätskategorie Geschlecht, denn es gibt Situationen, in denen es für eine Person wichtiger ist, sich über andere Identitätskategorien zu präsentieren. Ein „undoing gender" als Relevanzherabstufung der Kategorie Geschlecht geschieht insbesondere in beruflichen Zusammenhängen, in denen Personen wegen ihrer Professionalität, Kompetenz etc. anerkannt werden wollen (vgl. Kotthoff 1996: 12f.). Geschlecht kann also, muss aber keineswegs unser Gesprächsverhalten beeinflussen.

Gespräche zwischen Kollegen, Vorgesetzten und Mitarbeitern finden in einem institutionellen Kontext statt, der das Sprechen auf vielfältige Weise determiniert, sowohl was die Art und Weise der Gesprächsführung selbst als auch was die Themenwahl anbelangt (vgl. Drew/Heritage 1992: 3ff.). Drei herausragende Merkmale institutioneller Kommunikation sind: Institutionelle Gespräche (1) orientieren sich an den institutionell relevanten Aufgaben und Zielen, (2) unterliegen in Form und Inhalt der Redebeiträge einer institutionsspezifischen Beschränkung, und (3) einzelne Sprachhandlungen werden institutionsspezifisch verstanden und interpretiert (vgl. Drew/Heritage 1992: 22ff.).

Arbeitsbesprechungen wie die hier untersuchten werden angekündigt, d.h. die Beteiligten können sich vorbereiten; Besprechungen werden moderiert, die Themen sind festgelegt und bewegen sich im Rahmen der fachlichen Erfordernisse. Sie heben sich in ihrer Formalität deutlich von anderen informellen Gesprächsmustern wie Kaffeeklatsch oder Beziehungsgespräch ab (vgl. Poro 1999: 61ff.).

3 Projektdurchführung und Methodik

Die Durchführung des Projektes lässt sich in vier Phasen unterteilen.

In der *ersten Phase* fand die Kontaktaufnahme mit dem Unternehmen statt. In einem ausführlichen Vorgespräch mit Personalverantwortlichen der Firma wurden Projektziele und -inhalte dargelegt. Wir erhielten die Genehmigung,

Gespräche zwischen Angestellten auf Audiocassette aufzuzeichnen, wobei zugesichert wurde, dass alle Personen, deren Sprechen aufgenommen werden sollte, vorab informiert wurden und auch ihre Einwilligung zur Aufnahme geben mussten. Zudem garantierten wir Diskretion, d.h. keine Betriebsinterna zu veröffentlichen oder das Unternehmen kenntlich zu machen.

In fünf Abteilungen durften die Dienstbesprechungen der Mitarbeiterinnen und Mitarbeiter aufgezeichnet werden: Personalabteilung sowie Personalentwicklung, Service-Bereich, Marketing und Vertrieb.

In der *zweiten Phase* wurden mit einem Taschen-Aufnahmegerät inklusive kleinem Mikrofon sieben Gespräche auf Audiocassette aufgenommen. Insgesamt lagen damit etwas mehr als sechs Stunden Gesprächsmaterial aus sieben verschiedenen Situationen auf Kassette vor. 24 Personen waren an diesen Besprechungen beteiligt.

Fünf der sieben Gespräche wurden in der *dritten Phase* verschriftlicht. Die Auswahl erfolgte nach dem Kriterium der Aufnahmequalität. Das Transkribieren der fünf Gespräche mit einer Gesamtdauer von vier Stunden dauerte ca. sechs volle Arbeitswochen; der Umfang der fünf Transkripte beträgt 207 Seiten.

Die qualitative und quantitative Analyse der Transkripte war Inhalt der *vierten Phase*. Für die qualitative Analyse wurden verschiedene Gesprächsausschnitte als relevant für den Schwerpunkt der geschlechtsbedingten Kommunikationsprobleme ausgewählt. Leitfragen bei der Auslese waren u.a.:

- Mit welchen Mitteln führt wer Themen ein, wer wechselt oder kontrolliert sie?
- Wer ergreift wann und wie das Wort?
- Wann werden die Identitätskategorien Geschlecht und Status von wem mit welchen Mitteln kommuniziert?

Die quantitative Untersuchung verstand sich lediglich als Ergänzung; damit sollte die These der frühen feministischen Linguistik, Männer sprächen allgemein länger und öfter als Frauen, überprüft werden. Relevante Kategorien waren hierbei Redezeit und die Anzahl der Redebeiträge in Hinblick auf Geschlecht und innerbetrieblichen Status der Personen. Diese Differenzierung sollte eine unreflektierte Gleichsetzung von Geschlecht mit Status vermeiden. Das Vorgehen basierte auf einem Verfahren der Inferenzstatistik, dem U-Test nach Mann und Whitney.

4 Qualitative Analyse

Das Aufzeigen bestimmter Verhaltensmuster im Gespräch gelingt i.d.R. nur durch das Betrachten längerer Gesprächssequenzen. Im begrenzten Rahmen dieses Aufsatzes kann die Relevanzhochstufung der Identitätskategorie Geschlecht lediglich beispielhaft angerissen werden.

Wird in einer Arbeitsbesprechung das Geschlecht einer beteiligten Person relevant gemacht, geschieht das häufig durch eine Themenerweiterung ins Private. Ein ursprünglich fachliches Thema wird ausgeweitet auf einen privaten Aspekt, der nicht in direktem Zusammenhang steht und im gegebenen institutionellen Kontext auch unangemessen ist. Das zeigt sich in der folgenden Sequenz; ein Vorgesetzter plant mit zwei Mitarbeiterinnen eine anstehende Dienstjubiläums-Feierlichkeit. Die Beteiligten klären die Frage nach dem Raum und den genauen Ablauf des Festes. Die Gruppe gerät ins Frotzeln, nachdem Mitarbeiterin 1 (MA 1) vorgeschlagen hat, der Chef solle den Türsteher machen, weil die Abteilung nur von wenigen Mitarbeitern mittels einer Magnetstreifenkarte betreten werden kann. Der Vorgesetzte reagiert darauf durch Eingehen auf die Scherzmodalität und sogar durch Weiterführen der Frotzelei auf seine Kosten.[2]

Chef:	(...) dass ich den Frack mitbringe als Butler
MA 1:	ja musste mehr ne Schürze haben als einen Frack
Chef:	das würde vielleicht ⌈ ein bisschen komisch aussehn
MA1:	⌊ musst ja auch Geschirr spülen
MA1:	und so (LACHT) die Gläser müssen ja gespült werden (...)
Chef:	so äh Thema
MA1:	fängt der ein anderes Thema an (...)

Der Chef selbst jongliert mit zwei entscheidenden Identitätskategorien: Er präsentiert sich als statusniedrigste Person, nämlich als Butler, und betont durch das prototypisch männliche Kleidungsstück sein Geschlecht. Er verkehrt seinen Status spielerisch ins Gegenteil und stützt damit weiterhin die *Scherzmodalität*. Dadurch wahrt er auch das Gesicht seiner Mitarbeiterin, die ihn zuvor schon scherzhaft zum Türsteher degradiert hatte. Der Vorgesetzte präsentiert sich damit als humorvoller Mensch.

---

[2] Die unterstrichene Passage wird parallel gesprochen.

Als die Mitarbeiterin jedoch den Scherz ausbaut und neben einer Verdrehung des Status von hoch nach niedrig nun auch das Geschlecht des Vorgesetzten in Frage stellt, indem sie ihm das prototypisch weibliche Kleidungsstück Schürze empfiehlt, verweigert der Chef die Ratifizierung. Er lehnt die Schürze auf Grund des „komischen Aussehens" ab und beharrt damit auf seiner Identität als Mann. Dass seine Bereitschaft zu scherzen hier endet, zeigt sich deutlich an dem dominant gesetzten Themenwechsel, den seine Mitarbeiterin zwar kritisiert, aber nicht verhindern kann. So bleibt realiter der höhere Status und damit auch die Macht, das Gespräch zu lenken, über die Scherzsequenz innerhalb der Besprechung erhaben.

Interessant ist, wie bereitwillig der Vorgesetzte auf eine Umkehrung seines Status innerhalb der Gruppe eingeht und wie deutlich abweisend er auf eine spielerische Umkehrung seines Geschlechts reagiert. Hier zeigt sich, dass der Status derart unangefochten und unverrückbar ist, dass mit ihm jongliert werden kann; er steht in diesem betrieblichen Rahmen nicht zur Disposition. Das Geschlecht jedoch ist eine Kategorie, die im institutionell geprägten Kontext weder thematisiert noch in Frage gestellt wird. Der institutionelle Rahmen bietet somit keinen Schutz mehr; also zieht sich der Chef wieder auf seine Rolle als Statushöchster zurück und beendet auf demonstrativ dominante Weise die Sequenz sowohl gesprächsorganisatorisch als auch inhaltlich durch Themenwechsel.

Dieser kurze Ausschnitt verdeutlicht, dass Geschlecht und Status nicht miteinander gleichzusetzen sind. Beide können inhaltlich als relevant hochgestuft werden, sie können aber auch durch gesprächsorganisatorische Mittel sichtbar gemacht werden.

Die Ergebnisse der qualitativen Analysen ergaben folgende Muster als häufig auftretende Kommunikationsbarrieren in Arbeitsbesprechungen:

- das Erzählen von Privatem im beruflichen Kontext
- dominant gesetzte Themenwechsel
- Nicht-Akzeptanz anderer Stile (v.a. durch Statushohe).

Eine Sensibilisierung von Mitarbeiterinnen und Mitarbeitern für solche Situationen sowie das Aufzeigen alternativer Handlungsmöglichkeiten bedeuteten eine enorme Effektivierung von Arbeitsgesprächen in der Praxis.

5 Quantitative Analyse

Die quantitative Methode ist in der linguistischen Gesprächsanalyse immer nur in Verbindung mit einem qualitativen Verfahren sinnvoll und stellt daher lediglich eine Ergänzung dar (vgl. Brinker/Sager 1989: 183). Auf keinen Fall können Macht und Dominanz im Gespräch durch das bloße Auszählen gesprächsrelevanter Handlungen nachgewiesen werden. Erster und grundlegender Schritt muss immer eine qualitative Analyse sein.

In der vorliegenden Studie wurden drei Gespräche mit insgesamt 16 Teilnehmenden untersucht. Die Gesamtdauer der Gespräche betrug 2 Stunden und 56 Minuten. Neun Personen waren weiblich, sieben männlich. Vier Beteiligte wurden als statushoch in Bezug auf die aktuelle innerbetriebliche Gesprächssituation eingestuft; alle vier Statushohen sind männlich.

Der U-Test wurde eingesetzt, um herauszufinden, ob es statistisch signifikante Unterschiede zwischen statushohen und statusniedrigen Personen bzw. auch zwischen Frauen und Männern hinsichtlich (1) der Redezeit sowie (2) der Anzahl der Redebeiträge gibt. Eine lange Redezeit und große Anzahl der Redebeiträge wurden mit Gräßel (1991: 148) als Mittel der Gesprächskontrolle und damit als Merkmale dominanten Gesprächsverhaltens verstanden.

Die Resultate zeigen: Im innerbetrieblichen Kontext (a) sprechen statushohe Personen statistisch signifikant länger als statusniedrige, ergreifen aber nicht häufiger das Wort. Und (b) Männer sprechen hoch signifikant länger als Frauen, aber ebenfalls nicht öfter.

Daraus kann geschlossen werden, dass es für Sprechende in beruflichen Gesprächssituationen offenbar nicht vorteilhaft erscheint, besonders oft das Wort zu ergreifen. Macht und Dominanz werden nicht mittels vieler Beiträge kommuniziert. Anders scheint die Redezeit einer Person - in Verbindung mit entsprechenden Stilmitteln - ein Indikator für dominantes Gesprächsverhalten im beruflichen Kontext zu sein. Wichtig ist also nicht, oft aber kurz in das kommunikative Geschehen einzugreifen, sondern sich vielmehr die Zeit zu nehmen, Gedankengänge, Erläuterungen, Anweisungen etc. ausführlich zu formulieren.

6 Resümee

Gespräche am Arbeitsplatz sind für Frauen und Männer von enormer Bedeutung. Die vorliegende Studie untersuchte innerbetriebliche Kommunikation hinsichtlich eventueller geschlechtsspezifischer Unterschiede im Gesprächsverhalten. Es zeigte sich, dass in dem institutionsspezifisch geprägten Kontext eines Unternehmens das Geschlecht einer Person weniger häufig und ausgeprägt als relevant hochgestuft wird als ihr Status. Das darf jedoch nicht zu der Annahme verleiten, Geschlecht spiele überhaupt keine Rolle in Arbeitsgesprächen. Um allgemein gültige Aussagen treffen zu können, ist eine Erweiterung des Corpus und eine Vertiefung der qualitativen Analyse nötig. Darüber hinaus sollten Gespräche analysiert werden, an denen Frauen als Statushöchste teilnehmen. Nur so können Erkenntnisse gewonnen werden, ob die Chefin ebenso dominant kommuniziert wie der Chef.

Literatur

Bargiela-Chiappini, Francesca/Harris, Sandra J. (1995): Towards the Generic Structure of Meetings in British and Italian Managements. In: Text 15 (4)/1995. S. 531-560.

Bartsch, Elmar (Hrsg., 1994): Sprechen, Führen, Kooperieren in Betrieb und Verwaltung. Kommunikation in Unternehmen. München.

Boden, Deirdre (1994): The Business of Talk. Organizations in Action. Cambridge.

Brinker, Klaus/Sager, Sven F. (1989): Linguistische Gesprächsanalyse. Berlin.

Brünner, Gisela (1989): Instruktionen in der betrieblichen Ausbildung. Analyse typischer Probleme bei der kommunikativen Vermittlung fachlicher Kenntnisse und Fertigkeiten. In: Weigand, E./Hundnurscher, F. (Hrsg.): Dialoganalyse. Referate der zweiten Arbeitstagung. Tübingen. Bd.1. S. 209-221.

Brünner, Gisela (1992): „Wenn gute Reden sie begleiten, dann fließt die Arbeit munter fort." Zum Verhältnis von Kommunikation und Arbeit in Wirtschaftsunternehmen. In: Spillner, B. (Hrsg.): Wirtschaft und Sprache. Kongressbeiträge zur 22. Jahrestagung der GAL. Frankfurt a.M. S. 25-42.

Brünner, Gisela (1993): Mündliche Kommunikation in Fach und Beruf. In: Bungarten, Theo (Hrsg.): Fachsprachentheorie. Bd. 2: Konzeptionen und theoretische Richtungen. Tostedt. S. 730-771.

Brünner, Gisela (1998): Fachkommunikation im Betrieb - am Beispiel der Stadtwerke einer Großstadt. In: Hoffmann, L./Kalverkämpfer, H./Wiegand, H.E. (Hrsg.): Fachsprachen. Ein internationales Handbuch zur Fachsprachenforschung und Terminologiewissenschaft. Berlin. S. 634-648.

Bungarten, Theo (1994): Die Sprache in der Unternehmenskommunikation. In: Ders. (Hrsg.): Unternehmenskommunikation. Linguistische Analysen und Beschreibungen. Tostedt. S. 29-42.

Coleman, Hywel (Hrsg., 1989): Working with Language. A Multidisciplinary Consideration of Language Use in Work Contexts. Berlin.

Diamond, Julie (1996): Status and Power in Verbal Interaction. A Study of Discourse in a Close-Knit Social Network. Amsterdam.

Drew, Paul/Heritage, John (Hrsg., 1992): Talk at Work. Interaction in Institutional Settings. Cambridge.

Ehlich, Konrad/Wagner, Johannes (Hrsg., 1995): The Discourse of Business Negotiation. Berlin.

Frank, Karsta (1992): Sprachgewalt. Die sprachliche Reproduktion der Geschlechterhierarchie. Tübingen.

Gräßel, Ulrike (1991): Sprachverhalten und Geschlecht. Eine empirische Untersuchung. Pfaffenweiler.

Günthner, Susanne (1992): Sprache und Geschlecht. Ist Kommunikation zwischen Frauen und Männern interkulturelle Kommunikation? In: Linguistische Berichte 137/1992. S. 123-143.

Günthner, Susanne/Kotthoff, Helga (Hrsg., 1992): Die Geschlechter im Gespräch. Kommunikation in Institutionen. Stuttgart.

Holmqvist, Berit/Andersen, Peter Bogh (1987): Work Language and Information Technology. In: Journal of Pragmatics 11/1987. S. 327-357.

Johnstone, Barbara/Ferrara, Kathleen/Mattson Bean, Judith (1992): Gender, politeness, and Discourse Management in Same-Sex and Cross-Sex Opinion-Poll Interviews. In: Journal of Pragmatics 18/1992. S. 405-430.

Kendall, Shari/Tannen, Deborah (1997): Gender and Language in the Workplace. In: Wodak, R. (Hrsg.): Gender and Discourse. London. S. 81-105.

Kotthoff, Helga (1989): Stilunterschiede in argumentativen Gesprächen oder Zum Geselligkeitswert von Dissens. In: Hinnenkamp, V./Selting, M. (Hrsg.): Stil und Stilisierung. Tübingen. S. 187-202.

Kotthoff, Helga (1993): Kommunikative Stile, Asymmetrie und „Doing Gender". Fallstudien zur Inszenierung von Expert(innen)tum in Gesprächen. In: Feministische Studien 2/1993. S. 79-95.

Kotthoff, Helga (1996): Die Geschlechter in der Gesprächsforschung. Hierarchien, Theorien, Ideologien. In: Der Deutschunterricht 1/1996. S. 9-15.

Kotthoff, Helga (Hrsg., 1996): Scherzkommunikation. Beiträge aus der empirischen Gesprächsforschung. Opladen.

Lenz, Friedrich (1989): Organisationsprinzipien in mündlicher Fachkommunikation. Zur Gesprächsorganisation von Technical Meetings. Frankfurt/M. u.a.

Maleville, Mireille (1995): Ideological Values in the Workplace. Denials of Unstated Assertions in English, French and Dutch Conversations. In: Text 15(4)/ 1995. S. 503-530.

Meier, Christoph (1997): Arbeitsbesprechungen. Interaktionsstruktur, Interaktionsdynamik und Konsequenzen einer sozialen Form. Opladen.

Müller, Andreas P. (1997): „Reden ist Chefsache". Linguistische Studien zu sprachlichen Formen sozialer „Kontrolle" in innerbetrieblichen Arbeitsbesprechungen. Tübingen.
Nadler, Lawrence B./Nadler, Marjorie K./Todd-Mancillas, William R. (Hrsg., 1987): Advances in Gender and Communication Research. Lanham.
Niehüser, Wolfgang (1995): Klatsch, Gerüchte, Mobbing. Informelle Kommunikation in Unternehmen. In: Hindelang, G./Rolf, E./Zillig, W. (Hrsg.): Der Gebrauch der Sprache. Münster. S. 285-295.
Poro, Susanne (1999): Beziehungsrelevanz in der beruflichen Kommunikation. Frankfurt a.M.
Postl, Gertrude (1991): Weibliches Sprechen. Feministische Entwürfe zu Sprache & Geschlecht. Wien.
Rundquist, Suellen (1992): Indirectness. A Gender Study of Flouting Grice's Maxims. In: Journal of Pragmatics 18/1992. S. 431-449.
Sandig, Barbara (1983): Zwei Gruppen von Gesprächsstilen: Ich-zentrierter versus du-zentrierter Partnerbezug. In: Germanistische Linguistik 5-6/1983. S. 149-197.
Sandig, Barbara (1986): Stilistik der deutschen Sprache. Berlin; New York.
Schmelz, Matthias P. (1994): Psychologie der Höflichkeit. Analyse des höflichen Aufforderns im betrieblichen Kontext am Beispiel von Arbeitsanweisungen. Frankfurt a.M.
Schütte, Wilfried (1991): Scherzkommunikation unter Orchestermusikern. Interaktionsformen in einer Berufswelt. Tübingen.
Selting, Margret/Sandig, Barbara (Hrsg., 1997): Sprech- und Gesprächsstile. Berlin.
Tannen, Deborah (1989): Talking Voices. Repetition, Dialogue and Imagery in Conversational Discourse. Cambridge.
Tannen, Deborah (1995): Job-Talk. Wie Frauen und Männer am Arbeitsplatz miteinander reden. Hamburg.
Thimm, Caja (1990): Dominanz und Sprache. Strategisches Handeln im Alltag. Wiesbaden.
Thimm, Caja/Kruse, Lenelis (1991): Dominanz, Macht und Status als Elemente sprachlicher Interaktion. Ein Literaturbericht. Arbeiten aus dem Sonderforschungsbereich 245. Nr. 39. Heidelberg.
Thimm, Caja/Augenstein, Susanne (1994): Sprachliche Effekte in hypothesengeleiteter Interaktion. Durchsetzungsstrategien in Aushandlungsgesprächen. Arbeiten aus dem Sonderforschungsbereich 245. Nr.77. Heidelberg.
Thimm, Caja/Rademacher, Ute/Augenstein, Susanne (1994): Power-Related Talk (PRT). Ein Auswertungsmodell. Arbeiten aus dem Sonderforschungsbereich 245. Nr.69. Heidelberg.
Van Dijk, Teun A. (Hrsg., 1997): Discourse as Social Interaction. London.
Wodak, Ruth (1996): Disorders of Discourse. London.

Marion Bredebusch, Sybille Jung

„Karriere" von Frauen sichern und ausbauen -
In der Vielfalt steckt die Zufriedenheit

Eine Festschrift zu einem Abschied und 65. Geburtstag für einen wichtigen Menschen, der gleichzeitig Kooperationspartner ist, ist ein guter Grund, um Bilanz zu ziehen und zu resümieren über die gemeinsame Arbeit, die seit Bestehen der Kooperationsstelle Hochschule und Arbeitswelt, dessen Leiter er seit Anbeginn ist, mit dem Frauenbüro der Universität des Saarlandes stattgefunden hat. Interessant ist hierbei, dass die Kooperationsstelle zeitgleich mit dem Frauenbüro der Universität ihren Anfang nahm und die jeweiligen Referentinnen Birgit Roßmanith und Marion Bredebusch mit gleichem Pioniergeist begannen, ihre jeweiligen Stellen zu institutionalisieren und zu etablieren. Das große Glück der Kooperationsstelle ist in diesem Prozess darin zu sehen, dass durch die immer gleiche fachkompetente Leitfigur von Hans Leo Krämer eine große Kontinuität bestand.

Im Rahmen der Zusammenarbeit beider Büros gab es viele Gemeinsamkeiten und Schnittstellen, im Folgenden sollen vor allem drei wesentliche Projekte genauer vorgestellt werden. Ihre Reihenfolge richtet sich nach der zeitlichen Abfolge der Maßnahmen. Der rote Faden dieser drei ausgewählten Schwerpunkte ist die Unterstützung und Förderung der Karriere von Frauen, im Sinne einer Karriere, die sich nicht unbedingt durch eine berufliche Position in einer Stellung in der oberen Hierarchie definiert, sondern als Karriere im Sinne der beruflichen Zufriedenheit verstanden wird. Diese drei ganz unterschiedlichen Angebote zeigen zugleich, wie vielfältig die Karriere von Frauen ist bzw. auch sein kann oder sein muss, wie viele Wege zum beruflichen Ziel führen und dass auch manchmal der Weg das Ziel sein kann.

Bildungsurlaub: Frauen planen Karriere

Das Frauenbüro der Universität bot in den ersten Jahren viele Fortbildungsangebote für die weiblichen Hochschulangehörigen an. Vor allem die Stärkung der persönlichen und sozialen Kompetenz der weiblichen Beschäftigten und der Studentinnen stand bei diesen Angeboten - die während der Arbeits- bzw. Studienzeit stattfanden und als berufliche Fortbildung anerkannt wurden - im Mittelpunkt. Für einige Fortbildungen erschien es sinnvoll, eine andere Form des Bildungsangebots zu suchen. Vor diesem Hintergrund entstand die gemeinsame Idee, mit der Kooperationsstelle einen Bildungsurlaub für weibliche Beschäftigte anzubieten. Ein Seminar zur Lebens- und Berufsplanung erschien mit dieser Form realisierbar. Wichtig war hier vor allem von Seiten der Kooperationsstelle, unterschiedliche Zielgruppen aus Hochschule und Arbeitswelt miteinander in die Diskussion zu bringen.

Dabei wurde sich auch nicht auf eine Zielgruppe wie z.B. „junge" Frauen, beschränkt, wie bei Planungsseminaren manchmal der Fall, sondern gerade die Vielfalt der Lebensentwürfe und bereits vorhandenen Lebenserfahrungen aus den unterschiedlichen Berufsbereichen sollten das Seminar bereichern.

Um auch viele Frauen aus dem Hochschulbereich zu erreichen, wurde besonders Werbung innerhalb der Universität gemacht. Der Bildungsurlaub wurde mit dem Titel „Frauen planen Karriere – Berufs- und Lebensplanung von Frauen" versehen und 1996 und 1997 von den Referentinnen der Kooperationsstelle und des Frauenbüros durchgeführt.

Das politisch motivierte Ziel des Seminars war, die Herausforderung - Gleichstellung der Geschlechter im Rahmen der Arbeits- und Lebenswelt bezogen auf alle Hierarchien anzustreben - anzunehmen. Die von KNEIP plakativ zugespitzte Formel zur Beschreibung der Unterschiede des weiblichen und männlichen Lebenszusammenhangs bringt es hier auf den Punkt: „Frauen kriegen Kinder und machen den Haushalt, Männer kriegen Dienstwagen und machen Karriere."[1] Um mehr als diese gesellschaftlich fest geschriebenen Perspektiven anstreben zu können, sollten unterschiedlichste Reflexionen initiiert werden und das schon vorhandene Kompetenzspektrum erweitert werden.

Die wichtigsten Ziele des Seminars waren:

- Klärung des Karrierebegriffs für jede Frau persönlich
- Zielfindung, Zielbestimmung
- Entwicklung persönlicher Wünsche und Perspektiven
- Bewusstwerdung und Ausbau vorhandener Stärken sowie Erweiterung sozialer Kompetenzen
- Möglichkeiten zur Vereinbarkeit beruflicher und familiärer/persönlicher Lebensziele
- Reflexion eigener Barrieren bei der Verwirklichung von Perspektiven oder bei der Erreichung von Zielen
- Reflexion gesellschaftlicher Grenzen sowie Entwicklung politischer Strategien zur Beseitigung

---

[1] Kneip, A. (1998): Bilanz im Geschlechterkampf (II). In der Spiegel. Nr. 10/98, S. 112-120, S. 112.

Die Seminarziele wurden, vor allem bedingt durch eine große Methodenvielfalt, bei fast allen Frauen erreicht, wie auch die Auswertung und ein Nachtreffen bestätigten. Als Problematik stellte sich deutlich heraus, dass der Begriff Karriereplanung im Seminartitel manche Frauen nicht anspricht, da der klassische „männliche" Karrierebegriff, nach dem Karriere verstanden wird als ausschließlich zielgerichtete rasche Erreichung möglichst hoher, gut dotierter und angesehener Positionen und Ämter, im Allgemeinen nicht dem Karriereverständnis von Frauen entspricht.

Veranstaltungsreihe: Berufsbilder für Frauen

Mit diesem Angebot sollten vor allem Schülerinnen und Studentinnen in wichtigen Entscheidungssituationen ihrer beruflichen Karriereplanung erreicht werden. Nachdem das Frauenbüro zunächst durch eine Kooperation mit dem Deutschen Juristinnenbund im Dezember 1996 eine Veranstaltung „Berufsbilder für Juristinnen" erfolgreich durchgeführt hatte, entstand der Wunsch, dieses Angebot zu verfestigen. Das Konzept passte sehr gut in die Angebote der Kooperationsstelle hinein, so dass eine Reihe zu verschiedenen Berufsbildern in Zusammenarbeit mit der Kooperationsstelle Hochschule und Arbeitswelt ab 1997 entstand.

Das Konzept dieser Reihe sah so aus, dass Frauen aus der Praxis zu diesen Veranstaltungen eingeladen wurden und vor allem zu ihren beruflichen Werdegängen, ihrem derzeitigen Berufsbild sowie zu eventuellen Fragen einer Vereinbarkeit von Beruf und Familie befragt werden konnten. Die entsprechenden Studienberaterinnen oder –berater der Universität standen flankierend zur Seite.

Ziel dieser Veranstaltungen war es nicht nur, Mädchen für technische Bereiche zu gewinnen, sondern jungen Frauen in verschiedenen Lebenssituationen Wahlmöglichkeiten aufzuzeigen und weibliche Vorbilder aus verschiedenen Sparten zu präsentieren. Hierdurch sollte die Motivation für die Entscheidung des betreffenden Studienfachs gestärkt werden oder die Entscheidung für eine Berufswahl erleichtert werden. Es wurden bewusst ganz unterschiedliche Bereiche ausgewählt, vor allem solche, in denen es keine klaren Berufsbilder gibt. So war die Veranstaltung mit den Wirtschaftswissenschaftlerinnen davon geprägt, dass die unterschiedlichen Werdegänge und beruflichen Tätigkeiten das große Spektrum aufzeigten, in dem sich Berufsmöglichkeiten anbieten. Die Leiterin des Fernstudienzentrums, die Wissenschaftlerin und eine Organisationsentwicklerin standen für die Fragen der Teilnehmenden zur Verfügung. Die Veranstaltung Berufsbilder für Frauen in der Informatik zeichnete sich aus durch die Unterschiedlichkeit der Altersgruppen und der Charaktere der anwesenden Informatikerinnen so - wie durch die Gemeinsamkeiten, dass alle schon als Schülerinnen mathematisch sehr interessiert und kompetent waren sowie eine unglaubliche Begeisterung für ihr Fach vorlebten. Diese übertrug sich auf alle Anwesenden. Eine zeitlich und inhaltlich bereits geplante und angekündigte Veranstaltung zu Berufsbildern von Frauen in der Biologie musste leider auf Grund der Umstrukturierungen innerhalb der Universität und der damit verbundenen geplanten Streichung der Biologie entfallen. Die Reihe wird aber, wenn die personellen Kapazitäten beider Stellen es erlauben, weiter fortgeführt, da sie neben den bereits genannten viele andere wichtige Ziele verfolgt: Zum einen wird ermöglicht, eine Art Verbleibsforschung für die jeweiligen Studiengänge zu praktizieren, da vor allem ehemalige Absolventinnen eingeladen wurden/werden. Des Weiteren könnte für Schülerinnen, die sich für ein Studium entscheiden, die jeweils an der Universität Beschäftigte oder eine der anwesenden Studentinnen eine Mentorinnenfunktion übernehmen und sie durch ihr Studium begleiten. Gleichzeitig könnten die im Beruf stehenden Frauen den Studentinnen Praktikumsplätze verschaffen oder als Ansprechpartnerin beim Berufseinstieg helfen und somit auch eine Mentorinnenrolle übernehmen. Durch diese Reihe wird Frauen ermöglicht, ihren Berufsweg besser zu planen und so leichter ihren Weg zu finden, zu einer beruflichen Zufriedenheit zu gelangen und somit Karriere im anfangs definierten Sinne zu machen.

Eine Weiterführung des Grundgedankens dieser Reihe ist bereits konkret geplant: So soll an der Universität ein Programm Mentoring und Training für Wissenschaftlerinnen in der Promotions- und Habilitationsphase entstehen. Hierbei wird vor allem die wissenschaftliche Karriere von Frauen unterstützt. Dieses Programm wird das Frauenbüro mit der Kooperationsstelle zusammen anbieten.

Projekt Telearbeit

Ein im Zeitalter neuer Technologien sicherlich wichtiger Themenbereich ist die Telearbeit. „Frauen im Informationszeitalter" - dies beschäftigt nicht nur seit längerer Zeit das Frauenbüro der Universität sondern war auch für Leo Krämer und seine Mitarbeiterin Birgit Roßmanith spannend genug, um zu diesem Thema erneut zu kooperieren. Die Idee für ein Pilotprojekt wurde geboren: Förderprogramm Telearbeit.

Die Vereinbarkeit für Familie und Beruf zu erleichtern ist ein wichtiges Ziel. Telearbeit kann Frauen dazu verhelfen, im Beruf zu bleiben. Das Thema Karriere von Frauen kann nicht ohne die Diskussion um Veränderungen von Arbeitsformen geführt werden. Was in weiten Teilen der freien Wirtschaft schon an der Tagesordnung ist schreitet an einer wissenschaftlichen Hochschule nur langsam voran. Der Erfolg von Telearbeit steht und fällt zudem mit der Akzeptanz von Seiten der Betroffenen – der Telearbeiterinnen und ihrer direkten Vorgesetzten. (vgl. Konradt, U./Schmook, R., 1998; vgl. Büssing, A., S., 1998;).[2]

Als erster Schritt konnte eine saarland-weite Evaluation des Verbreitungsgrades von Telearbeit und deren Akzeptanz dank der Finanzierung der Kooperationsstelle Hochschule und Arbeitswelt in Zusammenarbeit mit dem Lehrstuhl von Frau Professor Wintermantel und dem DFKI in die Wege geleitet werden.

Die Kooperation der letzten 6 Jahre zeichnete sich durch die besonders gute und intensive Zusammenarbeit mit Birgit Roßmanith aus sowie dadurch, dass gute Kooperation nicht durch Quantität, sondern vor allem von Qualität lebt. All diese Projekte sind aber auch vor allem deshalb möglich geworden, weil sich Professor Hans Leo Krämer in besonderer Weise der Frage der Chancengleichheit der Geschlechter annimmt und einer der Männer ist, auf die Gleichstellungsarbeit im Sinne von Gender-mainstreaming bauen kann. Auch seinem gelebten Führungsstil und seinem Verantwortungsbewusstsein gegenüber dieser Stelle sind diese Kooperationen zu verdanken.

Auch dieser Aufsatz ist in Kooperation entstanden im Rahmen eines kooperativen Arbeitsbündnisses, das wie die Zusammenarbeit mit der Kooperationsstelle vor allem von gegenseitiger Akzeptanz und gemeinsamer, kreativer geis-tiger und praktischer Arbeit geprägt ist. Wir sagen an dieser Stelle zurückblickend herzlichen Dank an Professor Hans Leo Krämer und seine Mitarbeiterin Birgit Roßmanith und sehen vorausschauend auf die Fortführung unseres gemeinsamen Weges und weiterer Projekte.

---

[2] Konradt, U./Schmook,R. (1998): Evaluation von Telearbeitsplätzen – Untersuchungskonzept und erste Ergebnisse. Vortrag auf dem 41. Kongress der Deutschen Gesellschaft für Psychologie, Dresden 27.09. – 01.10.1998; Büssing, A., S. (1998): Telearbeit. Analyse, Bewertung und Gestaltung ortsgebundener Arbeit. Göttingen: Verlag für Angewandte Psychologie

9. Kultur, Geschichte und Arbeit

Zeichnung von Hans-Joachim Trapp

Günter Scholdt

Projekt „Saarländische Arbeiterliteratur und Literatur der Arbeitswelt"

Alles begann 1989 mit einem Rundschreiben des Universitätspräsidenten, in dem auf den Kooperationsvertrag zwischen der Universität und der Arbeitskammer hingewiesen und Vorschläge zur Ausgestaltung in Form von Projektanträgen erbeten wurden. Auch der Germanist Prof. Schmidt-Henkel wurde informiert und zur Beteiligung aufgefordert. Wir hatten damals an seinem Lehrstuhl gerade erst mit dem Ausbau der „Arbeitsstelle für Gustav-Regler-Forschung" begonnen, dabei unser Forschungsgebiet über Regler hinaus auf die Grenzliteratur im Raum Saarland, Lothringen, Luxemburg, Elsass ausgedehnt und zeigten angesichts der ohnehin gestiegenen Belastung am Ausschreibungstext („Arbeiterbewegung im Saarland") zunächst eher mäßiges Interesse. Doch eine mündliche Nachfrage von Herrn Prof. Krämer ließ uns das neue Aufgabenfeld hinsichtlich seiner heuristischen Chancen nochmals überdenken. Und wenn sich heute das inzwischen umbenannte „Literaturarchiv Saar-Lor-Lux-Elsass" zum Thema „Saarländische Literatur der Arbeitswelt" immerhin mit vier voluminösen Studien im Gesamtumfang von fast 1.400 Seiten schmücken kann, so ist das nicht zuletzt der Hartnäckigkeit des mit dieser Festschrift geehrten Jubilars zu danken.

Im Folgenden ein kurzes Resümee der zehnjährigen Aktivitäten, die über die „Kooperationsstelle Hochschule und Arbeitswelt" von der Arbeitskammer des Saarlandes finanziert und in der Verantwortung des „Literaturarchivs Saar-Lor-Lux-Elsass" durchgeführt wurden. Ziel des Projekts war es, einen literarhistorisch bisher wenig beachteten Bereich zu erhellen: die literarische Verarbeitung von Industrialisierung und industriellen wie anderen Arbeitsprozessen aus regionaler Perspektive. Wenn auch das Saarrevier bzw. das Saarland trotz starker Prägung durch Kohle und Stahl keine eigenständige Arbeiterliteratur hervorgebracht hat, wie dies etwa für das Ruhrgebiet und andere Industrie-reviere zutrifft, spielt Arbeit als Thema in zahlreichen Texten von fast allen

Autorinnen und Autoren der Region doch eine wichtige Rolle.[1]
Das Gleiche gilt für literarische Reiseberichte von Besuchern des Landes. Erfasst wurden selbstständige Veröffentlichungen aller literarischen Gattungen, die das Thema Arbeit aus regionaler Perspektive zum Gegenstand haben. Daneben wurden auch unselbstständig erschienene literarische Texte berücksichtigt, die in Zeitschriften und Zeitungen publiziert worden sind. Dabei ging es nicht einmal in erster Linie darum, nach vergessenen oder unentdeckten "Meisterwerken" zu fahnden, vielmehr interessierten die Texte vor allem als Dokumente sozialpsychologischer und mentalitätsgeschichtlicher Sachverhalte. Nicht wenige Texte von häufig recht bescheidener literarischer Qualität besaßen gleichwohl einen erheblichen politischen und sozial-geschichtlichen Quellenwert.

Erstes sichtbares Ergebnis war die 346-seitige Studie mit dem Titel „Saarländische Literatur der Arbeitswelt. Kommentierte Bibliografie und Typologie", die Astrid Schomers 1993 zugleich als Magisterarbeit vorlegte. Neben Büchern und Textsammlungen wurden darin auch drei für das Saarland bedeutsame Periodika ausgewertet: die von der Bergwerksdirektion herausgegebenen Blätter „Der Bergmannsfreund" (ab 1870) und „Saarbrücker Bergmannskalender" (ab 1873) und die vom katholischen Kolportage-Verein herausgegebene Zeitschrift „Nach der Schicht" (ab 1905).

---

[1] Vgl. dazu die Projektvorstellung von Astrid Schomers als kurze Momentaufnahme, in: „arbeitnehmer" Nr. 11/91, S. 495: „Erstaunlich ist, dass eigentlich jeder saarländische Schriftsteller mit mindestens einem Titel vertreten ist - man könnte fast schon annehmen, es sei für einen Saar-Autor Pflicht, sich zumindest einmal mit einem spezifisch ‚saarländischen' Thema zu beschäftigen. So findet man von Gustav Regler, dem wohl bedeutendsten saarländischen Schriftsteller, den Roman ‚Im Kreuzfeuer', der die Machtergreifung der Nationalsozialisten im Saarland aus proletarischer Sicht beschreibt. Die Dudweiler Autorin Lisbet Dill, die eher wegen ihrer amüsanten Gesellschaftsromane berühmt ist, liefert in dem Roman ‚Virago' eine plastische Darstellung des großen Streiks von 1889. Der Priester Johannes Kirschweng, der selbst aus dem Arbeitermilieu stammt - seine Familie war seit Generationen in der Wadgasser Glasfabrik beschäftigt - ist gleich mit mehreren Titeln präsent. / In der Bibliografie sind auch zahlreiche Verfassernamen enthalten, die heute nur noch wenigen geläufig sind, wenn sie nicht sogar der Vergessenheit anheim gefallen sind. Wem sind heute noch die Autoren Alfred Petto und Klaus Schmauch ein Begriff, die beide das Kleine-Leute-Milieu aus eigener Anschauung kannten und in vielen ihrer Werke verarbeitet haben. Als genuine Arbeiterdichter gelten Albert Korn, Hans Adolf Gross und Matthias Ludwig Schroeder, der jedoch bereits im Alter von vier Jahren mit seinen Eltern ins Ruhrgebiet gezogen war und sich später dort einen Namen gemacht hat. Der Bergmann Hans Adolf Gross ist sogar mit einem Gedicht in einer Anthologie der ‚Gruppe 61' zu finden. Leider hat er durch seinen frühen Tod nur ein bescheidenes Werk hinterlassen. Der Bübinger Willi Becker genoss in den dreißiger Jahren den Ruf eines Arbeiterdichters und war sogar überregional in Zeitungen, Zeitschriften und auch im Rundfunk in Erscheinung getreten. Der älteste Fund übrigens datiert aus dem Jahr 1846. Es ist ein Gedicht mit dem Titel ‚Ahnung', das der St. Ingberter Heimatdichter Karl August Woll mit 12 Jahren verfasst hat."

Die Wahl fiel auf gerade diese Zeitschriften, weil sie über einen längeren Zeitraum kontinuierlich erschienen sind, in der Bevölkerung weit verbreitet waren und sich ausdrücklich an ein Arbeiterpublikum richteten. Da es sich um Presseorgane von Staat oder Kirche handelte, neigen ihre Beiträge fast durchweg zu einer politisch und sozial affirmativen Haltung.

Die Fortsetzung des Projekts hatte ein inhaltliches Defizit auszugleichen, dessen sich die Verantwortlichen von Anfang an bewusst waren. Denn Beiträge in Zeitschriften wie „Der Bergmannsfreund", „Der Saarbrücker Bergmannskalender" oder „Nach der Schicht", die praktisch durchgehend einen obrigkeitlichen Standpunkt vertraten, repräsentieren die Sicht der damals Arbeitenden nur in einer sehr begrenzten Weise. Es schien uns also unerlässlich, auch Äußerungen oppositioneller Kräfte in das Gesamtbild einzubeziehen und Texte zu erfassen bzw. zu analysieren, die aus dem Umkreis der gewerkschaftlichen bzw. partei-organisierten sozialistischen Arbeiterbewegung stammen. Somit gerieten die sozialdemokratischen Tageszeitungen „Saarwacht" (1905), „Volkswacht" und „Volksstimme" bzw. die kommunistische „Arbeiter-Zeitung" (ab 1922) ins Blickfeld. Diesen Teil der Arbeit übernahm Peter Walter, der 1996 gleichfalls eine Magisterarbeit vorlegte. Sie umfasste 357 Seiten und trug den Titel: „Literatur und Arbeiterkultur an der Saar. Literarische Beiträge in Publikationen der regionalen Arbeiterbewegung. Kommentierte Bibliografie und Typologie". Aus beiden Studien erwuchs anschließend durch Komprimierung, Erweiterung und parzielle redaktionelle Neufassung eine Gemeinschaftspublikation von Astrid Schomers und Peter Walter unter dem Titel: „Literatur der Arbeitswelt und Arbeiterliteratur an der Saar (von 1850 bis zur Gegenwart). Kommentierte Bibliografie und Typologie", die inzwischen auch im Internet zu nutzen ist.[2] Sie verzeichnet auf 291 Seiten insgesamt 1.859 Texte und enthält darüber hinaus ein ausgiebiges Register sowie Kurzbiografien der Autorinnen und Autoren und darf somit als vielfach nutzbares forschungsmäßiges Pionierwerk gelten in einem bislang weitgehend vernachlässigten Bereich.

Nachdem solcherart die saarländische Literatur eines bestimmten Themenspektrums erstmals in repräsentativer Auswahl bibliografisch erschlossen war, lag es nahe, einem potenziellen Leser in bequemer Weise einen Überblick und ersten Eindruck von dem so umfangreich verzeichneten Schrifttum zu verschaffen.

---

[2] http://www.uni-saarland.de/sulb/archiv/akbibl.htm

Dies geschah als letzter Projektbeitrag in Form einer 368-seitigen literarischen Anthologie, die Peter Walter 1999 zum Abschluss brachte. Sie trägt den Titel: „'Soll mich wie ein Hund abschinne...' - Literatur und Arbeitswelt an der Saar in zwei Jahrhunderten. Eine Anthologie literarischer Texte aus der und über die Arbeitswelt". Sie präsentiert den Stoff in der folgenden thematischen Anordnung: Der Abschnitt „Lebenswelten" behandelt Alltags- und Lebenserfahrung, Änderungen des Lebensumfeldes und prägende außerberufliche Praktiken. Hinzu kommen politische Auseinandersetzungen.

Untergliedert wird dieses Großkapitel durch die Bereiche „Dorf und Stadt", „Feierabend/Lebensabend", „Die Sozialisten und ihre Gegner: Anfänge der Arbeiterbewegung", „Die Arbeiterparteien: Texte aus sozialdemokratischen und kommunistischen Zeitungen nach 1918" und „Auf dem Weg ins nationalsozialistische Deutschland". Der Abschnitt „Arbeitswelten" beschäftigt sich mit der Erfahrung der Arbeit, der innerbetrieblichen Hierarchie, Arbeitsunfällen und sozialen Krisen. Im Einzelnen sind dies die Bereiche „Arbeiten in der Grube und auf der Hütte, am Fließband, an der Straße und am Schreibtisch", „Arbeitswege", „Arbeitsverhältnisse", „Arbeitskämpfe", „Grubenunglücke", „Vorgesetzte und Arbeitgeber" sowie „Krise und Aufbruch". Die Unterkapitel enthalten einleitend biografische Angaben, daneben knappe historische und motivgeschichtliche Hinweise.

Ziehen wir eine Bilanz: Der heuristische Nutzen dieser Forschungsarbeiten ist evident. Mit der bibliografischen Erschließung, den Kurzresümees und analytischen Kommentierungen wurde ein Stück wissenschaftliches Neuland erschlossen. Dem Regionalforscher werden dadurch künftig Hilfsmittel an die Hand gegeben, die seine Arbeit erheblich erleichtern bzw. überhaupt erst ermöglichen. Für ihre Sachkunde, Akribie und Ausdauer verdienen die jeweiligen Bearbeiter Astrid Schomers und Peter Walter große Anerkennung. Vom ästhetischen Standpunkt ist die Ausbeute vielleicht nicht ganz so bemerkenswert, aber auch hier finden sich immer mal wieder eindrucksvolle Veranschaulichungen eines Berufsmilieus, für die stellvertretend Autorennamen wie Maria Becker-Meisberger, Heinrich Kraus, Johannes Kühn oder Alfred Petto genannt werden. Ob diese Studien über den akademischen Bereich hinaus wirksam werden können, muss die Zukunft erweisen. Die Erwartungen jedenfalls, die sich bereits zu Beginn der Recherchen mit dem Projekt verbanden und die von Astrid Schomers im „arbeitnehmer" des Jahres 1991 formuliert wurden, scheinen zumindest nicht völlig unbegründet:

"Man könnte fragen, welchen Nutzen ein solches Forschungsprojekt, das doch sehr zeit- und arbeitsintensiv ist, für die Literaturwissenschaft und mehr noch für die breite Leserschaft bringt. Nun, zuerst einmal wurden hier Titel und Autoren ans Tageslicht befördert und zusammengetragen, die längst vergessen und verschollen waren und die als Basis für weitere Forschungsarbeiten dienen werden. So ist neben der angekündigten Bibliografie eine Anthologie in Aussicht gestellt, für die bereits geeignete Texte gesammelt werden. Diese Literatur einem heutigen Lesepublikum wieder zugänglich zu machen, scheint mir ein sinnvolles Anliegen, das im Idealfall Informationsvermittlung, Unterhaltungsbedürfnis und Lesevergnügen verbinden könnte."[3]

Zugegeben: Das gilt nicht für die Mehrzahl der Autoren, die sich in ihren Appellen in Prosa oder Versen häufig eher schlecht als recht einer programmatischen Aufgabe entledigten. Aber es gilt zumindest für eine Minorität von Texten, die so groß ist, dass sie eben doch ins Gewicht fällt. Möge Astrid Schomers frühe Verheißung also des Lesers Neugier wecken auf Peter Walters materialreiche Anthologie[4], die den literarhistorischen tour d'horizon durch die saarländische Arbeitswelt beschließt und immerhin auch Texte enthält wie den folgenden:

"Fabrik im Schnee

Hinter vereisten Gussstücken
lauern Terminjäger
Blaukitteln auf,
folgen den Fährten
der Gabelstapler
im Schnee.

Über Schrottwiesen
klirrende Kälte.
Ölrauch stinkt im Geäst
des Metallwaldes,
wo der Hebekran torkelnd
nach Flocken sich dreht.

---

[3] In: „arbeitnehmer" Nr. 11/91, S. 495.
[4] Sie kann eingesehen werden im Literaturarchiv Saar-Lor-Lux-Elsass und entliehen werden in der Saarländischen Universitäts- und Landesbibliothek sowie in der Kooperationsstelle Hochschule und Arbeitswelt.

*Gedämpfter klingen nun
Drehbankarien,
Bohrwerkmotetten
und schrille Canzonen
des Schleifsteins.*

*Der taube Portier
streut hustend
Asche und Salz."*[5]

---

[5] In: Heinrich Kraus: Haltestellen. Saarbrücken 1978, S. 42.

Rainer Hudemann

Gewerkschaften und Sozialpolitik an der Saar im deutsch-französischen Spannungsfeld der Nachkriegszeit

In keinem anderen der alten Bundesländer ist die Entwicklung der Gewerkschaftsbewegung und der Sozialpolitik im Nachkriegsjahrzehnt so spannend gewesen wie an der Saar. Wenngleich in den Hungerjahren von der allgemeinen deutschen Öffentlichkeit wenig bemerkt, war hier nicht nur die Sozialpolitik, ähnlich wie in der eigentlichen französischen Besatzungszone, im Sinne der Schaffung gleicher Lebensbedingungen für alle Bevölkerungsschichten fortschrittlicher als in den beiden anderen westlichen Besatzungszonen und guten teils auch der Bundesrepublik. Nur an der Saar setzte sich auch das Einheitsgewerkschaftskonzept, wie es der DGB verkörperte, in offener Auseinandersetzung - und 1963 letztlich erfolgreich - gegen die Konkurrenz der christlichen Gewerkschaften durch, die in der frühen Nachkriegszeit in den meisten anderen Teilen Deutschlands zunächst nicht zugelassen worden waren. Dennoch verloren die französische Protektionsmacht und die autonomistische saarländische Regierung 1955 den Kampf um ihr Zukunftskonzept einer "europäisierten" Saar - nicht zuletzt, weil sie trotz dieser attraktiven und in mancherlei Hinsicht heute wieder brandaktuellen Sozialpolitik der Rückhalt der Gewerkschaften verspielt hatten. In kaum einem anderen Bereich werden Leistungen und innere Widersprüche der französischen Politik im Nachkriegsdeutschland denn auch so deutlich wie hier.

In einem vom Landtag des Saarlandes und von der Volkswagen-Stiftung geförderten und in Zusammenarbeit mit dem französischen Außenministerium durchgeführten Projekt über Politik, Wirtschaft und Gesellschaft an der Saar 1945-1955 haben unter anderem Armin Heinen die allgemeinen Zusammenhänge der Saarpolitik und Hans-Christian Herrmann die sozialpolitischen Probleme erforscht. Die Veröffentlichung von Herrmanns Buch ist dankenswerterweise im Rahmen der Kooperation der Arbeitskammer mit der Universität des Saarlandes ermöglicht worden.

Dass an der Saar eine so interessante Sozialpolitik betrieben werden konnte, hatte zunächst mit Frankreichs allgemeinen Vorstellungen von Deutschland zu tun. Drei Kriege seit 1870, der letzte zudem mit Kriegsverbrechen in einem bislang nicht bekannten Ausmaß verbunden: das schien 1945 zur Genüge den militaristischen und angriffslustigen Charakter "der Deutschen" zu beweisen.

Wollte man künftige neue Kriege vermeiden, so musste man daher, wie Teile der verantwortlichen Beamten und Politiker die Lage schon zu Kriegsende analysierten, die Deutschen zu guten Demokraten erziehen. In diesem Konzept spielten einerseits die Kulturpolitik und zum andern die Gewerkschaften und die Sozialpolitik eine zentrale Rolle. Auch in der eigentlichen Besatzungszone in Deutschland, also dem heutigen Rheinland-Pfalz und dem südlichen Teil von Baden-Württemberg, entwickelte man daher breit gefächerte politische Initiativen in diesem Sinne.

Dass eine solche Politik an der Saar eine etwas andere Ausformung erhielt, hing wiederum mit der allgemeinen Politik zusammen. Eine Annexion der Saar, in der französischen Öffentlichkeit 1944/45 bis ins Parlament hinein vielfach gefordert, war zwar nicht das Ziel der französischen Regierung; durch die Nationalsozialisten war eine solche Politik 1945 international auch gründlich diskreditiert. Doch hoffte man, die Saarländer langfristig für eine enge Bindung an Frankreich zu gewinnen, die man ziemlich unklar als "Assimilation" bezeichnete. Zu deren demokratischem Gehalt gehörte auch, dass Paris im Oktober 1955, als das von der französischen Regierung mit Bundeskanzler Adenauer ausgehandelte Saar-Statut in der Volksabstimmung scheiterte, noch in derselben Nacht Bonn offiziell mitteilte, man akzeptiere die Rückkehr der Saar zu Deutschland - obwohl dem Text zufolge eigentlich gar nicht diese, sondern ein recht vage beschriebenes europäisches Statut zur Abstimmung gestellt worden war. Die subjektive Glaubwürdigkeit des assimilatorischen französischen Demokratisierungs-Konzeptes für die Saar sollte man daher nicht unterschätzen.

Zunächst bedeutete die französische Assimilationshoffnung in den Jahren nach 1945, dass die Saarländer es in mancherlei Hinsicht besser hatten als ihre Landsleute in den anderen Zonen. Städte, Dörfer und Ernteflächen waren infolge der nationalsozialistischen Kriegsstrategie zwar besonders stark zerstört. Doch die Ernährungslage war - nicht zuletzt durch Lieferungen aus Württemberg - zwar nicht zufrieden stellend, aber günstiger als in Teilen vor allem der britischen und der französischen Zone. Und Fabriken wurden an der Saar nicht demontiert. Umgekehrt gehörte zu den Demokratisierungsvorstellungen aber auch eine enge Kontrolle saarländischer Politik, die in der Hitze des Abstimmungskampfes von den Gegnern bisweilen gar als nationalsozialistisch eingestuft wurde. Zwar war das Unsinn, beleuchtete aber dennoch den inneren Widerspruch der Politik des französischen Hochkommissars Gilbert Grandval und der saarländischen Regierungen von Johannes Hoffmann: das Konzept einer "Demokratie unter pädagogischem Vorbehalt", wie Armin Heinen es treffend genannt hat, trieb das Misstrauen gegenüber Kräften, welche den in der Verfassung fest geschriebenen Wirtschaftsanschluss an Frankreich ablehnten oder denen man das Scheitern der Weimarer Republik anlastete, bisweilen über die Regeln einer parlamentarischen Demokratie hinaus. Allerdings gehörte das auch zum politischen Stil der Zeit, in Adenauers Kanzlerdemokratie der 50er Jahre gab es ähnliche Erscheinungen, und wirklich erregt haben sich die meisten Saarländer darüber offenbar erst allmählich nach 1952. Dann trug die wachsende Kritik allerdings immer stärker zur Unterminierung des in den ersten Nachkriegsjahren breiten Rückhaltes in der Bevölkerung für die Politik des französischen Hochkommissars und des saarländischen Ministerpräsidenten bei.

Da Frankreich an der Saar noch erheblich stärker als in der eigentlichen Besatzungszone wirtschaftliche Interessen verfolgte und den Wirtschaftssektor daher am engsten in der Hand behielt, blieb den saarländischen Politikern die Sozialpolitik als eines der wenigen Gebiete, auf denen sie sich eigenständig - wenn auch mit Rückhalt der Militärregierung - profilieren konnten. Von der Konstellation, welche aus der demokratisierenden Zielsetzung und den Handlungsspielräumen entstand, profitierten die Saarländer zunächst, doch zeigten sich im Endergebnis gerade hier auch die Grenzen einer solchen Politik.

Geschickt verbanden die Saarländer deutsche und französische Traditionen - nicht nur in der raffinierten Kombination von arbeitsfreien Tagen. In Frankreich war Familienpolitik nicht mit einem Tabu belegt, wie es bis heute aus dem "III. Reich" in der deutschen Politik nachwirkt. Französische Rechte wie Linke, Volksfrontpolitiker wie Anhänger des Kollaborationsregimes von Vichy waren sich in der Notwendigkeit einer materiellen Förderung kinderreicher Familien einig. So passte es auch zu der Politik, die saarländische Bevölkerung von der Attraktivität einer Zusammenarbeit mit der Siegermacht Frankreich statt mit dem weithin zerstörten Deutschland zu überzeugen, dass man ihr diese Vorteile gleichfalls gewährte. Bei der Rückgliederung der Saar 1957/59 führte das zu bösen Enttäuschungen, als die Bundesrepublik die hohen Familienleistungen - entgegen Versprechungen im Abstimmungskampf und den Bemühungen von Bundesfamilienminister Franz-Josef Wuermeling - nicht übernahm. Ähnlich war die Lage der Kriegsopfer, deren Versorgungsniveau unter französischer Besatzung in der Zone ebenso wie an der Saar, dem alten französischen Respekt für Frontkämpfer entsprechend, großenteils höher lag als in den anderen Westzonen und in der jungen Bundesrepublik. Auch hier entstand nach 1957/59 an der Saar viel Verbitterung, die in Gesprächen mit Zeitzeugen bis heute fortwirkt.

Betrachtet man die Strukturen deutscher Sozialpolitik im 19. und 20. Jahrhundert, so waren die Reformen in der Sozialversicherung von noch weit grundsätzlicherer Bedeutung. Hier ging es den Franzosen in der Zone ebenso wie an der Saar darum, die aus dem Bismarckreich überkommenen schichtengebundenen Unterschiede und damit Ungerechtigkeiten des deutschen Sozialleistungssystems abzubauen. Dieser Teil der Demokratisierungspolitik betraf fast die gesamte Bevölkerung, war aber technisch so kompliziert, dass er politisch in der Öffentlichkeit kaum wirksam wurde. Im Kern ging es darum, die Unterschiede in der Altersversorgung von Arbeitern und Angestellten abzubauen und vor allem die Ungerechtigkeiten der Krankenversicherung zu beseitigen, in der - vereinfacht formuliert - je nach Berufsstand und sozialer Lage gerade die Schwächeren je nach Kassenzugehörigkeit oft höhere Beiträge für geringere Leistungen zahlen als physisch leistungsfähigere und im Bevölkerungsdurchschnitt gesündere Bürger. Das Problem ist in der Bundesrepublik bis heute nicht befriedigend gelöst, es ist mit den Diskussionen über das öffentliche Gesundheitswesen seit 1994 aber stärker ins öffentliche Bewusstsein getreten und mit dem Finanzausgleich zwischen den verschiedenen Kassen seit 1998 zumindest in Angriff genommen. In Zusammenarbeit vor allem mit christlichen Gewerkschaftlern, welche solche Reformen seit Jahrzehnten gefordert hatten, haben die Franzosen die Probleme in ihrer Zone und an der Saar bereits 1946 gelöst. Die Lösung der Schaffung einer weitgehenden Einheitsversicherung, bei der an der Saar allerdings Knappschafts- und Eisenbahnkassen erhalten blieben, traf in der von der Arbeiterschaft geprägten Region durchaus weithin auf Zustimmung. In den deutschen Westzonen liefen dagegen vor allem die an Ersatzkassen- und Privatpatienten interessierten Ärzte und die Vertreter der im alten System besser gestellten Angestellten gegen solche Projekte bald Sturm. Eine Übertragung auf die Bundesrepublik scheiterte nach 1949 denn auch an diesen Widerständen, wenngleich Bonn nach und nach die wichtigsten Errungenschaften der französischen Besatzungsherrschaft - wenngleich ohne darauf Bezug zu nehmen - selbst wieder einführte: so etwa die Rentnerkrankenversicherung 1956, die Lohnfortzahlung im Krankheitsfall 1970, den Krankenkassen-Finanzausgleich in jüngster Zeit.

Einen gewichtigen Unterschied gab es allerdings zwischen der französischen Zone und der Saar: die Mitbestimmung. Sarkastisch ausgedrückt, liegt hier ein Schlüssel zur Erklärung dafür, wie es dem französischen Hochkommissar und der saarländischen Regierung gelingen konnte, trotz einer weitgehend gewerkschaftlichen Forderungen folgenden, vorbildlichen Sozialpolitik ausgerechnet die Gewerkschaften allmählich immer mehr gegen sich aufzubringen und damit die gesamte eigene Politik zu untergraben. In der französischen Zone wurde die Mitbestimmung als wichtiger Bestandteil der Demokratisierungspolitik eingesetzt, und in Rheinland-Pfalz und Baden gingen die entsprechenden Rechte der Belegschaften in mancherlei Hinsicht erheblich über die Regelungen der frühen Bundesrepublik hinaus. An der Saar aber waren die großen Betriebe faktisch in französischem Besitz oder standen jedenfalls unter französischer Leitung. Mitbestimmung gehörte jedoch nicht zur politischen Kultur Frankreichs. So unterschätzten die französischen Verantwortlichen an der Saar auch, in welchem Maße die Sozialpartnerschaft seit dem I. Weltkrieg zum Bestandteil deutscher Betriebskultur geworden war. An dem Kampf um Mitbestimmungsrechte nach dem Vorbild der französischen Zone entzündeten sich damit seit den frühen 50er Jahren die Arbeitskonflikte an der Saar ebenso wie an politischen Kontrollmaßnahmen und an der Bevormundung durch französische Vorgesetzte, die gerne in einer Reihe mit den vorher gleichfalls wenig willkommenen "Preußen" gesehen wurden. Das führte dazu, dass Auseinandersetzungen, die eigentlich Arbeitskonflikte waren, als deutsch-französische nationale Gegensätze gelebt wurden - wie das in den 20er Jahren schon einmal geschehen war. Armin Heinen meint daher auch zu Recht, dass die französischen Ziele an der Saar nicht zuletzt an einer Fehleinschätzung der politischen und gesellschaftlichen Kultur der Saarländer und deren Bedeutung für eine erfolgreiche Politik gescheitert seien.

Zum Konflikt mit dem DGB trug allerdings auch bei, dass christliche Gewerkschaftler 1947 über persönliche Kontakte zu den französischen Christdemokraten, die mit Georges Bidault nach dem Krieg jahrelang den Regierungschef bzw. Außenminister stellten, ihre Zulassung als eigene Gewerkschaft durchgesetzt hatten. Das widersprach der von allen Alliierten in Deutschland und von den Franzosen auch in der eigentlichen Besatzungszone praktizierten Politik der Einheitsgewerkschaft. Sie sollte aus Besatzungssicht eine bessere Kontrolle der Betriebe und der Produktion sicherstellen und zugleich die Demokratisierung der deutschen Gesellschaft fördern durch eine Überwindung der alten Spaltungen der Weimarer Republik, in denen man die Ursache für den Zusammenbruch der Arbeiterbewegung 1933 sah. Unter diesem Gesichtspunkt traf die Einheitsgewerkschaft auch unter deutschen Arbeitnehmern 1945 auf breite Zustimmung. Dass sie in der Bundesrepublik teilweise wieder zerbrach, lag insbesondere an den genannten gegensätzlichen Interessen von Arbeitern und vielen Angestellten in der Sozialversicherung, die zur Abspaltung der Deutschen Angestellten-Gewerkschaft führte. Sieht man es politisch, so konnte langfristig aber gerade auf diese Weise der DGB seine Durchsetzungskraft unter Beweis stellen, denn an der Saar hatte er für eine solche Politik nicht den Rückhalt der Alliierten wie in den deutschen Westzonen, sondern musste eigenständig kämpfen.

Wenn Manfred Wagner, prägende Persönlichkeit der Gewerkschaften an der Saar in den letzten Jahrzehnten, in einer Fernsehdiskussion zum 50. Jahrestag der Gründung des DGB Saar 1996 einerseits die saarländische Nachkriegsregierung, gegen die er als junger Gewerkschaftler 1954 gestreikt hatte, hart kritisierte und andererseits die Erfolge der Sozialpolitik dieser Jahre feierte, so verkörperte er damit noch Jahrzehnte nach den Saar-Kämpfen diesen inneren Widerspruch einer Politik, die zugleich sachlich fortschrittlich war, durch Kontrolle und Fehleinschätzung der politischen Kultur aber ihre eigenen Grundlagen zunehmend unterminiert hatte.

Literatur:
Armin Heinen, Saarjahre. Politik und Wirtschaft im Saarland 1945-1955, Stuttgart: Steiner 1996.
Hans-Christian Herrmann, Sozialer Besitzstand und gescheiterte Sozialpartnerschaft. Sozialpolitik und Gewerkschaften im Saarland 1945 bis 1955, Saarbrücken: SDV 1996.
Rainer Hudemann, Sozialpolitik im deutschen Südwesten zwischen Tradition und Neuordnung 1945-1953. Sozialversicherung und Kriegsopferversorgung im Rahmen französischer Besatzungspolitik, Mainz: v. Hase & Koehler 1988.
Rainer Hudemann u. Raymond Poidevin unter Mitarbeit von Annette Maas (Hg.), Die Saar 1945-1955. Ein Problem der europäischen Geschichte. München: Oldenbourg 2. Aufl. 1995.
Rainer Hudemann, Burkhard Jellonnek u. Bernd Rauls unter Mitarbeit von Marcus Hahn (Hg.), Grenz-Fall. Das Saarland zwischen Frankreich und Deutschland 1945-1960, St. Ingbert: Röhrig 1997.
Dietmar Hüser, Frankreichs "doppelte Deutschlandpolitik" 1944-1950, Berlin: Duncker & Humblot 1996.
Heinrich Küppers, Bildungspolitik im Saarland 1945-1955, Saarbrücken: Minerva/SDV 1984.
Rainer Möhler, Entnazifizierung in Rheinland-Pfalz und im Saarland unter französischer Besatzung von 1945 bis 1952, Mainz: v. Hase & Köhler 1992.
Von der 'Stunde 0' zum 'Tag X'. Das Saarland 1945-1959. Katalog zur Ausstellung des Regionalgeschichtlichen Museums im Saarbrücker Schloss, Saarbrücken 1990.

Rainer Silkenbeumer, Sabine Burgard

1000 Jahre Saarbrücken: Hans Leo Krämers Blick in die Zukunft

Tausend Jahre Saarbrücken und Hans Leo Krämers Blick in die Zukunft; ein Widerspruch? Keineswegs, sondern wesentlicher Aspekt des Konzeptes „Saarbrücker Stadtjubiläum".

Im Jahr 999 wurde das „Castello Sarabruca" erstmals schriftlich in einer Schenkungsurkunde von Kaiser Otto III. an den Bischof von Metz erwähnt. Das sind tausend Jahre bewegtes Leben von annähernd 50 Generationen, die die Saarbrücker Geschichte über Jahrhunderte hinweg erlebt und gestaltet haben. Das 1.000 Saarbrücker Stadtjubiläum im Jahr 1999 wurde mit einer Vielzahl von unterschiedlichsten Veranstaltungen gefeiert und gewürdigt.

Ein Grundgedanke bei der Vorbereitung der „1000-Jahr-Feier" war die Einbeziehung aller Bevölkerungsgruppen, Institutionen, Vereine und öffentlichen Einrichtungen. Auch sollte nicht die Vergangenheit allein zentrales Thema des Jubiläumsjahres sein. Gleichermaßen sollten sich die Gegenwart, aber auch die Zukunft der Stadt Saarbrücken und ihrer Bevölkerung in den Veranstaltungen widerspiegeln.

Der Rückblick auf die Entwicklung seiner Stadt bedeutet unweigerlich auch eine Rückbesinnung auf seine Wurzeln. Die Frage „Woher kommen wir?" beantworteten diverse Ausstellungen, Vortragsreihen, Publikationen und Theaterstücke zur Geschichte der Stadt Saarbrücken.

Unter dem Aspekt Gegenwart wurden Antworten auf die Frage „Wo stehen wir?" gesucht. Zahlreiche Veranstaltungen setzten sich mit den einzelnen Bevölkerungsgruppen Saarbrückens auseinander; angefangen bei der Spurensuche italienischer Einwanderer, über die chinesische Kulturwoche bis hin zur multikulturellen Woche. Eine Situationsanalyse quer durch alle Bevölkerungsgruppen war das Thema des „Bürgerforum 2000: Leben und Arbeiten in unserer Stadt".

Die Einweihung der Ostspange, des Rathaus-Carrées, der Stadtbibliothek und des Brunnens in der Fußgängerzone trugen zur Ergänzung des gegenwärtigen Stadtbildes bei. Das neue Stadtmodell und der „Architekturführer Saarbrücken" bieten in einer Bestandsaufnahme einen Überblick über die aktuelle bauliche Situation der Stadt Saarbrücken.

Mit der Zukunft und der Frage „Wohin gehen wir?" setzten sich u.a. die Kongresse „Zukunft der Stadt – Stadt der Zukunft" sowie „Zukunft der Jugend – Zukunft der Arbeit" oder das deutsch-französische Schülerprojekt „Lust auf Morgen – ça marche" auseinander.

Den einzelnen Aspekten entsprechend beinhaltete die Zielsetzung des Konzeptes, eine Bilanz über die geschichtliche Entwicklung zu ziehen, die Frage nach dem gegenwärtigen Standort zu stellen, Perspektiven für die Zukunft zu erarbeiten und vor allen Dingen aber auch die Identifikation der Bürgerinnen und Bürger mit ihrer Stadt zu fördern.

Da das Konzept des Stadtjubiläums auf einer breit gefächerten Kooperation aller in der Gesellschaft vertretenen Institutionen basierte, unternahm der Leiter der Projektgruppe „1000-Jahr-Feier" und Kulturdezernent, Rainer Silkenbeumer, mehrere Versuche, auch die Universität des Saarlandes mit einzubeziehen. Da die Hochschule jedoch im gleichen Jahr ihr 50-jähriges Bestehen feierte, waren die personellen wie kreativen Ressourcen bereits hinreichend erschöpft.

Engagiertester Vertreter der Universität war, wie auch bei früherer Zusammenarbeit mit der Stadt Saarbrücken, Prof. Dr. Hans Leo Krämer, Fachbereich Soziologie. Gleich mit zwei Projekten, dem „Bürgerforum 2000: Leben und Arbeiten in unserer Stadt" und dem Kongress „Zukunft der Jugend – Zukunft der Arbeit" beteiligte er sich am Jubiläumsprogramm der Landeshauptstadt.

Und damit vereinigte er in seiner Person und seinen Projekten gleich mehrere Aspekte des Jubiläumskonzeptes. Als Repräsentant einer öffentlichen Einrichtung befasste er sich im Rahmen der ersten Veranstaltung mit der Gegenwart, die zweite konzentrierte sich auf die Zukunft.

Die Idee zum „Bürgerforum 2000" entstand 1997 in der Diskussion zwischen Hans Leo Krämer, Rainer Silkenbeumer und Hans Jürgen Koch, Programmchef von SR2 Kulturradio des Saarländischen Rundfunks. Das Forum sollte die Möglichkeit bieten, einen der Grundgedanken des Konzeptes der „1000-Jahr-Feier", hier die aktive Einbeziehung der Bevölkerung, umzusetzen. Als öffentliche Plattform lud es interessierte Bürgerinnen und Bürger ein, sich mit ihrem städtischen Lebensraum auseinander zu setzen, d.h. ihre Vorstellungen und Wünsche bezüglich zukünftiger Entwicklungen zentraler Bereiche der Stadt zu formulieren und darzustellen.

Aus der Vielzahl der möglichen Themen zur Stadtpolitik wurden drei von besonderer Zentralität ausgewählt; „Kultur", „Arbeit und Soziales" sowie „Leben mit dem Fremden als Nachbarn". Im Rahmen eines zweisemestrigen Projektstudiums an der Fachrichtung Soziologie fand die Vorlaufphase statt, die mit entsprechenden Expertisen zu den drei Bereichen abgeschlossen wurde. Diese dienten als Basis für die Diskussionsgrundlagen und –strukturen für die folgenden eintägigen Workshops, an denen bereits interessierte Bürgerinnen und Bürgern teilnehmen konnten.

An drei Abenden wurden im März 1999 die Ergebnisse der Workshops der Öffentlichkeit vorgestellt und mit Expertinnen und Experten aus den einzelnen Themenbereichen erörtert. Diskussionsgrundlage waren die folgenden Impulsfragen: „Welche und wie viel Kultur braucht unsere Stadt?", „Wie wollen wir miteinander leben, was gemeinsam, solidarisch verantworten?" und „Welche Chancen eröffnet das Zusammenleben mit Fremden für eine europäisch und international orientierte Landeshauptstadt?". Moderiert und übertragen wurden die Veranstaltungen von SR2 Kulturradio.

Generell und zusammenfassend konnte festgestellt werden, dass ein beträchtliches Interesse in der Bevölkerung besteht, sich mit den Themen des städtischen Lebens und der städtischen Politik auseinander zu setzen. Gleichzeitig herrscht bei den Bürgerinnen und Bürgern der Eindruck, bzw. die Erfahrung vor, dass ihre Vorstellungen und Forderungen von Seiten der Stadtverwaltung, bzw. –politik, nicht ausreichend berücksichtigt und umgesetzt werden.

Speziell auf die Zielgruppe der jüngeren Bevölkerung ausgerichtet war der „Jugendkongress" im Dezember des Saarbrücker Jubiläumsjahres 1999. Gleichsam als Abschluss des alten Jahrtausends und mit Blick auf das neue fand die Veranstaltung unter Beteiligung von überregional renommierten Fachleuten und lokalen Institutionen statt.

Vorausgegangen waren eine Bestandsaufnahme zur Lage der Jugendlichen im Saarland. In der darauf folgenden Phase fand ein Workshop mit saarländischen, lothringischen und luxemburgischen Forscherinnen und Forschern über Arbeitsmarktchancen für Jugendliche in der Region statt. Die Ergebnisse der anschließenden Zukunftswerkstätten mit Jugendlichen aus den unterschiedlichsten sozialen, kulturellen und politischen Kontexten wurden während des Jugendkongresses vorgestellt und mit den Teilnehmern diskutiert.

In vier Diskussionsarenen wurden die inhaltlichen Schwerpunkte der Zukunftswerkstätten präsentiert: „Bildung für die Zukunft", „Arbeiten heute und morgen", „Kultur und Lebensstile" sowie „Politik und Gesellschaft". Ergebnis des Jugendkongresses war u.a. die Forderung der Jugendlichen nach einem Jugendrat, mehr Praxis an den Schulen, modernere Lehrpläne und mehr Gehör in der, vor allen Dingen, kommunalen Politik.

Die Zusammenarbeit zwischen dem Lehrstuhl Prof. Dr. Krämer und dem Kulturdezernat der Landeshauptstadt Saarbrücken während der „1000-Jahr-Feier" war nur die logische Fortsetzung einer seit vielen Jahren bestehenden Kooperation. Ihren Anfang fand sie zu Beginn der 90er Jahre mit einer Studie, die eine kultursoziologische Untersuchung dreier großer Saarbrücker Veranstaltungen zum Thema hatte.

Im Mai 1994 begann das Team um Hans Leo Krämer mit der Befragung des Publikums von „Perspectives", dem Festival des französischen Theaters und Chansons. Fortgesetzt wurde die Untersuchung während des Saarbrücker „Altstadtfestes" im Juni 1994. Ihren Abschluss fand die Gesamtstudie mit der Befragung des Publikums beim „Filmfestival Max-Ophüls-Preis" im Januar 1995. Das Ziel des Projektes war es, die Akzeptanz der drei kulturellen Ereignisse, die Einschätzung und Bewertung der Saarbrücker Kulturpolitik sowie Tendenzen für veränderte kulturelle Bedarfe und Ansprüche an die Kulturpolitik zu untersuchen.

Auch in Zukunft wird man von Seiten der Landeshauptstadt und speziell des Kulturdezernates gerne wieder Projekte mit Prof. Dr. Hans Leo Krämer durchführen – nicht zuletzt auch auf Grund seiner unvergleichlichen Kollegialität und des unermüdlichen Engagements in seiner Stadt. Seine Kooperationspartner und Studierenden finden in ihm nicht etwa den abgehobenen oder gar weltfremden Professor, sondern einen tatkräftigen und begeisterungsfähigen Mitmenschen, der mitten im aktuellen Geschehen und stets im engen Kontakt mit seiner Umwelt steht.

10. Rückblick und Ausblick

Zeichnung von Hans-Joachim Trapp

Rüdiger Zakrzewski, Horst Backes

Kooperativ forschen und arbeiten in der Kooperationsstelle Hochschule und Arbeitswelt - eine Zwischenbilanz

Wir haben uns 1993 mit der Gründung der Kooperationsstelle Hochschule und Arbeitswelt – angesiedelt an der Universität des Saarlandes – hohe Ziele gesetzt:

Es wurde im Strukturpapier für die Kooperationsstelle vorläufig vereinbart:

1. Forschung und Lehre im Saarland (für Probleme und Fragestellungen der Arbeitswelt) zu fördern,
2. Forschungsvorhaben zu das Arbeitsleben betreffenden Problemen und Fragestellungen zu initiieren und zu begleiten,
3. die Zusammenarbeit zwischen Arbeitnehmerschaft und Wissenschaft unter Wahrung der Freiheit von Forschung und Lehre zu beleben,
4. Wissen zwischen Wissenschaften und Arbeitnehmerschaft zu transferieren,
5. die Weiterbildung der beruflich tätigen Personen im Saarland zu fördern,
6. Veröffentlichungen und Informationsmaterial zu erarbeiten und herauszugeben,
7. die Kontakte zwischen Arbeitnehmerinnen und Arbeitnehmern im Saarland und Einrichtungen der Universität zu verstärken.

Nach mehr als 7 Jahren engagierter Arbeit der Kooperationsstelle Hochschule und Arbeitswelt und anlässlich des 65. Geburtstags des Initiators und Leiters der Kooperationsstelle Prof. Dr. Hans Leo Krämer möchten wir eine anerkennende Zwischenbilanz ziehen.

Ein Buch, das den Titel „kooperativ forschen" trägt, setzt Schwerpunkte. Deshalb möchten wir in unserer Zwischenbilanz mit dem Forschungsaspekt beginnen und den Schwerpunkt darauf legen. In diesem Buch finden die Leserinnen und Leser eine Vielzahl von Projektpräsentationen, die für sich selbst sprechen. 50 Projekte an 30 Lehrstühlen der Universität des Saarlandes wurden bislang durchgeführt. Leider können wir nicht auf alle die Arbeit der Arbeitskammer und der Gewerkschaften bereichernden Beiträge eingehen. Wir konzentrieren uns auf die Forschungsausschreibung zum Thema „Beschäftigungspolitik und Regionalentwicklung im Saarland", die von der Kooperationsstelle 1998 und 1999 in Zusammenarbeit mit der Arbeitskammer und den Gewerkschaften entwickelt wurde. Immerhin finden und fanden 13 Projekte in diesem Zusammenhang statt.

Wir müssen uns leider auch hier auf 2 Projekte konzentrieren. Danach wenden wir uns den Möglichkeiten der Lehre und der Publikationen zu. Dies stellen wir exemplarisch an der rat-Ausgabe „Zukunft der Gewerkschaften" dar, da dort für uns ein spannendes Diskussionsforum geschaffen wurde. Und als drittes möchten wir noch kurz den Blick auf den Wissenstransfer bzw. die Weiterbildungsangebote der Kooperationsstelle fokussieren. Exemplarisch diskutieren wir diesen Aspekt anhand der Weiterbildungs-, Netzwerk- und Publikationsinitiative „Betriebsklima produktiv gestalten".

1. Forschungsschwerpunkt „Beschäftigungspolitik und Regionalentwicklung"

Stellvertretend für die 13 durchgeführten Projekten können wir hier leider nur zwei Projekte heraus filtern, an denen wir exemplarisch die Umsetzungsrelevanz der Forschungsergebnisse für die arbeitenden Menschen deutlich machen:

„Qualifikation 2007 - Neue Berufsbilder und Qualifikationsanforderungen im Bereich Handel, Banken und Versicherungen" und das Nachfolgeprojekt **„Servicekauffrau/ Servicekaufmann** – Ein Beruf der Zukunft in der Dienstleistungsgesellschaft"

(in Zusammenarbeit mit dem Lehrstuhl Professor Dr. Christian Scholz; Betriebswirtschaftslehre, der Arbeitskammer, der Gewerkschaft HBV)

Ein Szenario wurde entwickelt, das Auskunft darüber gibt, wie die Dienstleistungslandschaft im Saarland in 10 Jahren aus der Sicht der Forscher/innen und der eingebundenen Expert/innen aussehen wird. Auf dieser Basis ist das Berufsbild „Servicekaufmann/-kauffrau" mit präzisierten Qualifikationsanforderungen entwickelt worden. Dieses Berufsprofil verfolgt den Anspruch, Arbeitnehmer/innen der Interregion überlebensfähige Zukunftsqualifikationen in der sich herausbildenden Dienstleistungs- und Informationsgesellschaft zu vermitteln. Auf der Basis von 10 Grundthesen im Szenario 2007, einer Bedarfsanalyse in Schulen, Ausbildungseinrichtungen und Unternehmen werden für und mit Auszubildenden in den Sektoren Handel, Banken und Versicherungen Weiterbildungsangebote entwickelt und erprobt. Alle PartnerInnen - Arbeitskammer, Gewerkschaft Handel, Banken und Versicherungen, beteiligte Unternehmen, die Kooperationsstelle Hochschule und Arbeitswelt und der Lehrstuhl in der Betriebswirtschaftslehre von Professor Dr. Christian Scholz -

haben beteiligungsorientiert diese Weiterbildungsangebote entwickelt und das daraus entstandene Wissen an Auszubildende transferiert. Übertragungen des Wissens in die Gewerkschaft Handel, Banken und Versicherungen - in deren Strategieentwicklung und Politik - geschehen weitreichend und diskursfreudig. So stellen wir uns gelebte Kooperation zwischen Hochschule und Arbeitswelt vor. Das Szenario „Qualifikation 2007" ist als Publikation im Buchhandel erhältlich.

Unterrichtshilfe „Erwerbslosigkeit": Vorschläge – Methoden – Materialien (Autorin: Elke Hoffmann/ Hrsg. Kooperationsstelle Hochschule und Arbeitswelt in Zusammenarbeit mit der Arbeitskammer, in Zusammenarbeit mit dem DGB und allen Gewerkschaften, mit dem Landesinstitut für Pädagogik und Medien (LPM) und den Lehrstühlen von Professor Dr. Hans Leo Krämer, Professor Dr. Hans Meister, Soziologie und Erziehungswissenschaft)

„Erwerbslosigkeit – eine offene Unterrichtshilfe" so lautet wohl in der Bundesrepublik die bisher einmalige und interessant gestaltete fächer- und schulformübergreifende Mappe mit Vorschlägen, Methoden und Materialien. Alle Welt redet von „Arbeitslosigkeit" als dem zentralen Thema, das in der beschäftigungspolitischen Diskussion zu häufig tabuisiert wird. Auch Schüler/innen sind betroffen: Als Kinder und Jugendliche sind sie schon häufig von veränderten elterlichen Erwerbsbiografien (z.B. brüchige Erwerbsverläufe, prekäre Erwerbs-Arbeitsplätze, Erwerbslosigkeit) mitbetroffen, als zukünftige Erwachsene stehen sie selbst vor einer veränderten Erwerbs-Arbeits-Welt. Sie stufen Erwerbslosigkeit als ihr Problemthema Nr. 1 (vgl. u.a. Shell-Studie, 1997) ein. Dieses Faktum bei der Lebensvorbereitung durch die Schule und in der Schule auszusparen und zu tabuisieren würde u.a. bedeuten, die reale Lebenswelt von einigen Millionen Menschen und ihren Angehörigen wie auch die zukünftige Lebensrealität nicht zur Kenntnis zu nehmen. Wie Schüler/innen und Lehrer/innen zeitgemäß auf diese sich im Wandel befindliche Arbeitswelt vorbereitet werden können, dazu bietet die offene Unterrichtshilfe ganz praxisorientiert inhaltliche und methodische Unterstützung. Dieses zukunftsorientierte Wissen wurde veröffentlicht und im Rahmen einer Lehrerfortbildung in Zusammenarbeit mit dem LPM zu den Lehrer/innen transferiert. Diese Unterrichtshilfe setzt einen zeitgemäßen Duftpunkt, auf die Arbeitswelt im Umbruch früh vorzubereiten. Wir sind stolz, dass wir es geschafft haben, dass die Unterrichtshilfe den Regelschulen mit Sekundarstufe I und den berufsbildenden Schulen im Saarland kostenfrei zur Verfügung steht. Darüber hinaus kann sie von interessierten Lehrer/innen und Weiterbildner/innen bei der Kooperationsstelle bestellt werden.

Jedes Mal anders aber genauso intensiv haben uns die weiteren Forschungsprojekte – das eine oder andere Mal auch ein wenig provokativ – bereichert, die Problemsicht geschärft und manchmal auch zum Umdenken motiviert. Vor diesem Hintergrund sind die Forschungsprojekte, die von der Kooperationsstelle Hochschule und Arbeitswelt für uns initiiert wurden, von unverzichtbarem Wert für die Weiterentwicklung einer Arbeitswelt, die den Menschen im Mittelpunkt der Arbeit fördert. Nicht mehr und nicht weniger wollen die Gewerkschaften und die Arbeitskammer des Saarlandes erreichen.

2. Zukunft der Gewerkschaften in der Lehre

(in Zusammenarbeit mit der IG Metall, der IG BCE, der Gewerkschaft HBV, der Gewerkschaft ÖTV, der GEW mit BEST e.V., der Arbeitskammer und der Fachrichtung Soziologie)

Auch in der Lehre wurden viele Initiativen von Seiten der Kooperationsstelle entwickelt. Nur eine möchten wir herausgreifen, das Seminar „Zukunft der Gewerkschaften". Eines unserer Ziele ist es ja – wie oben gesehen – Arbeitnehmer/innen und Studierende miteinander ins Gespräch zu bringen. In der Universität wird der gewerkschaftliche Gedanke nicht unbedingt prioritär vermittelt, so dass das Lehrangebot „Zukunft der Gewerkschaften" von uns mit Spannung verfolgt und mit initiiert wurde. Wir wollten wissen, wie Studierende die Gewerkschaften sehen, wir wollten atmosphärisch und inhaltlich Spuren bei den jungen Menschen hinterlassen, die die Gewerkschaften fördern. 30 Studierende und 10 Gewerkschafter/innen nahmen an dem Seminar unter der Leitung der Kooperationsstelle Hochschule und Arbeitswelt teil. Aus den spannenden gemeinsamen Diskussionen im Seminar entstand ein Themenheft „Zukunft der Gewerkschaften", in dem die Studierenden und die Gewerkschafter/innen ihre differenzierten Sichtweisen zum Thema ausgearbeitet haben. Beleuchtet wurde die gewerkschaftsverändernde Relevanz der gesellschaftlichen Individualisierung, neuer Unternehmens- und Politikkulturen durch Frauen und Jugend, der sich im Wandel befindlichen Arbeitszeitkultur, der Europäisierung, neuer Unternehmensformen und der sich verändernden Arbeitgeberverbände. Dieses Themenheft ist noch heute eine spannende Lektüre zum Thema „Zukunft der Gewerkschaften". Die Lehrveranstaltung hat uns gezeigt, dass wir durch die Kommunikation mit Studierenden und Beschäftigten der Universität wichtige Hinweise für unsere zeitgemäße Fortentwicklung erhalten. Der wechselseitige Austausch führte aber auch zu gewerkschaftsorientierten Öffnungen der jungen Menschen, die in Zukunft wichtige Positionen in Unternehmen einnehmen werden.

3. Betriebsklima produktiv gestalten – Wissenstransfer und Netzwerk

Für den Wissenstransfer und die Weiterbildung der beruflich Tätigen wurde eine Initiative der Kooperationsstelle Hochschule und Arbeitswelt besonders relevant.

Die Kooperationsstelle initiierte auf der Basis ihrer Seminarerfahrungen „Betriebsklima produktiv gestalten" in Zusammenarbeit mit der Arbeitskammer ein Kompetenznetzwerk. Dieses Kompetenznetzwerk entwickelte unter der Moderation der Kooperationsstelle und der Arbeitskammer ein praxisorientiertes Handbuch und Weiterbildungsangebote. In dem Handbuch wurden Handlungsansätze der Arbeitswelt und Ergebnisse wissenschaftlicher Forschungsarbeiten in verständlicher Sprache zusammengetragen, um den arbeitenden Menschen Handlungshilfen zu geben, ihr Arbeitsklima kompetent mitgestalten zu können. Kommunikationskompetenz, Konfliktmanagement, Moderation und Mediation, Teamentwicklung, Leitbildgestaltung, Aufgaben- und Zielprofilierung sind dabei wichtige Themen. Das Kompetenznetzwerk bot darüber hinaus Abendveranstaltungen zur Kompetenzentwicklung an. Im Bildungszentrum der Arbeitskammer findet jährlich ein Seminar „Betriebsklima produktiv gestalten" statt, das von der Kooperationsstelle durchgeführt wird.

Resümee

Wir konnten leider nur auf vier der in die Hunderte gehenden Aktivitäten der Kooperationsstelle eingehen. Eines ist deutlich geworden, dass die Ziele, die wir uns bei der Gründung der Kooperationsstelle gesteckt haben, umfassend erreicht werden. Die wachsende Dienstleistungsorientierung der Kooperationsstelle führt dazu, dass eine wachsende Zahl arbeitender Menschen an den Erkenntnissen teilhaben können. Für diese intensive und variantenreiche Umsetzung sagen wir „Danke schön".

Peter Szysnik

Die Arbeit von Prof. Dr. Hans Leo Krämer:
Ein Beitrag zur Wissenschaft im Dienst der Arbeitnehmer

Aus der Erkenntnis, dass es noch vieler Vermittlungsebenen zwischen Arbeitnehmerschaft und Hochschule bedarf, hat sich Hans Leo Krämer als Akteur eingesetzt für das, was im Sinne einer arbeitnehmernahen Wissenschaft gelehrt, geforscht und vermittelt wird.

In der Bildungssoziologie widmete er sich in Zusammenarbeit mit der Arbeitskammer unter anderem den Forschungsfeldern Schulsozialarbeit, Gewalt in der Schule, Saarländische Berufsschule und Neuordnung der Berufe sowie der Darstellung der Arbeitswelt in saarländischen Schulbüchern und dem Hochschulzugang im Saarland.

Anlässlich der Abschlussveranstaltung des 18. Abend-Studienganges der Akademie für Arbeit- und Sozialwesen trug er bildungspolitische Überlegungen zur Bedeutung von Forschung, Aus- und Weiterbildung im Saarland vor.

Im Rahmen des Berichtes an die Regierung des Saarlandes 1999 steuerte er das Projekt „Zukunft der Arbeit – Zukunft der Jugend" bei.

Dieses Forschungsfeld wird weiter bearbeitet in dem Projekt „Zukunft der Jugend – Zukunft der Arbeit: untersucht am Beispiel der Stadt Ottweiler".

Ziel der wissenschaftlichen Arbeiten war stets das Erreichen einer realitätsadäquaten und zukunftsoffenen Grund- und Weiterbildung sowie Forschung durch die Hochschulen und das Erforschen der Alltagswelt.

In seinem Beitrag zur Aufgabe der Schulsozialarbeit stellte er 1990 den Zusammenhang zur gesellschaftlichen Situation dar und machte deutlich, dass diese globale Zusammenhänge habe. Bedingt durch den Niedergang der Altindustrien werden die Sozialstrukturen verändert. Bei einer anwachsenden Beschäftigungsgruppe mit prekären Erwerbstätigkeiten nehme die tendenzielle Verelendung zu, wodurch sich die erworbene Bildung immer schwieriger verwerten lässt. Gleichzeitig zeigen die kulturellen Bindungen weniger Wirksamkeit und die traditionellen Institutionen verlieren ihre Wirksamkeit. Die im Saarland bestehende Gleichzeitigkeit mehrerer Lebenswelten ergibt für die Bildung und die Schulsozialarbeit die schwierige Aufgabe, „den Graben zwischen Ausbildungssystem und Beschäftigung zu überspringen".

Die Studie „Darstellung der Arbeitswelt in saarländischen Schulbüchern" aus dem Jahre 1993 stellt die Vermittlungskompetenz des Sozialmediums „Schulbuch" dar. Arbeit ist auch heute noch selbst außerhalb konkreter Arbeitsbeziehungen ein Wert, der gesellschaftlich Standards setzt. Deshalb ist die Darstellung der Arbeitswelt in den Schulbüchern mitprägend für die Einstellung der Heranwachsenden.

Gerade für Gewerkschaften muss daher das Ergebnis der Schulbuchanalyse aufschreckend wirken:

- Informationen über die Arbeitswelt werden in Schulbüchern am Ende der Sekundarstufe I zumeist aus der Perspektive der Unternehmerseite dargestellt.

- Werte, die den Arbeitnehmern und Arbeitnehmerinnen zugesprochen werden, sind Fleiß, Pflichtbewusstsein, Ehrlichkeit.

- Werte, die den Arbeitgebern und Arbeitgeberinnen zugesprochen werden, sind Einfallsreichtum, Risikobereitschaft, Entscheidungsfähigkeit.

- Alternativen zur bestehenden Wirtschaftsordnung werden nicht aufgeführt.

- Für die handelnden Individuen wird Chancengleichheit vorausgesetzt.

- Entfremdung und Enthumanisierung menschlicher Lebensbedingungen kommen nicht vor.

- Die Geschichte der Arbeit wird in der Regel nur herangezogen, um die heutigen Bedingungen positiv herauszuheben.

- Soziale Folgekosten sind nicht thematisiert.

- Freizeit steht unter dem Diktat der Arbeitswelt.

- Die Darstellung konkreter Arbeitsbedingungen wird vernachlässigt.

- Die Formel der Sozialpartnerschaft und die „Einbootideologie" werden unkritisch dargeboten, „Lohn-Preis-Spirale" und Gemeinwohlverpflichtung beherrschen die Wortwahl und bestimmen daher die Darstellung.

- Kurzarbeit und Arbeitslosigkeit werden kaum dargestellt.

- Arbeitslosigkeit gilt als individuelles Lebensrisiko.

- Frauenerwerbstätigkeit wird, wenn überhaupt, am Rande erwähnt.

- Probleme des dualen Systems werden ungenügend problematisiert.

Abschließend werden in der Untersuchung wissenschaftliche und politische Empfehlungen gegeben. An diesem Beispiel lässt sich sehr eindrucksvoll der praktische Wert wissenschaftlicher Untersuchungen darlegen.

Ein weiteres Beispiel für den Praxisbezug der Forschung am Lehrstuhl für Soziologie ist die Untersuchung über Gewalt in der Schule im Jahr 1996. Finanzielle Unterstützung erhielt das Projekt von der Arbeitskammer des Saarlandes, der Max-Traeger-Stiftung, der Gewerkschaft Erziehung und Wissenschaft und der Saarland-Spielbank GmbH. Die Anzahl der Beteiligten zeigt auch die gegebene Bereitschaft zur Kooperation.

Eine weitere Besonderheit dieser Studie ist die grenzüberschreitende Betrachtung der Interregion Saarland – Lothringen – Luxemburg.

Ergebnisse der Studie sind zum einen

- dass Gewalt ein „normaler" Tatbestand in unseren Gesellschaften ist,
- diese Gewalt anders definiert wird, wenn eine Lehrperson oder ein Schüler bzw. eine Schülerin dieses Verhalten zeigt,
- die Definition auch regional differenziert gehandhabt wird.

Schließlich kann unterschieden werden nach

- öffentlichem Diskurs in den Medien,
  Ereignisse mit spektakulärem Gewaltcharakter werden vermarktet,
- bildungspolitischem Diskurs in den beteiligten Ländern.

In Frankreich herrscht der Standpunkt von Sicherheit und Ordnung vor. Die Schule ist Akteur öffentlicher Sicherheit.

In Deutschland wird Gewalt hauptsächlich in der Form von Fremdenfeindlichkeit wahrgenommen. In Deutschland reagiert die Politik eher wissenschaftskonform: Modellprojekte werden eingerichtet.

- Der sozialpädagogische Diskurs wird am wenigsten geführt. Öffentlich gibt es wenig Zeugnisse über Diskussionen von Lehrerinnen und Lehrern über Tatsachenbeurteilungen, Prävention und Eindämmung
- Der fachwissenschaftliche Diskurs fehlt in Luxemburg gänzlich. In Deutschland und Frankreich herrscht darüber Einvernehmen, dass Gewalt an und in den Schulen ein Reflex der gesellschaftlichen Gegebenheiten ist. Die Bedingungen an den Schulen zählen als Mitfaktoren. In Frankreich gibt es wissenschaftliche Untersuchungen vor allem in isolierten Gebieten, Stadtvierteln und Vorstädten vor allem im Verhältnis zwischen Erwachsenengesellschaft und Jugend.

Als Ergebnis ist festzuhalten, dass der Sockel an Gewaltakzeptanz erschreckend hoch ist. Folgende Fragen sind dringend zu diskutieren:
- Wie verhält sich die Schule dem Täter gegenüber?
- Wie geht sie mit der Angst des Opfers vor dem Täter um?
- Wie vermindert die Schule ihren eigenen Anteil an der Gewaltbereitschaft?

Im Sinne Theodor W. Adornos ist über einen Auftrag der Schule zur „Erziehung zur Entbarbarisierung" nachzudenken.

Auch die Saarländische Berufsschule war Gegenstand der Forschung. Veröffentlichungsdatum war 1994. Ergebnisse der Untersuchung: die Berufsschule ist erhaltenswert. Allerdings ist ihre Rolle in Bezug auf die Vermittlung neu zu definieren, da Theorie- und Praxisanteile sinnvollerweise nicht getrennt angeboten werden sollten.

Die Arbeitsteilung sollte auch zwischen den Betrieben und der Schule durchsichtiger sein. Die überbetrieblichen Ausbildungsanteile sollen herausgestellt werden. Organisationsformen können Modular- oder Baukastensysteme sein. Das Bildungsangebot sollte auch Wahl- und Förderkurse umfassen. Die berufsbildenden Schulen sollten für die Weiterbildung geöffnet werden. Schulabschlussberechtigungen sollten nachgeholt werden können.

Das breite – für Arbeitnehmer interessante – Angebot im Hinblick auf bildungssoziologische Angebote hat den Lehrstuhl zu einer Anlaufstelle für Gewerkschaften und Arbeitskammer werden lassen.

Rolf Linsler
Arbeitswelt und Wissenschaft müssen Partner werden

Gottfried Wilhelm Leibniz lehnte nach seiner Promotion im Jahre 1667 das Angebot, eine Professur zu übernehmen, ab. Er folgte vielmehr seinem wissenschaftlichen Ethos: Es gelte nicht nur theoretisch zu arbeiten, sondern genauso, praktische Wirksamkeit zu entfalten. Sein Credo: Theoria cum praxi.

Die Kooperationsstelle Hochschule und Arbeitswelt kann sich also rühmen, mit ihrem Anliegen den Intentionen des großen deutschen Universalgelehrten zu folgen. Die Gewerkschaften, die die Schaffung der Kooperationsstelle aktiv förderten, gegen manchen Widerstand, können für sich verbuchen, im Sinne Leibniz' gehandelt zu haben.

Auch in unseren Tagen heißt das, dass nicht nur die Interessen der Wirtschaft die Richtung und den Inhalt von Lehre und Forschung prägen dürfen. Mindestens ebenso bedeutsam ist die Ausrichtung der universitären Forschung und Lehre an den Problemen der Arbeitswelt.

Das vor uns liegende 21. Jahrhundert wird in ungeahntem Maße vom beschleunigten Umschlag der wissenschaftlichen Erkenntnisse geprägt sein. Manch einer redet von der „Wissensgesellschaft". Am stärksten sind die abhängig Beschäftigten von dieser Entwicklung betroffen. Sie sind es, die ihre Arbeitskraft ständig und kurzfristig qualifizieren müssen. Sie sind es, die sich einem ständig veränderten Arbeitsmarkt anpassen müssen, wenn sie in ihm erfolgreich sein wollen. Sie sind es aber auch, die die Auswirkung der durch die Wissenschaft ermöglichte Veränderung der Produktivkräfte am eigenen Leib erfahren. Oft genug müssen sie sie erleiden.

In diesem Spannungsfeld zwischen Produktivkraftentwicklung einerseits sowie Veränderung der Arbeitsbedingungen und der Arbeitsinhalte andererseits müssen die Gewerkschaften ihre Aufgaben als Interessenvertretung der Arbeitnehmer erkennen und wahrnehmen.

Um diesen komplizierten und widerspruchsvollen Prozess erfolgreich gestalten zu können, bedürfen die Gewerkschaften wissenschaftlicher Unterstützung. Diese Beziehung muss jedoch zweigleisig sein. Nur so wird sie fruchtbar und dauerhaft.

Nun belegen sowohl die Geschichte der Arbeiterbewegung als auch die Wissenschaftsgeschichte der letzten beiden Jahrhunderte, dass eine solche Partnerschaft nicht a priori gegeben ist. Auch an der Schwelle zum neuen Jahrtausend ist dies nicht anders. Mehr noch als zuvor wird die Wissenschaft unter dem Aspekt der kurzfristigen Kapitalverwertung betrachtet.

Um so wichtiger ist das Wirken der Kooperationsstelle Hochschule und Arbeitswelt an der Universität des Saarlandes. Sie leistet einen unverzichtbaren Beitrag zur Kooperation zwischen Wissenschaft und Arbeit, insbesondere auf dem Gebiet der Sozial- und Wirtschaftswissenschaften.

Wesentlichen Anteil am Entstehen und an der Entwicklung der Kooperationsstelle hat auch Prof. Dr. D. Breitenbach, sowohl als damaliger Rektor der Pädagogischen Hochschule Saarbrücken, als auch später als Wissenschaftsminister des Saarlandes.

Mit dem Eintritt des DGB-Landesbezirkes Saar als Kooperationspartner konnte eine wesentliche Bedingung für die Erfüllung ihres Anliegens geschaffen werden.

Feststeht, das belegen die vorgelegten Arbeiten, die die Kooperationsstelle in diesen Jahren betreut hat, Wissenschaftler und Gewerkschafter brauchen einander.

Die Gewerkschafter werden ohne wissenschaftliche Erkenntnisse nicht in der Lage sein, das Wesen, das hinter jeder gesellschaftlichen Erscheinung verborgen ist, zu erkennen. Es reicht nicht aus, englische Vokabeln der Betriebswirtschaft zu benutzen. Gerade in unserer Zeit der vereinfachten Darstellung gesellschaftlicher Zusammenhänge können sinnvolle Lösungsansätze für die Probleme gewerkschaftlichen Wirkens nicht herausgearbeitet werden, macht man sich nicht mit den Ergebnissen wissenschaftlicher Arbeit bekannt. Im gebotenen Maße ist auch die Anwendung wissenschaftlicher Methoden in der Gewerkschaftsarbeit erforderlich.

Wer die Liste der von der Kooperationsstelle betreuten Projekte durchsieht, der kann erkennen, dass ohne die Berücksichtigung der Erfahrungen von Beschäftigten der Unternehmen, von Betriebs- und Personalräten sowie von Gewerkschaftern praxisbasierte Forschungsergebnisse nicht zu erzielen sind.

Aus der Sicht eines Gewerkschafters könnte in dieser Richtung noch vertieft gearbeitet werden.

Prof. Dr. Hans Leo Krämer ist beizupflichten, wenn er feststellt: „Die Kooperation zwischen Hochschule oder verallgemeinert zwischen Wissenschaft und Arbeitswelt ist nicht selbstverständlich: Sozialgeschichtlich betrachtet lässt sich feststellen, dass beide Seiten sich auseinander entwickelt haben."[1] Diese Entwicklung hat gesellschaftliche Ursachen, die hier nicht näher beleuchtet werden sollen.

Eine besondere Richtung der Arbeit der Kooperationsstelle sind die Entwicklungen der Arbeitswelt in der Saar - Lor - Lux Region.

Die erfolgreiche Arbeit der Kooperationsstelle ist untrennbar verbunden mit dem Wirken von Prof. Dr. Hans Leo Krämer. Er hat es verstanden, in diesem nicht unkomplizierten Spannungsfeld Wissenschaft - Arbeitnehmer so zu wirken, dass für beide Seiten Produktives entstand.

Gäbe es an der Universität des Saarlandes mehr Wissenschaftler mit diesem Engagement, wären die Ergebnisse für Wissenschaft und Arbeitnehmerpraxis noch besser.

---

[1] Hans Leo Krämer: Was kann die Kooperation zwischen Hochschule und Arbeitswelt im Hinblick auf die Initiative für Arbeit und soziale Gerechtigkeit beitragen; in: "rat" 3/97, S. 6, Saarbrücken.

Klaus Kessler

Wann, wenn nicht jetzt? -
Hochschulpolitische Reformvorhaben

GEW-Positionen zu notwendigen hochschulpolitischen Reformvorhaben an der Schwelle des 3. Jahrtausends.

In den kommenden 10 Jahren verlassen mehr als 50% der Hochschullehrerinnen und –lehrer altersbedingt die Hochschulen, die Studierendenzahlen werden weiter steigen und mit ihnen die Nachfrage nach Lehrveranstaltungen. Der Ausbau der wissenschaftlichen Weiterbildung darf mit Blick auf die Entwicklung des Arbeitsmarktes nicht länger aufgeschoben werden, der Handlungsdruck für Veränderungen der Arbeitsteilung, in der Personalstruktur, der Besoldung und des Dienstrechtes ist groß. Nach wie vor fehlen tarifvertragliche Regelungen, die zu einer Verbesserung der Arbeitsbedingungen der Beschäftigten in Hochschul- und Forschungseinrichtungen beitragen.

Auf besonders dringende Probleme sei an dieser Stelle hingewiesen:

An den Hochschulen- und Forschungseinrichtungen fehlen Wissenschaftlerinnen und Wissenschaftler, die Lehrveranstaltungen in kleinen Gruppen anbieten und durch eine intensivere Betreuung der Studierenden für eine Verbesserung der Qualität der Lehre sorgen. Es fehlt zudem Forschungspersonal, das kontinuierlich die immer komplizierter werdenden Forschungsvorhaben bearbeitet, Erfahrungen bei der Drittmitteleinwerbung und bei der internationalen Kooperation nutzen kann. Zu schaffen sind dauerhafte Funktionsstellen, auf denen „Wissenschaft als Beruf" betrieben werden kann von wissenschaftlichem Personal, das nicht mehr „Nachwuchs" ist und auch nicht Professor werden will.

Die Promotionsförderung liegt im Argen. Die Graduiertenkollegs tragen zwar dazu bei, dass neue wissenschaftliche Arbeitszusammenhänge geschaffen werden und damit die Vereinzelung vieler Doktorandinnen und Doktoranden eingeschränkt und die wissenschaftliche Betreuung verbessert wird. Der Studierendenstatus und die Abhängigkeit von zu gering dotierten Stipendien schränken jedoch die Attraktivität dieser Form der wissenschaftlichen Nachwuchsförderung durch und in den Hochschulen deutlich ein. Die 5-Jahresfrist des Hochschulrahmengesetzes verbietet die Weiterbeschäftigung von erfahrenem wissenschaftlichen Personal, das für die Kontinuität der Lehre oder für die komplexere Forschungsvorhaben unerlässlich ist.

Die 5-Jahresfrist des Hochschulrahmengesetzes schränkt aber auch die Wettbewerbsfähigkeit der Hochschulen ein, dadurch dass bei der Einwerbung von Drittmitteln unter Umständen Hochschulen auf akquisitionserfahrene Mitarbeiter und Mitarbeiterinnen nach Ablauf der 5-Jahresfrist verzichten müssen und diese von Entlassung bedroht sind.

Probleme gibt es bei der Förderung des HochschullehrerInnen-„Nachwuchses". Die Habilitation verlängert die Abhängigkeit junger Wissenschaftlerinnen und Wissenschaftler. Sie sollte dort, wo es sie noch gibt, abgeschafft werden. Damit könnten auch Benachteiligungen auf dem internationalen Arbeitsmarkt „Wissenschaft" eingeschränkt werden.

Grundsätzlich ist die Situation von Frauen in der Wissenschaft immer noch unbefriedigend. Die Förderung von Wissenschaftlerinnen spielt bei der leistungsorientierten Vergabe von Haushaltsmitteln an den Hochschulen und in ihnen noch immer keine entscheidende Rolle.

Probleme liegen auch beim Austausch von wissenschaftlichem Personal zwischen Hochschulen und Unternehmen bzw. Verwaltungen. Der Transfer von Versicherungs- und Altersversorgungsansprüchen ist unzureichend geregelt. Das Gleiche gilt für die Förderung der internationalen Mobilität.

An den meisten Hochschulen existieren weder Personalentwicklungspläne noch ein ausgewiesenes Personalmanagement.

Aus GEW-Sicht findet eine zunehmend bedenkliche Entwicklung an den Hochschulen statt.

Die Betriebswirtschaftslehre ist zur Leitwissenschaft der Hochschulveränderung avanciert. Wissenschaft soll marktförmig organisiert sein. Die Hochschulen werden als Unternehmen gedacht, ihre Aufgaben auf Dienstleistungen reduziert, die kostendeckend vermarktet und kundenorientiert gestaltet werden sollen. Die inhaltliche Auseinandersetzung, z.B. über die Beiträge der Wissenschaft bei der Bekämpfung der Massenarbeitslosigkeit, ist abgelöst worden durch vordergründige Wettbewerbsdiskussionen. Neoliberale Ordnungspolitik ist auf dem Vormarsch. Sozialstaatlich orientierte Struktur- und Bildungspolitik befindet sich in der Defensive. Privatisierung der Bildungsausgaben, Deregulierung und Flexibilisierung der wissenschaftlichen Arbeitskraft sind zu den „magic words" in der hochschulpolitischen Auseinandersetzung geworden. Dies gilt sowohl für die nationale wie für die internationale Ebene, wenngleich auch hier Unterschiede in den europäischen Ländern festzustellen sind. Das wissenschaftliche Zentrum für Berufs- und Hochschulforschung in Kassel hat in einer internationalen Vergleichsstudie festgestellt, dass die Personalstrukturen und Arbeitsbedingungen des wissenschaftlichen Personals an deutschen

Hochschulen im Vergleich mit den Hochschulen anderer EU-Mitgliedsstaaten „flexibilisierter" sind als die in anderen EU-Staaten.
Die GEW hat 10 Eckpunkte für die Reform der Personalstruktur, der Besoldung und des Dienstrechtes sowie für tarifvertragliche Regelungen der Arbeitsbedingungen für die Beschäftigten in Hochschulen- und Forschungseinrichtungen formuliert:

1. Promotionen sollen vorrangig in befristeten Beschäftigungsverhältnissen auf Qualifikationsstellen erfolgen.

2. Mehr unbefristete Funktionsstellen sollen eingerichtet werden, auf denen „Wissenschaft als Beruf" ausgeübt werden kann. Lehre und Forschung sollen eigenverantwortlich wahrgenommen werden. Die Qualität von Lehre und Studium ist nur dann zu verbessern, wenn das Lehrangebot erweitert und die Kontinuität der Lehre verbessert werden. Die Forschung wird nur dann ihrer Aufgabe im Rahmen einer Wissenschaft in gesellschaftlicher Verantwortung gerecht werden können, wenn erfahrenes Forschungspersonal an den Hochschulen dauerhaft gehalten werden kann. Durch die Einführung von Funktionsstellen soll auch das Wissenschaftsmanagement professionalisiert, der Wissenschaftstransfer intensiviert und die Kooperation zwischen Hochschulen und Gesellschaft verbessert werden.

3. Für „Drittmittelbeschäftigte" soll eine Gleichstellung mit den übrigen Beschäftigten der Hochschule erreicht, durch die Einrichtung von Poolstellen soll eine Bestätigung der wissenschaftlichen Arbeit erreicht werden. Befristete Projektstellen sollen höher dotiert und Anschluss-Projekte möglich gemacht werden.

4. Mit der Einführung einer Aufgaben gerechten Personalstruktur ist die Vereinheitlichung der Personalstruktur zu verbinden. Die jetzige Personalstruktur soll enthierachisiert werden, Teamarbeit und Kooperation müssen gefördert werden.

5. Die Zugangsvoraussetzungen zur Professur müssen verändert werden. Qualifikationen in Lehre, Forschung, Berufspraxis und im Wissenschaftsmanagement sind höher zu bewerten als die formale wissenschaftliche Qualifikation einer Habilitation. Die Habilitation soll als Zugangsvoraussetzung zum Professorenamt entfallen. Assistenzprofessoren müssen personell und sachlich ausgestattet werden, um frühzeitiger als bisher eigenständige wissenschaftliche Arbeit zu ermöglichen.

6. Im Rahmen einer aufgabengerechten Personalstruktur ist die Gleichstellung von Frauen und Männern zu fördern. Die Frauenförderung ist zu ef-

fektivieren. Frauen fördernde Maßnahmen sind im Rahmen des Umbaus der Personalstruktur gesondert zu planen und bei der leistungsorientierten Mittelvergabe zu berücksichtigen.

7. Wissenschaftliches Personal auf Funktionsstellen soll prinzipiell auf der Basis unbefristeter Verträge eingestellt werden.

8. Die Arbeit des unbefristet beschäftigten wissenschaftlichen Personals soll regelmäßig evaluiert werden. Die Evaluation soll primär der Beratung des Personals dienen. Sie kann positive Anreize geben, wenn Leistungen und Belastungen nach Funktion und Verantwortung stärkeren Niederschlag in der Vergütung finden als Eingangsqualifikation und Dienstalter.

9. Die Einführung einer leistungsorientierten Besoldung von Professoren ist dann unterstützenswert, wenn diese Kosten nicht durch Einsparungen beim übrigen Personal „erwirtschaftet" werden. Bei der Einführung von Grundgehältern soll nach dem Gleichheitsgrundsatz verfahren und Professoren aus Fachhochschulen und Universitäten gleich bezahlt werden, hinzu kommt ein differenziertes Zulagensystem. Die Vorschläge, die die von Bundesbildungsministerin Edelgard Buhlman berufene Expertenkommission zur Reform des Hochschuldienstrechtes vorgelegt hat, sind skeptisch zu bewerten. Zu klären ist u.a. die Frage der Kompetenz der Zulagenvergabe sowie der Verteilungskriterien. Befürchtet werden muss ebenso eine Spreizung innerhalb der Hochschule, die einer stärkeren Kooperation entgegensteht, sowie Unterschiede in den finanziellen Möglichkeiten infolge von regionalem Gefälle. Zu kritisieren ist weiterhin, dass nichts gesagt wird zu den wissenschaftlichen Bediensteten, die auf Zeitvertragsstellen arbeiten.

10. Die GEW fordert, dass alle Beschäftigungsverhältnisse tarifvertraglich geregelt werden. Es sollen tarifvertragliche Regelungen ausgehandelt werden, die den besonderen Bedingungen des Teilarbeitsmarktes Hochschule und Forschung Rechnung tragen und auch diejenigen einbeziehen, die durch den § 3 g BAT ausgenommen sind. Die bisherigen Regelungen des Bundes-Angestellten-Tarifs (BAT) reichen dafür nicht aus. Neue Regelungen müssen u.a. variable Vergütungsbestandteile, eine flexible Gestaltung der Arbeitszeit und des Arbeitsortes, die Übertragbarkeit der Alters- und Sozialversicherung und den Anspruch auf Fort- und Weiterbildung enthalten. Sie müssen die Eigenständigkeit der wissenschaftlichen Arbeit und den Schutz des geistigen Eigentums sichern, damit die Wissenschaftlerinnen und Wissenschaftler sowohl der kritisch-aufklärerischen Aufgabe von Wissenschaft gerecht werden können als auch ihre Beiträge zur wirtschaftlichen und gesellschaftlichen Entwicklung leisten können.

Eugen Roth

Innovative Politik- und Arbeitskonzepte für die Arbeitswelt im neuen Jahrtausend[1]

Einleitung

In Deutschland erhöhte sich die Produktivität der Arbeit in den vergangenen 120 Jahren um das 17-fache. Die Einkommen stiegen um das 10-fache. Die durchschnittliche Arbeitszeit verringerte sich von 3.000 Stunden auf weniger als 1.600 Stunden im Jahr. Adam Smith, der Urvater der modernen Wirtschaftstheorien, hat die Entwicklung von Industrie und Handel vor 200 Jahren mit der Hoffnung und Zielsetzung einer humaneren Gesellschaft verbunden, in der die Menschen mehr Zeit hätten für ihre persönliche Entwicklung, weil sie nicht mehr den größten Teil ihrer Zeit und Energie darauf verwenden müssten, für das Lebensnotwendige zu sorgen. Das Projekt einer Reform und Modernisierung der Arbeitsgesellschaft ist mit einem ganzen Problembündel konfrontiert, das es zu bewältigen gilt. Diese Reformen müssen vor allem vier großen Entwicklungstendenzen Rechnung tragen:

1.) Dem ungebrochenen Trend der Globalisierung, der die Bedingungen, unter denen wirtschaftliches und politisches Handeln stattfindet, radikal verändert;

2.) der zunehmenden Dienstleistungsorientierung der Wirtschaft, die auch die industrielle Produktion erfasst, und die in ihrer Tragweite mit dem Übergang von der Agrar- zur Industriegesellschaft vergleichbar ist;

3.) der zunehmenden Nutzung der IuK-Technologien, die diese zu Schlüsseltechnologien des 21. Jahrhunderts macht;

4.) gesellschaftlichen Modernisierungsprozessen, zu denen die Veränderung der Geschlechterverhältnisse ebenso gehört wie die zunehmende Individualisierung und die Alterung der Gesellschaft.

---

[1] Quelle des Aufsatzes: Schrift "Zukunft der Arbeit – Zukunft der Gesellschaft. Strategien zur Modernisierung der Arbeitsgesellschaft", DGB I+P Nr. 3/19.01.2000

Die Globalisierung der Wirtschaft stellt Chance und Herausforderung zugleich dar. Die Ökonomien führender Industrieländer werden durch zwei Entwicklungstrends herausgefordert:

a) Die Tendenz zur Verlagerung traditionsreicher industrieller Branchen sowie einfacher, leicht über kulturelle Grenzen hinweg organisierbarer Dienstleistungen und standardisierter Tätigkeiten aus den Industrie- in die Entwicklungs- und Schwellenländer.

b) Die wachsende Bedeutung der Geschwindigkeit im internationalen Wettbewerb auf der Basis global vernetzter Informationstechnik.

Aus diesen beiden Trends ergeben sich für die deutsche Wirtschaft zwei strategische Weichenstellungen:

a) Da sie den Wettbewerb um niedrige Arbeitslöhne nicht gewinnen kann, wird sie sich in Zukunft noch stärker als bisher auf wissensintensive Produkte und Dienstleistungen konzentrieren müssen.

b) Gerade in diesen Bereichen wird das Innovationstempo über die internationale Wettbewerbsfähigkeit entscheiden.

Die wichtigste Ressource wissensorientierter Unternehmen sind gut qualifizierte Mitarbeiter. Ein hohes durchschnittliches Qualifikationsniveau und ein erneuerungsfähiges Bildungssystem sind entscheidende Grundlagen einer wissensbasierten Ökonomie. Zu diesen Grundlagen gehören auch moderne Unternehmensstrukturen, die Kreativität, Selbstständigkeit und Problemlösungskompetenz der Mitarbeiter fördern, anstatt sie durch starre, hierarchische Reglementierung zu behindern. Nicht zuletzt sind innovative Unternehmen auch auf ein soziales und ökonomisches Umfeld angewiesen, das innovative Prozesse fördert, beispielsweise auf ein fruchtbares Zusammenwirken von Bildungs- und Forschungseinrichtungen und Unternehmen.

Diese und andere Grundlagen einer wissensbasierten Ökonomie werden sich nicht im marktwirtschaftlichen Selbstlauf herstellen. Der harte Kostenwettbewerb und die zunehmende Bedeutung der Aktienmärkte und des Shareholder Value lassen heute die Bereitschaft der Unternehmen zu langfristig orientierten Innovationen eher sinken. So bleibt es Aufgabe der Politik, in allen Politikfeldern die Rahmenbedingungen im Sinne einer langfristig tragfähigen Entwicklung zu setzen. "Internationales Lernen" kann ein Beitrag sein, um auch und gerade angesichts der Globalisierung wieder in politischen Alternativen zu denken und sozialverträgliche Wege für die anstehenden institutionellen Reformen zu entwickeln. Dabei belegt der internationale Vergleich, dass es nicht nur einen "best way" gibt. Beispiele hierfür sind die beschäftigungspolitisch erfolgreichen USA mit einer starken Marktorientierung als auch wohlfahrtsstaatlich-korporatistisch orientierte Staaten wie Dänemark und die Niederlande.

Bausteine für eine Reform der Arbeitsgesellschaft

1.) Zukunftsaufgabe Bildung:

Für Wirtschaft und Arbeitnehmer wird die Ressource Bildung in Zukunft an Bedeutung gewinnen. In einer wissensbasierten Wirtschaft ist die Produktivitätsentwicklung in immer stärkerem Maße von den " Humanressourcen " abhängig.

Bildung ist zu einem strategischen Wettbewerbsfaktor geworden. Die Bedeutung persönlicher Fähigkeiten wie Kreativität, soziale Kompetenz und Selbstständigkeit nimmt zu. Dieser wachsenden Bedeutung persönlicher Fähigkeiten muss ein modernes Bildungssystem heute ebenso gerecht werden wie der Tatsache, dass sich die konkreten Qualifikationsanforderungen in raschem Tempo verändern.

- Die schulische Ausbildung muss möglichst breit angelegt und in der Lage sein, die verschiedenen Begabungen zu fördern.
- Die berufliche Erstausbildung muss auch die Grundlagen für Flexibilität und Weiterbildungsvermögen legen. Weniger technisches Detailwissen, sondern die Vermittlung von Grundlagenwissen und Schlüsselqualifikationen muss deshalb im Vordergrund stehen.
- Die Durchlässigkeit von Berufs- und Hochschulausbildung muss verbessert werden, um den zunehmenden Wissensanteilen in der beruflichen Qualifikation gerecht zu werden.
- Lebenslanges Lernen muss durch klar definierte Ansprüche auf Phasen der Weiterbildung ermöglicht werden. Fort- und Weiterbildung muss in den Erwerbsbiografien aller Berufstätigen in den verschiedenen Beschäftigungsverhältnissen und Qualifikationsniveaus einen festen Platz haben.

2.) Innovation durch eine neue Unternehmenskultur:

Eine erfolgreiche Modernisierung der Unternehmenskultur kann nur auf der Basis einer stärkeren Beteiligung und verbesserter Mitspracherechte der Arbeitnehmerinnen und Arbeitnehmer gelingen. Die gewerkschaftliche Politik der Mitbestimmung bekommt vor diesem Hintergrund eine zusätzliche Bedeutung für den Innovationsprozess.

Innovationsorientierte Unternehmensstrukturen zeichnen sich aus durch:

- flache Hierarchien,
- Transparenz von Entscheidungen,
- Kooperation in Arbeitsgruppen mit möglichst ganzheitlichen Arbeitsaufgaben und hoher Autonomie im Rahmen vereinbarter Ziele,
- einen Führungsstil, der Weisung und Kontrolle durch Beteiligung ersetzt.

Unternehmensführungen, Gewerkschaften und betriebliche Interessensvertretungen stehen vor der Aufgabe, eine moderne Unternehmenskultur in diesem Sinne zu entwickeln.

3.) Wachstum durch Qualitätsentwicklung:

Neue, an der Qualität der Kundenbeziehungen ansetzende Innovationsstrategien in den Dienstleistungsbranchen können neue Arbeitsplätze schaffen. Bisher wenig erschlossene Wachstumspotenziale liegen beispielsweise im Bereich der individuellen Beratung bei Finanzdienstleistungen, z.B. bei der privaten Vermögensbildung und bei neuen Modellen der privaten Altersvorsorge sowie bei der Entwicklung integrierter, auf konkreten Problemlagen der Kunden zugeschnittener Dienstleistungspakete (z.B. integrierte Haushaltsdienste oder Reisearrangements). Nicht im Abbau qualifizierten Personals, sondern in der Stärkung der Beratungskapaziäten, im Ausbau qualifizierter Arbeitsplätze an der Schnittstelle zum Kunden, in Investitionen in die Personalentwicklung liegen die Entwicklungspotenziale der Dienstleistungswirtschaft.

4.) Arbeit für eine bessere Lebensqualität:

Im ökologischen, sozialen und kulturellen Bereich, in Feldern wie Erziehung, Jugendarbeit, Pflege, Gemeinwesen und Umwelt gibt es offensichtliche Defizite an öffentlichen, halböffentlichen oder privaten Dienstleistungsangeboten. Die neuen individuellen Bedürfnisse und gesellschaftlichen Defizite müssen zu Suchfeldern einer innovativen Dienstleistungspolitik gemacht werden. Mit der zunehmenden zeitlichen und räumlichen Flexibilisierung der Arbeit, mit der Individualisierung und Alterung der Gesellschaft, mit der steigenden Frauenerwerbstätigkeit gehen soziale Umbrüche einher, bei deren Bewältigung neue professionelle Dienstleistungsangebote eine wichtige Rolle spielen können.

- Die zunehmende Frauenerwerbstätigkeit, veränderte Familienstrukturen und die moderne Realität der Erwerbsarbeit machen erweiterte Betreuungsangebote für Kinder und Jugendliche ebenso erforderlich wie neue bezahlbare Haushaltsdienste.

- Mit zunehmender Mobilität und Individualisierung werden soziale, nachbarschaftliche und familiäre Beziehungen brüchiger. Vieles, was in der Vergangenheit durch das persönliche Umfeld wie selbstverständlich geleistet wurde, ist heute ein Feld für professionelle Angebote. Das betrifft beispielsweise die Bereiche Freizeitgestaltung, kulturelle und sportliche Aktivitäten, Beratung, Lebenshilfe, professionelle Angebote für das Gemeinwesen. Hier entwickelt sich in der modernen Gesellschaft ein Mix aus ehrenamtlichem Engagement und marktwirtschaftlichen Angeboten.

- Im Gesundheitsbereich führt die Individualisierung zu einem wachsenden Bedarf an individuellen Angeboten der Gesundheitspflege.

- Im Seniorenbereich öffnet sich ein unüberschaubares Spektrum für neue, seniorenspezifische Dienstleistungsangebote: Pflege, Gesundheit, Freizeit, Tourismus, Wohnumfeld, Hauswirtschaft, einfache persönliche Dienste, Bildung, Kommunikation, Kultur, soziales Leben. Hier geht es in vielen Bereich noch darum, die Ideen und Konzepte für zeitgemäße seniorenspezifische Angebote zu entwickeln.

Der Blick auf den konkreten gesellschaftlichen Bedarf zeigt, dass der Schwerpunkt der neuen Dienstleistungsarbeit im personenbezogenen Bereich bei anspruchsvollen Tätigkeiten liegt, die qualifizierte Arbeitskräfte voraussetzen.

Konturen einer Vollbeschäftigung neuen Typs:

Ein zeitgemäßes Verständnis der Vollbeschäftigung integriert eine zweifache emanzipatorische Perspektive:

1.) Die Perspektive einer individualisierten Lebensgestaltung, in der die Bereiche Erwerbsarbeit, Muße, Familienleben, Bildung und gesellschaftliches Engagement integriert und als gleichwertige Lebensbereiche verwirklicht werden können.
2.) Die Perspektive einer Gesellschaft, in der die Erwerbsarbeit human gestaltet und gleichmäßig verteilt ist, ohne andere Lebensbereiche dem Diktat des Arbeitsmarktes unterzuordnen.

Vollbeschäftigung in diesem Sinne setzt eine Reihe gesellschaftlicher Innovationen voraus:

- Die Umverteilung der Erwerbsarbeit mit dem Ziel, eine neue reduzierte Norm der durchschnittlichen wöchentlichen Arbeitszeit zu verknüpfen mit größerer individueller Wahlfreiheit bei Dauer und Lage der Arbeitszeit;
- ein neues Zeitregime, das Flexibilisierung nicht nur im Sinne unternehmerischer Interessen verfolgt, sondern als Individualisierung von Arbeits- und Lebenszeiten;
- lebenslanges Lernen nicht nur als Reaktion auf wechselnde Anforderungen des Arbeitsmarktes, sondern auch als Chance der Beschäftigten, sich immer wieder neu zu orientieren, ihre Qualifikation zu verbessern und neue Chancen wahrzunehmen;
- partnerschaftliches Zusammenleben von Frauen und Männern auf der Basis einer gerechten Verteilung von Haus- und Familienarbeit;
- freiwilliges gesellschaftliches Engagement als wählbarer Bestandteil der individuellen Biografie;
- eine demokratische Verteilung der freien, von den Zwängen der Arbeit befreiten Zeit.

Diese Individualisierung der Erwerbsbiografien kann nur gelingen in der Verbindung mit einer neuen Konzeption der sozialen Sicherheit. Der Sozialstaat der Zukunft muss Rechte gewähren, die es den Menschen ermöglichen, Phasen der Nichterwerbstätigkeit wahlweise sinnvoll zu gestalten, ihre Beschäftigungsfähigkeit immer wieder herzustellen und zu verbessern, ohne dabei die materielle Vorsorge für die Zukunft zu vernachlässigen.

Saarland mit Zukunft

Viele der o.a. Aspekte sind im Saarland in den Grundstrukturen vorhanden. Darauf kann aufgebaut werden. Insbesondere den Gestaltungsmöglichkeiten der saarländischen Hochschulen mit ihren Forschungseinrichtungen über die Gewerkschaften und ihre Betriebsrätinnen und -räte hin zu den Unternehmensführungen kommt eine Schlüsselrolle zu, eingebettet in eine Politik, die soziale Sicherheit und Gerechtigkeit als Basis für hohes Innovationstempo gewährleistet. Das Saarland kann zum Modellfall im Herzen Europas werden, wenn alle Akteure selbstbewusst zu Werke gehen und nicht unsinnige und oberflächliche Pseudolösungen verfolgen wie beispielsweise die irrige Debatte um die Anzahl von Feiertagen.

Birgit Roßmanith

Wissen managen
- arbeitsorientiert, kooperationsfördernd und sozialinnovativ

> *"... dort, wo Problemlösungen von neuen Ideen, Konzeptionen und Sichtweisen abhängen und wo der Prozess der Problembearbeitung nur gelingt, wenn dosierte Regelverstöße, Dissens, Heterogenität und Widerspruch im Kontext einer Organisationskultur eine Chance haben, die von Kooperation, Vertrauen und Fehlertoleranz geprägt ist. Eine solche Organisationskultur lässt sich nicht befehlen und nicht kaufen. Sie wächst aus der Anerkennung der Macht des Wissens und aus der Hochschätzung von Innovationen, gleichgültig woher die neuen Ideen kommen. Die kostbarste und knappste Ressource des neuen Steuerungsregimes ist Wissen und Expertise."* (Helmut Willke, 1998, S. 376)

Die Kooperationsstelle Hochschule und Arbeitswelt der Universität des Saarlandes (KHA) transferiert Wissen zwischen den Welten Hochschule/Wissenschaften und Arbeit. Im Zeitalter einer Wissens- und Informationsgesellschaft wird Wissensmanagement zum zentralen Motor von Innovationen in der Arbeitswelt und den Wissenschaften.

In diesem Buch werden zahlreiche Forschungsprojekte dokumentiert, die diesen Wissenstransfer im Rahmen der Forschung vorantreiben und von der Kooperationsstelle initiiert und betreut worden sind. Die Kooperationsstelle praktiziert forschungs- und dienstleistungsorientierten Wissenstransfer. Die in jüngster Zeit entwickelten Ansätze des Wissensmanagements liefern aus unserer Sicht zukunftsweisende „Issues", die Konzeption der Kooperation zwischen Wissenschaften/Hochschule und Arbeitswelt weiterzuentwickeln. Unsere These lautet: die Forschungs- und Wissenstransferaktivitäten der Kooperationsstelle Hochschule und Arbeitswelt mit Dienstleistungscharakter gewinnen noch stärker an Professionalität, wenn sie zukünftig mit dem Konzept des Wissensmanagements verbunden werden. Nach einer kurzen Aufgabenskizze der Kooperationsstelle heute werden in diesem Aufsatz Herausforderungen des Wissensmanagements vorgestellt. Darauf aufbauend werden einige Aktivitäten der Kooperationsstelle präsentiert, in denen die Chancen des Wissensmanagements sichtbar werden.

Aufgaben der Kooperationsstelle heute und morgen
Die Kooperationsstelle Hochschule und Arbeitswelt
- baut Brücken zwischen den Welten Arbeit und Hochschule,
- initiiert kooperative und sozialinnovative Prozesse in der Arbeitswelt und in der Hochschule,
- transferiert Wissen und Erfahrungen, die im Rahmen der Wissenschaften und der Arbeitswelt entstanden sind,
- erbringt Dienstleistungen für die KooperationspartnerInnen,
- setzt Impulse zur Entfaltung von Kooperationskultur.

Kooperative Vernetzung und Wissenstransfer zwischen den unterschiedlichen Welten der Hochschule und der Arbeit praktiziert sie moderativ und inhaltlich mit Dienstleistungsanspruch. Wir führen entweder Kompetenzträger aus Hochschule und Arbeitswelt moderativ in Form von Projekten, Tagungen usw. zusammen, oder wir bereiten das Wissen und die Erfahrungen aus beiden und für beide Welten in Form von Weiterbildungsveranstaltungen, Veröffentlichungen u.Ä. auf, um es ineinander übersetzbar und transferierbar zu machen. Die Kooperationsstelle versucht darüber hinaus, das Problembewusstsein für die aktuellen Umbrüche in der Arbeitswelt und den Hochschulen bei unseren PartnerInneninstitutionen und bei den handelnden Menschen zu schärfen.

Ziele der Kooperationsstelle
Das zentrale Ziel aller Aktivitäten ist es, die PartnerInnen in der Kooperation zu unterstützen, „die Menschen im Mittelpunkt der Arbeit" zu fördern. Dabei ist für die Kooperationsstelle die solidarische Verbundenheit auch mit den arbeitenden Menschen handlungsleitend, die nach wie vor in geringerer Intensität am kulturellen, ökonomischen und sozialen Kapital teilhaben. Denn in der gegenwärtigen, jedoch noch nicht voll entwickelten Wissensgesellschaft steigen nicht nur die Chancen, sondern auch die Risiken gerade für die arbeitenden Menschen. Daher haben wir uns zur Aufgabe gesetzt, unseren kooperativen Wissenstransfer unter die Leitperspektive einer breiten Teilhabemöglichkeit der arbeitenden Menschen an der Verteilung gesellschaftlicher Reichtümer und Ressourcen zu stellen, so dass diese wiederum in der Lage sind, an Gesellschaft wie Arbeitswelt sinnvoll, innovativ und fantasievoll mitzuwirken.

Wenn wir von Arbeitswelt sprechen, meinen wir damit einerseits den zentralen Bereich der
- Lohn- und Erwerbsarbeit

Doch weitere zeitgemäße Sektoren müssen bezogen auf die Zukunft der Arbeit mitbedacht werden:
- Arbeit in neuen Beschäftigungsformen und -verläufen
- Arbeit in den Wissenschaften und den Hochschulen
- Haus-, Erziehungs- und Reproduktionsarbeit
- Erwerbslosigkeit
- politische und soziale Arbeit
- Eigenarbeit
- neue selbstständige Arbeit

Denn die im rasanten Wandel begriffene Beschäftigungsentwicklung verändert alle diese Sektoren eines im gesellschaftlichen Alltag längst ausgeweiteten Arbeitsbegriffs. Die Chancen möglichst vieler differenzierter Zielgruppen unter den arbeitenden Menschen müssen dabei von uns ins Auge gefasst werden, um sie im Mittelpunkt ihrer vielfältigen produktiven „Arbeit" mit Hilfe jenes Wissens zu fördern, das in der Hochschule und der Arbeitswelt erzeugt wird. Wenn wir uns dieser Zielformulierung nähern, ist dies für uns eine soziale Innovation.

Herausforderung: Wissensmanagement

Die methodischen und umsetzungsrelevanten Ansätze des Wissensmanagements werden nun vorgestellt, um die Konzeption der Kooperationsstelle auf dieser Basis weiterzuentwickeln.

Wissen entsteht in allen Sphären der Gesellschaft. Wir erleben gegenwärtig einen Abbau von Wissenshierarchien, eine Vervielfältigung von Wissensformen und eine Dienstleistungsorientierung des Wissens. Für eine Kooperationsstelle Hochschule und Arbeitswelt bedeutet dies, dass sowohl in der Arbeitswelt als auch in Hochschulen und Wissenschaften interessantes arbeitsorientiertes Wissen gewonnen wird. Die Kooperationsstelle muss vor diesem Hintergrund das Wissen, das in den Hochschulen/den Wissenschaften und in der Arbeitswelt erzeugt wird, transparent machen und miteinander in einen Dialog bringen. Dies spricht gegen ein traditionelles Konzept von Forschungsmanagement, dem die Annahme zu Grunde liegt, nachhaltig relevantes und objektiv verwertbares Wissen sei allein in den Hochschulen bzw. in den wissenschaftlichen Disziplinen beheimatet. Wichtig bleibt für uns, dass die Art der Wissenserzeugung in der Welt der Wissenschaften nach anderen Spielregeln geschieht als in der Welt der Arbeit. Dies wird zum Beispiel an verschiedenen Kulturen der Wissenserzeugung und an dem unterschiedlichen Grad der Instrumentalisierung von Wissen deutlich. Solche Differenzen müssen im Kooperationsprozess zunächst einmal erkannt, dann respektiert und moderiert werden, um die bereichernden Anteile einer solchen kooperativen und verständigungsorientierten Heterogenität herausarbeiten zu können.

WissensmanagerInnen definieren zuallererst Wissensziele. Die Kooperationsstelle definiert demzufolge als ihr Ziel, die Wissensressourcen ihrer Partnerorganisationen - der Arbeitskammer, der Hochschule, insb. der Universität des Saarlandes, der Gewerkschaften - und deren Ziel-, KundInnen- und MitarbeiterInnengruppen zu stärken. Wissensressource ist alles Wissen, das in den Partnerorganisationen explizit und implizit vorhanden ist und als Schnittmenge miteinander in Verbindung gebracht werden kann. Wissensanforderungen, die von Seiten der Arbeitswelt und von Seiten der Hochschulen/Wissenschaften an die KHA herangetragen werden, und Wissensressourcen, die in der Arbeitswelt und den Wissenschaften von der Kooperationsstelle auf der Basis gezielter Fragestellungen gebündelt werden, bereitet die KHA methodisch vielseitig und zielorientiert auf und überführt sie - wenn möglich - in Schnittmengen. Ein gelungener, erfolgreicher Wissenstransfer ist dann erreicht, wenn die konkret beteiligte Zielgruppe bezogen auf ihre Fragestellung reflektierter, sozial innovativer und/oder kooperativer in der Arbeitswelt oder der Hochschule tätig werden kann. Das transferierte Wissen erweist sich dann als eine Dienstleistung.

Jede der beteiligten Welten verfügt über eine Vielzahl expliziten und impliziten Wissens, das die Kooperationsstelle auf Wunsch durch organisationsentwickelnde Angebote herausarbeiten und fruchtbar machen kann. Die Kooperationsstelle filtert diese expliziten und impliziten Wissensressourcen, um sie einerseits ziel- und problemorientiert der konkreten Zielgruppe verfügbar zu machen und andererseits methodisch vielseitig zu dialogisieren. Explizit nennen wir Wissen, das ausdrücklich in der jeweiligen Welt als Professionswissen nach außen gespiegelt wird. Implizit nennen wir Wissen, das in den Institutionen und deren Wissensdatenbanken solange unsichtbar und nur für wenige verfügbar bleibt, solange es nicht durch z.B. Zukunftswerkstätten, Coaching und Mentoring ans Licht gebracht wird – d.h. dialogisch und zielgruppenwirksam offen gelegt wird.

WissensmanagerInnen zwischen Hochschule und Arbeitswelt sind demzufolge
- BrückenbauerInnen, die Kompetenzfelder vernetzen, Kontakte vermitteln und neue Wissensfelder aufspüren, gestalten und erproben,
- TransparenzproduzentInnen, die mehr Transparenz über die organisationale Wissensbasis schaffen,
- Kompetenzfeldverantwortliche/r, die ihre Kompetenzfelder vielseitig gestalten und entwickeln und
- WissensträgerInnen, die die organisationale Wissensbasis weiterentwickeln und transferieren.

Auch im Wissensmanagement müssen die Grenzen der Leistungsfähigkeit eines solchen Konzepts klar definiert werden. Bislang wurden allgemein die Ansätze und Möglichkeiten des Wissensmanagements beschrieben. Berücksichtigt werden müssen die Ressourcen, die alle beteiligten PartnerInnen ein- und mitbringen können. Jede Organisation hat - strukturell sinnvollerweise - begrenzt profilierbare Wissensressourcen und -anforderungen, die nur teilweise in Schnittmengen überführt werden können. Diese Ressourcen und Anforderungen noch spezifischer zu recherchieren, auf ihrer Basis Wissen aufzubauen und zu erweitern, um darauf gestützt weitere spezifische Profile zu entwickeln, die sozialinnovativen und kooperativen Charakter entfalten, werden die bleibenden Herausforderungen der Kooperationsstelle sein.

Diese weitreichenden Anforderungen können Kooperationsstellen am besten in einem Selbstverständnis als Wissenswerkstätten erfüllen. Denn dadurch vereinigen sich Ansätze des Forschungsmanagements, der Wissensproduktion, der Wissensförderung und der Wissensrecherche mit Ansätzen des Wissenstransfers auch in Form von Wissensvermittlung, Wissens(ver)teilung und Wissensvernetzung.

Kooperationsstelle als Wissenswerkstatt

Forschungsmanagement, Wissensproduktion, Wissensförderung und Wissensrecherche durch die Kooperationsstelle

Mit kooperativem Forschungsmanagement hat die Arbeit der KHA begonnen. In diesem Buch sind zahlreiche Ergebnisse dieses Forschungsmanagements nachzulesen, die für sich selbst sprechen. Entwickelt wurden die Forschungsprojekte grundsätzlich in Zusammenarbeit mit WissenschaftlerInnen der Universität des Saarlandes und mindestens einem/einer PartnerIn der Arbeitswelt. Allen Projekten liegt der übergeordnete Anspruch zu Grunde, den Menschen im Mittelpunkt der Arbeit zu fördern. Darin werden die sozialinnovativen und kooperationsfördernden Prämissen der KHA sichtbar. Die LeserInnen können in diesem Buch prüfen, ob dieser Anspruch eingelöst wurde. Viele Themenstellungen, die in sehr unterschiedlichen Fachrichtungen bearbeitet wurden, sind hier vorgestellt. In Einzelfällen bestanden unterschiedliche Vorstellungen, was die Möglichkeiten der Umsetzbarkeit des erforschten Wissens betrifft. Die Erfahrungen zeigten uns immer deutlicher, dass die Umsetzungskonzeption notwendig in der Hauptverantwortung der beteiligten arbeitsweltlichen Institution liegen muss, die das Wissen in ihre konkrete Arbeit einflicht, da nur sie die Umsetzungsmöglichkeiten in der eigenen Organisation präzise einschätzen kann. Doch die Summe und die Qualität der hier vorgestellten Beiträge bestärken unsere Sicht: die Zusammenarbeit mit den Geistes-, Sprach-, Wirtschafts-, Rechts-, Sozial- und Umweltwissenschaften sowie mit der Medizin hat sich als gelungene Kooperation erwiesen.

Was macht die Kooperationsstelle konkret im Forschungsmanagement? Sie entwickelt in Zusammenarbeit mit den PartnerInnen relevante arbeitsweltliche Forschungsfragestellungen und Projekte. Sie konzipiert Forschungsausschreibungen mit den PartnerInnen. Sie stellt inhaltlich sinnvolle Kontakte her. Sie versucht zum Teil sehr unterschiedliche Welten füreinander zu öffnen, zu sensibilisieren und zusammenzuführen. Sie moderiert ziel- und prozessfördernd Entwicklungspfade. Sie bringt Ideen, Erfahrungen und Wissen in die Forschungsprojekte ein und wirkt auf Wunsch prozessberatend bei der Übertragung und Implementierung der Projektergebnisse. Im Rahmen von sechs universitätsweiten Forschungsausschreibungen und einer Vielzahl kleiner Forschungsanfragen wurden in sieben Jahren circa 50 Projekte an 30 Lehrstühlen durchgeführt.

Zukünftig werden neue Herausforderungen in der Zusammenarbeit mit den Technologie- und Naturwissenschaften zu suchen sein. Eine erste Analyse von Schnittmengen hat ergeben, dass der Wunsch zur Zusammenarbeit zwar groß ist, dass allerdings die konkrete Schnittmengendefinition, insbesondere was die Wissensressourcen und die Wissensanforderungen in den PartnerInneninstitutionen betrifft, häufig noch zu unbestimmt bleibt. Eine präzisere Schnittmengenanalyse und -definition muss daher im nächsten Schritt entwickelt werden. Es muss eine weitgehendere Wissensrecherche folgen, die in eine in Vorbereitung begriffene Publikation zum Thema „TechnologInnen gestalten die Zukunft der Arbeit" münden soll. In diesem Projekt versuchen wir, der Enthierarchisierung des Wissens Rechnung zu tragen und lassen TechnologInnen aus den Wissenschaften und der Arbeitswelt gleichberechtigt zu Wort kommen. Diese enthierarchisierte Dialogorientierung soll in allen Kooperationen mehr und mehr vorangetrieben werden. Deshalb sprechen wir vom kooperativen Wissensmanagement.

Zur Wissensrecherche und -förderung gehört die oben genannte Herstellung von Transparenz, - einer Transparenz, die auf zwei Beziehungsebenen verlaufen kann: a) auf der Ebene impliziten und expliziten Wissens innerhalb einer unserer PartnerInneninstitutionen und b) auf der Ebene des Wissenstransfers zwischen mindestens zwei PartnerInneninstitutionen. Dies realisieren wir über organisationsentwickelnde Konzepte wie Zukunftswerkstätten, Befragungen, Coaching, Mentoring und Teamentwicklung. In über 100 Angeboten, die von unseren Partnerunternehmen in Auftrag gegeben wurden, konnten wir weitreichende Erfahrungen sammeln. Bei der Wissensförderung und -recherche in und für Unternehmen und Organisationen eignen sich insbesondere organisationsentwickelnde Methoden, da sie zum einen eine konkrete Wissensanalyse ermöglichen und darüber hinaus Anerkennung und Wertschätzung gegenüber den eigenen Wissens- und Kompetenzressourcen und denen der anderen hervorbringen. Dieser zweite Gesichtspunkt fördert den einzelnen arbeitenden Menschen im Mittelpunkt der Arbeit und erzeugt demzufolge soziale Innovation und Kooperation in und zwischen den Unternehmen und Organisationen. In Zukunft muss dieses hochwertige Wissen, das in der konkreten Praxis der Arbeitswelt entsteht und angewendet wird, noch systematischer aufbereitet werden, um möglichst viele an diesen wertvollen Erkenntnissen teilhaben zu lassen. In einem Fall ist dies wie folgt geschehen. Die Rede ist von der Veröffentlichung der Kooperationsstelle „Betriebsklima produktiv gestalten". Da der Schwerpunkt „Betriebsklima produktiv gestalten" ebenso viel mit dem zweiten methodischen Ansatz des Wissensmanagements zu tun hat, werden wir darauf im nächsten Abschnitt eingehen.

Wissenstransfer, Wissens(ver)teilung, Wissensvermittlung, Wissensvernetzung und Kooperationsförderung durch die Kooperationsstelle

Wissenstransfer hat die KHA in vielen Themenbereichen realisiert. Über 100 Tagungen, Weiterbildungen und Moderationen in der Universität und der Arbeitswelt wurden von ihr für Studierende, ArbeitnehmerInnen, Führungskräfte, GewerkschafterInnen, Erwerbslose etc. durchgeführt. Themen waren „Berufs- und Karriereplanung", „Arbeits- und Lebenszeitgestaltung", „Wie wir arbeiten werden", „Zukunft der Gewerkschaften", „Wissens- und Projektmanagement", „Kommunikations-, Kooperations-, Moderations- und Transferkompetenz", „Betriebsklima produktiv gestalten", „Coaching und Teamentwicklung". Hier realisiert sich hochgradig unser dienstleistungsorientierter Anspruch im Wissenstransfer. Unsere Zielgruppen sollten ziel- und prozessorientiert an für sie relevantes Wissen gelangen und ihre eigenen Wissens- und Kompetenzressourcen mobilisieren und ausbauen. Kooperationsfördernde

Methoden kamen zur Anwendung und zahlreiche ExpertInnen aus Wissenschaften und Arbeitswelt konnten gleichberechtigt einbezogen werden. Insbesondere im Themenbereich „Betriebsklima produktiv gestalten" ist uns dies - in Zusammenarbeit mit unseren PartnerInnen - sehr umfassend gelungen. In diesem Themengebiet konnte variantenreich Wissensrecherche, Wissenstransfer, Wissensvermittlung, Wissens(ver)teilung, Wissensvernetzung und Kooperationsförderung praktiziert werden. Begonnen hatte alles damit, dass die KHA seit 1994 ein einwöchiges Seminar gemeinsam mit einem Projektpartner durchführte, der an einem Projekt zum Thema „Soziale Innovationen" arbeitete. Die hohen TeilnehmerInnenzahlen machten deutlich, dass wir mit dem Thema in ein Wespennest gestochen hatten. Die eindrucksvollen Berichte der TeilnehmerInnen über den unterschiedlichen Umgang mit Betriebsklima in den Unternehmen, in denen sie beschäftigt waren, brachten die KHA auf die Idee, eine Veröffentlichung mit praxisorientiertem Wissen zum Thema aufzubereiten. Arbeitende Menschen sollten dadurch befähigt werden, ihr Betriebsklima bewusster mit zu gestalten. Realisiert wurde diese Publikation mit Hilfe der inhaltlichen Unterstützung vieler arbeitsweltlicher und wissenschaftlicher ExpertInnen, die Beiträge zu dem Buch lieferten. Aus der Zusammenarbeit mit den AutorInnen gründete sich mit der Unterstützung der Arbeitskammer des Saarlandes ein Kompetenznetzwerk „Betriebsklima produktiv gestalten", das 1998 ins Leben gerufen wurde und einerseits fachlichen Austausch ermöglicht und andererseits Seminare, Vorträge und Workshops angeboten hat. Themen der Workshops waren z.B. „Betriebsklima erfassen - ... aber wie?" und Betriebsklima produktiv gestalten - ... ich mache den ersten Schritt?".

An diesem Beispiel wird deutlich, dass differenzierte Zugänge wie Seminare zur Stärkung der Wissensressourcen der arbeitenden Menschen, praxisorientierte Veröffentlichung, themenbezogenes Kompetenznetzwerk, Workshops für Betroffene, Fachleute und Interessierte am nachhaltigsten unseren Anspruch verwirklichen. Stärkere Dienstleistungsorientierung und Enthierarchisierung des Wissens konnte auf diese Weise umgesetzt werden. Arbeitsorientiertes Wissen konnte mit Hilfe von arbeitsweltlichen und wissenschaftlichen ExpertInnen gleichberechtigt und spezifisch erforscht, recherchiert, vielseitig transferiert, vermittelt, geteilt, vernetzt werden, um arbeitende Menschen zu unterstützen, soziale Innovationen und Kooperationen in ihrem Umfeld zu verstärken.

Fazit

Wir hoffen, dass den LeserInnen deutlich geworden ist: Die Kooperationsstelle Hochschule und Arbeitswelt der Universität des Saarlandes (KHA) professionalisiert sich schon heute mit Ansatzpunkten des Wissensmanagements. Sie wird auf dieser Basis in Zukunft noch systematischer, zielführender und vielseitiger Wissen managen können. Dass wir diesen Weg gehen konnten, haben wir unseren Hauptförderern in der Arbeitskammer des Saarlandes, der Universität des Saarlandes und dem DGB Landesbezirk Saar zu verdanken. Diese Entwicklung wäre undenkbar ohne den zentralen Förderer, langjährigen Wegbegleiter und Leiter der Kooperationsstelle im Saarland, Prof. Dr. Hans Leo Krämer. Seit Jahrzehnten ist er vorausschauender Forscher und Brückenbauer und dabei in vielen unterschiedlichen Welten zuhause. Ohne ihn hätte die Kooperationsstelle diesen zukunftsgewandten Weg – arbeitsorientiert, kooperationsfördernd und sozial innovativ - nicht gehen können, der uns heute mit dem zeitgemäßen Konzept des „kooperativen Wissensmanagements" so umstandslos verbindet.

Literatur

Arbeitskammer des Saarlandes, Kooperationsstelle Hochschule und Arbeitswelt, in: Bericht an die Regierung des Saarlandes, Saarbrücken 1998
Kooperationsstelle Hochschule und Arbeitswelt (Hrsg.): rat: Wie wir arbeiten werden – kooperatives Wissensmanagement, Saarbrücken 2000
Krämer, Hans Leo, Lorenz, Wolfgang, Roßmanith, Birgit: Perspektivischer Rückblick auf die Arbeit der Kooperationsstelle Hochschule und Arbeitswelt von 1994-1996, Saarbrücken 1997
Nonaka, Ikujiro, Takeuchi, Hirotaka: Die Organisation des Wissens – Wie japanische Unternehmen eine brachliegende Ressource nutzbar machen, Frankfurt, New York: Campus 1997
Probst, Gilbert, Raub, Steffen, Romhardt, Kai: Wissen managen, Wiesbaden: Gabler 1999
Roßmanith, Birgit, Krämer, Hans Leo, KHA und Arbeitskammer des Saarlandes (Hrsg.): Betriebsklima produktiv gestalten, Saarbrücken 1998
Stewart, Thomas A.: Der vierte Produktionsfaktor – Wachstum und Wettbewerbsvorteile durch Wissensmanagement, München, Wien: Hanser 1998
Willke, Hellmut: Systemisches Wissensmanagement, Stuttgart: Lucius und Lucius, 1998

Autorinnen und Autoren

Horst Backes, Diplom-Volkswirt, Hauptgeschäftsführer der Arbeitskammer des Saarlandes, Fritz-Dobisch-Str. 6-8, 66111 Saarbrücken, Email: horst.backes@arbeitskammer.de

Christoph I. Barmeyer, Dr. phil., IECS, Université R. Schuman, 61, Avenue de la Forêt Noire, F-67085 Strasbourg

Marion Bredebusch, Diplom-Pädagogin, Referentin der Frauenbeauftragten der Universität des Saarlandes, Im Stadtwald, 66123 Saarbrücken, Email: bredebusch@mx.uni-saarland.de

Wolfgang Brücher, Univ.-Prof. Dr. phil., Professor für Geographie, Fachrichtung Geographie der Universität des Saarlandes, Im Stadtwald, 66123 Saarbrücken,
Email: w.bruecher@mx.uni-saarland.de

Axel Buchter, Univ.-Prof. Dr. med., Professor und Leiter des Instituts und der Poliklinik für Arbeitsmedizin der Universität des Saarlandes und Präventivmedizinisches Zentrum für arbeits- und umweltbedingte Erkrankungen, Am Forum 6, 66424 Homburg/Saar,
Email: amabuc@med-rz.uni-sb.de

Sabine Burgard, Diplom-Dolmetscherin, Event-Managerin des Kulturdezernats der Landeshauptstadt Saarbrücken, Email: sabine.burgard@saarbruecken.de

Christoph Ecker, Diplom-Ingenieur, Referatsleiter für Betrieblichen Arbeits-, Gesundheits- und Umweltschutz in der Abteilung Gesellschaftspolitik der Arbeitskammer des Saarlandes, Fritz-Dobisch-Str. 6-8, 66111 Saarbrücken, Email: christoph.ecker@arbeitskammer.de

Rainer Fuchs, Rechtsanwalt und Justiziar der Arbeitskammer des Saarlandes, Fritz-Dobisch-Str. 6-8, 66111 Saarbrücken, Email: rainer.fuchs@arbeitskammer.de

Jürgen Grandjot, Diplomhandelslehrer, Gewerkschaftssekretär der Gewerkschaft Handel, Banken und Versicherungen, Lbl. Saar, Hafenstr. 29, 66111 Saarbrücken,
Email: lb-saar@hbv.org

Anne Hildeschmidt alias Hilde Schmidt, Dr. paed., Akademische Oberrätin der Fachrichtung Erziehungswissenschaft der Universität des Saarlandes, Im Stadtwald, 66123 Saarbrücken, Email: a.hildeschmidt@mx.uni-saarland.de

Rainer Hudemann, Univ.-Prof. Dr. phil., Dr. h.c., Professor für Neuere und Neueste Geschichte, Historisches Institut, Universität des Saarlandes, Im Stadtwald, 66123 Saarbrücken

Stefan Hunsicker, Diplom-Soziologe, Wissenschaftlicher Mitarbeiter des Instituts für Soziologie der Universität Heidelberg, Sandgasse 9, 69117 Heidelberg,
Email: stefan.hunsicker@urz.uni-heidelberg.de

Erwin Irmisch, Leiter des Bildungszentrums der Arbeitskammer des Saarlandes, Am Tannenwald 1, 66459 Kirkel, Email: e.irmisch@bildungszentrum-kirkel.de

Michael Jablonski, Dr. rer. nat., Akademischer Mitarbeiter, Institut und Poliklinik für Arbeitsmedizin der Universität des Saarlandes und Präventivmedizinisches Zentrum für arbeits- und umweltbedingte Erkrankungen, Am Forum 6, 66424 Homburg/Saar,
Email: amlzel@med-rz.uni-sb.de

Carsten Jahn, Assessor jur., Wissenschaftlicher Mitarbeiter am Institut für Arbeits- und Sozialrecht, Universität des Saarlandes, Im Stadtwald, 66123 Saarbrücken,
Email: carsten@die-jahns.de

Sybille Jung, M.A., Referentin der Frauenbeauftragten der Universität des Saarlandes, Im Stadtwald, 66123 Saarbrücken, Email: s.jung@mx.uni-saarland.de

Anke Jungfleisch, Diplom-Soziologin, Wissenschaftliche Mitarbeiterin am Fachbereich Betriebswirtschaftslehre der FH Kaiserslautern, Standort Zweibrücken, Amerikastr.1, 66482 Zweibrücken, Email: jungfleisch@bwfh.kl.de

Klaus Kessler, Vorsitzender der Gewerkschaft Erziehung und Wissenschaften LV Saarland, Mainzerstr. 84, 66111 Saarbrücken, Email: GEWSAAR1@aol.com

Christian Keuschnigg, Univ.-Prof. Dr. rer. soc. oec., Professor für Nationalökonomie insb. Finanzwissenschaft, Fakultät Rechts- und Wirtschaftswissenschaft, Universität des Saarlandes, Im Stadtwald, 66123 Saarbrücken, Email: c.keuschnigg@mx.uni-saarland.de

Ute Kirn-Jünemann, Dr. med., Akademische Mitarbeiterin, Institut und Poliklinik für Arbeitsmedizin der Universität des Saarlandes und Präventivmedizinisches Zentrum für arbeits- und umweltbedingte Erkrankungen, Am Forum 6, 66424 Homburg/Saar,
Email: ujuenemann@web.de

Armin Kuphal, Dr. phil., Akademischer Mitarbeiter, Fachrichtung Soziologie der Universität des Saarlandes, Im Stadtwald, 66123 Saarbrücken,
Email: a.kuphal@mx.uni-saarland.de

Wolfgang Lerch, Diplom-Volkswirt, Geschäftsführer der Beratungsstelle für sozialverträgliche Technologiegestaltung e.V. (BEST) und Leiter der Abteilung Wirtschaftspolitik der Arbeitskammer des Saarlandes, Fritz-Dobisch-Str. 6-8, 66111 Saarbrücken,
Email: wolfgang.lerch@arbeitskammer.de

Rolf Linsler, Vorsitzender der Gewerkschaft Öffentliche Dienste, Transport und Verkehr Landesverband Saar, Brauerstr. 6-8, 66111 Saarbrücken, Email: rolf.linsler@oetv.de

Hans-Jürgen Lüsebrink, Univ.-Prof. Dr. phil., Professor für Romanische Kulturwissenschaften und interkulturelle Kommunikation, Fachrichtung Romanistik der Universität des Saarlandes, Im Stadtwald, 66123 Saarbrücken, Email: sl12hl@mx.uni-saarland.de

Roland Mangold, apl. Prof. Dr., Lehrstuhlvertretung Psychologie III der Universität Mannheim, Schloss, Ehrenhof Ost, 68131 Mannheim,
Email: rmangold@rumms.uni-mannheim.de

Hans Meister, Univ.-Prof. Dr. phil., Professor für pädagogische Psychologie, Fachrichtung Erziehungswissenschaft, Universität des Saarlandes, Im Stadtwald, 66123 Saarbrücken,
Email: h.meister@mx.uni-saarland.de

Gudrun Müller, Diplom-Soziologin, Wissenschaftliche Mitarbeiterin des Instituts für Sozialforschung und Sozialwirtschaft e.V. (ISO-Institut), Trillerweg 68, 66117 Saarbrücken,
Email: iso-institut@hit.handshake.de

Peter Pfahler, Diplom-Soziologe, Stellvertretender Geschäftsführer des Instituts für praxisorientierte Forschung und Bildung (ifb), Pestelstr. 6, 66119 Saarbrücken,
Email: p.pfahler@ifb-institut.de

Marcus Plach, Dr. phil., Wissenschaftlicher Mitarbeiter in der Fachrichtung 5.3 Psychologie am Lehrstuhl Univ.-Prof. Dr. Margret Wintermantel der Universität des Saarlandes, Im Stadtwald, 66123 Saarbrücken, Email: m.plach@mx.uni-saarland.de

Susanne Poro, Dr. phil., Ziegelstr. 32, 66113 Saarbrücken, Email: susporo13@aol.com

Ludger Pries, PD Dr. phil., Institut für Soziologie der FAU Erlangen-Nürnberg, Bismarckstr. 8, 91080 Erlangen, Email: Ludger.Pries@inccas.de

Rudi Pruß, Vorsitzender der Gewerkschaft Handel, Banken und Versicherungen, Lbl. Saar, Hafenstr. 29, 66111 Saarbrücken, Email: lb-saar@hbv.org

Martha Rosenkranz, Wissenschaftliche Mitarbeiterin im Fachbereich Sozial- und Umweltwissenschaften der Universität des Saarlandes, Im Stadtwald, 66123 Saarbrücken, Email: m.rosenkranz@mx.uni-saarland.de

Birgit Roßmanith, Diplom-Pädagogin, Referentin in der Kooperationsstelle Hochschule und Arbeitswelt der Universität des Saarlandes, Im Stadtwald, 66123 Saarbrücken, Email: b.rossmanith@univw.uni-saarland.de

Eugen Roth, Vorsitzender des Deutschen Gewerkschaftsbundes Lbz. Saar, Fritz-Dobisch-Str. 5, 66111 Saarbrücken, Email: eugen.roth@dgb.de

Alfred Sander, Univ.-Prof. Dr. phil., Professor für Erziehungswissenschaft unter besonderer Berücksichtigung der Sonderpädagogik, Fachrichtung Erziehungswissenschaft, Universität des Saarlandes, Im Stadtwald, 66123 Saarbrücken, Email: a.sander@mx.uni-saarland.de

Barbara Sandig, Univ.-Prof. Dr. phil., Professorin für Germanistik und Linguistik, Fakultät für Sprach-, Literatur- und Kulturwissenschaften der Universität des Saarlandes, Im Stadtwald, 66123 Saarbrücken, Email: b.sandig@mx.uni-saarland.de

Stefan Sandmayer, Diplom Soziologe, Gaussstr. 36, 66123 Saarbrücken, Email: stsa0000@stud.uni-saarland.de

Günter Scholdt, Prof. Dr. phil., Leiter des Literaturarchivs Saar – Lor – Lux – Elsass, Professor für neuere deutsche Literaturwissenschaft, Fachbereich Neuere Sprach- und Literaturwissenschaften der Universität des Saarlandes, Im Stadtwald, 66123 Saarbrücken, Email: g.scholdt@sulb.uni-saarland.de

Christian Scholz, Univ.-Prof. Dr. rer. pol., Professor für Betriebswirtschaftslehre, insbesondere Organisation, Personal- und Informationsmanagement, Fachbereich Wirtschaftswissenschaft der Universität des Saarlandes, Im Stadtwald, 66123 Saarbrücken, Email: scholz@orga.uni-saarland.de

Gerhard Schneider, Dr. phil., Wissenschaftlicher Mitarbeiter, Fachrichtung Soziologie, Universität des Saarlandes, Im Stadtwald, 66123 Saarbrücken, Email: g.schneider@mx.uni-saarland.de

Delia Schröder, Diplom-Soziologin, Wissenschaftliche Mitarbeiterin des isoplan-Instituts GmbH, Martin-Luther-Str. 20, 66111 Saarbrücken, Email: schroeder@isoplan.de

Christian Schulz, Dr. phil., Wissenschaftlicher Mitarbeiter, Universität zu Köln – Geographisches Institut, Albertus-Magnus-Platz, 50923 Köln, Email: ch.schulz@uni-koeln.de

Rainer Silkenbeumer, Kulturdezernent der Landeshauptstadt Saarbrücken und Leiter der Projektgruppe „1000-Jahr-Feier", Email: rainer.silkenbeumer@saarbruecken.de

Volker Stein, Dr. rer. oec., Wissenschaftlicher Mitarbeiter im Fachbereich Wirtschaftswissenschaft am Lehrstuhl Univ.-Prof. Dr. Christian Scholz der Universität des Saarlandes, Im Stadtwald, 66123 Saarbrücken, Email: vs@orga.uni-saarland.de

Erich Steiner, Univ.-Prof. Dr. phil., Professor für Englische Sprach- und Übersetzungswissenschaft, Fachrichtung Angewandte Sprachwissenschaft, Universität des Saarlandes, Im Stadtwald, 66123 Saarbrücken, Email: e.steiner@mx.uni-saarland.de

Christo Stojanov, PD Dr. phil., Im Wasserblech 71, 51107 Köln, Email: stojanov.eurodialog@planet-interkom.de

Peter Strobel, Diplom-Volkswirt, Wissenschaftlicher Mitarbeiter im Fachbereich Wirtschaftswissenschaft am Lehrstuhl Univ.-Prof. Dr. Christian Keuschnigg der Universität des Saarlandes, Im Stadtwald, 66123 Saarbrücken, Email: ww14ckps@mx.uni-saarland.de

Peter Szysnik, Diplom-Soziologe, Referatsleiter in der Abteilung Bildungs- und Wissenschaftspolitik der Arbeitskammer des Saarlandes, Fritz-Dobisch-Str. 6-8, 66111 Saarbrücken, Email: peter.szysnik@arbeitskammer.de

Hans-Joachim Trapp, Beim Tilgesbrunnen 22, 66130 Saarbrücken.

Ronald Westheide, Diplom-Soziologe, Technologieberater in der Beratungsstelle für sozialverträgliche Technologiegestaltung e.V. (BEST), Arbeitskammer des Saarlandes, Fritz-Dobisch-Str. 6-8, 66111 Saarbrücken, Email: best.ronald.westheide@best-saarland.de

Stephan Weth, Univ.-Prof. Dr. jur., Professor für Deutsches und Europäisches Prozeß- und Arbeitsrecht sowie Bürgerliches Recht, Fachbereich Rechtswissenschaft der Universität des Saarlandes, Im Stadtwald, 66123 Saarbrücken, Email: s.weth@mx.uni-saarland.de

Margret Wintermantel, Univ.-Prof. Dr. rer. nat., Präsidentin der Universität des Saarlandes, Professorin für Sozialpsychologie, Fachrichtung Psychologie, Universität des Saarlandes, Im Stadtwald, 66123 Saarbrücken, Email: winterma@mx.uni-saarland.de

Rüdiger Zakrzewski MdL, 1. Bevollmächtigter der IG Metall Saarbrücken und Vorstandsvorsitzender der Arbeitskammer des Saarlandes, Fritz-Dobisch-Str. 6-8, 66111 Saarbrücken, Email: ruediger.zakrzewski@igmetall.de